oekom

Diese Arbeit wurde vom Bundesministerium für Bildung und Forschung im Rahmen der Fördermaßnahme „Exportfähigkeit und Internationalisierung von Dienstleistungen“ gefördert.

Bundesministerium
für Bildung
und Forschung

Bibliographische Information der Deutschen Nationalbibliothek

Die Deutsche Nationalbibliothek verzeichnet diese Publikation in der Deutschen Nationalbibliographie; detaillierte bibliographische Daten sind im Internet über http://dnb.d-nb.de abrufbar.

Gesellschaft für ökologische Kommunikation mbH
Waltherstraße 29, 80337 München

Umschlaggestaltung: Sarah Müller, oekom verlag
Titelbild: Fotolia – »Environmental Icons« © ericscsa, »sustainable growth concept« © itestro
Druck: DIP – Digital-Print Witten

Dieses Buch wurde auf FSC-zertifiziertem Papier gedruckt. FSC (Forest Stewardship Council) ist eine nichtstaatliche, gemeinnützige Organisation, die sich für eine ökologische und sozialverantwortliche Nutzung der Wälder unserer Erde einsetzt.

ISBN 978-3-86581-167-7

Bernd Hirschl, Julika Weiß (Hrsg.)

Dienstleistungen im Bereich erneuerbare Energien

Wirtschaftliche Bedeutung, Exportpotenziale und Internationalisierungsstrategien

Dieses Buch wurde klimaneutral hergestellt.
CO_2-Emissionen vermeiden, reduzieren, kompensieren – nach diesem Grundsatz handelt der oekom verlag. Unvermeidbare Emissionen kompensiert der Verlag durch Investitionen in ein Gold-Standard-Projekt.
Mehr Informationen finden Sie unter www.oekom.de/ueber-uns/nachhaltigkeit-bei-oekom/klimaneutraler-verlag.html

Inhaltsübersicht

Bernd Hirschl, Julika Weiß[1]

Vorwort

Erneuerbare Energien[2] haben sich aufgrund ihres Beitrags zu einer zukunftsfähigen Energieerzeugung national und international zu Märkten mit einer hohen Wachstumsdynamik entwickelt. Dabei spielen eine Reihe von Dienstleistungen entlang der Wertschöpfungskette eine zentrale Rolle, z.B. Planung, Projektierung und Finanzierung von Anlagen, Betriebsführung sowie Aus- und Weiterbildung. Diese haben im Bereich erneuerbare Energien einen nicht vernachlässigbaren Anteil an der Wertschöpfung. Außerdem – so eine zentrale These dieses Buches – weisen sie ein signifikantes Exportpotenzial auf. In Bezug auf den Export wird häufig davon ausgegangen, dass die Dienstleistungen den Herstellern ins Ausland folgen, wenn sie als technologiebegleitende Services angeboten werden. Dies ist durchaus häufig der Fall, aber erneuerbare Energieanlagen weisen darüber hinaus eine besondere Eigenschaft auf, die sie von vielen anderen Gütern und Technologiebereichen unterscheidet: Bevor eine Anlage errichtet werden kann, sind bereits viele Dienstleistungen nötig, wie beispielsweise Standorterkundungen und Potenzialermittlungen, oder die oben erwähnten Planung, Projektierung und Finanzierung.

Neben diesen anlagenbezogenen spielen weitere Dienstleistungen eine wichtige Rolle, wie zum Beispiel Bildung und Forschung, aber auch solche zur Errichtung von Produktionsanlagen oder produktionsbegleitende Services. Viele dieser Dienstleistungen haben ein eigenständiges Exportpotenzial, das von einigen Unternehmen bereits in Ansätzen erschlossen wird, das jedoch, wie die Herausgeber dieses Buches vermuten, noch höher ausfallen könnte. Als wir dieses Thema vor einigen Jahren in den Blick nahmen, fiel uns zudem auf, dass viele dieser vorlaufenden Dienstleistungen nicht nur exportgeeignet sind, sondern, dass sie außerdem im Erfolgsfall auch weitere Exporte nach sich ziehen können. Im Ausland erfolgreiche Planer und Projektierer können, so also eine weitere Ausgangsthese dieses Buches, zusätzliche Dienstleistungen, aber auch Anlagenexporte nach sich ziehen und somit eine Türöffnerfunktion für andere Marktteilnehmer und volkswirtschaftlich gesehen eine ökonomische Multiplikatorfunktion einnehmen. Ausgangspunkt für das Forschungsvorhaben, dessen Ergebnisse nun in diesem Buch wiedergegeben werden, war demgemäß eine angenommene hohe ökonomische Bedeutung von Dienstleistungen – allgemein sowie bezogen auf den Export – und demgegenüber die Feststellung, dass die Dienstleistungen in der wissenschaftlichen, öffentlichen, und (förder) politischen Debatte praktisch nicht vorkamen.

---

1 Nähere Angaben zu den Herausgebern und Autoren finden sich im Anhang.

2 Wir verwenden nachfolgend für den Ausdruck „Technologien zur Nutzung regenerativer Energiequellen" überwiegend die Kurzform „erneuerbare Energien".

Diese und weitere grundlegende Fragen rund um die Dienstleistungen im Bereich erneuerbare Energien wurden erstmalig im Forschungsprojekt EXPEED – EXportPotenziale von Erneuerbare Energien-Dienstleistungen (FKZ: 01HQ0525) – von 2005 bis Anfang 2009 untersucht, wofür wir uns herzlich bei den Förderern und administrativen Begleitern des Vorhabens bedanken möchten. EXPEED wurde im Rahmen der Fördermaßnahme „Exportfähigkeit und Internationalisierung von Dienstleistungen“ des Bundesministeriums für Bildung und Forschung gefördert und vom Projektträger im DLR „Arbeitsgestaltung und Dienstleistungen“, insbesondere von Herrn Zühlke-Robinet, auf angenehme und kompetente Art und Weise begleitet.

Den Initiatoren des Projektes war wichtig, zum einen eine grundlegende „Forschungsdienstleistung“ zu diesem bisher vernachlässigten Thema zu erbringen, zum anderen die Erkenntnisse zusammen mit der *und* für die Praxis zu generieren. Aus diesem Grund wurden neben dem Forschungspartner von der Universität Rostock (Institut für Marketing und Dienstleistungsforschung an der Universität Rostock) auch zwei wichtige intermediäre Organisationen eingebunden: die Deutsche Energie-Agentur (dena), die ein maßgeblicher Akteur der Exportinitiative Erneuerbare Energien ist, sowie ein Unternehmensnetzwerk mit dem Fokus auf KMU und Export (RE-NEXT). Darüber hinaus wurden zwölf Unternehmen als Fallstudienpartner einbezogen, die uns freundlicherweise tiefe Einblicke in ihre Erfahrungen gegeben haben. Ohne die Mitwirkung dieser Unternehmen sowie aller befragten Akteure – ca. 100 Dienstleister und eine Vielzahl weiterer Experten – hätten die Ergebnisse des vorliegenden Buches nicht erzielt werden können.

Der Dank der Herausgeberin und des Herausgebers geht schließlich an alle beteiligten Autorinnen und Autoren (siehe Inhaltsverzeichnis), ebenso jedoch an die weiteren Projektmitarbeiterinnen und -mitarbeiter, die über die Laufzeit am Projekt und somit in Teilen an der Ergebnisgenerierung mitgewirkt haben: Ulrike Krüger (DUH), Gabi Rüger (Bumiller Neue Energien GmbH), Nadine Bethge (aleo solar AG) (alle drei vormals RE-NEXT), Konrad Bauer (dena), Dorit Rößler (Vattenfall Europe Windkraft GmbH, vormals dena), Florian Wetzig (windcomm, zuvor IÖW), Jörn Bastian (GP-C&C GmbH, zuvor Uni Rostock). Darüber hinaus möchten wir den vielen studentischen Helferinnen und Helfern danken, die die wissenschaftliche Arbeit unterstützt haben. Ebenso geht unser Dank an das beteiligte Team des Ökom-Verlages, hier stellvertretend an Herrn Sebastian Hofmann und Frau Ines Swoboda.

Das Buch richtet sich an die Dienstleister in den verschiedenen Bereichen der erneuerbaren Energien, die auf internationalen Märkten tätig sind oder es werden wollen, sowie an Experten und Expertinnen aus Verbänden, Politik, Verwaltung und Wissenschaft, die mit der EE-Branche, Dienstleistungen und Internationalisierung befasst sind. Für sie alle bietet dieses Buch – so hoffen wir – nicht nur Anregungen für die konkrete praktische Umsetzung, sondern auch für die weitere wissenschaftliche und (förder)politische Auseinandersetzung, so dass in der Folge die Rolle der Dienstleistungen gestärkt und ihre Exportpotenziale gezielter erschlossen werden können.

Berlin, im Juni 2009 Bernd Hirschl, Julika Weiß

Inhaltsverzeichnis

Abbildungsverzeichnis

Tabellenverzeichnis

Julika Weiß, Bernd Hirschl

1 Einführung

1.1 Hintergrund und Aufbau dieses Buches

Der Einsatz erneuerbarer Energien (EE) gewinnt vor dem Hintergrund einer nachhaltigen Entwicklung zunehmend an Bedeutung. Mit der Einführung einer entsprechenden Förderpolitik – insbesondere seit der Einführung des Erneuerbare-Energien-Gesetzes im Strombereich im Jahr 2000 – hat sich in Deutschland ein beispielloser Vorreitermarkt entwickelt. In der öffentlichen, politischen und wissenschaftlichen Debatte stehen dabei jedoch primär die Technologien und die Hersteller im Fokus. Dies gilt sowohl für die Zuschreibung, als auch für die Ermittlung von Umsätzen, Beschäftigungseffekten und Exportanteilen. Die vielen Dienstleistungen, die in der Vorphase der Errichtung jeder EE-Anlage eine Rolle spielen, und die anlagenbegleitend erbracht werden, spielten in der Wissenschaft bisher ebenso wenig eine Rolle wie in der (förder-)politischen Debatte.

Vor diesem Hintergrund initiierte das Institut für ökologische Wirtschaftsforschung im Jahr 2004 ein Forschungsvorhaben, welches auf die Gewinnung von neuem und anwendungsrelevantem Wissen über die Rolle und Wirkung von Dienstleistungen im Bereich erneuerbarer Energien zielte: das Projekt EXPEED – Exportpotenziale von Dienstleistungen im Bereich erneuerbare Energien. Einen besonderen Fokus richtete das Vorhaben auf die Frage der Exportpotenziale und grundsätzliche Aspekte und Eigenschaften von EE-Dienstleistungen sowie speziell Internationalisierungsstrategien und Unterstützungsstrukturen. Im Rahmen des Vorhabens wurde daher zunächst eine Reihe grundlegender Arbeitsschritte vorgenommen, um erstmalig die Breite der EE-Dienstleistungen in allen Bereichen der erneuerbaren Energien zu erfassen und zu typologisieren. Gleichzeitig erfolgte eine Untersuchung bzw. die Identifikation zentraler Hemmnisse und Erfolgsfaktoren sowie die Ermittlung von Potenzialen für exportrelevante Dienstleistungen. Hierzu wurden ca. 100 Dienstleister und weitere Marktexperten aus allen Branchen der erneuerbaren Energien befragt: Windenergie, Photovoltaik, Solarthermie, Wasserkraft, Geothermie (oberflächennah und Tiefengeothermie zur Stromerzeugung), Biomasse zur Strom- und Wärmeerzeugung sowie Biokraftstoffe. Darüber hinaus wurden Unternehmen und Experten aus den Bereichen Bildung und Forschung sowie dem übergreifenden, mehrere EE-Technologien anbietenden Handwerk befragt.

Auf Basis dieser Ergebnisse wurden mehrere Dienstleistungskategorien identifiziert, die für die Internationalisierung geeignet erscheinen. Die Ergebnisse der Breitenbefragung dienten auch der Auswahl von zwölf Unternehmen aus verschiedenen EE-Branchen und unterschiedlicher Größe, mit denen intensive Fallstudien durchgeführt wurden. Das primäre Ziel der Fallstudien war, vertiefte Kenntnisse über die Hemmnisse und Erfolgsfaktoren der Internationalisierung sowie über geeignete und weniger geeignete

Strategien der Internationalisierung zu erfahren, um hieraus für andere Unternehmen Empfehlungen abzuleiten.

Aus der Breitenbefragung ergaben sich auch Hinweise auf Zielländer, in denen EE-Dienstleister zum Zeitpunkt der Erhebung bevorzugt tätig waren und planten, in Zukunft aktiv zu werden. Hierauf aufbauend wurde eine Auswahl zukünftig relevanter Zielländer getroffen, die zudem ein Spektrum unterschiedlicher Ländertypen darstellen. Für diese Zielländer wurden spezifische Länderfallstudien durchgeführt, die im Unterschied zu den bisher verfügbaren (z.B. über die Exportinitiative für erneuerbare Energien) die Exportpotenziale von EE-Dienstleistungen und -Dienstleistern besonders in den Blick nahmen.

Die Ergebnisse des EXPEED-Projekts wurden in mehreren Veranstaltungen Unternehmen, Intermediären sowie Akteuren aus Politik und Verwaltung zur Verfügung gestellt und mit diesen diskutiert. Darüber hinaus wurde ein Leitfaden zur Internationalisierung von den in der Regel kleinen EE-Dienstleistungsunternehmen erstellt. Das vorliegende Buch stellt die zentrale Abschlusspublikation dar, in der alle wesentlichen Ergebnisse gebündelt vorliegen.

In den nachfolgenden *Kapiteln (1.2, 1.3 und 1.4)* erfolgt zunächst eine *Einführung* in die zentralen Themenstränge, die in diesem Buch vereint werden. Zuerst wird in das Thema Dienstleistungen im Allgemeinen sowie den Export bzw. die Internationalisierung von Dienstleistungen im Speziellen eingeführt. Dazu werden zentrale Rahmenbedingungen und Daten auf den verschiedenen politisch-räumlichen Ebenen dargestellt. In der Folge wird auf den hier im Vordergrund stehenden Markt der erneuerbaren Energien eingegangen, auch hier auf die wesentlichen Rahmenbedingungen sowie Marktdaten. Als letztes wird in die gegenwärtige Internationalisierung der EE-Branche eingeführt, wobei auf die zentralen, verfügbaren Daten und Studien zu diesem Thema zurückgegriffen wird. An dieser Stelle wird gleichzeitig der Forschungsbedarf für das Thema „Internationalisierung von EE-Dienstleistungen" und damit die zentrale Motivation für dieses Buch verdeutlicht.

In *Kapitel 2* werden die *Rolle und die Bedeutung der Dienstleistungen* allgemein sowie *in den verschiedenen erneuerbare Energien-Teilmärkten* eingeführt und analysiert. Hierzu erfolgt zu Beginn die Darstellung des Spektrums der ermittelten Dienstleistungen und Unternehmen in einer Übersicht. Darüber hinaus wird die wirtschaftliche Bedeutung der Dienstleistungen erstmalig abgeschätzt und mit den Ergebnissen anderer Studien verglichen. Diese Ergebnisse enthalten die Gesamtschau der dann folgenden Einzelanalysen in den verschiedenen EE-Teilmärkten. Im Rahmen dieser Analysen zu den verschiedenen erneuerbaren Energien- und relevanten Querschnittsmärkten werden jeweils das (ökonomisch) relevante Dienstleistungsspektrum, zentrale Marktdaten hinsichtlich der Dienstleistungen und ihre ökonomische Bedeutung behandelt.

Das *Kapitel 3* thematisiert die *Internationalisierung von EE-Dienstleistungen.* Dazu werden die Ergebnisse der Breitenerhebung hinsichtlich des Stands der Internationalisierung, der Internationalisierungsstrategien, Zielländer, Hemmnisse und Erfolgsfaktoren übergreifend ausgewertet. Darin fließen auch die Ergebnisse einer Nacherhebung (n = 60) aus dem Jahr 2008 unter im Ausland aktiven Unternehmen, die an der ersten Befragung teilgenommen hatten, mit ein.[3] Eine besondere Vertiefung erfahren die Ergebnisse der 12 Tiefen-Fallstudien mit Unternehmen, die zum Thema Internationalisierungsstrategien durchgeführt wurden. Aus diesen Fallstudien wurden in Verbindung mit den anderen empirischen Ergebnissen Empfehlungen für erfolgreiche Strategien abgeleitet. Hieran schließen sich Untersuchungen zu fünf unterschiedlichen Ländermärkten an, deren Eignung als Zielland für deutsche EE-Dienstleistungsunternehmen analysiert wurde.

Vor dem Hintergrund der spezifischen Hemmnisse und Erfolgsfaktoren der Dienstleistungsinternationalisierung erfolgt speziell für den Bereich erneuerbare Energien im *Kapitel 4* eine *Bewertung der vorhandenen Unterstützungsangebote*. Dazu werden zunächst die allgemeinen sowie spezifischen Förder- und Finanzierungsinstrumente zusammenfassend dargestellt. Darüber hinaus werden EE-spezifische und innovative Ansätze aufgezeigt. Auf der Basis von Ergebnissen der Breitenerhebung, der Unternehmensfallstudien sowie eines Expertenworkshops erfolgt schließlich eine Auswertung zur Nutzung und Bewertung des Angebots durch Unternehmen. Abschließend werden Defizite aufgezeigt und Empfehlungen zur Verbesserung des Angebots gegeben. Im abschließenden *Kapitel 5* wird schließlich ein kurzes *Gesamtfazit* gezogen und und auf der Grundlage aktueller Entwicklungen ein *Ausblick* gegeben.

1.2 Dienstleistungen und Export[4]

Dienstleistungen (DL) spielen in vielen Wirtschaftsbereichen bereits seit einigen Jahrzehnten eine immer wesentlichere Rolle. Um eine Einordnung der spezifischen Entwicklungen im Bereich der erneuerbaren Energien zu ermöglichen, wird im folgenden Kapitel die Entwicklung des Dienstleistungssektors in Deutschland skizziert. Gleichzeitig wird die grundsätzliche Exportrelevanz von Dienstleistungen erläutert und die Bedeutung der neuen EU-Dienstleistungsrichtlinie für die Internationalisierung im EU-Binnenmarkt sowie der Vereinbarungen im Rahmen der GATS-Verhandlungen für die Märkte jenseits der EU dargestellt.

1.2.1 Rahmenbedingungen und Entwicklung von Dienstleistungen in Deutschland

Es existiert bisher keine einheitliche Definition zu den Tätigkeiten, die als Dienstleistungen bezeichnet werden. Die derzeit am häufigsten verwendeten Definitionen des Dienstleistungsbegriffs lassen sich grundsätzlich drei unterschiedlichen Ansätzen zuordnen:

- *Enumerative Definition:* beispielhafte Aufzählung von Branchen oder Tätigkeiten (vgl. Langeard 1981)

---

3 Thema der Nacherhebung war die Frage, inwiefern sich die Dienstleistungsunternehmen eigenständig und pro-aktiv Märkte im Ausland erschließen und welche Wirkung diese Markterschließung für die Internationalisierung der gesamten EE-Branche hat.

4 Kapitel 1.2 entstand teilweise unter Mitarbeit von Florian Wetzig.

- *Negativdefinition zu Sachgütern*: dabei wird das Dienstleistungsspektrum sehr breit dargestellt, die Grenze zwischen Sachleistungen und Dienstleistungen ist ebenfalls nicht trennscharf (Bruhn 2003).
- Abgrenzung von Dienstleistungen anhand der *konstitutiven Merkmale* (z.B. Immaterialität von Dienstleistungen, Notwendigkeit der Einbeziehung eines externen Faktors) (vgl. Meffert/ Bruhn 2000).

Im Rahmen der volkswirtschaftlichen Betrachtung von Dienstleistungen werden diese außerdem meist nicht funktional (d.h. nach Tätigkeiten) sondern sektoral erfasst. Dabei werden Unternehmen komplett einem der drei Wirtschaftssektoren (Primär-, Sekundär- oder Tertiärsektor) zugerechnet, weshalb eine sektorale Betrachtungsweise nur begrenzte Aussagekraft für die ausgeübten Tätigkeiten hat. Um die tatsächliche Wertschöpfung bzw. den tatsächlichen Anteil der mit Dienstleistungen Befassten zu ermitteln, ist eine funktionale Betrachtungsweise sinnvoll, die deshalb auch im Rahmen der vorliegenden Untersuchung angewendet wurde (vgl. Kapitel 2).

Seit gut drei Jahrzehnten vollzieht sich in der deutschen Volkswirtschaft wie auch in anderen Industrienationen ein Strukturwandel hin zu einer *„Tertiarisierung“,* der Dienstleistungssektor gewinnt gegenüber dem primären und dem sekundären Sektor an Bedeutung. Wie langfristige Entwicklungstrends zeigen, hat der Anteil der Beschäftigten im Dienstleistungssektor in Deutschland seit den 1960er Jahren stetig zugenommen. Laut Bundesministerium für Wirtschaft und Technologie (BMWi) wurden in den letzten 14 Jahren innerhalb dieses Sektors nahezu fünf Millionen neue Arbeitsplätze geschaffen, wobei weitere Wachstumspotenziale prognostiziert werden (BMWi 2006). Im Dienstleistungssektor waren im Jahr 2007 mit rund 30 Millionen Personen 78 % der Erwerbstätigen beschäftigt (Statistisches Bundesamt et al. 2008).

Zusätzlich zum gesamtwirtschaftlichen Strukturwandel vollzieht sich in Deutschland ein *Wandel innerhalb des Dienstleistungssektors*. Waren im tertiären Sektor früher hauptsächlich konsumnahe Dienstleistungen, wie Handel und Gewerbe vertreten, so spielen heute die so genannten unternehmensnahen Dienstleistungen eine bedeutendere Rolle, da die Nachfrage nach Dienstleistungen auf Unternehmensseite wächst (Statistisches Bundesamt 2005b). Unternehmensnahe Dienstleistungen (auch unternehmensorientierte, unternehmensbezogene oder Unternehmens-Dienstleistungen genannt) werden aufgrund der Nachfragergruppe unterschieden von haushalts- oder verbraucherbezogenen Dienstleistungen (Klee/ Dootz 2003). Die unternehmensnahen Dienstleistungen lassen sich wiederum in wissensintensive Dienstleistungen (beispielsweise Planung, Beratung, Forschung und Entwicklung) und Dienstleistungen mit Routinetätigkeiten und geringerem Qualifikationsbedarf (z. B. einfache Bürotätigkeiten) unterscheiden. Diese werden auch in Unternehmensdienste und Hilfsdienste unterschieden (vgl. KfW 2000b).

Ein *Grund für die Tertiarisierung* im Bereich der unternehmensnahen Dienstleistungen ist das zunehmende „Outsourcing“, also die Abgabe bestimmter Aufgabenbereiche an externe (Dienstleistungs-)Unternehmen, damit sich die Unternehmen jeweils vollständig auf ihr Kerngeschäft konzentrieren können. Aus dieser Auslagerung von Dienstleistungen versprechen sich die Unternehmen Kosteneinsparungen, eine verbesserte Qualität und bessere internationale Wettbewerbschancen. Außerdem tragen die ständig wachsenden Möglichkeiten neuer Kommunikationsmittel zu der steigenden Bedeutung des Dienstleistungssektors bei, da diese den Handel von Dienstleistungen mit anderen Ländern erleichtern (Nischalke et al. 2005).

Im *internationalen Vergleich* ist der Anteil des Dienstleistungssektors an der gesamten Wertschöpfung in Deutschland eher unterdurchschnittlich. Am weitesten fortgeschritten ist der Strukturwandel in den USA, was auf die hohe Flexibilisierung und Spezialisierung der Unternehmen zurückzuführen ist (KfW 2000a). Auch in anderen EU-Ländern, beispielsweise Großbritannien und Frankreich, ist der Dienstleistungsanteil höher als in Deutschland (Nischalke et al. 2005). Ein Vergleich von sektoraler und funktionaler Betrachtungsweise ergibt dementsprechend folgendes: Der Anteil derjenigen, die eine Dienstleistungstätigkeit ausüben (= funktionale Bertachtungsweise), fällt für Deutschland deutlich höher aus als die Zahl der Beschäftigten des Dienstleistungssektors (= sektorale Betrachtungsweise). Viele Dienstleistungen, die – weil sie „outgesourct“ wurden – statistisch in anderen Ländern als solche geführt werden, tauchen bei sektoraler Betrachtungsweise nicht in der Dienstleistungsstatistik auf, da sie in Deutschland noch in den Unternehmen selbst durchgeführt werden.

Im Bereich der erneuerbaren Energien sind vor allem technologieorientierte Dienstleistungen rund um die Anlagen oder deren Produktion relevant (vgl. Kapitel 2.1.1). Dabei lassen sich unterschiedliche Dienstleistungstypen unterscheiden, die insbesondere im Hinblick auf die Art der Internationalisierung relevant sind. So kann zwischen originären Dienstleistungen, die von reinen Dienstleistungsunternehmen erbracht werden, und Dienstleistungen der Produzenten unterschieden werden (siehe Abbildung 1). Originäre Dienstleistungen können z. B. als Vorleistungen für Produzenten und Produkte erbracht werden (Backhaus/ Woisetschläger 2007) und eigenständig exportiert werden.

Industrielle Dienstleistungen sind Dienstleistungen, die für die Industrie angeboten oder von der Industrie in Verbindung mit Produkten als Dienstleistungen erbracht werden (IDEE o. J.; RKW o. J.). Zu den industriellen Dienstleistungen gehören die *produktbegleitenden Dienstleistungen*, „die von produzierenden Unternehmen für ihre Kunden rund um das Sachgut erbracht werden und das Problem des Kunden besser lösen als es die Lieferung des Sachguts allein könnte.“ (Rainfurth 2003, S. 1). Verwandte Begriffe sind für diese Leistungen sekundäre oder funktionelle Dienstleistungen, Value Added Services, Kundendienst oder auch nur Services (vgl. Husen 2007). Produktbegleitende Dienstleistungen umfassen nur Leistungen eines Herstellers in Zusammenhang mit seinem eigenen Produkt (Backhaus/ Woisetschläger 2007). Jedoch ist die Grenze zu originären Dienstleistungen bei einer Auslagerung der entsprechenden Dienstleistungen an andere Unternehmen unscharf (DIW 2003). Wartung und Reparatur, Montage und Inbetriebnahme sowie Planung, Beratung und Projektierung sind typische produktbegleitende Dienstleistungen (siehe Abbildung 2).

Abbildung 1: Unterschiedliche Arten technologieorientierter Dienstleistungen

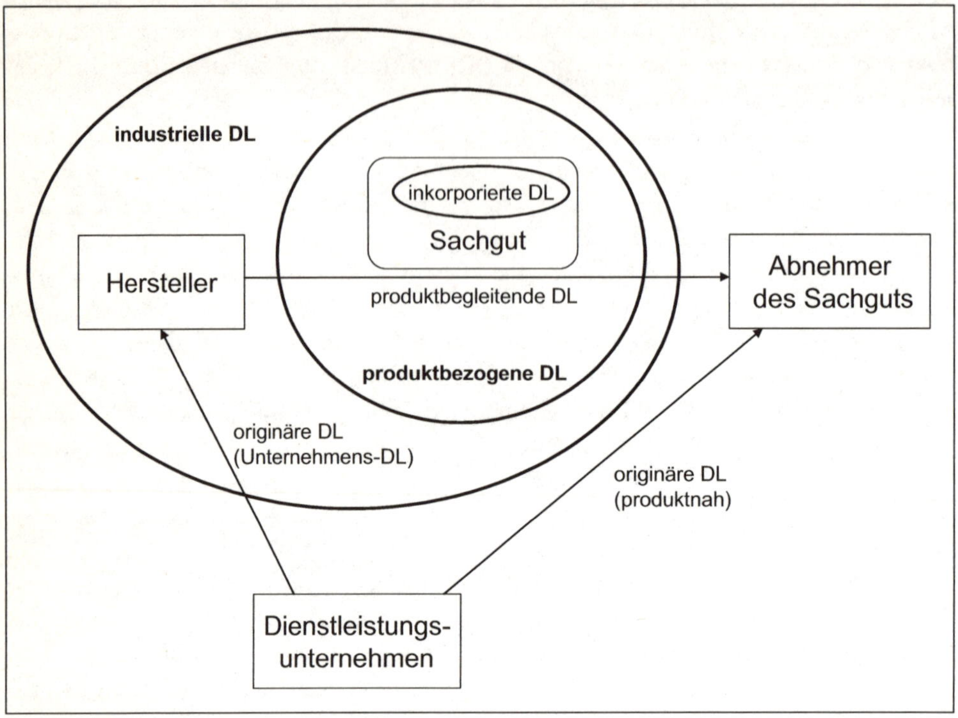

Quelle: Eigene Darstellung

Abbildung 2: Umsatzanteile unterschiedlicher produktbegleitender Dienstleistungen in Deutschland 2002

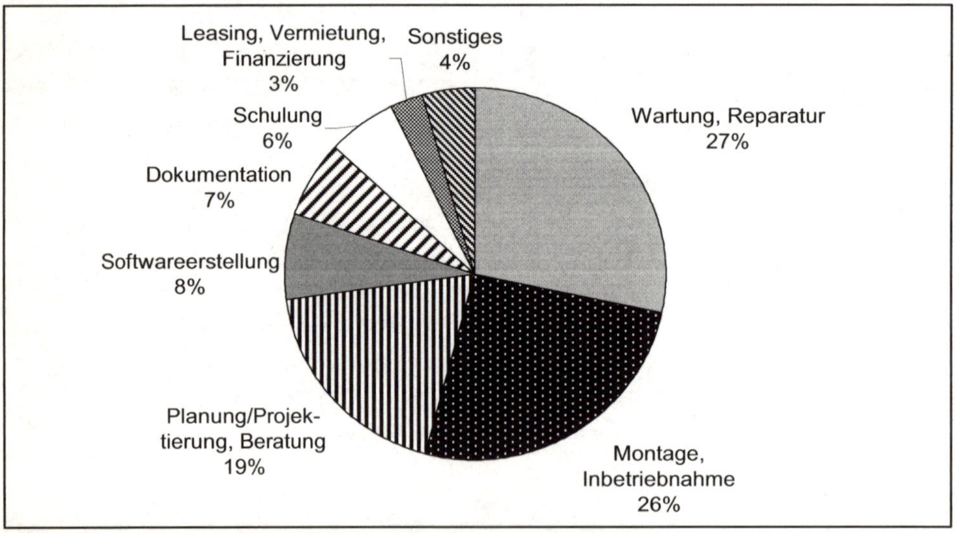

Quelle: Eigene Darstellung, Datenquelle: Statistisches Bundesamt (2004)

Inkorporiert sind – bezogen auf das Produkt – diejenigen Dienstleistungen, die dem Produktionsprozess dienen und als vorgelagerte und prozessbegleitende Leistungen erbracht werden (Ahlert et al. 2007). Als *produktbezogene Dienstleistungen* werden nach Ahlert et al. alle auf ein Produkt bezogene inkorporierte und produktbegleitende Dienstleistungen bezeichnet. Gemeinsam ist diesen Dienstleistungen, dass sie im Gegensatz zu originären Dienstleistungen nicht eigenständig sondern nur zusammen mit dem Sachgut exportiert werden können (Ahlert et al. 2007).

1.2.2 Export von Dienstleistungen

Lange Zeit galten Dienstleistungen als nicht bzw. deutlich schlechter handelbar als Waren, was auf Eigenschaften wie Immaterialität, fehlende Lagerbarkeit sowie der Notwendigkeit zur Einbeziehung des externen Faktors (Kunde) zurückgeführt wurde und sich auch an sehr geringen Anteilen am Gesamtexport manifestierte. So können Dienstleistungen vor allem aufgrund der Integrationserfordernis des Nachfragers in den Erstellungsprozess sachlich, persönlich sowie räumlich gebunden sein, was die Mobilität ihrer Erbringung stark einschränkt (Ahlert et al. 2006). Der Kunde kann außerdem die Qualität der Dienstleistungen nur eingeschränkt im Vorhinein beurteilen, woraus ein hohes Kaufrisiko resultiert (ebda.). Abgesehen von Transportwesen und Tourismus, die schon immer eine große wirtschaftliche Bedeutung für den internationalen Handel besaßen, gewann deshalb der *Dienstleistungshandel* erst durch technischen Fortschritt und im Rahmen der Globalisierung in den letzten Jahrzehnten an Relevanz (Anthofer 2005).

Im Jahr 2006 betrug der weltweite Export kommerzieller Dienstleistungen der WTO zufolge insgesamt 2.755 Mrd. $ (ca. 2.200 Mrd. €), was im Vergleich zum Vorjahr einem Anstieg um 18 % entsprach (WTO 2007). In der Rangfolge der großen Dienstleistungsexportländer der Welt positioniert sich Deutschland an dritter Stelle hinter den USA und Großbritannien (siehe Abbildung 3).

Abbildung 3: Dienstleistungs-Export und der Anteile der größten Exporteure

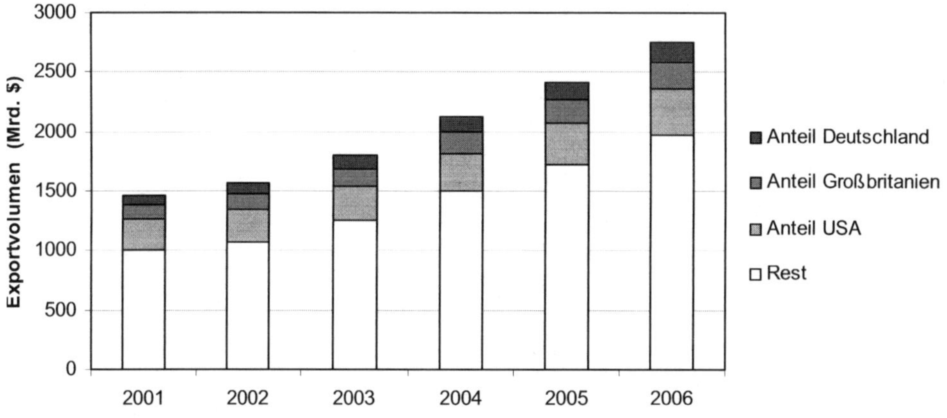

Quelle: Eigene Darstellung, Daten: WTO 2001 – 2007

Das Volumen der *kommerziellen Dienstleistungsexporte* aus Deutschland betrug im Jahr 2006 169 Mrd. $ (ca. 135 Mrd. €), dies entspricht einer Verdopplung der Einnahmen in den letzten 10 Jahren. Gleichzeitig fand eine Steigerung der Dienstleistungsimporte auf etwa 193 Mrd. Euro statt (WTO 2007). Damit ist die Außenhandelsbilanz insgesamt negativ. Besonders ausgeprägt ist die negative Bilanz beim Reiseverkehr, aber auch bei den produktionsorientierten Unternehmensdiensten, wie beispielsweise der Unternehmens-, Rechts- und Steuerberatung, beim Marketing und den Ingenieurs- und Architekten-Diensten überwiegen die Importe. Positive Bilanzen weisen dagegen die Bereiche Transportleistungen, Finanzdienstleistungen sowie Forschung und Entwicklung auf (Deutscher Bundestag 1998). Insgesamt machen die Exporte der Dienstleistungsunternehmen 14 % des Gesamtexports in Deutschland aus, die übrigen 86 % beruhen auf dem Warenverkehr. Neben der negativen Außenhandelsbilanz ist also auch der – statistisch erfasste (s.u.) – Umfang des Dienstleistungs-Exports bislang vergleichsweise gering (DIHK 2006).

Die Erfassung der tatsächlichen Bedeutung des Dienstleistungssektors für den internationalen Handel ist jedoch aufgrund der unterschiedlichen Begriffsabgrenzung von Dienstleistungen sowie der Diskrepanz zwischen der sektoralen und der funktionalen Betrachtungsweisen mit Schwierigkeiten behaftet (Anthofer 2005). Darüber hinaus treten in der deutschen Außenhandelsbilanz als exportierte Dienstleistungen nur die originären Dienstleistungen auf, zu denen weder die im Warenexport enthaltenen, inkorporierten Dienstleistungen noch die Dienstleistungen, die durch Unternehmensniederlassungen direkt im Ausland erbracht werden, zählen (Deutscher Bundestag 1998; KfW 2000a). So waren beispielsweise im Jahr 2001 etwa 2,5 % der Beschäftigten im Bereich unternehmensnaher Dienstleistungen direkt für den Export tätig, während 19 % von ihnen indirekt zum Warenexport beitrugen (IHK 2002).

Abbildung 4: Export- und Importvolumen von Dienstleistungen in Deutschland

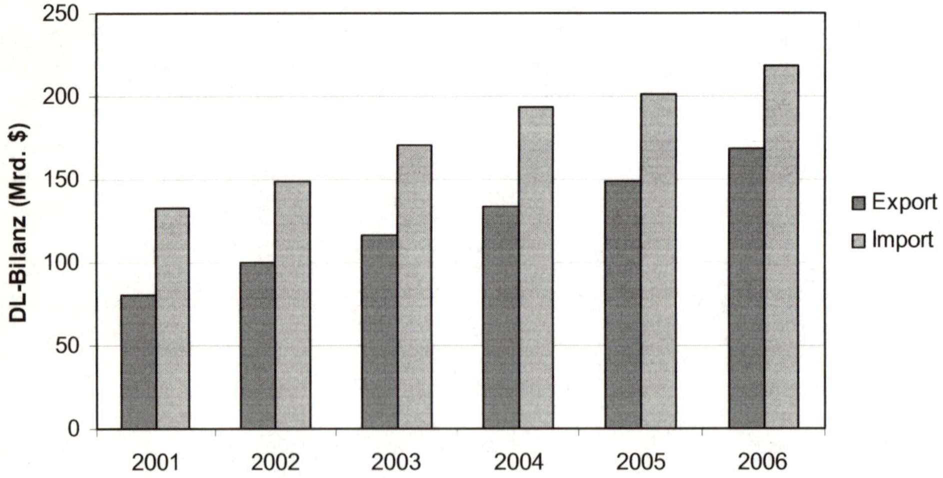

Quelle: Eigene Darstellung, Daten: WTO 2001 – 2007

Das Volumen der *inkorporierten Exporte* ist in Deutschland sogar größer als das der direkten Dienstleistungsexporte (Stahlecker 2005). So schätzt eine Studie den Anteil inkorporierter Dienstleistungen im Zeitraum zwischen 2000 und 2003 auf 98 Mrd. €. Dies sind 18,8 % des Warenexports (Ahlert et al. 2007).Vor diesem Hintergrund darf „die Dienstleistungsbilanz (…) nicht als alleiniger Maßstab zur Beurteilung der Bedeutung und der internationalen Wettbewerbsfähigkeit des deutschen Dienstleistungssektors herangezogen werden. Denn in erheblichem Ausmaß findet Dienstleistungshandel nicht separat statt, sondern ist im Überschüsse aufweisenden Export von Waren inkorporiert“ (KfW 2000a, Seite 6).

Ein *zentraler Grund für die Internationalisierung von Unternehmen* ist vor allem die Erschließung neuer Märkte. Daneben werden als Gründe in der Literatur die Internationalisierung bestehender Kunden oder Wettbewerber, Economies of Scale and Scope, die zunehmende Homogenität der Dienstleistungsbedürfnisse, Liberalisierung und Deregulierung sowie die Erschließung neuer Ressourcen genannt (Ahlert et al. 2006).

Die wichtigste *Form der Internationalisierung* ist bei Dienstleistern der Export, der von 70 % der in einer breiten Erhebung befragten Dienstleistungs-Unternehmen genutzt wird (DIHK 2006). Allerdings spielen auch vermehrt andere Formen der Internationalisierung, insbesondere durch Kooperationspartner, Sourcing, Repräsentanzen, Tochterunternehmen, Importe und Joint Ventures, eine immer wichtigere Rolle bei internationalen Aktivitäten. Insbesondere in den EU-Ländern sind viele Dienstleistungen bereits mit kapitalintensiveren Markteintrittsstrategien wie Repräsentanzen, Tochterunternehmen oder Joint Ventures vertreten (DIHK 2006).

Dienstleistungsunternehmen sind im Vergleich zu anderen Unternehmen eher auf geografisch näher gelegenen Märkten aktiv (DIHK 2006). Der wichtigste *Zielmarkt* ist demnach die EU, insbesondere die EU-Länder. Daneben wird von Dienstleistungsunternehmen Asien als attraktiver Markt benannt. Insbesondere auf dem indischen und chinesischen Markt wollen viele Unternehmen in den nächsten Jahren aktiv werden.

Wichtigster *Erfolgsfaktor* ist bei Dienstleistungen die Produktqualität (DIHK 2006). Im Vergleich zu anderen Bereichen spielen daneben vor allem die weichen Erfolgsfaktoren wie Netzwerke, gute Kontakte vor Ort, gute Geschäftsbeziehungen und qualifizierte Mitarbeiterinnen und Mitarbeiter eine besonders wichtige Rolle. Hinsichtlich der Qualifkation der Belegschaft sind neben Fachwissen insbesondere auch Sprachkenntnisse, interkulturelle Kompetenz und kontextspezifisches Wissen gefragt (Ahlert et al. 2008).

Zölle und Mengenbeschränkungen, die wesentliche *Hemmnisse* für den Güterhandel darstellen, spielen im internationalen Dienstleistungshandel keine wichtige Rolle. Das „General Agreement on Trade in Services“ *(GATS)* nennt vielmehr direkte Restriktionen in den Zielländern in Form von Beschränkungen der Anzahl der Dienstleistungsanbieter, des Volumens und des Anteils ausländischer Beteiligungen an Unternehmen. So sind Dienstleistungsanbieter vielfach eher von Lizensierungen und Zulassungen abhängig, da Auflagen bezüglich der Qualifikation oder technischer Normen erfüllt werden müssen (Reichert/ Schaub 2001). Im Folgenden wird auf die EU-Dienstleistungsrichtlinie sowie das GATS-

Abkommen eingegangen, die beide die Rahmenbedingungen für die Internationalisierung von Dienstleistungen verbessern wollen.

1.2.3 EU-Dienstleistungsrichtlinie[5]

Die EU-Dienstleistungsrichtlinie (RL 2006/ 123/ EG) hat zum Ziel, in der EU noch bestehende Hindernisse im grenzüberschreitenden Dienstleistungsverkehr zu beseitigen und dadurch den Dienstleistungssektor zu stärken (Becker 2006; Skarpelis-Sperk 2006). Sie trat nach langen Verhandlungen und kontroversen Diskussionen Ende 2006 in Kraft und ist von den Mitgliedsstaaten bis zum 28.12.2009 in nationales Recht umzusetzen (vgl. BMWi 2007a). Mittels der Richtlinie wird das Verfahren zur Gründung einer Niederlassung in einem anderen Mitgliedsstaat entbürokratisiert, verkürzt und verbilligt, indem zentrale Anlaufstellen (one-point-stop) für Unternehmen in jedem Mitgliedstaat eingerichtet werden sollen (Nerb 2006). Das in vorherigen Entwürfen vorgesehen „Herkunftslandprinzip" wurde aufgrund der massiven Kritik – insbesondere dem Vorwurf des Sozial-, Lohn-, Steuer-, Öko- und Qualitätsdumpings (vgl. Skarpelis-Sperk 2006) – gestrichen und durch die „Bestimmung über die Dienstleistungsfreiheit" ersetzt (Becker 2006). Sie verpflichtet die Mitgliedsstaaten dazu, die freie Ausübung der Dienstleistungstätigkeit in ihrem Hoheitsgebiet zu gewährleisten, wobei sie nationale Auflagen vorgeben dürfen, um die öffentliche Sicherheit und Ordnung, die öffentliche Gesundheit und den Umweltschutz zu gewährleisten (Becker 2006). Der Anwendungsbereich der Richtlinie wird durch eine Reihe von Ausnahmen eingeschränkt: So sind z.B. Dienstleistungen, die bereits in anderen EU-Richtlinien geregelt sind (z.B. Gas- und Wasserversorgung, die Tätigkeit von Rechtsanwälten, Bank- und Versicherungsdienste) sowie Dienstleistungen, die mit der Ausübung der öffentlichen Gewalt verbunden sind und Dienstleistungen von allgemeinem Interesse, von den Bestimmungen ausgenommen (Becker 2006; Nerb 2006).

Studien zu einem ersten Kommissionsentwurf von 2004 kommen zu dem Ergebnis, dass der bilaterale Dienstleistungshandel in der EU durch den Abbau der Markthemmnisse um 15 bis 30 Prozent steigen könnte. Eine Studie vom Wirtschaftsforschungsinstitut Copenhagen Economics prognostizierte für die gesamte europäische Union 600.000 neue Arbeitsplätze, von denen allein auf Deutschland 100.000 entfallen sollen (Becker 2006). Die Auswirkungen der EU-Dienstleistungsrichtlinie werden jedoch branchenmäßig recht unterschiedlich ausfallen und abhängig davon sein, wie wissensbasiert und damit humankapitalintensiv und wie handelbar (mobil) die Dienstleistungen in den einzelnen Branchen sind. Gerade für Unternehmen in humankapitalintensiven Branchen mit handelbaren (bzw. mobilen) Leistungen und einer hohen Qualität des Angebots werden große Chancen durch die Richtlinie gesehen (Nerb 2006). Allerdings zeigte eine Umfrage des ifo Instituts aus dem Jahr 2005, dass der Durchschnitt aller befragten Dienstleistungsunternehmen mehr Risiken als Chancen durch die EU-Dienstleistungsrichtlinie sieht, wobei Dienstleistungs-

---

5 Kapitel 1.2.3 entstand unter Mitarbeit von Madlen Thom.

unternehmen, die bereits im Ausland tätig sind, eher Chancen für sich durch die EU-Dienstleistungsrichtlinie wahrnehmen (Nerb 2006).

1.2.4 General Agreement on Trade in Services (GATS)

Das Allgemeine Abkommen zum Handel mit Dienstleistungen (GATS) der WTO soll auf internationaler Ebene den Handel mit Dienstleistungen erleichtern. Es verpflichtet die WTO-Mitgliedstaaten zur Reduktion von Handelsbeschränkungen, der Gleichbehandlung internationaler Dienstleistungsanbieter und Transparenz. Das Hauptprinzip stellt dabei die Meistbegünstigung dar, d.h. es dürfen Anbieter aus einzelnen Ländern nicht besser gestellt werden (wobei Ausnahmen, beispielsweise innerhalb der EU, möglich sind). Die Länder veröffentlichen jeweils Länderlisten, in denen sie Bereiche nennen, die sie – ggf. mit Einschränkungen – für internationale Dienstleistungsanbieter öffnen. Entscheidend ist dabei die systematische Vorgehensweise der Verhandlungen: die Diskussion wird entlang von definierten Handelslisten (W/ 120 Liste) und der Art der Handelslieferung (Modi 1 bis 4) geführt (Döhrn et al. 2007).

Die seit dem Jahr 2000 laufenden Verhandlungen zum GATS betreffen auch den Handel im Energiedienstleistungssektor. Energiedienstleistungen verteilen sich in der aktuellen W/ 120 Liste auf drei Subsektoren:

1. "services incidental to mining, rendered on a fee or contract basis at oil and gas fields",
2. "services incidental to energy distribution" in "Business services"
3. "transportation via pipeline of crude or refined petroleum and petroleum products and of natural gas",

sowie eine Vielzahl anderer Tätigkeiten wie Consulting, Baumaßnahmen oder Ingenieurwesen. Die Doha-Verhandlungsrunde strebt eine Neuklassifizierung und eine Liberalisierung des Energiehandels an. In den multilateralen Verhandlungen liegen zur Neustrukturierung der W/ 120 Liste für Energie sieben Vorschläge vor.[6] Eine Unterscheidung nach Energieressourcen ist dabei nicht vorgesehen, so dass die Dienstleistungen im Bereich der erneuerbaren Energien nicht als eigene Kategorie aufgeführt, sondern den unterschiedlichen Kategorien der Energiedienstleistungen zugeordnet werden. So unterscheidet der Vorschlag der EU (WTO 2001) folgende Bereiche:

- Explorations- und Produktionsdienstleistungen
- Dienstleistungen bzgl. der Konstruktion und Errichtung
- Netzwerksdienstleistungen
- Speicherdienstleistungen
- Energieversorgungsdienstleistungen
- Endnutzungsdienstleistungen
- Stilllegungsdienstleistungen und
- andere energieverwandte Dienstleistungen.

---

[6] Vgl. http:/ / www.wto.org/ english/ tratop_e/ serv_e/ s_propnewnegs_e.htm

Deutlich anders werden die Dienstleistungen im Vorschlag der USA in folgende Hauptkategorien aufgeteilt, die näher an der Werktschöpfungskette liegen: Projektierung und Neuentwicklung von Energiequellen, Konstruktion und Betrieb von Energieanlagen, Energienetze, Groß- und Einzelhandel (WTO 2000).

1.3 Erneuerbare Energien in Deutschland

Die *Energieerzeugung* aus erneuerbaren Energieträgern stieg in Deutschland in den letzten Jahren sowohl absolut als auch anteilig kontinuierlich an. So wiesen die erneuerbaren Energien im Jahr 2007 mit einem Beitrag von 224 TWh bereits einen Anteil von 8,6 % des Endenergieverbrauchs auf (BMU 2008). Der Anteil hat sich damit innerhalb weniger Jahre verdoppelt: Im Jahr 2000 deckten die erneuerbaren Energien (EE) erst lediglich 3,8 % des Endenergiebedarfs in Deutschland. Besonders hoch ist die Bedeutung der erneuerbaren Energien im Strombereich mit einem Anteil von 14,2 % des Bruttostromverbrauchs; im Jahr 2000 betrug dieser noch 6,3 %. Die Stromerzeugung erfolgt vor allem durch Windenergie, Wasserkraft und die Verstromung von Biomasse, geringe Anteile liefern bisher die Bereiche Photovoltaik und Geothermie (BMU 2008).

Abbildung 5: Struktur der Endenergiebereitstellung aus erneuerbaren Energien in Deutschland 2007

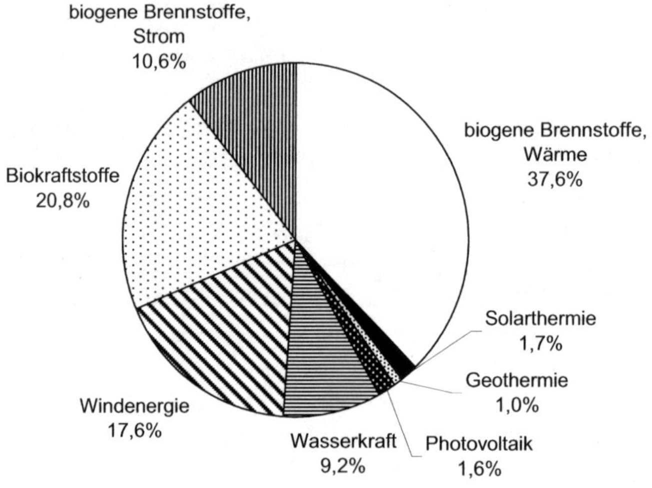

Quelle: BMU (2008)

Im Wärmemarkt trug die Wärmebereitstellung aus erneuerbaren Energien (EE-Wärme) im Jahr 2007 dagegen nur mit einem Anteil von 6,6 % zum Endenergieverbrauch bei (2000: 3,9 %). Für diesen Markt ist fast ausschließlich die Energieerzeugung aus Biomasse, und hier wiederum vor allem Holz von Bedeutung. Daneben stammt die EE-Wärme zu geringen Anteilen aus Solarthermie und Geothermie (BMU 2008). Am stärksten wuchs in den letzten Jahren der Anteil am Kraftstoffverbrauch, der im Jahr 2007 bei 7,6 % lag

(2000: 0,4 %), wobei der Anteil der Biokraftstoffe seit 2006 aufgrund geänderter Fördermechanismen stagniert (BMU 2008). Die folgende Abbildung zeigt, dass Bioenergie mit rund zwei Dritteln der Energieerzeugung aus erneuerbaren Energien den weitaus größten Beitrag leistet, relevante Anteile erreichen außerdem die Wind- und Wasserkraft.

Mit dem Ausbau der erneuerbaren Energien wuchs in den letzten Jahren auch die Branche stark an. Die *Umsätze* erreichten im Jahr 2007 mit 25 Mrd. Euro einen Zuwachs gegenüber dem Vorjahr von 12 % (BMU 2008). Im Jahr 2003 lagen die Umsätze noch bei 10 Mrd. Euro. Die größten Umsätze stammten im Jahr 2007 aus der Biomassebranche (40,9 %), gefolgt von den Bereichen Solarenergie (29 %) und Windenergie (22,8 %). Sie stammten nach den Berechnungen der Gutachter des BMU zu knapp der Hälfte (ca. 11 Mrd. Euro) aus den Investitionen bei der Errichtung der Anlagen. Aufgrund der in den letzten Jahren mit der zunehmenden Zahl installierter Anlagen gewachsenen wirtschaftlichen Bedeutung des Anlagenbetriebs erreichten dessen Erlöse 2007 rund 14 Mrd. Euro.

In Neuanlagen wurde im Jahr 2007 vor allem in den Bereichen Photovoltaik, Windenergie und Biomasse investiert. Die Investitionen in Neuanlagen der Solarthermie, Geothermie und Wasserkraft fielen demgegenüber deutlich geringer aus (BMU 2008). Die Verteilung der Umsätze beim Anlagenbetrieb sieht anders aus: Die größte Bedeutung hatte hier mit über der Hälfte der Umsätze der Bereich Biomasse, es folgten Windenergie, Photovoltaik und Wasserkraft. Der Bereich Geothermie erzielte (nach Angaben der BMU-Studie) kaum noch Umsätze in Verbindung mit dem Anlagenbetrieb (BMU 2008).

Auf der Grundlage von Expertenschätzungen aus den unterschiedlichen Teilsparten sowie Mitgliederzahlen der Wirtschaftsverbände kommen Bühler et al. (2007) zu einer Gesamtzahl von 20.000 *Unternehmen*, bei denen erneuerbare Energien ein zentrales Geschäftsfeld darstellen.

- Davon sind ca. 10.000 Unternehmen der Solarbranche zuzuordnen (allein rund 8.000 Handwerksbetriebe).
- Die Bioenergiebranche umfasst rund 5.000 Betriebe (ca. 4.000 landwirtschaftliche Betriebe („Energiewirte"), rund 500 Unternehmen im Bereich Biokraftstoffe, 500 im Bereich Anlagenbau und -service Biogas sowie 100 im Bereich Holzpellets/ Heizungsanlagen).
- Im Bereich Windenergie sind um die 3.500 Betriebe tätig, davon allein ca. 2.000 Betreiber der Anlagen.
- Die Wasserkraftbranche umfasst 1.000 Unternehmen (davon rund 750 Betreiber).
- Dem Bereich Geothermie lassen sich 500 Betriebe zuordnen.

Bereits diese wenig ausdifferenzierten Zahlen einer begrenzten Auswahl von EE-Akteuren zeigen, dass mehr als die Hälfte dieser Unternehmen Dienstleister sind, und zwar mindestens die Solar-Handwerksbetriebe (8.000) sowie die Betreiber von Wasser- und Windkraftanlagen (zusammen fast 3.000).

In unterschiedlichen volkswirtschaftlichen Studien werden die *Beschäftigungseffekte* im Bereich erneuerbare Energien abgeschätzt. Sie kommen – insbesondere hinsichtlich der Netto-Beschäftigungseffekte des Ausbaus erneuerbarer Energien – teilweise zu sehr unterschiedlichen Ergebnissen.

Die Arbeitsplatzeffekte des Ausbaus der erneuerbaren Energien wurden in einer großen Studie im Auftrag des BMU anhand von Input-Output-Analysen ermittelt (vgl. BMU 2006a; sowie dessen follow up: Kratzat et al. 2007; O'Sullivan et al. 2009).[7] Die Studie kommt zu dem Ergebnis, dass im Jahr 2004 157.000 Arbeitsplätze durch den Ausbau der erneuerbaren Energien (Bruttobeschäftigung) erzielt wurden. Fortführungen der Studie kommen für das Jahr 2006 auf einen Anstieg der Anzahl Beschäftigter auf rund 235.640 Personen, bis 2008 sogar auf 278.000 Personen (siehe Tabelle 1). Damit wuchs die Beschäftigungswirkung der EE-Branche innerhalb von vier Jahren um 118.000 bzw. um über 70 %. Die größte Beschäftigungswirkung in der EE-Branche haben die Bereiche Bioenergie, Windenergie und Solarenergie, auf die jeweils fast ein Drittel entfällt. Die stärksten Zuwachsraten gegenüber 2004 erzielten die Bereiche Geothermie (> 400 %) und Solarenergie (fast 200 %). In den Bereichen Windenergie und Biomasse war in den Jahren 2004 bis 2006 noch ein starkes Wachstum zu beobachten, seitdem stagnieren jedoch die Beschäftigtenzahlen. Der Wasserkraftmarkt zeigt hingegen über den Untersuchungszeitraum hinweg wenig Dynamik.

Tabelle 1: Brutto-Beschäftigung durch den Ausbau der erneuerbaren Energien

	2008	**2006**	**2004**
Wind	85.100	82.100	63.900
Biomasse *Darunter Brennstoffbereitstellung/ Kraftstoffe*	95.800 *53.700*	95.400 *50.200*	56.800 *22.600*
Solarenergie	74.400	40.200	25.100
Wasser	9.300	9.400	9.500
Geothermie	9.100	4.200	1.800
Beschäftigte durch öffentliche / gemeinnützige Mittel	4.300 *(übernommen aus 2006)*	4.340	3.390
Gesamt	278.000	235.640	160.490
Zusätzlich: Ausbau von Produktionskapazitäten	k. A.	23.515	5.812

Quellen: Kratzat (2007), O'Sullivan et al. (2009)

In den Szenarien der Studie aus dem Jahr 2006 wurden Bruttobeschäftigungseffekte durch den EE-Ausbau bis 2010 in Höhe von 170.000 (Referenzszenario) bzw. 260.000 (Ausbau-

7 Die Daten dieser Studie beruhen auf einer Befragung von 1.100 Unternehmen, darunter auch Dienstleister (Projektierer, Planer, Anlagenbetreiber, Finanzierer, Versicherer und Händler).

szenario) berechnet.[8] Nettobeschäftigungseffekte in Höhe von 55.000 bis 65.000 Arbeitsplätzen wurden für das Ausbauszenario abgeschätzt, so dass diese Studie (im Gegensatz zu zwei älteren Studien[9]) zu positiven Netto-Beschäftigungseffekten durch den Ausbau erneuerbarer Energien kommt. Ein wichtiger Grund für diese positiven Effekte liegt in dem angenommenen hohen Exportquoten der EE-Branche (BMU 2006a).

In der Studie im Auftrag des BMU werden EE-Dienstleistungen zwar teilweise berücksichtigt, auf diese wird aber nicht differenziert eingegangen (vgl. BMU 2006a; sowie dessen follow up: Kratzat et al. 2007). So wird hinsichtlich der Investitionen in neue Anlagen lediglich auf die Anlagenhersteller genauer eingegangen, welche Dienstleistungen dabei als Vorleistungen berücksichtigt wurden ist aus der Studie nicht ersichtlich. Bezüglich des Anlagenbetriebs wird lediglich die Wartung und Instandhaltung als der zentrale Wertschöpfungsbereich angegeben, inwiefern weitere Dienstleistungen berücksichtigt werden – und welche – wird in der Studie ebenfalls nicht erwähnt. Handwerksbetriebe, welche immerhin fast die Hälfte der EE-Unternehmen ausmachen, wurden in der empirischen Erhebung nicht berücksichtigt (BMU 2006a). In den Studien zum EE-Markt finden sich insgesamt kaum Angaben zur Bedeutung von Dienstleistungen.

1.4 Internationalisierung der deutschen EE-Branche[10]

Derzeit gibt es weltweit eine Vielzahl an wachsenden Märkten für erneuerbare Energien. Die EE-Technologien haben sich in Deutschland in den letzten Jahren zu einem wichtigen Industriezweig mit enormen Wachstumsraten entwickelt. Auch im internationalen Vergleich zählen EE-Technologien und -Dienstleistungen aus Deutschland zur Weltspitze. Dennoch war der *Exportanteil* der Branche im Jahr 2004 mit etwa 20 % noch vergleichsweise gering, wobei das Exportgeschäft im Bereich erneuerbare Energien jedoch stetig an Bedeutung gewinnt (dena 2005). Im Jahr 2005 erreichten Hersteller von EE-Anlagen eine durchschnittliche Exportquote von 50 %, bis 2012 wird auf der Basis der Unternehmensangaben eine Steigerung auf 70 % prognostiziert (BEE 2006b). Diese Anteile entsprechen einem Umsatz von 4,6 Mrd. Euro im Jahr 2005 bzw. 17 Mrd. Euro im Jahr 2012. Die Ex-

---

8 Beide Werte wurden bereits im Jahr 2008 überschritten.

9 So kamen zwei ältere Studien, die nicht auf eine entsprechend breite empirische Datenbasis zurück greifen konnten, noch zu (langfristig) negativen Nettobeschäftigungseffekten: In einer Studie von Pfaffenberger et al. wurde die Entwicklung von Arbeitsplätzen und Beschäftigung im Bereich erneuerbarer Energien untersucht (Pfaffenberger et al. 2003). Die Studie kommt für die meisten EE-Technolgien zu negativen Beschäftigungseffekten, insbesondere da die Opportunitätskosten für regenerativ erzeugten Strom sehr niedrig angesetzt werden und damit der Budget-Effekt (Verdrängung von Wertschöpfung aus anderen Konsumbereichen in die regenerative Energieerzeugung) hoch ausfällt. Ebenso kommt ein Gutachten des Instituts für Wirtschaftsforschung Halle (IWH 2003) zu dem Ergebnis, dass durch den Ausbau der erneuerbaren Energien langfristig keine positiven Beschäftigungseffekte erreicht werden können und allenfalls mit kurzfristigen Beschäftigungseffekten zu rechnen ist.

10 Kapitel 1.4 entstand unter Mitarbeit von Florian Wetzig.

portumsätze der gesamten Branche lagen im Jahr 2006 bereits bei 6 Mrd. Euro (BEE 2007). Seitens der Unternehmen hat das Thema Export ebenfalls eine große Bedeutung: So stuften 85 % der in einer Erhebung der dena befragten Unternehmen (n = 193) das Export- und Auslandsgeschäft als „sehr wichtig" oder „wichtig" ein (dena 2007).[11]

Abbildung 6: Derzeitiges und zukünftiges Exportvolumen im Umsatz nach EE-Branchen

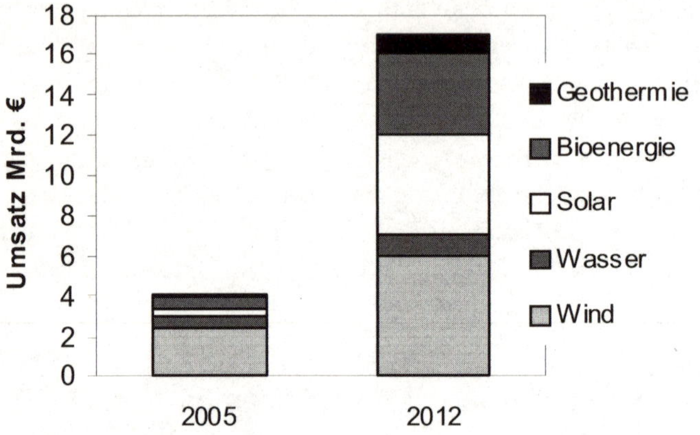

Quelle: Eigene Darstellung, Daten: BEE (2006b)

Im Hinblick auf Exportquoten sind die Wasser- und Windenergie bisher starke Exportbranchen, während die Bioenergie und Solarenergie im Vergleich dazu noch eher exportschwach sind (dena 2007). Wie eine Prognose des BEE für das Jahr 2012 zeigt, ist davon auszugehen, dass sich diese Verhältnisse in den nächsten Jahren verändern. Die größten Umsatzsteigerungen durch Export von erneuerbaren Energie-Anlagen sind sowohl in den Bereichen Windkraft als auch Bio- und Solarenergie zu erwarten (vgl. Abbildung 6). Gründe für die steigenden Exportanteile sind die technologischen Innovationen und Kostenreduktionen aufgrund der hohen Inlandsnachfrage in Deutschland, durch die Vorteile gegenüber konkurrierenden Unternehmen in Auslandsmärkten erreicht wurden. Deutschland konnte sich dementsprechend im Bereich der erneuerbaren Energien teilweise den Status eines Leadmarktes sichern.

Im Bereich *Windenergie* wurde in den Jahren 2003 und 2004 ein Rückgang der Neuinstallationen von Anlagen auf dem deutschen Inlandsmarkt beobachtet. Durch eine Erhöhung der Exportaktivitäten durch die Anlagenhersteller und Zulieferer konnten die negativen Auswirkungen auf den Inlandsmarkt jedoch begrenzt werden, so dass der Gesamtumsatz der Windenergiebranche im Jahr 2004 bei 4,6 Mrd. € lag (2003: 4,8 Mrd. €) (Deutscher Bundestag 2005). Im Gegensatz zum deutschen Windenergiemarkt wächst der weltweite Markt derzeit um rund 30 % im Jahr, wobei vor allem Europa und USA Wachs-

---

[11] Bei diesem Ergebnis ist allerdings zu berücksichtigen, dass hauptsächlich exportorientierte Unternehmen an der Befragung teilnahmen.

tumsmärkte darstellen. Deutsche Hersteller und Zulieferer waren im Jahr 2006 mit 37 % Umsatzanteil maßgeblich am weltweiten Markt für Windenergieanlagen beteiligt (DEWI 2007). Die deutschen Windenergieunternehmen hatten 2006 eine Exportquote von 74 % bei den Anlagen. Damit ist die Exportquote im Vergleich zum Jahr 2004, in dem sie noch bei 60 % lag, stark angestiegen (Deutscher Bundestag 2005). Als Zielländer sind in erster Linie die EU-(15) Länder zu nennen, angeführt von Spanien, gefolgt von Frankreich, Italien, Großbritannien und Portugal. Außerhalb Europas sind viele Unternehmen in den USA, Brasilien, China und Japan aktiv (Deutscher Bundestag 2005).

Im Bereich der *photovoltaischen Stromerzeugung* wird sowohl in Deutschland als auch global betrachtet ein weiterer Zuwachs der jährlichen Installationen prognostiziert – insbesondere der Anteil netzgekoppelter Systeme soll hier an Bedeutung gewinnen. Die gegenwärtigen Exportanteile unterscheiden sich in den Produktionsstufen, wie Siliziumherstellung, Solarzellenproduktion und Systemkomponentenherstellung. In allen Bereichen konnten sich deutsche Unternehmen etablieren, dennoch liegt der Exportanteil der gesamten Branche derzeit nur bei etwa 15 % (dena 2007), für das Jahr 2007 wurden bereits 35-40 % erwartet (BMU 2006a) und die Industrie (Hersteller) erreichte im Jahr 2007 bereits eine Exportquote von 43 % (BSW 2009). Die wichtigsten Zielländer stellen wiederum die EU-(15) Länder dar, insbesondere Spanien, aber auch außereuropäische Länder wie die USA und China gewinnen als Auslandsmärkte an Bedeutung (Deutscher Bundestag 2005).

Im Bereich der *Solarthermie* erhöhte sich im Jahr 2003 die weltweit installierte thermische Leistung auf Basis verglaster Solarkollektoren um 14,7 % auf insgesamt ca. 59 GW (85,2 Mio. m^2). Dies ist hauptsächlich auf den erheblichen Ausbau der Nutzung von solarthermischen Anlagen in China und auch in den EU-(15) Ländern – in erster Linie in Spanien – zurückzuführen. Der gegenwärtige Exportanteil wird mit 10-20 % von Verbandsseite noch als relativ gering eingeschätzt (vgl. Deutscher Bundestag 2005). Allerdings unterscheidet er sich stark nach Produktionsschritten. Die Exportquote der Kollektorhersteller erreichte 2005 bereits 28 % (Epp/ Meyer 2007). Dagegen haben viele Dienstleister bisher wenig Exporterfahrung (BSW 2006a). Als Zielländer sind die EU (15) Länder, angeführt durch Spanien, und außereuropäische Staaten wie die USA, China und Japan zu nennen (Deutscher Bundestag 2005).

Die Nutzung der *Bioenergie* erstreckt sich auf zahlreiche Anwendungsgebiete wie die Kraftstofferzeugung, die Wärmebereitstellung und die Stromerzeugung. Dementsprechend gilt die Bioenergie als die weltweit wichtigste erneuerbare Energiequelle. Gleichzeitig werden biogene Brennstoffe derzeit traditionell meist in nicht nachhaltiger Weise z.B. zum Kochen und Heizen eingesetzt. Die derzeitige Exportquote im Bereich der Bioenergie wird insgesamt als gering eingeschätzt und lag im Jahr 2007 nach Angaben des BBE (www.bioenergie.de) bei rund 10 %. Von Seiten der Verbände werden für die gesamte Bioenergiebranche zukünftig Exportanteile zwischen 25 und 70 % prognostiziert, wobei die große Spannweite auf die vielfältigen Anwendungsmöglichkeiten zurückzuführen ist:

- Im Bereich der energetischen Nutzung *fester Biomasse* waren die Exportquoten 2004 mit 4 % insgesamt noch sehr gering, wobei durchschnittlich die Produzenten (11 %) und Händler (9 %) etwas höhere Exportquoten aufwiesen als die Dienstleistungsunternehmen (2 %) (BMU 2006a). Trotz der bisher geringen Exportqouten halten die meisten in einer Umfrage der dena befragten Unternehmen (80 %), die im Bereich fester Biomasse tätig sind, das Auslandsgeschäft für wichtig oder sehr wichtig (dena 2007).

- Die Exportquote der *Biogasbranche* lag 2004 ebenfalls nur bei 5 % (BMU 2006a). Unter Berufung auf den Fachverband Biogas gibt die dena an, dass die Exportquote 2006 schon bei 10 % lag und voraussichtlich demnächst auf 30 % steigen wird (dena 2007).
- Im Bereich der *Biokraftstoffunternehmen* lag die Exportquote im Jahr 2004 bei 1 % (BMU 2006a).

Wichtigste Zielländer sind die europäischen Länder Polen, Frankreich, Italien und Spanien und außerhalb Europas Japan und die USA (Deutscher Bundestag 2005).

Der Markt für Anlagen zur Stromerzeugung durch *Wasserkraft* gilt innerhalb der OECD Länder derzeit als gesättigt. Dennoch gibt es weltweit insgesamt ein hohes Wachstum, insbesondere in Schwellen- und Entwicklungsländern. Der Export ist in der Branche schon seit vielen Jahren zentral. So beruhen 50 % der weltweit installierten Wasserkraftwerke auf deutscher Technologie, die Exportquote bei den Anlagen lag 2006 bei 79 % (Deutscher Bundestag 2005; BMU 2006a). Zielländer sind neben Spanien, Frankreich, Italien und Schweden auch die USA und Kanada (Deutscher Bundestag 2005).

Die Nutzung der *Geothermie* zur Stromerzeugung belief sich im Jahr 2004 weltweit auf ca. 56,8 TWh Strom, was einem Anteil von 0,3 % an der weltweiten Stromerzeugung entspricht. Für diese Branche wird ein erhebliches Ausbaupotenzial sowohl in der Bundesrepublik als auch weltweit prognostiziert (Deutscher Bundestag 2005). Die deutschen Unternehmen haben sich vor allem auf die Niedertemperatur-Geothermie spezialisiert, welche weltweit hohe Potenziale aufweist. Der Exportanteil über die gesamte Branche liegt bei rund 32 % (BMU 2006a). Die wichtigsten Zielmärkte liegen in Europa (dena 2007). Im Bereich der Geothermie (Wärme) haben neben Deutschland Schweden, Frankreich und Finnland ein sehr hohes Marktwachstum. Die Exportquote von Wärmepumpen lag 2006 bei 20 %, die Importquote aufgrund der hohen Nachfrage gleichzeitig bei knapp 70 % (Kratzat et al. 2007).

Deutliche Unterschiede bestehen also bisher zwischen den Exportaktivitäten der verschiedenen EE-Sparten. Während in einigen Bereichen die Unternehmen bereits heute vorwiegend international aktiv sind (Wasserkraft) oder der Export bereits eine wichtige Rolle spielt (Windenergie, Photovoltaik), nehmen in anderen Sparten die meisten Unternehmen erst langsam Exportaktivitäten auf (Bioenergie, Solarthermie).

Julika Weiß, Bernd Hirschl, Wilfried Konrad

2 Die Rolle und Bedeutung von Dienstleistungen in EE-Märkten

An dieser Stelle werden nun die Rolle und die Bedeutung von Dienstleistungen in den verschiedenen Teilmärkten der erneuerbaren Energien genauer analysiert. Dabei wird eine Zusammenfassung der einzelnen Teilmarktanalysen vorangestellt, in der gleichzeitig auch die Schwerpunkte und Methoden der Untersuchung dargestellt sind. Im ersten Teil wird das Spektrum der aus den EE-Marktanalysen ermittelten, ökonomisch relevanten Dienstleistungen zusammengefasst. Darüber hinaus wird die wirtschaftliche Bedeutung der Dienstleistungen erstmalig abgeschätzt und mit den Ergebnissen anderer Studien verglichen.[12] Im zweiten Teil folgen die Einzelanalysen der verschiedenen EE-Teilmärkte. Im Rahmen dieser Analysen zu den verschiedenen erneuerbaren Energien- und relevanten Querschnittsmärkten werden jeweils das (ökonomisch) relevante Dienstleistungsspektrum, zentrale Marktdaten hinsichtlich der Dienstleistungen und ihre ökonomische Bedeutung behandelt.

2.1 Spektrum und ökonomische Bedeutung von EE-Dienstleistungen

2.1.1 Dienstleistungsspektrum entlang der Wertschöpfungskette

Im Bereich der erneuerbaren Energien spielt ein breites Spektrum an Dienstleistungen eine Rolle, wobei bisher noch keine Klassifikation dieser Dienstleistungen vorlag. Im Rahmen des Projekts EXPEED erfolgte deshalb zunächst ein Screening des Angebots an Dienstleistungen anhand der Auswertung diverser Branchenverzeichnisse im Internet und in Fach-

[12] Die Ergebnisse stammen unter anderem aus einer Breitenbefragung mit Unternehmen aus dem EE-Dienstleistungsbereich (n = 86) aus den Jahren 2006 und 2007. Das Ziel der Unternehmensbefragung war die Gewinnung von Kenntnissen zum Dienstleistungsspektrum in den unterschiedlichen EE-Bereichen sowie zu Aspekten des Exports der spezifischen EE-Dienstleistungen. Dabei wurden Informationen zum angebotenen Dienstleistungsspektrum, Umfang dieser Dienstleistungen, Exportfähigkeit und -relevanz der angebotenen Dienstleistungen, Exporthemmnissen und Erfolgsfaktoren, Zielländern sowie Internationalisierungsstrategien abgefragt. Die Befragung erfolgte leitfadengestützt telefonisch oder face-to-face. Die Unternehmen wurden auf der Basis eines Breitenscreenings, mittels dessen die relevanten Dienstleistungen identifiziert wurden, ausgewählt.

zeitschriften.[13] Dabei wurden die genannten Dienstleistungen der Unternehmen systematisch erfasst und anschließend zu Kategorien gebündelt. Insgesamt wurden die in Tabelle 2 dargestellten Dienstleistungen und Kategorien identifiziert.

Tabelle 2: Dienstleistungskategorien

Hauptkategorien	**Dienstleistungsbeispiele**
Bildung	Aus- und Weiterbildung Mitarbeiterschulung
Forschung und Entwicklung	Materialforschung Komponentenentwicklung Marktstudien
Machbarkeitsstudien	
Standortgutachten	energietechnische Gutachten (Ertragsprognosen) Bodengutachten Umweltauswirkungen (Umweltverträglichkeitsprüfung – UVP)
Projektplanung	Überwachung der Planungsphasen bis zur Baureife eines Vorhabens
Projektierung	Überwachung der Durchführungsphasen bis zur schlüsselfertigen Übergabe
Projektfinanzierung	Aushandlung von Abnahmeverträgen Fondsmanagement Management von Betreibergesellschaften
Projektversicherung	Anlagenversicherung
Beratungstätigkeiten	Wirtschaftsprüfung Steuerberatung Rechtsberatung
Bauausführung	technische Gesamtkonstruktion Anlagenaufbau
Netzanbindung	Netzanbindung der Anlage und Installation Installation von Übergabestationen
Netzservice, -wartung	Vor-Ort-Service Fernwartung, -überwachung
technische Betriebsführung	Vor-Ort-Wartung / Reparatur Anlagenreinigung

[13] Verwendet wurden vor allem die Branchenverzeichnisse auf den Internetseiten www.solarserver.de, www.iwr.de und www.husumwind.com sowie in den Zeitschriften „Neue Energie“ und „Sonne Wind und Wärme“.

Hauptkategorien	**Dienstleistungsbeispiele**
kaufmännische Betriebsführung	Abrechnung der Stromeinspeisung administrative Tätigkeiten
Handel	Anlagen Komponenten
Transport/ Logistik	Spezialtransport sonstige Schwertransporte
Vertrieb	Anlagen Komponenten / Teile
Zertifizierungen, Messungen	Ertragskontrolle
Öffentlichkeitsarbeit	Pressemitteilungen Informationen vor Ort (Besucher, Bevölkerung)
Anlagen-Demontage	Abbau und Abfuhr der Anlage Wiederherstellung des natürlichen Zustandes

Quelle: Eigene Zusammenstellung auf Basis von Kapitel 2.2

Dieses Spektrum kann anhand des Einsatzbereichs entlang der Wertschöpfungskette der Anlagen grundsätzlich aufgeteilt werden in anlagenbezogene Dienstleistungen, produktionsbezogene Dienstleistungen und übergreifende oder Transfer-Dienstleistungen (siehe Abbildung 7). Zu den anlagenbezogen Dienstleistungen gehören solche, die im Rahmen der Planung (inkl. Machbarkeitsstudien und Standortgutachten), Finanzierung, Errichtung (Projektierung, Bausausführung, etc.), dem Betrieb und ggf. Rückbau/ Entsorgung/ Weiterverkauf der EE-Anlagen anfallen. Die produktionsbezogenen Dienstleistungen werden im Rahmen der Planung und Errichtung der Produktionsstätten und -anlagen oder im Rahmen des Betriebs der Produktionsanlage (der eigentlichen Produktion) erbracht. Zu den übergreifenden Dienstleistungen zählen Bildung, Forschung, sowie viele Beratungsangebote und Finanzierungsdienstleistungen.

Das Spektrum der anlagenbezogenen Dienstleistungen im Bereich der erneuerbaren Energien unterscheidet sich innerhalb der einzelnen Sparten häufig nach:

- *Anlagengröße*: für kleinere Anlagen (häufig in Privathaushalten) gibt es meist ein sehr viel weniger ausdifferenziertes Dienstleistungsspektrum als für größere Anlagen, bei denen Aspekte wie die Finanzierung und Genehmigung von größerer Bedeutung sind, die Konzeption meist individueller erfolgt und die Errichtung aufgrund der in der Regel größeren Anzahl an Akteuren und Tätigkeiten einen größeren Organisationsaufwand erfordert.
- *Technik*: z. B. im Bereich der Geothermie (Niedrigtemperatur vs. heiße Vorkommen) oder der solarthermischen Kraftwerke (Parabolrinnen, Fresnelsysteme, Dish-Sterling-Systeme etc.)

Abbildung 7: Zentrale Dienstleistungsbereiche entlang der Wertschöpfungskette der EE-Anlagen

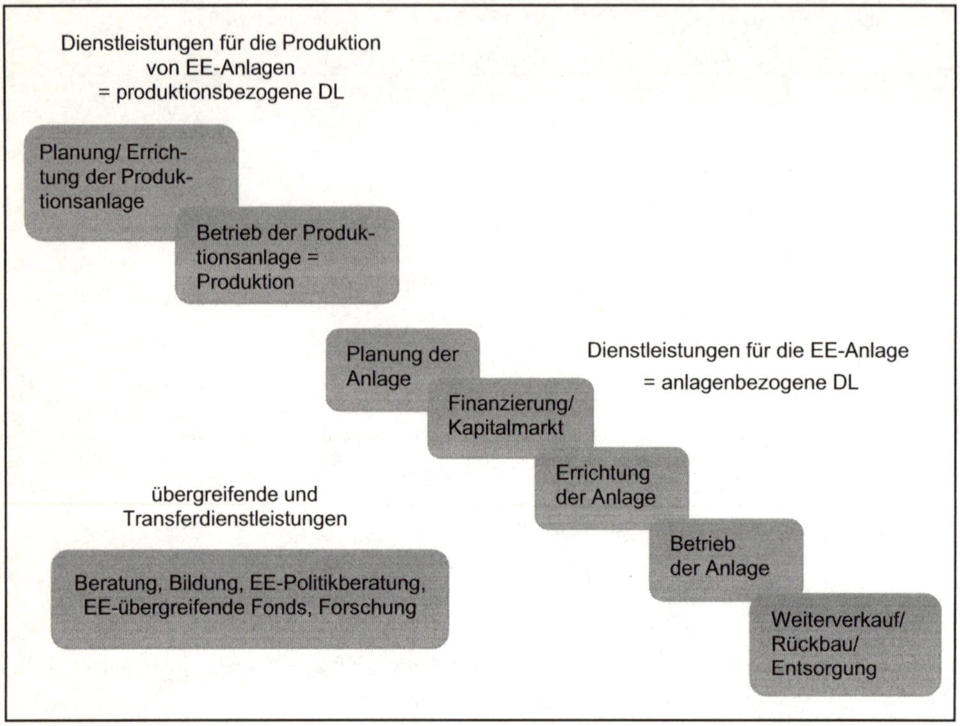

Quelle: Eigene Darstellung

Die aus den Untersuchungen der einzelnen EE-Märkte aufgrund ihrer Bedeutung für den jeweiligen Markt als besonders relevant ermittelten Dienstleistungen und Kategorien werden in den folgenden Kapiteln genauer dargestellt. Insgesamt zeigt sich, dass die Planung und Errichtung von Anlagen in den meisten EE-Sparten die zentralen Dienstleistungen darstellen. Häufig werden alle anlagenbezogenen Dienstleistungen zusammen als Komplettpaket angeboten („schlüsselfertige Errichtung"), zum Teil beschränkt sich dies auf Dienstleistungen während des Betriebs (z.B. Wartungsvertrag). Dienstleistungen rund um den Betrieb sind ebenfalls für alle Anlagen relevant. Produktionsbezogene Dienstleistungen sind teilweise ebenfalls von großer wirtschaftlicher Bedeutung und hoch spezialisiert, z.B. die Planung von Produktionsanlagen für Solarzellen oder die Entwicklung von Windenergieanlagen.

Neben diesen anlagen- bzw. produktionsbezogenen Dienstleistungen für einzelne EE-Sparten gibt es noch einige wichtige spartenübergreifende und weniger anlagen- oder produktionsbezogene EE-Dienstleistungen. Im vorliegenden Projekt wurden übergreifend die Bereiche Bildung, Forschung und Finanzierung betrachtet (vgl. obige Abbildung). *Bildung* gliedert sich dabei in die Dienstleistungsbereiche Hochschulbildung, berufliche Aus- und Weiterbildung, *Finanzierung* in Projekt- und Unternehmensfinanzierung und *Forschung und Entwicklung* in die Forschung an universitären und außeruniversitären

Forschungseinrichtungen sowie die privatwirtschaftliche Forschung und Entwicklung. Daneben nutzen die Unternehmen der EE-Branche unternehmensorientierte Dienstleistungen (bspw. Rechtsberatung und Wirtschaftsprüfung), die jedoch in der Regel nicht auf den EE-Markt spezialisiert sind.

2.1.2 Dienstleistungsunternehmen der EE-Branche

Das breite Spektrum an Dienstleistungen wird von einer Vielzahl an Dienstleistungsunternehmen angeboten. Im Folgenden werden deren Dienstleistungsangebote, Größe und zentrale Kunden dargestellt. Diese Angaben beruhen auf zwei Befragungen von Unternehmen, die im Rahmen der Selbst- bzw. Fremdevaluation der Exportinitiative für erneuerbare Energien durchgeführt wurden (vgl. dena 2007; VDI/VDE/IT 2007a), sowie auf der Befragung von Dienstleistungsunternehmen im Rahmen des EXPEED-Projekts:

- Im Rahmen der *Befragung von EE-Unternehmen durch die dena* zur Erstellung eines Berichtes an den Bundestag im Jahr 2006 (dena 2007) beantworteten 193 von 700 angesprochen Unternehmen den zugeschickten Fragebogen. Angesprochen wurden Unternehmen, die aufgrund ihres Kontakts mit der Exportinitiative bzw. der dena in einer Datenbank gespeichert waren. Im Rahmen einer Sonderauswertung der Befragung für das Projekt EXPEED fand eine Einteilung der Unternehmen in Dienstleistungsanbieter und Hersteller statt.
- Innerhalb einer *Evaluierung der Exportinitiative durch VDI/ VDE-IT* im Jahr 2007 wurden 244 EE-Unternehmen befragt (VDI/VDE/IT 2007a). Zur Unternehmensansprache wurde ebenfalls die Kundendatei der dena verwendet. Auch diese Erhebung wurde für das Projekt EXPEED speziell hinsichtlich der Antworten der Dienstleistungsunternehmen nachgelagert ausgewertet. Dafür stellte VDI/ VDE-IT die Rohdaten anonymisiert zur Verfügung.
- Im Rahmen des *EXPEED-Projektes* wurden zwischen Mai 2006 und März 2007 insgesamt 86 Unternehmen, die Dienstleistungen im Rahmen der erneuerbare Energien-Branchen anbieten, telefonisch, persönlich und schriftlich befragt. Das Ziel der Unternehmensbefragung war die Gewinnung von Kenntnissen zum Dienstleistungsspektrum in den unterschiedlichen EE-Bereichen sowie zu Aspekten des Exports der spezifischen EE-Dienstleistungen.

Im Rahmen der dena-Erhebung wurden diejenigen Unternehmen als *Dienstleister* definiert, die Projektentwickler, Planer, Finanzierer, Betreiber, Händler, Consultants oder sonstige Dienstleister als Geschäftsfeld angaben. Dies waren 87 % der Unternehmen, wobei 35 % sowohl Dienstleister als auch Hersteller angaben, 52 % sich als reine Dienstleister und nur 13 % als reine Hersteller bezeichneten. Reine Hersteller machen in allen Sparten nur einen kleinen Anteil der Unternehmen aus, insgesamt unterscheidet sich jedoch die Aufteilung zwischen den EE-Sparten: Abbildung 8 zeigt, dass nur 50 % der PV-Unternehmen, aber fast 80 % der Windenergieunternehmen reine Dienstleister sind. Dagegen sind im PV-Bereich viele Unternehmen Hersteller und Dienstleister zugleich (40 %), was im Bereich der Windenergie eher unüblich ist. Zu berücksichtigen ist bei diesen Ergebnissen allerdings, dass an der Befragung nur Unternehmen aus der dena-Datenbank teilnahmen. In dieser fehlen jedoch Handwerksbetriebe weitgehend, die im Solarbereich einen Großteil der (reinen) Dienstleister ausmachen.

Abbildung 8: Technologiebereiche der an einer dena-Befragung teilnehmenden EE-Unternehmen

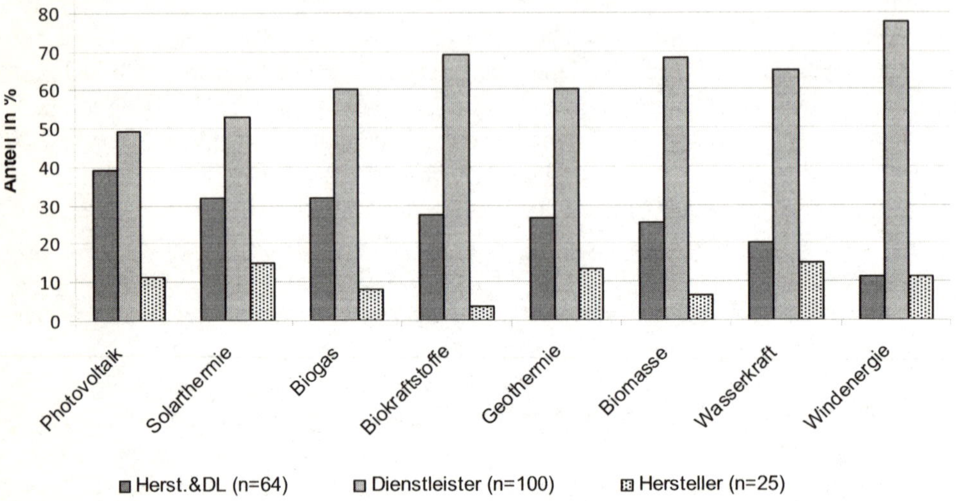

Quelle: Eigene Darstellung; Daten aus einer Erhebung der dena (vgl dena 2007)

Die Verteilung der Unternehmen nach *Geschäftsfeldern* (vgl. Abbildung 9) zeigt, dass besonders viele EE-Unternehmen im Bereich der Projektplanung und Projektentwicklung tätig sind (jeweils mehr als die Hälfte der befragten Unternehmen). Auch bei der Erhebung des VDI/ VDE-IT gaben die Unternehmen auf die Frage nach ihren Tätigkeitsfeldern am häufigsten „Projektplanung“ und „Projektentwicklung“ an (Mehrfachnennung möglich). Es folgen die Geschäftsfelder Herstellung von Komponenten (43 %) bzw. Anlagen (39 %), Consultant (rund 35 %), Betreiber (gut 30 %), Installation u.ä. (knapp 30 %) und Händler (rund 25 %). Insgesamt dominieren damit die Dienstleistungsunternehmen, insbesondere die Projektplaner und -entwickler, die EE-Branche hinsichtlich der Anzahl der Unternehmen. Allerdings fehlen in der Datenbank der dena, auf die beide Befragungen zurückgriffen, die Handwerksunternehmen fast vollständig.

Die in der EXPEED-Erhebung erfragten Dienstleistungen wurden *Kategorien* zugeordnet (insgesamt 154 Dienstleistungen), wobei einige Unternehmen Dienstleistungen in mehreren Bereichen anbieten (siehe Abbildung 10). Es wurden insbesondere viele Unternehmen mit einem Dienstleistungsangebot im Bereich der Planung und Errichtung befragt, selten dagegen sind die befragten Unternehmen in Bereichen der Finanzierung, Handel und Vertrieb, Herstellung und Zulieferung sowie im Versicherungswesen aktiv. Die Dominanz von Planern und Projektentwicklern in der Stichprobe stimmt mit deren hohem Anteil an den EE-Unternehmen in den beiden anderen Befragungen überein.

Abbildung 9: Geschäftsfelder der an einer dena-Befragung teilnehmenden Unternehmen

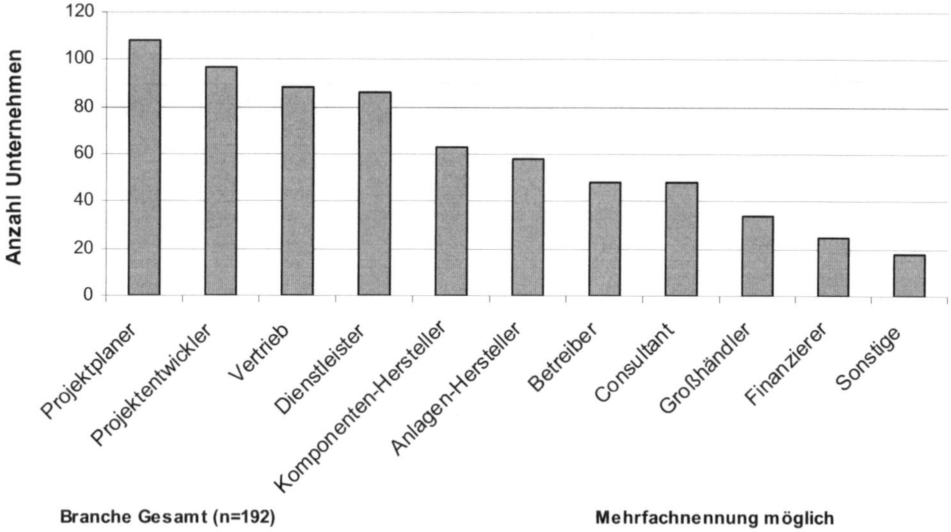

Quelle: Eigene Darstellung; Daten aus einer Erhebung der dena (vgl dena 2007)

Abbildung 10: Dienstleistungsangebot der befragten Unternehmen

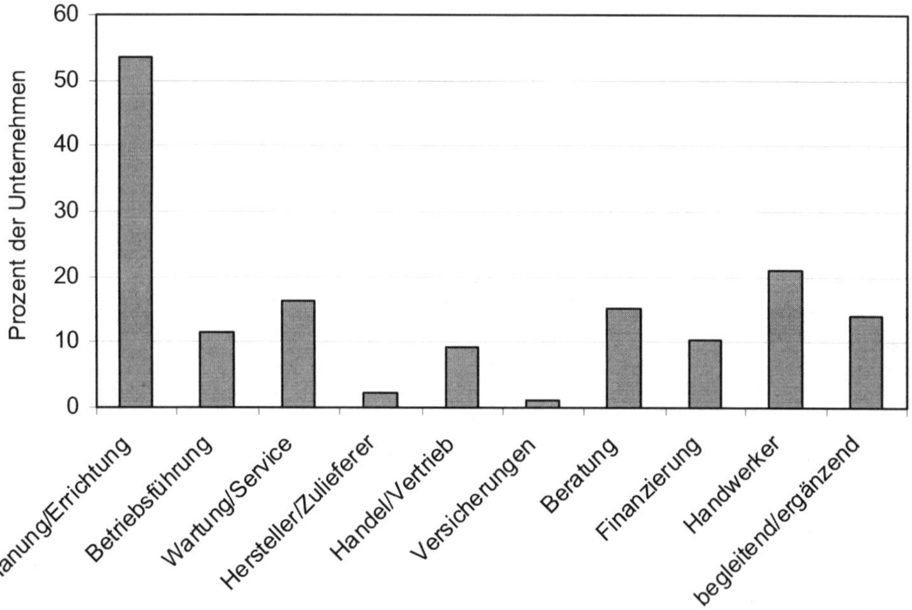

Quelle: Eigene Darstellung nach Daten aus EXPEED-Befragung; n = 86, Mehrfachnennungen möglich

Hinsichtlich der *Größe der Unternehmen* zeigt die Auswertung der Erhebung der dena, dass es sich bei den reinen Dienstleistern durchschnittlich um deutlich kleinere Unternehmen als bei den reinen Herstellern handelt, und zwar sowohl hinsichtlich der Zahl der Mitarbeiterinnen und Mitarbeiter (siehe Abbildung 11) als auch der Umsätze. Auch von den in der Erhebung des VDI/ VDE/ IT (VDI/VDE/IT 2007a) befragten Unternehmen verfügt nur rund die Hälfte über mehr als 50 Mitarbeiterinnen und Mitarbeiter, 29 % der Unternehmen sind Kleinstunternehmen mit weniger als zehn Mitarbeiterinnen und Mitarbeiter. Insgesamt dominieren damit bei den EE-Unternehmen kleine und mittlere Unternehmen.[14]

Abbildung 11: Anzahl der Mitarbeiterinnen und Mitarbeiter der von der dena befragten Unternehmen

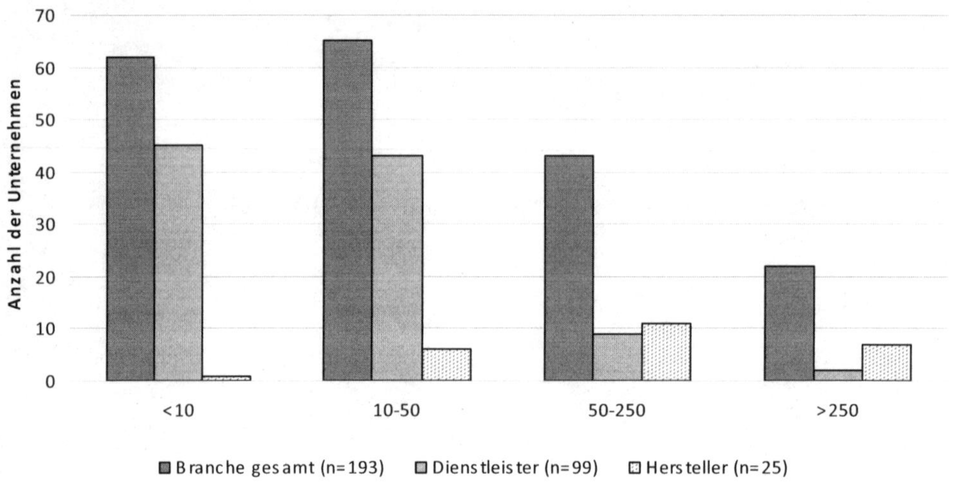

Quelle: Eigene Darstellung; Daten aus einer Erhebung der dena (vgl dena 2007)

Die im Rahmen des Projekts EXPEED befragten Unternehmen konnten anhand ihrer Unternehmensgröße in drei ungefähr gleich große Gruppen eingeteilt werden: „klein" (< 10 Mitarbeiter), „mittel" (10 bis 50 Mitarbeiter) und „groß" (> 50 Mitarbeiter). Bei fast allen befragten Unternehmen handelt es sich um KMU (< 250 Mitarbeiter). Die Dienstleistungsunternehmen sind damit – ebenso wie in der dena-Erhebung – zu einem Großteil kleine Unternehmen mit weniger als 50 Mitarbeitern.

Kunden der EE-Dienstleistungsunternehmen, die im Rahmen der EXPEED-Erhebung befragte wurden, waren im Inland häufig institutionelle bzw. öffentliche (64 %),

[14] Nach der Definition der EU-Kommission werden als kleine und mittlere Unternehmen (KMU) solche mit weniger als 250 Beschäftigten sowie maximal 50 Mio. € Umsatz (oder 43 Mio. € Bilanzsumme) betrachtet. Diese können wiederum aufgeteilt werden in Kleinstunternehmen: (weniger als 10 Beschäftigte), kleine Unternehmen (weniger als 50 Beschäftigte) und mittlere Unternehmen (vgl. http:/ / ec.europa.eu/ enterprise/ entrepreneurship/ facts_figures.htm).

zu 51 % gewerbliche und zu 37 % private Nachfrager, wobei hier Mehrfachnennungen möglich waren. Dabei wurden die Dienstleistungen der kleinen Unternehmen insbesondere von institutionellen bzw. öffentlichen Kunden nachgefragt (87 %), bei den mittelgroßen Unternehmen sind die gewerblichen Kunden überdurchschnittlich stärker vertreten.

2.1.3 Wirtschaftliche Bedeutung der EE-Dienstleistungen

Im Rahmen der Marktanalyse erfolgt eine Abschätzung der wirtschaftlichen Bedeutung von Dienstleistungen in den verschiedenen EE-Märkten. Diese Abschätzung basiert zum einen auf den Ergebnissen der im Rahmen des Projektes EXPEED durchgeführten Erhebungen und Recherchen, zum anderen wurden aus einer Reihe anderer EE-Markt-Studien Daten und Indikatoren herangezogen. Die zentrale Studie über die Beschäftigungssituation im EE-Gesamtmarkt, die hier als Referenz- bzw. Orientierungspunkt dient, ist eine vom BMU beauftrage Studie aus dem Jahr 2007 (BMU 2006a; Kratzat et al. 2007), aus der Arbeitsplatzeffekte des Ausbaus erneuerbarer Energien sowie Umsatzwirkungen hervorgehen (zu dieser Studie siehe auch Kapitel 2.2.2). Da sich auch aus dieser Studie, die als die empirisch fundierteste Untersuchung zu den direkten und indirekten Beschäftigungseffekten erneuerbarer Energien anzusehen ist, kaum Aussagen zum Spektrum und zur ökonomischen Bedeutung von EE-Dienstleistungen treffen lassen, betreten wir mit den nachfolgenden Ausführungen Neuland in der diesbezüglichen Analyse der EE-Märkte. Deshalb soll im Folgenden zunächst die Vorgehensweise bei der Abschätzung der wirtschaftlichen Bedeutung dargelegt werden.[15]

2.1.3.1 Vorgehensweise und Methodik

Die zentralen Kenngrößen zur Beschreibung der wirtschaftlichen Bedeutung der EE-Dienstleistungen sind einerseits die Beschäftigtenzahlen, andererseits die Umsätze bzw. die Wertschöpfung[16], die mit den Dienstleistungen erzielt wird. Da die vorhandene Datenlage für das oben aufgezeigte breite und heterogene Spektrum der EE-Dienstleistungen bisher sehr dünn ist, wurden diese Kenngrößen im Rahmen des Projekts auf unterschiedlichem Weg ermittelt, wobei drei Herangehensweisen gewählt wurden:

- Für einzelne EE-Märkte konnte anhand der Ergebnisse der Unternehmensbefragung und auf der Grundlage von Expertengesprächen Aussagen getroffen werden.

[15] Wir danken an dieser Stelle Dr. Dietmar Edler, einem der zentralen Autoren der o.g. Studie und Mehtodenkenner dieser Thematik, der uns wertvolle Hinweise zu diesem Abschnitt gegeben hat.

[16] Die (Brutto-)Wertschöpfung ist der Produktionswert abzüglich der Vorleistungen und umfasst also nur den im Produktionsprozess geschaffenen Mehrwert. Neben dem Arbeitnehmerentgelt enthält dieser Wert noch Abschreibungen, Gewinne etc. Der Produktionswert wiederum ist die Summe des Werts der Verkäufe von Waren und Dienstleistungen aus eigener Produktion an andere Wirtschaftseinheiten, der produzierten und noch nicht verkauften Waren und der selbst erstellten Anlagen. (Statistisches Bundesamt 2008; IWH 2003)

- Die Wertschöpfungsanteile der Dienstleistungen bei der Planung und Errichtung sowie beim Betrieb der EE-Anlagen konnten teilweise aus Literaturdaten abgeleitet oder anhand der Angaben zur Kostenstruktur einzelner Anlagen abgeschätzt werden.
- In zwei Bereichen lagen differenzierte Angaben vor, aus denen die Beschäftigten im Dienstleistungsbereich abgeleitet werden konnten.

Da häufig entweder nur Informationen zu den Beschäftigtenzahlen oder zur Wertschöpfung bzw. den Umsätzen der Dienstleistungen ermittelt werden konnten, erfolgte eine Abschätzung der jeweils fehlenden Daten über die statistisch ermittelten durchschnittlichen Umsätze bzw. (Brutto-)Durchschnittslöhne von Beschäftigten aus vergleichbaren Wirtschaftsbereichen. Dabei wurden zunächst Vollzeitäquivalente berechnet, die anschließend in Beschäftigtenzahlen umgerechnet werden können. Ausgehend von den Zahlen zum Arbeitsvolumen, den Arbeitsstunden Vollzeitbeschäftigter und den Erwerbstätigenzahlen für das Jahr 2004 wurde nach Wanger (2006) berechnet, dass 1 Vollzeitäquvalent rund 1,16 Erwerbstätigen entspricht.

Zusätzlich berücksichtigt wurden produktionsbezogene Dienstleistungen, die als inkorporierte Dienstleistungen der EE-Anlagen zu berücksichtigen sind. Die Ermittlung der Bedeutung dieser Dienstleistungen erfolgte über Input-Output-Tabellen für den Produktionsbereich „Herstellung von Geräten zur Elektrizitätserzeugung, -verteilung u.ä." für Deutschland 2003, die Ahlert et al. (2007) auf der Grundlage von Daten des Statistischen Bundesamtes aufbereitet haben. Vorleistungen aus dem Dienstleistungssektor, die insbesondere aus dem Bereich der unternehmensbezogenen Dienstleistungen kamen, machten insgesamt 18,7 % des Produktionswerts aus (siehe Tabelle 3). Dies entspricht ungefähr dem Anteil der Dienstleistungs-Vorleistungen an der Warenproduktion insgesamt, der bei 18,8 % lag.[17] In den folgenden Berechnungen wird also davon ausgegangen, dass 18,7 % der Anlagenkosten, aber auch der sonstigen berücksichtigten Sachkosten, Vorleistungen aus dem Dienstleistungssektor sind. Berücksichtigt werden diese Vorleistungen allerdings nicht bei der Abschätzung von Beschäftigtenzahlen, da die Annahme durchschnittlicher Löhne oder Umsätze für den sehr heterogenen Dienstleistungssektor problematisch ist.

Als Ergebnis werden begründete Einschätzungen zur wirtschaftlichen Bedeutung der EE-Dienstleistungen (bzw. von relevanten Teilbereichen) gegeben, die jedoch allenfalls eine erste Näherung und Orientierung darstellen. Dabei liegt der Fokus der hier vorliegenden Betrachtung auf den für den EE-Markt spezialisierten Dienstleistungen und Dienstleister, d.h. weniger auf allgemeine Dienstleistungen, die auch für den EE-Markt angeboten werden und weniger auf Herstellern, die auch Dienstleistungen anbieten.

[17] Nach den Ergebnissen der BMU-Studie zur Beschäftigungswirkung lagen die Vorleistungen aus dem Dienstleistungssektor im Bereich der Herstellung und Errichtung von EE-Anlagen bei gut 20 % (mündliche Mitteilung Dietmar Edler; 27.10.2008). Die Verwendung des durchschnittlichen Werts des gesamten Produktionsbereichs führt somit tendenziell eher zu einer Unterschätzung des Dienstleistungsbereichs und ist eine konservative Abschätzung.

Tabelle 3: Dienstleistungsvorleistungen des Produktionsbereichs Herstellung von Geräten zur Elektrizitätserzeugung, -verteilung u.ä. in Deutschland 2003

Input aus dem Dienstleistungssektor	13.226 Mill. €
Anteil größter Dienstleistungsbereiche am Input des Dienstleistungs-Sektors:	
unternehmensbezogene Dienstleistungen	43,95 %
Handelsvermittlung und Großhandel	16,38 %
Grundstücks- und Wohnungswesen	9,04 %
Nachrichtenübermittlung	4,20 %
Vermietung bewegl. Sachen	4,17 %
Kreditinstitute	3,93 %
Elektrizität, Fernwärme	3,60 %
Datenverarbeitung, Datenbanken	1,78 %
Einzelhandel, Reparatur Gebrauchsgüter	1,53 %
Produktionswert des Produktionsbereichs	70.589 Mill. €
Anteil des Inputs ausdem Dienstleistungs-Sektor am Produktionswert	18,74 %

Quelle: Ahlert et al. (2007) auf der Basis von Daten des Stat. Bundesamts

2.1.3.2 Gesamtschau der Ergebnisse

Die Abschätzungen und Berechnungen werden für die jeweiligen Teilmärkte im Rahmen der später folgenden Marktanalysen ausführlicher dargestellt (vgl. Abschnitt 2.2). An dieser Stelle erfolgt eine Gesamtschau zur ökonomischen Bedeutung von EE-Dienstleistungen, die sich aus den späteren Einzelanalysen speist. Bei der Abschätzung in den Teilmärkten wurde im Regelfall eine konservative Herangehensweise gewählt. Entsprechend wurden Bereiche mit zu unsicherer Datenbasis nicht berücksichtigt, wodurch die meisten ermittelten Dienstleistungswerte hinsichtlich Wertschöpfung, Beschäftigung und Umsatz lediglich Untergrenzen bzw. Mindestwerte darstellen. In der nun folgenden Gesamtschau der ermittelten Daten und Spannbreiten werden diese Ergebnisse im Kontext von ökonomischen Daten des gesamten EE-Marktes diskutiert sowie der noch vorhandene Forschungsbedarf aufgezeigt.

Die beiden folgenden Tabellen zeigen zum einen die Umsätze bzw. die Wertschöpfung der EE-Dienstleistungen (siehe Tabelle 4), zum anderen ihre Beschäftigungswirkung (Tabelle 5). Die Umsätze wurden getrennt für die Dienstleistungen rund um die Errichtung und den Betrieb der EE-Anlagen (anlagenbezogene Dienstleistungen) und die Dienstleistungen rund um die Produktion von Anlagen und Zubehör (produktionsbezogene Dienstleistungen) erfasst.

Die Ergebnisse zeigen, dass die Wertschöpfung der anlagenbezogenen Dienstleistungen in vielen Sparten bei rund einem Viertel der Branchenumsätze liegen. Vergleichsweise gering fallen hier die Dienstleistungsanteile der Branchen Windkraft und feste Biomasse aus, wobei in letzterer Branche ein Teil der Dienstleistungen des Betriebs unberücksichtigt blieben. Werden die produktionsbezogenen Dienstleistungen hinzu gezogen erhöht sich der Anteil in den Bereichen, in denen die Vorleistungen vollständig einbezogen wurden, zum Teil deutlich.

Tabelle 4: Wertschöpfung der EE-DL (Deutschland 2006)

	Wertschöpfung/ Umsatz Dienstleistungen[6] [Mio. €]			**Umsätze Branche und Teilmärkte [Mrd. €]**	**Anteil der Dienstleistungs-Wertschöpfung am Branchenumsatz** (Summe anlagen- und produktionsbezogen)
	Anlagen-bezogen	Produktions-bezogen	Summe		
Windenergie	722	545	1.267	5,6 [1]	23 %
PV	568 -1.677	725	1.293 – 2.402	5,34 [6]	24 % – 45 %
Wasserkraft	246	56	302	1,3 [1]	23 %
Biomasse fest	320 [a]	348	668	4,8 [5]	14 %
Biogas	234 [a]	202 [a]	436	1,0 [3]	44 %
Geothermie Strom	30-41 [b]	k. A.	30 – 41	k.A.	
Geothermie Wärme	105[c]	31[c]	136	k.A.	
Geothermie gesamt			165 – 176	*0,6* [1]	28 % – 29 %
Solarth. KW	21[b]	k. A.	21	0,05 [4]	42 %
Solarthermie (Wärme)	264[d]	175	439	1,2 [2]	37 %
F+E	600	-	600	0,6 [4]	100 %
Bildung	95	-	95	0,095 [4]	100 %
Gesamt	3.200 – 4.300	ca. 2.100	ca. 5.500 – 6.600	20,6*	27 % – 32 %

Anmerkungen und Legende:

a) bei Betrieb nur Wartung und Instandhaltung berücksichtigt

b) Umsatzangaben der befragten Unternehmen zu DL im Rahmen der Planung und Errichtung

c) bei der Errichtung/ Planung bzw. Anlage wurden minimale Kosten angesetzt

d) Mindestwert, da aus Beschäftigtenzahlen via Lohn berechnet (Gewinne etc. vernachlässigt)

* Die Studie von Kratzat et al. (2007) kommt zu einem Wert von 22,9 Mrd. €. Im Gegensatz dazu wurden hier auch Bildung und bei der Forschung nicht nur die aus öffentlichen Geldern finanzierte berücksichtigt, dagegen fehlen die Bereiche Biokraftstoffe und der Biomasseanbau hier komplett, da zu diesen keine Abschätzungen zur wirtschaftlichen Bedeutung der Dienstleistungen getroffen wurden.

Quellen: 1) Kratzat et al. (2007), 2) BSW (2007b), 3) FV Biogas (2007) (nur neue Anlagen), 4) eigene Berechnungen (siehe Angaben in den einzelnen Kapiteln), 5) Berechnet aus den Angaben zu Biomasse gesamt und den anderen beiden Teilbranchen, 6) BMU (2007a)

Vergleichsweise höhere Dienstleistungsanteile an der gesamten Wertschöpfung weisen die Märkte für Biogas und Solarenergie auf. Auf dem Biogasmarkt wird unter Berücksichtigung von anlagen- und produktionsbezogenen Dienstleistungen ein Anteil von 44 % erreicht. Die vergleichsweise hohe Dienstleistungsintensität im Biogasbereich kann mit den stark individualisierten und nach wie vor vergleichsweise wenig standardisierten Anlagen erklärt werden. Demgegenüber ist bei den Solartechnologien bereits ein hoher Standardisierungsgrad erreicht, allerdings ist ein hoher Grad an handwerklichen Dienstleistungen bei der Installation der vielen dezentralen Anlagen erforderlich. Insgesamt erreichen die Dienstleistungen im EE-Bereich einen Anteil von 27-32 % der Umsätze. Allerdings ist ein Vergleich der Anteile in den unterschiedlichen Bereichen nur mit Einschränkungen möglich, da jeweils unterschiedliche Datengrundlagen zur Verfügung standen und sich entsprechend auch die Berechnungsmethodik unterscheidet.

Die Beschäftigtenzahlen (siehe Tabelle 5) sind meist aus der Wertschöpfung abgeleitet und weisen damit höhere Unsicherheiten auf. Außerdem müssen sie häufig auf der Grundlage der ermittelten Wertschöpfung als Maximal- oder Minimalwert betrachtet werden. Vergleichsweise hoch ist der Anteil der Beschäftigten in den Bereichen Solarthermie, Photovoltaik und Geothermie (insbesondere Wärme), also dort, wo klassisch kleine Handwerksbetriebe eine große Rolle spielen. Allerdings ist der Anteil der Beschäftigten im Dienstleistungsbereich in den beiden ersten Bereichen hier nicht berechnet worden, sondern den Angaben des BSW (2007b) bzw. Ruhl et al. (2008) entnommen. Gering sind die Anteile an der Beschäftigungswirkung dagegen in den Bereichen Wasserkraft, Biogas, feste Biomasse und insbesondere Windenergie.

Die im Bereich der anlagenbezogenen EE-Dienstleistungen ermittelten Beschäftigtenzahlen erreichen einen Anteil an der gesamten Beschäftigung des EE-Marktes von 33 %. Der Vergleich der hier ermittelten Daten mit den Zahlen der BMU-Arbeitsplatzstudie ist nur eingeschränkt möglich, da in der BMU-Studie die Brutto-Beschäftigungswirkung in der Branche, in dieser Studie hingegen die direkte Beschäftigung ermittelt wurde. Deshalb ist davon auszugehen, dass der Dienstleistungsanteil an der direkten Beschäftigung zumindest in einigen Bereichen deutlich höher liegt als die hier dargestellten Werte. Darüber hinaus konnte nicht ermittelt werden, inwiefern die in der vorliegenden Studie dargestellten Dienstleistungen überhaupt in der BMU-Studie Berücksichtigung fanden, oder ob die gesamte Beschäftigungswirkung aufgrund dieser Dienstleistungen insgesamt noch deutlich höher anzusetzen ist. [18]

Insgesamt zeigen die Ergebnisse, dass Dienstleistungen für die wirtschaftliche Bedeutung des EE-Markts keinesfalls irrelevant sind. Insbesondere weisen sie einen hohen Anteil an der direkten Beschäftigung auf. Dies passt mit der Beobachtung zusammen, dass die meisten in den letzten Jahren ausgeschriebenen Stellen im EE-Bereich Dienstleistungs-

[18] Im Endbericht der BMU-Studie sind die einbezogenen Dienstleistungen nicht genauer ausgewiesen. Sehr wahrscheinlich wurden jedoch in der BMU-Studie die (hier berücksichtigten) Dienstleistungen aus den Bereichen Bildung und die Finanzdienstleistungen des Bankwesens nicht einbezogen.

tätigkeiten betrafen. Dies stimmt mit einer groben Abschätzung zur Bedeutung der Arbeitsplätze im Dienstleistungsbereich anhand einer Analyse von Stellenausschreibungen im Bereich erneuerbare Energien zwischen 2000 und 2003 (n > 2300) überein (vgl. Bühler/ Felten 2005). Die meisten der ausgeschriebenen Stellen fallen in die Tätigkeitsfelder Planung, Beratung, Projektabwicklung sowie Montage, Wartung und Service – und damit in den Dienstleistungsbereich. Daraus kann geschlossen werden, dass zumindest ein Großteil der in den Jahren 2000-2003 neu eingestellten Beschäftigten in den EE-Unternehmen im Dienstleistungsbereich tätig ist.

Tabelle 5: Beschäftigte in EE-DL (Deutschland 2006) - ohne Biokraftstoffe

	Beschäftigte in anlagenbezogenen Dienstleistungen[4]	**Brutto-Beschäftigungs-wirkung**	**Anteil Dienstleistungen [%]**
Windenergie	9.500 (min.)*	82.100 [1]	12 %
PV	18.300[2]	29.600 [2]	62 %
Wasserkraft	3.200	9.400 [1]	34 %
Biomasse fest	10.900 (max.)*,**	52.000 [1]	21 %
Biogas	3.100 (min.)*,**	10.000 [3]	31 %
Geothermie Strom	200 – 400**		
Geothermie Wärme	3.600 (max.)*,**		
Geothermie gesamt		*4.200 [1]*	*80 %*
Solarthermie (Wärme)	9.000[5]	13.300 [1]	67 %
Solartherm. Kraftwerke	Ca. 150**	250 [4]	60 %
Forschung & Entwickl.	9.900	9.900 [4]	100 %
EE-Bildung	2.000***	2.000 [4]	100 %
Gesamt	**ca. 70.000**	**213.000** *****	**33 %**
*EE-Handwerk (PV)*** **	*21.000 [2]*		
*EE-Finanz-DL*** **	*1000*		
Öffentlicher Dienst	*Ca. 300*		

Anmerkungen und Legende:

* Auf Grundlage der in Tabelle 4 dargestellten Wertschöpfung berechnet

** Siehe Einschränkungen bei der Ermittlung der Wertschöpfung in Tabelle 4

*** Minimalwert, der v.a. die Beschäftigten an Hoch- und Berufschulen im EE-Bereich umfasst

**** Aufgrund möglicher Doppelzählung nicht in der Summe erfasst

***** Die Studie von Kratzat et al. (2007) kommt zu einem Wert von 235.000. Im Gegensatz dazu wurden hier auch Bildung und bei der Forschung nicht nur die aus öffentlichen Geldern finanzierte berücksichtigt, dagegen fehlen die Bereiche Biokraftstoffe und der Biomasseanbau.

Quellen: 1) Kratzat et al. (2007), 2) Ruhl et al. (2008), 3) Weiland (2006): Beschäftigtenzahlen, 4) eigene Berechnungen (siehe vorherige Abschnitte), 5) BSW (2007b)

2.2 Marktanalysen

2.2.1 Windenergie[19]

2.2.1.1 Der Windenergiemarkt national und international

Im Jahr 2006 wurden weltweit Windenergieanlagen mit einer Leistung von rund 15.000 MW mit einem Investitionsvolumen von über 15 Mrd. Euro neu installiert. Damit lag die Gesamtwindenergieleistung bei etwa 75.000 MW weltweit (BWE et al. 2007). Langfristige Weltmarktprognosen gehen im Jahr 2020 von einem jährlichen Zubau in Höhe von 100.000 bis 150.000 MW (100-150 Mrd. Euro) aus und prophezeien eine zu erwartende Gesamtleistung weltweit von 1.245 GW mit 3.045 TWh, die 15 % des Weltstrombedarfs erzeugen (BTM/GWEC-Studie Windforce 12, zitiert aus: BWE 2006a).

Zwischen den Jahren 1998–2003 wies die weltweite Windenergienutzung eine jährliche Zubaurate der installierten Leistung von rund 30 Prozent auf. Diese starke Zunahme ist insbesondere auf den dynamischen Ausbau in den EU-15-Staaten zurückzuführen (Deutscher Bundestag 2005). Gründe dieser Entwicklung lagen vor allem in den stabilen politischen und wirtschaftlichen Rahmenbedingungen der EU-Staaten im Allgemeinen sowie insbesondere in den günstigen Förderbedingungen für die Einspeisung von Windstrom (ebda.).

In Deutschland ist die Bedeutung der Windenergie an der Energiebereitstellung in den vergangenen Jahren (2000-2006) stets gestiegen. So wurden im Jahr 2006 mit einer Produktion von 30,5 TWh Strom 5,0 % des gesamten Stromverbrauches durch Windenergie gedeckt (BMU 2007a). Die Umsätze durch Investitionen in Windenergieanlagen (WEA) lagen 2006 bei 2,90 Mrd. €, durch den Betrieb bei 2,74 Mrd. €, die Beschäftigung durch den Windenergiesektor in Deutschland betrug 82.100 Personen, davon 65.700 durch die Investitionen in neue Anlagen (incl. Export) und 16.400 durch den Anlagenbetrieb (Kratzat et al. 2007; BMU 2007a). Damit stieg die Beschäftigtenzahl gegenüber 2004 (63.900 Personen) um 28 %. Zu diesen Beschäftigtenzahlen kommt noch die Beschäftigungswirkung des Ausbaus der Produktionsanlagen, die bei Umsätzen von 21,2 Mio. € 2006 bei rund 300 Personen lag (Kratzat et al. 2007).

Bezogen auf den deutschen Inlandsmarkt war jedoch ab dem Jahr 2003 ein Rückgang der Neuinstallationen zu verzeichnen (siehe auch Deutscher Bundestag 2005). Dies lag an der zunehmenden Knappheit geeigneter Standorte im Binnenland (Onshore), an teilweise unzureichenden Performances von Windparkfonds, an Schwierigkeiten bei der Realisierung von Windparks auf See (Offshore) und an einer Unsicherheit über eine Änderung der Förderungen durch das Erneuerbare-Energien-Gesetz (EEG) (Kinne/ von Düsterlho 2003). Dem benannten Rückgang der Neuinstallationen im deutschen Markt bis 2005

[19] Kapitel 2.2.1 entstand unter Mitarbeit von Martin Benkenstein und Madlen Thom.

sowie dem wachsenden Auslandsmarkt begegneten die Hersteller und Zulieferer in der Windenergiebranche durch verstärkte Auslandsaktivitäten. Im Jahr 2006 dominierten deutsche Windkraftanlagen-Hersteller und Zulieferer den Weltmarkt mit einem Anteil von 37 % an den weltweiten Umsätzen, rund 74 % der deutschen Anlagen und Bauteile wurden ins Ausland exportiert (DEWI 2007). Abbildung 12 verdeutlicht die große Bedeutung des deutschen Marktes für die weltweite Windenergiebranche.

Abbildung 12: Länderrangliste neu installierter Leistung 2005 im globalen Windkraftmarkt (in MW)

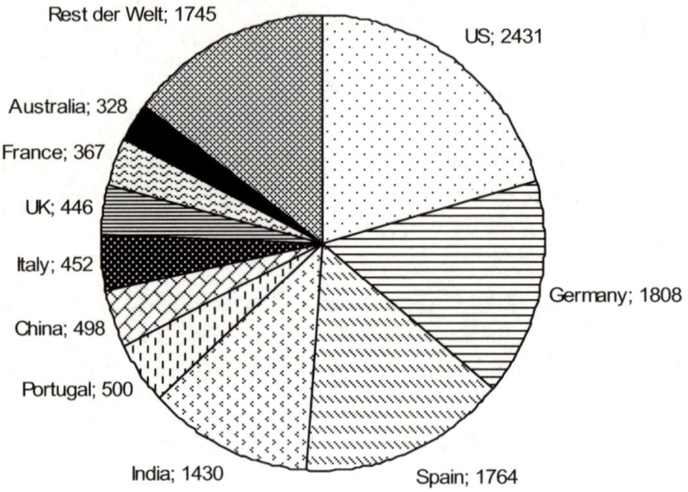

Quelle: GWEC (2006)

Grundsätzlich lassen sich unterschiedliche *Teilmärkte* auf dem Windenergiemarkt entlang der Anlagengröße sowie der Standorte identifizieren:

- Je nach Standort wird unterschieden in *on-shore* und *off-shore* Anlagen. Bisher spielen off-shore-Anlagen in Deutschland keine Rolle bei der Stromerzeugung. In den nächsten Jahren wird jedoch ein enormes Wachstum in diesem Bereich erwartet
- Beim *Repowering* werden an bereits genutzten Standorten neue Anlagen mit höherer Leistung installiert. Dabei wird in der Regel eine Menge kleiner durch wenige große Anlagen ersetzt. Im Zeitraum zwischen 2002 und 2006 wurden insgesamt nur 100 Anlagen ausgetauscht (Staiß 2007), so dass die Bedeutung des Repowering bisher ebenfalls gering ist.
- Neben den „großen" Windkraftanlagen[20] entwickelt sich inzwischen auch ein Markt für Kleinwindkraftanlagen. Diese haben meist Leistungen von 5-10 kW (max. 100 kW) und werden auch auf Dächern installiert oder beispielsweise zur Stromversorgung von Boo-

[20] Die durchschnittliche Leistung aller Anlagen lag im Jahr 2005 bei 1,7 MW, die neu installierter Anlagen bei 3 MW (Staiß 2007).

ten und Wohnmobilen eingesetzt. Der Anteil der Kleinwindkraftanlagen ist jedoch bisher – auch aufgrund offener genehmigungsrechtlicher Fragen – noch sehr gering (BWE 2009).

Insgesamt dominieren damit weiterhin „große" Windkraftanlagen an Land (on-shore) den Windenergiemarkt in Deutschland. Auf dieses Marktsegment konzentriert sich deshalb die folgende Betrachtung, wobei sich die Projektphasen zumindest beim Repowering und bei off-shore-Anlagen nicht grundsätzlich unterscheiden und viele der Dienstleistungsunternehmen auch in diesen Segmenten Dienstleistungen anbieten.

2.2.1.2 Dienstleistungsspektrum des Windenergiemarkts

Bis zur schlüsselfertigen Übergabe und Inbetriebnahme sowie während des Betriebs einer Windenergieanlage sind verschiedenste Aufgaben und Anforderungen zu erfüllen. Die nachfolgende Tabelle gibt einen Überblick über die relevanten Dienstleistungen in den fünf zentralen Projektphasen der windenergetischen Stromerzeugung: Standortakquisition, Planung, Bauphase, Betrieb und Rückbau. Zusätzlich gibt es noch einige industrielle Dienstleistungen, die die Windenergieanlagenhersteller nutzen, beispielsweise die Planung der Produktionsanlagen oder auch diverse Unternehmensberatungen. Eine dieser industriellen Dienstleistungen ist auch die Entwicklung von Anlagen für Hersteller, die derzeit deutsche Ingenieurbüros insbesondere für Hersteller in Ländern mit weniger know-how im Bereich der Windenergieanlagenherstellung anbieten (May/ Weinhold 2007).

Die Befragung in der Windenergiebranche hat gezeigt, dass vor allem die Dienstleistungskategorien Planung und Projektierung, die Service- und Wartungsdienstleistungen sowie die Fernüberwachung und das Condition Monitoring im Rahmen des Betriebs einer WEA als bedeutsame Bereiche angesehen werden. Eine ebenfalls wichtige und hoch spezialisierte Dienstleistung im Rahmen des Anlagenexports ist die Planung und Koordination der Logistik rund um den Transport der immer größeren Teile der Windenergieanlagen. Die Kosten für den Transport sowie die Kräne und den Aufbau liegen nach Franken und Weber (2008) bei 6-9 % der Investitionen, teilweise wird ihr Anteil sogar auf bis zu 20 % der Investitionskosten geschätzt. Die Dienstleistungskategorien Planung und Projektierung sowie spezielle Dienstleistungen des Betriebs (Service und Wartung, Fernüberwachung und Condition Monitoring) werden nachfolgend detaillierter betrachtet.

Tabelle 6: Übersicht über Dienstleistungen im Bereich des Windenergiemarktes

Projektphase	Dienstleistungen
Standortakquisition	– Machbarkeitsstudien (markt- u./ o. vorhabensorientiert) – Standortuntersuchung/ -analyse, (wenn möglich Windgutachten/ Windmessungen) – Flächensicherung (WEA-Standort, Zuwegung, Kabel, Bewirtschaftung) – Stromabnahmevertrag, Netzanschlusssicherung

Projektphase	Dienstleistungen
Planung (Projektentwicklung bis Baureife)	– Windparkplanung, WEA-Standortfestsetzung – Vermessungstechnische, kartographische Arbeiten – Erstellung von genehmigungspflichtigen Lageplänen – Erstellung genehmigungspflichtiger Standortgutachten – Bodengutachten (Standfestigkeit, Gründung) – Windgutachten/ -Windmessungen – Immissionschutzrechtliche Gutachten (Schall, Schatten, Licht) – UVP – Natur- und Landschaftsschutzrechtl. Gutachten inkl. E/ A-Maßnahmenkatalog – Wasserschutzrechtl. Belange – Militär/ Luftfahrt – Erbringung arbeitsschutzrechtl. Nachweise – Erstellung genehmigungspflichtiger Baupläne – Durchführung von Genehmigungsverfahren – Erstellung von Bauanträgen nach BauGB bzw. BImSchG – ggf. Verfahren zur Änderung der Bauleitplanung (FNP, B-Plan) – Erstellung von Bauanträgen nach Raumordnungsgesetz – Begleitung Abwägung Träger öffentlicher Belange, Anhörungen
Projektierung (Projektentwicklung bis schlüsselfertiger Inbetriebnahme)	– Bauausführung (Generalunternehmen) – technische Gesamtkonstruktion und Logistik – Statik – Erdarbeiten (Fundamente, Zuwegung) – Elektrokabelverlegung, Anlagen-/ Netzanschluss – Kabelverlegung Telekommunikation (Fernüberwachung) – Installation und Inbetriebnahme von Zähl- und Messeinrichtungen – Anlagenaufbau/ -installation/ -inbetriebnahme
Betrieb	– technische Betriebsführung – technischer Service, Vor-Ort-Wartung u./ o. Fernwartung/ -service – Fernüberwachung/ Condition Monitoring – Instandsetzungsmaßnahmen – kaufmännische Betriebsführung, Verwaltung – Verwaltung, administrative Tätigkeiten – Schadensbegutachtung/ -regulierung/ -versicherung – Rechnungswesen (Anlagen-/ Netzbetreiber) – Vertragswesen (Anlagen-/ Netzbetreiber) – Erfüllung auflagenbedingter Gutachten/ Arbeiten (z.B. Eingriffs-Ausgleichs-Plan) – Umsetzung von Kompensationsmaßnahmen – Messungen/ Zertifizierungen – Öffentlichkeitsarbeit, Marketing/ Grafikdesign – Informationen vor Ort (z.B. Besucherzentren)
Rückbau	– Rückbau – Logistik – Entsorgung & Recycling – Wiederherstellung des natürlichen Zustandes

Quelle: Eigene Darstellung

2.2.1.3 Zentrale Dienstleistungsanbieter

Der Markt wird dominiert durch rund 20 bis 30 vergleichsweise große *Planungs- und Projektierungsunternehmen*, die als Komplettanbieter auftreten und die Errichtung einer WEA von der Standortakquisition bis zur Inbetriebnahme als Projekt betreuen. Ihr Dienstleistungsangebot erstreckt sich bis in den Betrieb der Anlagen. Viele Planungsgesellschaften sichern die Finanzierung von Windparks durch eigene Beteiligungsgesellschaften, die private Beteiligungen in Form von Kommanditeinlagen ermöglichen. Auch die Bauaufsicht übernehmen die Planungsunternehmen häufig selber. Die Mehrheit der Windenergieanlagen wird durch Betreibergesellschaften finanziert und betrieben, die oftmals Tochterunternehmen der großen Planungs- und Projektierungsunternehmen sind. Nach Fertigstellung der Anlage übernehmen diese dann u.a. die technische Betriebsführung der Anlagen und die Verwaltung. Allerdings wird die technische Betriebsführung von den Betreibergesellschaften zunehmend auf spezialisierte Serviceunternehmen übertragen (Fritsch/ Ringhandt o.J.)

Die zweite große Marktmacht besitzen die *Hersteller der Windenergieanlagen.* Sie arbeiten z. T. sehr eng mit den so genannten Komplettanbietern aus der Planung und Projektierung sowie mit Betreibergesellschaften zusammen und bieten ihnen Unterstützung in der Standortakquisition sowie der Planung und Projektierung an. Weitere Tätigkeitsfelder der Hersteller sind die Fernüberwachung sowie das Condition Monitoring der WEA sowie das Angebot von Service und Wartungsdienstleistungen.

Neben diesen beiden sehr starken Marktteilnehmergruppen gibt es eine große Vielzahl kleinerer Unternehmen, z.B. kleine Ingenieurbüros oder Service- und Wartungsunternehmen, die sich auf *Einzeldienstleistungen* konzentrieren oder spezialisiert haben:

- So konzentrieren sich einige Unternehmen auf Einzeldienstleistungen im Rahmen der Planung und Projektierung, z.B. Vermessungsleistungen oder Micro-Siting, häufig im Auftrag der großen Komplettanbieter.
- Im Bereich Service und Wartung sind neben einer Vielzahl an kleinen Wartungsunternehmen (häufig Kleinstunternehmen) ein paar große herstellerunabhängige Generalunternehmen (Komplettserviceanbieter) tätig. Daneben sind einige kleinere Dienstleister hoch spezialisiert für einzelne Dienstleistungen, z.B. Rotorblattreparaturen oder Ölwechsel.
- Einige Serviceunternehmen – meist als Teil großer Konzernstrukturen – betreiben im Bereich der Anlagenüberwachung so genannte herstellerneutrale Monitoring Center.
- Eine Handvoll Unternehmen haben sich auf die Entwicklung von Software (Programme zur Bündelung und Auswertung von Betriebsdaten) spezialisiert.
- Einzelne Spezialdienstleister bieten außerdem Komplettpakete für den Transport ab Werk sowie den Aufbau der Anlagen, denn dafür ist ein Fuhrpark mit Mobilkränen sowie Spezialtransportern notwendig (Franken/ Weber 2008).

Zunehmend ist zu beobachten, dass auch branchenfremde Unternehmen aus anderen Industriezweigen den Einstieg in bestimmte Tätigkeitsfelder der Windenergiebranche suchen, wie z.B. in das Condition Monitoring. Damit wird eine Einschätzung zur Größe und Anzahl der Marktteilnehmer in der Branche insgesamt erschwert.

2.2.1.4 Wirtschaftliche Bedeutung der Dienstleistungen

Die Abschätzung der wirtschaftlichen Bedeutung von Dienstleistungen im Bereich der Windenergie basiert im Wesentlichen auf Angaben zu den Investitionsnebenkosten und Betriebskosten von Windenergieanlagen aus einer Studie des DEWI (2002). Für die relevanten Kostenblöcke wurden jeweils die Dienstleistungsanteile abgeschätzt und daraus über die gesamten Umsätze im Windenergiebereich aus dem Jahr 2006 die Wertschöpfung der Dienstleistungen abgeleitet (siehe Tabelle 7 und Tabelle 8). In einem zweiten Schritt wurde über durchschnittliche Umsätze je Beschäftigtem bzw. durchschnittliche Einkommen die Beschäftigtenzahl bei den Dienstleistungsunternehmen der Windenergiebranche berechnet.

Insgesamt wurden in Deutschland 2006 2,9 Mrd. € in neue Anlagen investiert (BMU 2007a). Laut der DEWI-Studie betragen die *Investitionsnebenkosten* rund 30 % der Kosten der Windenergieanlagen (DEWI 2002) und damit 23 % der gesamten Investitionskosten. Im Jahr 2006 waren dies dementsprechend 670 Mio. €. Gemäß unserer Einschätzung der Dienstleistungsanteile in den einzelnen Kostenblöcken entfallen damit rund 55 % der Investitionsnebenkosten auf Dienstleistungen (siehe Tabelle 7). Dies entspricht einer Wertschöpfung von rund 369 Mio. €, die nach diesem Ansatz den Dienstleistungen rund um die Anlagenplanung und -errichtung zugerechnet werden können.

Tabelle 7: Dienstleistungsanteile an den Investitionsnebenkosten

Kostenblöcke Investitionsnebenkosten	**Anteile an Investitions-nebenkosten**	**Davon Anteil Wertschöpfung durch Dienstleistungen***	**Kostenanteil Dienstleistungen**
Netzanbindung	36 %	30 %	11 %
Fundament	22 %	30 %	7 %
Erschließung	7 %	30 %	2 %
Planung	9 %	100 %	9 %
sonstige Kosten (v.a. Prospekterstellung, Ausgleichmaßnahmen, Rückstellung für Rückbau)	26 %	100 %	26 %
DL-Anteil insgesamt			55 %

* Eigene Schätzungen

Quelle: DEWI (2002) sowie eigene Berechnungen

Hierzu kommen die *produktionsbezogenen Dienstleistungen*, die entsprechend oben genannten Durchschnittswert mit 18,7 % Wertschöpfung der Warenproduktion angesetzt werden. Die Kosten der neu installierten Windenergieanlagen lagen 2006 ausgehend von

77 % der Investitionskosten bei 2.230 Mio. €. Damit können Vorleistungen aus dem Dienstleistungssektor in Höhe von 417 Mio. € angenommen werden. Die Sachkosten, die mit rund 45 % der Investitionsnebenkosten angesetzt werden können (siehe Tabelle 7), führen bei einem Dienstleistungsanteil von 18,7 % zusätzlich zu einer Wertschöpfung von 56 Mio. € im Dienstleistungssektor.

Die *spezifischen Betriebskosten* für Windkraftanlagen betragen je nach Leistungsbereich zwischen 36 € und 50 € pro Jahr und kW installierte Leistung (Staiß 2007). Die im Jahr 2005 insgesamt installierte Leistung von 18.428 MW wird zu 64,5 % Anlagen zwischen 1,5 und 3 MW (Betriebskosten ~ 39 €/ kW), zu 0,3 % Anlagen > 3 MW (Betriebskosten 50 €/ kW) und zu 35,2 % kleineren Anlagen (Betriebskosten ~ 36 €/ kW) zugeordnet (Johnsen 2006). Somit ergeben sich für 2005 rund 700 Mio. € Betriebskosten für die WEA. Gemäß der obigen Einschätzung über die Dienstleistungsanteile bei den Betriebskosten ergibt sich ein Gesamtanteil von 45 % und somit eine Wertschöpfung von 315 Mio. € durch betriebsbezogene Dienstleistungen im Jahr 2005. Unter der Annahme, dass die Wertschöpfung in gleichem Maße mit der installierten Leistung ansteigt, kann für 2006 bei einer installierten Anlagenleistung von 20.622 MW (BWE 2008) von einer Wertschöpfung der Dienstleistungen durch den Betrieb der Anlagen von rund 353 Mio. € ausgegangen werden.

Tabelle 8: Dienstleistungsanteile an den Betriebskosten

Kostenblöcke Betriebskosten	**Anteile an Betriebskosten**	**Davon Anteil Wertschöpfung durch Dienstleistungen***	**Kostenanteil Dienstleistungen**
Wartung und Instandhaltung	26 %	8 %[21]	2 %
Geschäftsführung und Steuerberatung	21 %	100 %	21 %
Grundstückskosten	18 %	0 %	0 %
Versicherung	13 %	100 %	13 %
Strombezug	5 %	0 %	0 %
sonstige Kosten (Personalkosten, Beiträge für Verbände / Kammern, Rechtsberatung, Bürokosten, etc.)	17 %	50 %	9 %
DL-Anteil insgesamt			45 %

* Eigene Schätzungen und Literaturangaben (BMU 2006a)

Quelle: DEWI (2002) sowie eigene Berechnungen

[21] Nach Angaben der Studie zu den Arbeitsplatzeffekten waren 2004 nur 8 % der Kosten für die Wartung und Instandhaltung der Windenergieanlagen Personalkosten (BMU 2006a).

Zusätzlich können auch für die Sachkosten, die rund 55 % der Betriebskosten ausmachen (siehe Tabelle 8) Vorleistungen aus dem Dienstleistungssektor von 18,7 % angenommen werden, was zu einer zusätzlichen Wertschöpfung von 72 Mio. € im Dienstleistungssektor führt.

Für die weitere Analyse der *Beschäftigungseffekte* werden nachfolgend die EE-spezifischen, anlagenbezogenen Dienstleistungen fokussiert, während die vermutlich eher unspezifischen Vorleistungen aus dem Dienstleistungssektor ausgeblendet bleiben. Demnach lag die Wertschöpfung der anlagenbezogenen Dienstleistungen im Bereich Windkraft 2006 gemäß der oben ermittelten Werte bei 722 Mio. €. Aus diesem Wert werden die Beschäftigtenzahlen (Vollzeitstellen) abgeschätzt. Dazu wird vereinfachend angenommen, dass die durchschnittlichen Umsätze der Dienstleistungen im Windenergiebereich den durchschnittlichen Umsätzen je Beschäftigtem in Ingenieur- und Architekturbüros entsprechen, da die Dienstleistungen in der Windenergiebranche zu großen Teilen von Ingenieurbüros erbracht werden. Allerdings umfassen die Umsätze im Gegensatz zur Wertschöpfung auch die Kosten für Produkte aus vorgelagerten Wertschöpfungsschritten und sind damit in der Regel höher als die Wertschöpfung. Deshalb kann die auf Basis der Wertschöpfung berechnete Zahl Beschäftigter als Minimalwert angesehen werden. Anhand der Wertschöpfung von 722 Mio. € und den durchschnittlichen Umsätzen je Beschäftigtem in Ingenieur- und Architekturbüros im Jahr 2004 in Höhe von 88.000 € (Stat. Jahrbuch 2007; www.destatis.de) ergibt sich somit eine Zahl der Beschäftigten von rund 8.200.

Damit ergibt sich aus den Berechnungen für die Dienstleistungen im Windenergiemarkt 2006 eine Wertschöpfung von 722 Mio. € mit 8.200 Vollzeitbeschäftigten (entspricht ca. 9.500 Erwerbstätigen), wobei diese Anzahl als Minimalwert anzusehen ist. Unter Berücksichtigung der produktionsbezogenen Dienstleistungen sowie der jeweiligen Dienstleistungsanteile der Material- und Sachkosten liegt die Wertschöpfung bei 1.267 Mio. €.

Insgesamt ermittelten Kratzat et al. (2007) für die Windenergiebranche 2006 einen Umsatz von 5,6 Mrd. € und 82.100 Beschäftigte, davon werden 65.700 den Investitionen in Anlagen und 16.400 dem Betrieb zugerechnet.[22] Damit ergibt sich für die von uns ermittelten, direkten Dienstleistungen ein Umsatzanteil von 12,9 % (bzw. 23 % unter Berücksichtigung der Vorleistungen) und ein Beschäftigtenanteil von 12 % in der Windbranche. Da zumindest der erste Wert zum Beschäftigungsanteil keine indirekte Effekte durch die Vorleistungen berücksichtigt und durch die Berechnung auf der Basis von Umsätzen ein Mindestwert ermittelt wurde, ist jedoch von einem deutlich höheren Anteil der Dienstleistungen an der Beschäftigungswirkung in der Windenergie auszugehen. In einer Studie des BMU wurde die gesamte indirekte Beschäftigungswirkung für die EE-Branche mit 50 % angegeben (vgl. BMU 2006a); zieht man diesen Wert heran, so ergibt sich für die Windbranche ein Beschäftigungsanteil der Dienstleistungen in Höhe von (mindestens) 20 %.

---

[22] Hinzu kommen 300 Beschäftigte und 21,2 Mio. € Umsatz durch den Neubau von Produktionsanlagen (Kratzat et al. 2007).

2.2.1.5 Dienstleistungsexport

Die Exporteignung der Dienstleistungen in der *Planung und Projektierung* wird mehrheitlich als hoch bis sehr hoch eingeschätzt. Entsprechend waren auch fast alle befragten Unternehmen bereits auf Auslandsmärkten in der Planung und/ oder Projektierung von Windenergieanlagen tätig. Die Mehrheit von ihnen hat die ausländischen Aktivitäten bereits Ende der 1990er Jahre oder in den ersten drei Jahren dieses Jahrzehnts begonnen. Bei den Komplettanbietern liegt der Umsatzanteil durch das Auslandsgeschäft bereits bei 10 bis 75 %, wobei häufig 40 % bis 50 % genannt wurden. Damit ist das bestehende Auslandsgeschäft schon als sehr bedeutsam einzustufen.

Die befragten Unternehmen im Bereich *Service und Wartung* schätzen mehrheitlich die Exporteignung ihrer Dienstleistungen als sehr hoch ein. Von den befragten Unternehmen war bereits die Mehrheit im Ausland tätig, insbesondere die Nischenanbieter. Der Anteil des Auslandsgeschäftes am Umsatz dieser Unternehmen liegt jedoch meist noch unter 20 %. Und auch in Zukunft will sich ein Großteil der Unternehmen zunächst auf den deutschen Markt konzentrieren und das Angebot weiter spezialisieren und intensivieren. Allerdings stehen herstellerunabhängige Service- und Wartungsdienstleistungen auf dem deutschen Markt – und verzögert auf vielen internationalen Märkten – vor einem Wachstumsschub, da die Gewährleistungsansprüche von Betreibern zunehmend auslaufen. Bereits heute ist beispielsweise auf dem US-Markt festzustellen, dass ein Mangel an Servicetechnikern dazu führt, dass für Spezialarbeiten im Rahmen der Montage und Wartung von Windenergieanlagen teilweise Fachkräfte aus Deutschland eingeflogen werden (Weinhold 2008).

Die Exporteignung von Dienstleistungen im Bereich *Fernüberwachung und Condition Monitoring* bewerten die Anbieter als gut. Der Umsatzanteil durch das Auslandsgeschäft wird bereits heute von einem herstellerneutralen Überwachungsunternehmen als sehr hoch (ca. 70 % des Gesamtgeschäftes) eingeschätzt. Das zweite befragte Unternehmen konzentriert sich allerdings bisher vorrangig auf den Inlandsmarkt, ebenso wie ein befragter Softwareanbieter.

Zielländer für den Export liegen derzeitig noch vorrangig in Europa. Hierzu zählen vor allem Frankreich, Italien, Spanien und Griechenland. So verwundert auch nicht die Tatsache, dass Europa 69 % der kumulativ installierten Leistung weltweit auf sich vereint. Die USA holen in dieser Entwicklung jedoch stark auf, auch Indien, China und Australien öffnen ihre Märkte zusehends für die windenergetische Stromerzeugung.

2.2.2 Wasserkraft

2.2.2.1 Der Wasserkraftmarkt national und international

Die Wasserkraft ist weltweit der mit Abstand wichtigste erneuerbare Energieträger zur Stromerzeugung. Im Jahr 2002 wurden auf Grundlage einer installierten Leistung von mehr als 700.000 Megawatt (MW) global 2.627 Terawattstunden (TWh) Strom durch die Nutzung von Wasserkraft hergestellt, was einem Anteil von 18 Prozent an der gesamten Stromerzeugung entspricht (Deutscher Bundestag 2005). Auch in Deutschland ist die Wasserkraft eine zentrale erneuerbare Energiequelle zur Strombereitstellung. Mit einem Anteil von circa 3,5 Prozent, einer installierten Leistung von 4.700 MW und einer Strommenge von 21,6 TWh (alle Zahlen für 2006) leistet sie hinter der Windenergie den zweitgrößten Beitrag zur nationalen Stromversorgung auf erneuerbarer Basis (BMU 2007a). Die Anzahl der Anlagen beträgt rund 7.500 (www.german-renewable-energy.com).[23]

Bis 2030 soll die weltweit installierte Wasserkraftleistung auf 1.205 Gigawatt (GW) steigen (BMU 2006c, S. 33). Speziell Indien, verschiedene Länder in Zentralasien, Afrika und Südamerika sowie China, das im Zuge der Inbetriebnahme des Drei-Schluchten-Staudamms bis 2009 zum global größten Wasserkraftnutzer wird, arbeiten am Ausbau dieser erneuerbaren Energiequelle. Im Gegensatz dazu gelten die durch den Anlagenneubau zu erschließenden Potenziale in Deutschland (ebenso wie innerhalb der OECD-Länder) in hohem Maße als ausgeschöpft. Möglichkeiten zur Steigerung der Stromproduktion aus Wasserkraft bestehen demnach vor allem in der Revitalisierung stillgelegter und der Modernisierung und Erweiterung existierender Anlagen.

Im Jahr 2006 hatte der deutsche Wasserkraftmarkt, auf dem rund 750 Kraftwerksbetreiber sowie weitere 250 Unternehmen aktiv sind (Bühler et al. 2007), ein Volumen von 403 Mio. € (70 Mio. € durch Investitionen in Anlagen in Deutschland und 1.210 Mio. € durch den Betrieb) und rund 9.400 Beschäftigte (davon 5.000 durch Investitionen und 4.400 durch den Betrieb) (Kratzat et al. 2007; BMU 2007a). Dabei generiert die deutsche Wasserkraftindustrie laut einer Studie im Auftrag des Bundesministeriums für Umwelt den größten Teil ihres Auslandsumsatzes mit Services, wobei Dienstleister eine Exportquote von 85 Prozent und Produzenten von 39 Prozent aufwiesen (BMU 2006c).[24] Exportpotenziale für die kommenden Jahre werden sowohl beim Neubau von Kraftwerken als auch im Bereich der Modernisierung bestehender Wasserkraftanlagen gesehen.

Mit Blick auf die Betriebsart lassen sich folgende *Wasserkraftwerkstypen* unterscheiden:

---

[23] Daten über die Anzahl der Wasserkraftwerke in Deutschland sind allerdings mit Unsicherheiten behaftet, da über kleine, in Privatbesitz befindliche Anlagen oftmals keine statistischen Angaben vorliegen und nicht alle dieser Anlagen Strom in das öffentliche Netz einspeisen.

[24] Befragt wurden 33 Unternehmen, die 77 % des Wasserkraftmarktes abdecken (BMU 2006a). Dabei fällt die in der BMU-Studie genannte Exportquote höher aus als die im Rahmen der vorliegenden Studie durch Expertengespräche ermittelten Werte.

- *Laufwasserkraftwerke* befinden sich an Flüssen, zeichnen sich durch eine große zu verarbeitende Wassermenge mit nur geringer Fallhöhe aus und benötigen oftmals Einrichtungen zur Sicherstellung der Durchlässigkeit für die Aquafauna (z.B. Fischaufstiegsanlage). Laufwasserkraftwerke leisten mit einer durchschnittlichen Strommenge von etwa 18,3 TWh/ a (1994-2004) den mit weitem Abstand größten Beitrag zur Erzeugung elektrischer Energie aus Wasserkraft.
- *Speicherwasserkraftwerke* befinden sich in der Regel an Talsperren, in denen während der regenreichen Monate Wasser bis zu einem maximalen Fassungsvermögen gesammelt wird. Es handelt sich bei ihnen gewöhnlich um Spitzenlastkraftwerke, die dann Strom produzieren, wenn eine besonders hohe Stromnachfrage vorliegt (z.B. mittags). Die mit Speicherwasserkraftwerken produzierte Strommenge belief sich von 1994 bis 2004 auf durchschnittlich gut 2,1 TWh pro Jahr.
- *Pumpspeicherkraftwerke* sind eine Sonderform von Speicherwasserkraftwerken, die mit zwei auf unterschiedlicher Höhe befindlichen Wasserreservoirs arbeiten (vgl. Vattenfall Europe 2003). In Schwachlastzeiten wird Wasser aus dem tiefer gelegenen Becken (Stausee) in ein höher gelegenes Becken gepumpt und dort gespeichert. In Zeiten hohen Strombedarfs lässt man das Wasser durch die Turbinen wieder in den Stausee fließen. Es gibt Pumpspeicherkraftwerke mit und ohne natürlichen Zufluss. Erstere produzieren auf Grundlage des natürlichen Zuflusses durchschnittlich circa 1,06 TWh grundlastfähigen Strom pro Jahr (1994-2004). Die größere Strommenge wird aus dem so genannten Wälzbetrieb gewonnen.[25]

2.2.2.2 Dienstleistungsspektrum

Im Bereich der Wasserkraft lassen sich die Wertschöpfungsstufen Planung, Bau, Betrieb und Rückbau unterscheiden. Entlang dieser Phasen werden im Folgenden die zentralen Dienstleistungen dargestellt. Dabei gilt speziell mit Blick auf die Planungs- und Bauphase, dass deren konkrete Ausprägung hinsichtlich Zeitdauer, Arbeitsschritten oder Finanzbedarf entscheidend von der Leistungsgröße des geplanten Kraftwerks und davon abhängt, ob es sich um einen Neubau, eine Revitalisierung, Modernisierung oder Erweiterung handelt (vgl. Fichtner 2003).

- Ausgehend von der Projektidee eines Investors und künftigen Betreibers (z.B. EVU, Gewerbebetrieb, Unternehmen, Stadtwerk) beginnt der Lebensweg von Wasserkraftwerken mit den Ingenieurdienstleistungen für die *Planung*. In die erste Phase, die von Projektbeginn bis zur Genehmigung reicht, fallen die Grundlagenermittlung, die Vorplanung, die Entwurfsplanung und die Genehmigungsplanung. Die zweite Phase, die teilweise parallel zur vorangehenden stattfindet, beginnt mit der Genehmigung und endet mit dem Baubeginn und umfasst die Ausführungsplanung sowie die Vorbereitung und Mitwirkung der Vergabe. Neben diesen Ingenieursdienstleistungen (nach § 55

---

25 Die den Wälzbetrieb von Pumpspeicherkraftwerken betreffenden Daten werden gewöhnlich nicht in statistischen Angaben zur Wasserkraftnutzung berücksichtigt.

HOAI – Verordnung über die Honorare für Leistungen der Architekten und der Ingenieure) sind in der Planungsphase weitere Dienstleistungen wie Wirtschaftlichkeitsanalysen (Kostenberechnungen, Ertragsprognosen etc.), Vermessungsarbeiten und Finanzierung relevant.
- Der *Bau* eines Wasserkraftwerks umfasst einerseits bauliche Maßnahmen wie Erdarbeiten, Beton- und Stahlbetonarbeiten, Uferbefestigung, Straßen und ökologische Ausgleichsmaßnahmen, andererseits die Konstruktion, Fertigung, Montage und Inbetriebnahme der Kraftwerksanlage.
- In der *Betriebsphase* der Wasserkraftanlage, die bis zu 80 oder 100 Jahre lang sein kann (ein Austausch der Maschinensätze – Turbinen, Generatoren, Getriebe – ist in der Regel nach 20 bis 40 Jahren notwendig (DLR et al. 2004, S. 25)), sind die Prozesse der Erzeugung und (im Falle der Netzeinspeisung) des Vertriebs des Stroms zu organisieren. Hierzu zählen unter anderem die Durchführung von Reparatur- und Wartungsarbeiten (z.B. Ölen und Schmieren, Entfernen von Rechengut); auch Modernisierungs- und Erweiterungsmaßnahmen finden im Rahmen der Betriebsphase statt.
- Angesichts des gegenwärtigen Trends des Ausbaus der Wasserkraftkapazitäten und der Wiederbelebung stillgelegter Standorte spielt die *Rückbauphase* aktuell keine große Rolle in der Wertschöpfungskette.

In der Bau- und Betriebsphase können die Betreiber diverse Versicherungen abschließen, vor allem Montage- und Bauleistungsversicherung, Haftpflichtversicherung, Sachversicherungen insbesondere gegen Feuer und Sturm im Rahmen der Gebäude-, Inventar- und Betriebsunterbrechungsversicherung und technische Versicherungen in Form der Maschinen- und Maschinen-Betriebsunterbrechungsversicherung. In der Bauphase werden solche Versicherungen häufig für Großprojekte abgeschlossen, während die Versicherungen der Betriebsphase eher die Ausnahme sind. Als Vermittler zwischen Betreiber und Versicherungsunternehmen treten spezialisierte Maklerbüros auf. Eine weitere hoch spezialisierte Dienstleistung sind Due-Diligence-Bewertungen.

Im Weiteren erfolgt eine detaillierte Darstellung zu den relevanten Unternehmen im Bereich der Ingenieursdienstleistungen der Planungs- und Bauphase und der Dienstleistungen der Wasserkraftunternehmen und Komplettanbieter sowie der Automatisierungstechnik. Nicht genauer betrachtet wurden Vermessungsdienstleistungen, da hier vermutlich kein Exportpotenzial besteht und lokale Firmen für diese Aufgabe herangezogen werden, sowie Versicherungen, da für Maklerdienstleistungen ebenfalls kein Exportpotenzial gesehen wird, weil Versicherungen üblicherweise im Land des Risikos abgeschlossen werden.

2.2.2.3 Zentrale Dienstleistungsanbieter

Zentrale Akteure der Planungsphase sind *Ingenieurdienstleister*, die sich in zwei Gruppen unterteilen lassen. Auf der einen Seite befinden sich wenige große, bis zu 1.000 Mitarbeiter starke Ingenieurgesellschaften (insb. Fichtner und Lahmeyer), die im Wasserkraftbereich fast zu 100 Prozent im Ausland arbeiten, auf größere Anlagen fokussieren und neben Laufwasser- auch Speicherwasser- und Pumpspeicherkraftwerke entwickeln. Auf der anderen Seite gibt es eine Reihe kleinerer Ingenieurbüros mit bis zu 20 Mitarbeitern, die hauptsächlich im Bereich von Laufwasserkraftwerken vorwiegend kleineren Maßstabs und überwiegend in Deutschland tätig sind. In sehr viel geringerem Umfang werden Planungsleistungen auch von *spezialisierten Wasserkraftfirmen* erbracht. Vermessungsarbeiten werden für gewöhnlich im Unterauftrag an spezielle Anbieter vergeben.

Unternehmen der *Bauindustrie* und *Hersteller von Wasserkraftanlagen* sind die wesentlichen Akteure dieser Phase. Größere Wasserkraftfirmen (insb. Voith Siemens, VA Tech) agieren dabei häufig als Komplettanbieter und entwickeln, produzieren und installieren neben den Turbinen auch elektro- und leittechnisches Equipment (Generatoren, Mess-, Regelungs- und Steuerungstechnik) sowie stahlwasserbauliche Komponenten, also Rechen, Rechenreinigungsmaschinen, Kräne, Wehre, Schütze etc. Kleinere Wasserkraftfirmen dagegen kaufen die Elektro- und Leittechnik und teilweise auch die stahlwasserbaulichen Komponenten zu. In der Bauphase spielen außerdem *Ingenieurbüros* eine Rolle, die mit der Bauoberleitung und der lokalen Bauüberwachung beauftragt werden können.

Die vollständige Übernahme des Betriebs von Wasserkraftwerken durch Dritte ist praktisch keine am Markt angebotene Leistung. Denn entweder stellt der Betrieb keine besonderen Anforderungen, weil das Kraftwerk vollautomatisch und/ oder langfristig störungsarm läuft (gilt speziell für kleinere Anlagen), oder die Betreiber größerer Anlagen (in der Regel EVUs) haben eigene Kapazitäten für die Aufrechthaltung der Stromproduktion. Allerdings führen die Kraftwerkseigentümer nicht alle betriebsnotwendigen Aufgaben selbst aus. Insofern besteht ein Markt für Wartungs- und Reparaturdienstleistungen sowie Ferndiagnosen von Fehlfunktionen, die von kleinen und großen *Wasserkraftfirmen* angeboten werden.

Bei den befragten *Ingenieurbüros und -gesellschaften* handelt es sich um reine Dienstleister, die ihre Umsätze teilweise überwiegend im Wasserkraftbereich realisieren, teilweise ist das Wasserkraftgeschäft nur ein Aktivitätsfeld unter vielen. Die Angebotspalette umfasst in der Regel die klassischen Ingenieursdienstleistungen (nach § 55 HOAI) sowie Wirtschaftlichkeitsanalysen und Bauüberwachung. Ein Unternehmen hat sich dagegen auf Machbarkeitsstudien für Neubauten spezialisiert. Nur im Bereich ökologischer Maßnahmen werden aufgrund der Wasserrahmenrichtlinie für Ingenieurdienstleistungen auf dem deutschen Markt Wachstumspotenziale gesehen. Die Auftraggeber der Ingenieurdienstleister kommen aus dem öffentlichen Sektor (z.B. Kommunen, staatliche Stellen) und dem privaten Bereich (z.B. EVUs, Unternehmen, Kleingewerbe).

Im Gegensatz zu den oben dargestellten Ingenieurbüros handelt es sich bei den vier befragten *Wasserkraftfirmen* um Unternehmen, die sowohl als Hersteller als auch als Dienstleister bei Neubau- und Modernisierungsprojekten fungieren. Bezogen auf das Angebotsportfolio kann ein Unternehmen als Spezialanbieter (Automatisierungstechnik) und drei als Komplettanbieter charakterisiert werden.

Die *Komplettanbieter* bieten neubaubezogene Dienstleistungen, Wartung und Reparatur sowie Modernisierung an. Sie bearbeiten unterschiedliche Kraftwerkstypen und damit Märkte. Zum Kreis der Auftraggeber zählen private Anlagenbetreiber (Einzelpersonen, Gewerbetreibende, Unternehmen), Stadtwerke beziehungsweise Kommunen und

EVUs. Die eigenen Wachstumsaussichten werden durchweg positiv beurteilt. Neben der allgemein steigenden Bedeutung der erneuerbaren Energien und dem aktuellen Expansionstrend der deutschen Wasserkraft wird als Grund für diese Dynamik auf Wachstumsimpulse aus dem Ausland hingewiesen.

Das Unternehmen aus dem Bereich der *Automatisierungstechnik* betreibt als Geschäft in erster Linie Entwicklung und Vertrieb von Hardware (insb. Schaltanlagen) und den dazu gehörigen Softwarelösungen (z.B. Prozessvisualisierung). Die Dienstleistungen Inbetriebnahme der Schaltanlagen (5-10 % der Umsätze) und die Durchführung von Ferndiagnosen (3-5 % der Umsätze) machen einen nicht unerheblichen Anteil an den Umsätzen des Unternehmens aus. Die Inbetriebnahmedienstleistungen sind dabei ein integraler Teil der Lieferung von Schaltanlagen und Steuerungen und werden nicht unabhängig erbracht. Die Durchführung von Ferndiagnosen resultiert ebenfalls aus Aufträgen für Steuerungs- und Regelungstechnik. Auftraggeber sind entweder Kraftwerksbetreiber (zumeist EVUs und Privatunternehmen) oder Hersteller von Wasserkraftanlagen, die die Automatisierungstechnik des Unternehmens beziehen. Wettbewerber im Bereich der Automatisierungstechnik sind Turbinenbauer mit eigener Elektrotechniksparte (z.B. Voith Siemens) und Elektrofirmen wie F.EE, Lukas Anlagenbau und Kochendörfer.

2.2.2.4 Wirtschaftliche Bedeutung der Dienstleistungen

Insgesamt lagen die Investitionskosten in Wasserkraftanlagen im Jahr 2006 bei 70 Mio. € (BMU 2007a). Unter der Annahme, dass davon rund 13 % der Wertschöpfung durch Dienstleistungen erfolgte (Abschätzungen beruhend auf dem Dienstleistungsanteil bei PV- und Windkraftanlagen), liegt der *Wertschöpfungsanteil der Dienstleistungen* bei der Errichtung und Modernisierung von Anlagen bei rund 9 Mio. €. Diese Umsätze beruhen auf den Investitionen in Wasserkraftanlagen in Deutschland. Die in der EXPEED-Erhebung befragten Unternehmen gaben als Umsätze der Ingenieurdienstleistungen rund 4-20 Mio. € an, bei den Wasserkraftunternehmen waren es 20-37 Mio. €. Dies sind insgesamt 24-57 Mio. € Umsatz. Diese Umsätze umfassen allerdings im Gegensatz zu den geschätzten 9 Mio. € Wertschöpfung durch Investitionen in Deutschland auch die umgesetzten Waren sowie die im Bereich der Wasserkraft hohen Auslandsumsätze. Darüber hinaus erzielen die befragten Wasserkraftunternehmen nicht nur durch die Errichtung sondern auch durch Wartungs- oder Instandhaltungsarbeiten Umsätze.

Etwa drei Viertel der Unternehmen auf dem Wasserkraftmarkt sind *Anlagenbetreiber* (Bühler et al. 2007), die in der Regel nur ihre eigene Anlage betreiben und diese Dienstleistung nicht auf dem Markt anbieten. Staiß (2007: I-92) gibt als Betriebskosten Werte zwischen 125 und 215 Euro pro Jahr und kW für die Spannbreite von kleinen und mittelgroßen reaktivierten und neu gebauten Anlagen an. Darunter sind Kosten für reine Dienstleistungen wie die Rechengutbeseitigung, aber auch investive Kosten für die Instandhaltung. In Deutschland wurde 2005 80 % des Stromes aus Wasserkraft in Anlagen >5 MW erzeugt, Neuanlagen wurden in den letzten Jahren kaum gebaut (Staiß 2007). Unter der Annahme von 80 % reaktivierten mittelgroßen Anlagen mit spezifischen Betriebskosten von 125 €/ kW im Jahr und 20 % reaktivierten Kleinstanlagen mit 210 €/ kW im Jahr (Staiß 2007), ergeben sich im Jahr 2005 Betriebskosten der Wasserkraftbranche von 665 Mio. €. Allein die Instandhaltungs- und Wartungskosten betrugen im Jahr 2004 250 Mio. €, 20 % davon entfielen auf Personalkosten (BMU 2006a). Werden diese 20 % als Wertschöpfung der Dienstleistungen angenommen und für die restlichen Betriebskosten (415 Mio. €) ein Dienstleistungskosten-Anteil von 45 % (entsprechend der Annahmen im Bereich der Windkraft) angenommen, so ergibt sich eine Wertschöpfung des Dienstleistungssektors von 237 Mio. € im Rahmen der Betriebskosten.

Hinzu kommen *Vorleistungen* aus dem Dienstleistungssektor (18,7 % des Warenwerts, s.o.) für die Sachkosten im Rahmen des Betriebs, die auf rund 230 Mio. € abgeschätzt werden, und der Investitionen in Anlagen (70 Mio. €). Damit liegt der Dienstleistungsanteil dieser Vorleistungen bei 43 Mio. € für den Betrieb und 13 Mio. € im Rahmen der Investitionen, insgesamt also bei 56 Mio. €.

Die *gesamte ermittelte Wertschöpfung der Dienstleistungen in der Wasserkraftbranche* beträgt somit rund 246 Mio. € jährlich (bzw. 302 Mio. € inkl. der Vorleistungen), hat also einen Anteil von ca. 19 % (bzw. 24 %) am Umsatz der Wasserkraftbranche, der im Jahr 2006 bei 1,28 Mrd. € lag (Kratzat et al. 2007). Allerdings berücksichtigen die Daten für die Dienstleistungen nur die Wertschöpfung durch die Anlagen im Inland. Da insbesondere bei den Dienstleistungen zur Errichtung von Anlagen ein großer Teil der Umsätze im Ausland erzielt wird, ist dies als Untergrenze des Anteils der Dienstleistungen anzusehen.

Da es sich bei den Dienstleistungsunternehmen der Wasserkraftbranche insbesondere um Ingenieurbüros handelt, wird auf Daten zu durchschnittlichen Umsätzen dieser Berufsgruppe zurückgegriffen. So lagen die Umsätze je Beschäftigtem in Ingenieur- und Architekturbüros im Jahr 2004 bei 88.000 € (Stat. Jahrbuch 2007; www.destatis.de). Daraus ergibt sich eine Anzahl von rund 2.800 Vollzeitbeschäftigten, was in etwa 3.200 Erwerbstätigen entspricht.

Im Jahr 2006 hatte der deutsche Wasserkraftmarkt eine *Beschäftigungswirkung* von rund 9.400 Beschäftigten (Kratzat et al. 2007). Insgesamt entfällt damit knapp ein Drittel der Beschäftigten durch den Wasserkraft-Sektor auf die ermittelte direkte Beschäftigung durch die Dienstleistungen. Die Gesamtgröße von 9.400 Beschäftigten berücksichtigt allerdings die indirekt Beschäftigten, deren Zahl ungefähr die Hälfte der Beschäftigungswirkung ausmacht (vgl. BMU 2006a). Als direkt Beschäftigte gibt Staiß (2007: I-95) für die Hersteller eine Anzahl von ca. 1.400 Personen an. Damit sind im Dienstleistungssektor mit den abgeschätzten 3.200 Beschäftigten mehr als doppelt so viele Personen wie in der Herstellung beschäftigt. Der Anteil der im Dienstleistungsbereich Beschäftigten liegt also im Wasserkraftmarkt selber deutlich höher und dürfte eher zwei Drittel der direkten Beschäftigten dieser Branche ausmachen.

2.2.2.5 Dienstleistungsexport

Im Bereich der Wasserkraft besteht zwar in vielen Industrieländern schon eine hohe Sättigung, dennoch gibt es insgesamt ein hohes Wachstum, insbesondere in Schwellen- und Entwicklungsländern. Der Export ist bei der Branche schon seit vielen Jahren zentrales

Geschäftsfeld. So beruhen 50 % der weltweit installierten Wasserkraftwerke auf deutscher Technologie, die Exportquote bei den Anlagen lag 2006 bei 79 % (Deutscher Bundestag 2005; BMU 2006a). Die größeren Dienstleistungsunternehmen sind im Bereich der Wasserkraft ebenfalls vorwiegend international aktiv. Kleinere Unternehmen dagegen konzentrieren sich häufig mit ihren Dienstleistungen auf den deutschen Markt. Nach Angaben der Arbeitsplatzstudie (s.o.) liegt die durchschnittliche Exportquote der Dienstleistungsunternehmen bei 85 %. Die Exportanteile der in EXPEED befragten Unternehmen liegen zwischen 0 und 92 %, es findet sich eine Häufung bei 20-30 %.

Die Interviews der Unternehmensvertreter ergaben insgesamt, dass die höchsten Exportpotenziale mit den folgenden zwei Dienstleistungsbündeln verbunden sind:

- Dienstleistungen der *Wasserkraftunternehmen* im Bereich Neubau, Modernisierung sowie Wartung und Reparatur, wobei auf deren Exportfähigkeit von mittleren und großen Wasserkraft-Komplettanbietern hingewiesen wird, die ein breites Spektrum von kleinen bis großen Kraftwerksanlagen bearbeiten. Kleine, auf Kraftwerke geringer Leistung ausgerichtete Unternehmen, sprechen demgegenüber solchen Dienstleistungen nur ein geringes Exportpotenzial zu.
- *Ingenieurdienstleistungen*, Bauüberwachung und Machbarkeitsstudien, wobei deren Exportfähigkeit sowohl von großen, bereits stark im Ausland vertretenen Ingenieurgesellschaften als auch von kleineren, bislang hauptsächlich auf den deutschen Markt konzentrierten Anbietern hervorgehoben wird.

Etwas zurückhaltender, gleichwohl ebenfalls deutlich positiv werden die Exportpotenziale der Inbetriebnahme und Ferndiagnose von automatisierungstechnischem Equipment und von Ingenieurdienstleistungen im Bereich Planung und Bau ökologischer Ausgleichsmaßnahmen eingeschätzt. Für die Vermittlung von Versicherungsverträgen werden dagegen keinerlei Exportpotenziale gesehen.

Die meisten Ingenieurdienstleister sind bereits auf internationalen Märkten tätig. Die großen Ingenieurgesellschaften (insb. Fichtner und Lahmeyer) erwirtschaften schon lange nur noch geringe Erlösbeiträge in Deutschland, während die kleinen Ingenieurbüros ausgehend von einer geringen Exportintensivität vielfach auf ein stärkeres Auslandsengagement setzen. Bei den Wasserkraftfirmen haben die kleinen Unternehmen spezifische Exportprobleme. Entsprechend der Abschätzung zur Exporteignung sind zwei der drei Unternehmen bisher im Ausland tätig – mit sehr unterschiedlichen Exportquoten (25-30 % vs. 90 %). Der Anbieter von Automatisierungstechnik ist seit einigen Jahren international aktiv und realisiert 20 bis 25 Prozent seines Umsatzes mit Inbetriebnahmen und Ferndiagnosen im Ausland.

2.2.3 Bioenergie

2.2.3.1 Der Bioenergiemarkt national und international

Gemäß der deutschen Biomasseverordnung sind Biomassen „Energieträger aus Phyto- und Zoomasse. Hierzu gehören auch aus Phyto- und Zoomasse resultierende Folge- und Nebenprodukte, Rückstände und Abfälle, deren Energiegehalt aus Phyto- und Zoomasse stammt“ (§ 2 Abs. 1 BiomasseV 2005). Die Verwendung von Biomasse zur Erzeugung von Wärme, elektrischer Energie oder als Kraftstoff ermöglicht mit Blick auf die Verwendung des Rohstoffs – unter Vernachlässigung der Aufwendungen beim Anbau und der Bereitstellung[26] – eine ausgeglichene CO_2 -Bilanz, da nur die Menge CO_2 ausgestoßen wird, die zuvor biochemisch gebunden wurde.

Im Jahre 2006 wurden in Deutschland, wie aus der Abbildung 13 hervorgeht, insgesamt rund 71 % der gesamten Endenergie aus erneuerbaren Energien durch Biomassenutzungen bereitgestellt (BMU 2007a). Dies verdeutlicht die große Bedeutung der Biomasse. Traditionell spielte und spielt Holz zur Wärmeerzeugung eine große Rolle. Bezogen auf die Wärmeerzeugung aus erneuerbaren Energien hat Biomasse (hauptsächlich Holz) einen Anteil von 94 %. Seit Einführung des EEG sowie der Biokraftstoffförderung nahmen jedoch einerseits die Brennstoffvielfalt und andererseits die Stromerzeugung und Kraftstoffnutzung deutlich zu.

Abbildung 13: Struktur der Endenergiebereitstellung aus erneuerbaren Energien

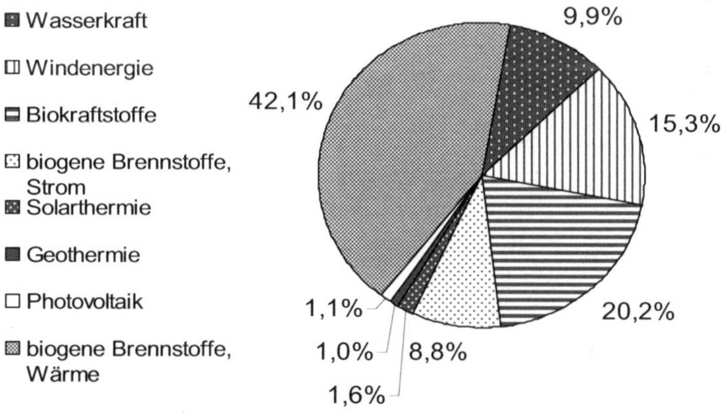

Quelle: BMU (2007b)

Von den drei grundlegenden Nutzungsformen der Biomasse – Strom, Wärme und Kraftstoffe – hat sich die Stromproduktion durch das EEG und seine Novellierung in den letzten Jahren am dynamischsten entwickelt, gefolgt von den Kraftstoffen. Dennoch ist auch die traditionelle Nutzung zur Wärmeerzeugung gewachsen und bleibt nach wie vor auf dem quantitativ bedeutendsten Niveau.

---

[26] Die Produktion und Bereitstellung der Biomasse ist ein wichtiger Aspekt für die Klimabilanz des Biomasseeinsatzes (z. B. Leible et al. 2003; Kruck/ Eltrop 2004; Fritsche et al. 2004), der derzeit international insbesondere im Hinblick auf die Biokraftstoffe viel diskutiert wird (vgl. Oertel 2007; Reinhardt et al. 2006; Bernhardt 2006; Baitz et al. 2004; Specht et al. 2004).

- Die Wärmenutzung hat sich von Mitte der 1990er Jahre bis 2006 fast verdoppelt und auch für die Zukunft wird insbesondere aufgrund der Einführung des bundesweiten EE-Wärmegesetzes mit einem weiteren Anstieg gerechnet (Bundesregierung 2007).
- Die Stromerzeugung aus Biomasse verlief – ausgehend von einem vernachlässigbaren Niveau zu Beginn der 1990er Jahre – sehr dynamisch und hat sich seit Beginn des EEG (2000) mit fast 16.000 GWh Beitrag zur Endenergiebereitstellung in 2006 ungefähr versiebenfacht (BMU 2007a).
- Kraftstoffe stellen die dritte Nutzenergieform der Biomasse dar. Im Jahr 2006 wurden insgesamt 40.000 GWh produziert, davon allein 29.000 GWh Biodiesel (BMU 2007a). Allerdings führt in Deutschland die Strategieänderung hin zur Besteuerung der heimischen Biokraftstoffe und zur Einführung eines Biokraftstoffquotengesetzes gegenwärtig zum Zusammenbruch der regionalen Biokraftstoffmärkte.

Der Gesamtumsatz der Biomassebranche betrug im Jahr 2006 9,11 Mrd. €, davon 2,87 Mrd. € durch die Errichtung von Anlagen und 6,24 Mrd. € in Verbindung mit dem Anlagenbetrieb (BMU 2007a). In den letzten Jahren sind mit der zunehmenden Anzahl an neu errichteten Anlagen sowohl die Umsätze aus der Anlagenerrichtung als auch aus dem Anlagenbetrieb stark angestiegen (vgl. Abbildung 14). Dazu kommen Umsätze in Höhe von 1,05 Mrd. € aus der Errichtung und Erweiterung der Produktionskapazitäten, wovon wiederum allein 1,03 Mrd. € im Bereich der Biokraftstoffe generiert wurden (Kratzat et al. 2007).

Abbildung 14: Umsätze der Biomassebranche in Deutschland 2000-2006

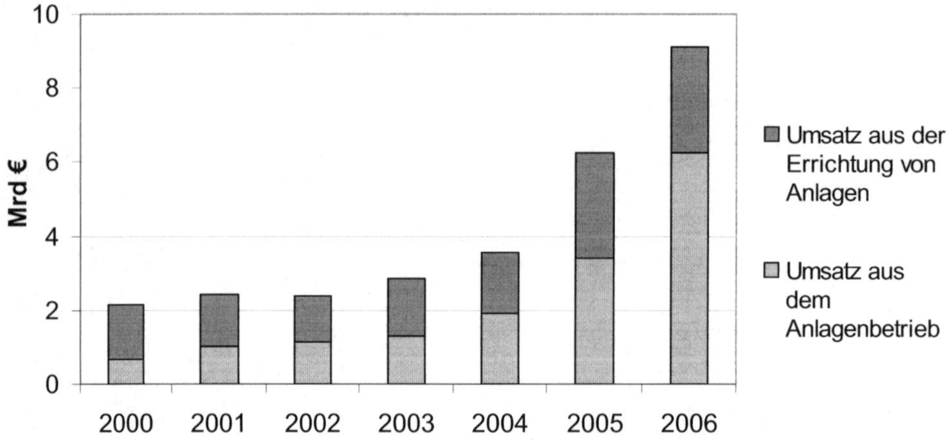

Quelle: eigene Darstellung; Daten aus Staiß et al. (2001), (2003), (2005), (2006b), sowie BMU (2007b)

Die Arbeitsplätze der Biomassebranche lassen sich schwer abschätzen, da es viele kleine Dienstleister, z.B. Heizungsinstallateure oder Planer, gibt, die nicht nur der Biomassebranche zuzuordnen sind. Die Studie zu Arbeitsplatzeffekten der erneuerbaren Energien im

Auftrag des BMU kommt zu einer Zahl von 95.400 Beschäftigten durch den Bioenergiebereich, davon 33.800 im Bereich Biomasse, 11.400 im Bereich Biogas und flüssige Biomasse, 18.200 durch die Bereitstellung von Biomassebrennstoffen und 32.000 durch die Bereitstellung von Biokraftstoffen (Kratzat et al. 2007). Dazu kommen noch 9.500 Beschäftigte durch den Ausbau der Produktionsanlagen. Im Vergleich zu den rund 40.000 Beschäftigte im Jahr 2000 (BMU 2006b) fand in der Bioenergiebranche in den letzten Jahren ein enormes Wachstum statt.

Im Folgenden werden die unterschiedlichen Teilmärkte des Biomasse- bzw. Bioenergiemarkts entlang der festen, gasförmigen und flüssigen Biomasseprodukte unterschieden.

2.2.3.2 Feste Biomasse

Unter fester Biomasse werden biogene Festbrennstoffe verstanden, also Brennstoffe organischer Herkunft, die zum Zeitpunkt der energetischen Nutzung in fester Form vorliegen. Neben holzartigen Brennstoffen gehören dazu auch halmgutartige Brennstoffe (v. a. Stroh) (FNR 2005). Über 90 % der gesamten Energie aus Biomasse wird aus Festbrennstoffen hergestellt, welche fast ausschließlich zur Wärmeerzeugung genutzt werden. Die gesamte Endenergiebereitstellung für die Wärmeproduktion aus fester Biomasse betrug im Jahr 2006 75,3 TWh, die des Stromes lediglich 7,2 TWh (BMU 2007a). Der demnach wesentlich bedeutendere Wärmemarkt lässt sich wie folgt differenzieren (BMU 2007a):

- 82 % der Wärmeerzeugung wird von Haushalten in kleineren Anlagen geliefert.
- Der industrielle Bereich stellt einen Anteil von 15 % der Wärmeproduktion aus fester Biomasse.
- Ein Anteil 3 % des festen Brennstoffs wird zur Wärmeproduktion in Heizkraft- oder Heizwerken (HKW oder HW) verwandt.

Die Zahl der kleinen Anlagen in Haushalten (in der Regel < 15 kW) lag 2003 geschätzt bei fast 9 Mio., die Zahl der größeren Anlagen betrug 2006 um die 135.000 (Staiß 2007). Zur Stromerzeugung aus fester Biomasse gab es Ende 2006 nur 160 Anlagen mit einer insgesamt installierten Leistung von 920 MW_{el}. Diese Anlagen haben mit durchschnittlich mehr als 5 MW meist eine deutlich höhere Leistung als Biogasanlagen und Anlagen zur Nutzung flüssiger Bioenergieträger (Scholwin et al. 2007).

Der weitaus wichtigste Anteil der festen Biomasse ist holzartiger Brennstoff, welcher in Form von Stückholz oder Pellets und Hackschnitzeln in den Anlagen verbrannt wird. Halmgutartige Brennstoffe wie Stroh machen bisher nur einen vernachlässigbaren Anteil der energetisch genutzten biogenen Festbrennstoffe aus (Staiß 2003), weswegen deren Nutzung in der folgenden Betrachtung des Dienstleistungsangebots nicht weiter betrachtet wird.

Dienstleistungsspektrum

Die Betrachtung der Dienstleistungen bei den festen Brennstoffen kann in drei Bereiche unterteilt werden, in denen jeweils unterschiedliche Dienstleistungsanbieter tätig sind:

- kleine Anlagen mit einer Leistung unter 15 kW
- mittelgroße Anlagen die in einem Leistungsbereich von 15 kW bis 1 MW liegen
- Heizkraft – und Heizwerke mit einer Leistung über 1 MW

In der Tabelle 9 sind die in diesen Bereichen anfallenden Dienstleistungen dargestellt, die anhand einer Internetrecherche zum Angebot der Dienstleistungsunternehmen sowie den Angaben im „Leitfaden Bioenergie“ (FNR 2005) ermittelt wurden.

Tabelle 9: Vergleich der bei Anlagen unterschiedlicher Leistung anfallenden Dienstleistungen

	Kleinanlagen	**Mittelgroße Anlagen**	**Heizkraftwerke und Heizwerke**
Brennstoffe	Zwischenhandel	Lieferlogistik Handel	Versorgungslogistik Lieferlogistik
Errichtung der Anlage	Planung Installation der Anlage	Planung Installation bzw. Bau der Anlage	Planungsphase: Projektentwicklung/ Konzeption Machbarkeitsstudie/ Wirtschaftlichkeitsrechnung Genehmigungsplanung Anlagenplanung Marktrecherchen Finanzierungsplanung Förderanträge Errichtungsphase: (meist schlüsselfertige Errichtung) Beauftragung von Bauträgern/ Bauausführung Bauüberwachung Objektversorgung (Rohrleitungssysteme) Netzanschlüsse
Betrieb der Anlage	Reinigung und Emissionsmessungen Reparatur	Wartung und Kontrolle Emissionsmessungen	Kaufmännische Betriebsführung: Verwaltung Technische Betriebsführung: Wartung, Instandhaltung Kontrolle, Reparaturen Betreuung und Überwachung der Anlage Emissionsmessungen
Entsorgung und Rückbau der Anlage	Entsorgung	Entsorgung der Anlage Entsorgung der Abfälle während des Betriebs	Anlagenrückbaulogistik Entsorgungslogistik von Rückbaukomponenten Entsorgungslogistik von Abfällen während des Betriebs

Quelle: eigene Darstellung

Die *Bereitstellung und der Handel mit Brennstoff* unterscheiden sich zum einen nach Anlagengröße, zum anderen nach Art des Brennstoffs. Hackgut bieten bundesweit nur rund 160 Brennstoffproduzenten an, die ihre Produkte vor allem regional vertreiben, Stückholz wird von 320 Produzenten vertrieben, die dieses Produkt aber meist nur als Nebengeschäft sehen (FNR 2006). Stückholz wird außerdem von einem großen Teil der Endverbraucher selbst geworben. Sehr viel dichter ist das Netz an Anbietern von Holzpellets: Ende 2004 wurden in Deutschland Holzpellets an 30 Standorten produziert und von über 800 Händlern angeboten. Bei den Händlern handelt es sich zur Hälfte um Brennstoffhändler, die andere Hälfte sind Forst- und Landwirtschaftsbetriebe, Genossenschaften, Großhandel (z. B. Baumärkte) sowie kleine Händler (ebda.). Bei kleinen Anlagen der Haushalte wird nur sporadisch Brennstoff benötigt. Die Betreiber verwenden entweder Brennholz aus eigener Produktion oder erwerben ihn im Handel. Mittelgroße Anlagen, die in der Regel direkt bei holzbe- und verarbeitenden Betrieben errichtet werden, verwerten die dort anfallenden Reststoffe direkt; ergänzend können durch einen Händler weitere Rohstofflieferungen erfolgen. Wegen der kontinuierlichen Wärme- bzw. Strombereitstellung und der großen Brennstoffmengen brauchen größere Anlagen eine sehr gute Versorgungslogistik, die im Regelfall bereits bei der Planung der Anlage berücksichtigt wird bzw. werden muss.

Die *Planung und Errichtung der Anlage* übernimmt bei den kleineren Anlagen in der Regel ein handwerklicher Betrieb. Die weitaus umfangreichere Planung bei größeren Anlagen übernimmt in der Regel ein Ingenieurbüro oder ein Anlagen- und Apparatebauer. Diese Anlagen unterscheiden sich nur wenig von Anlagen zur Nutzung anderer Festbrennstoffe (z.B. Kohle), so dass die Hersteller großer Holzfeuerungsanlagen meist Anlagenbauer aus dem allgmeinen Kraftwerksbau sind. Insbesondere größere Kraft- bzw. Heizwerke müssen sich einem längeren Planungsprozess unterziehen (vgl. auch Tabelle). Aufgaben, wie beispielsweise die Vorbereitung und Durchführung der UVP, können auch gesondert von weiteren Unternehmen übernommen werden.

Der *Betrieb* von kleinen Anlagen wird meist vom privaten oder (klein-)gewerblichen Nutzer selbst übernommen. Reinigungsarbeiten und Emissionsmessungen sowie Wartung und Instandhaltung werden von externen Dienstleistern übernommen (Schornsteinfeger/ Kaminkehrer bzw. Handwerker/ Installateur oder Hersteller). Größere Anlagen benötigen eine regelmäßige Betreuung durch den Betreiber. Dabei kann es sich entweder um den Nutzer selber, beispielsweise bei Industrieunternehmen und landwirtschaftlichen Betrieben, um ein Energieversorgungsunternehmen (bei Nah- und Fernwärmeversorgung) oder aber um eine extra zu diesem Zweck gegründete Betreiber- oder Projektgesellschaft handeln (vgl. FNR 2005). Die technische Betriebsführung erfolgt durch technisches Personal, daneben fallen regelmäßig Wartungs- und Instandhaltungsaufgaben an, die häufig durch den Anlagenhersteller ausgeführt werden (Wartungsvertrag). Die kaufmännische Betriebsführung umfasst diverse Verwaltungsaufgaben, die bei der Betriebsführung anfallen, seien es die Aufstellung von Bilanzen und Jahresabschluss der Betreibergesellschaft oder die Führung einer Beteiligungsgesellschaft, die bei größeren Anlagen als zusätzliches Finanzierungsinstrument eingesetzt werden kann.

Während der Betreiber von kleinen Anlagen selbst für die *Entsorgung* der Abfälle zuständig ist, können bei größeren Anlagen wegen der weitaus größeren Mengen an Reststoffen weitere Aufgaben für Dienstleistungsunternehmen entstehen, welche sich auch um einen eventuellen *Anlagenrückbau* kümmern.

Zentrale Dienstleistungsanbieter

Die zentralen Dienstleistungsunternehmen im *Bereich kleiner Biomasseanlagen* sind die Handwerksbetriebe, die gesondert im Kapitel 2.2.7 betrachtet werden. Daneben spielt zur Versorgung der Nutzer mit Brennstoff bei den privat genutzten kleinen Anlagen noch der Brennstoffhandel eine wichtige Rolle, der jedoch in der vorliegenden Studie nicht vertiefend betrachtet wird.

Bei *größeren Anlagen* sind die wichtigsten Dienstleistungsunternehmen die Ingenieurbüros sowie Anlagen- und Apparatebauer, die in der Regel die gesamten Dienstleistungen rund um die Planung und Errichtung der Anlagen übernehmen; letztere sind meist auch für Wartung und Reparaturen zuständig. Im Rahmen von EXPEED wurden vier Unternehmen, die Dienstleistungen für die Planung und Errichtung sowie den Betrieb größerer Biomasseanlagen anbieten, interviewt. Die zentrale Dienstleistung bei allen vier Unternehmen stellte die Planung und Projektierung der Anlagen dar. Daneben wurden Dienstleistungen der Planungs- und Errichtungsphase auch einzeln angeboten (z.B. Genehmigungsverfahren, Beratung, Contracting, Vorbereitung, Konzepterstellung). Bei den Unternehmen handelt es sich teilweise um Anlagenbauer. Ein Unternehmen ist vorwiegend in anderen EE-Bereichen tätig und betreibt die Planung von Biomassefeuerungsanlagen als Nebengeschäft. Die Kunden der Unternehmen sind vorwiegend institutionell (gewerblich, kommunal, etc.), teilweise arbeiten die Unternehmen jedoch auch für private Nachfrager.

Die befragten Unternehmen schätzen, dass es rund ein Dutzend relevanter Anbieter im Bereich Projektierung/ Planung größerer Biomasseanlagen gibt. Die Anzahl an Konkurrenten würde allerdings derzeit zunehmen. In den nächsten Jahren (bis 2010/ 2015) wird mit einem weiteren Marktwachstum von 25-50 % gerechnet, insbesondere aufgrund des international wachsenden Markts.

Wirtschaftliche Bedeutung der Dienstleistungen

Zur Abschätzung der wirtschaftlichen Bedeutung der Dienstleistungen im Bereich der energetischen Nutzung von fester Biomasse wird auf Angaben zu den Investitions- und Investitionsnebenkosten (FNR 2005; Staiß 2007) und den Anteil der Personalkosten an Wartung und Instandhaltung (BMU 2006a) zurückgegriffen. Aus der daraus berechneten Wertschöpfung werden wiederum über die Löhne Beschäftigungszahlen abgeschätzt.

Nach Angaben der FNR (2005) sind insgesamt 10-15 % der Nettoinvestitionskosten Nebenkosten für Planung, Gutachten, Abnahme, Bauleitung etc.[27] Die Investitionen in

[27] Im Folgenden wird mit dem Mittelwert 12,5 % gerechnet.

Neuanlagen zur Nutzung fester Biomasse lagen 2005 bei 1,45 Mrd. € (Staiß 2007).[28] Wird vereinfachend davon ausgegangen, dass sich der *Anteil der Dienstleistungen bei den Nebenkosten* in einer ähnlichen Größenordnung bewegt wie bei der Windkraft (55 %, vgl. Abschnitt 2.2.1.4), liegt deren Wertschöpfung bei rund 100 Mio. €.

Hinzu kommen die *produktionsbezogenen Dienstleistungen* in Höhe von 18,7 % der Anlagen- und sonstigen Sachkosten (s.o.). Damit entfallen rund 237 Mio. € der gesamten Investitionskosten (1,27 Mrd. €) und weitere 15 Mio. € der Sachkosten im Rahmen der Investitionsnebenkosten (82 Mio. €) auf Vorleistungen aus dem Dienstleistungssektor.

Im Jahr 2004 waren 30 % der insgesamt 734 Mio. € Wartungs- und Instandhaltungskosten Personalkosten (BMU 2006a). Diese 220 Mio. € werden in der vorliegenden Studie als Wertschöpfung der Dienstleistung durch *Wartung und Instandhaltung* betrachtet. Von den 514 Mio. € Sachkosten im Rahmen der Wartungs- und Instandhaltungskosten können wiederum 96 Mio. € als dienstleistungsbezogene Vorleistungen betrachtet werden. Insgesamt liegt die *Wertschöpfung durch anlagenbezogene Dienstleistungen* damit bei rund 320 Mio. €. Hinzu kommen nochmals 348 Mio. € an Vorleistungen aus dem Dienstleistungssektor.

Davon ausgehend, dass in dieser Branche als anlagenbezogene Dienstleister vorwiegend Handwerker tätig sind, kann aus der Wertschöpfung über die durchschnittlichen Löhne („Arbeitgeberbrutto") der Handwerker in Höhe von 34.000 € im Jahr die Zahl der Vollzeitbeschäftigten auf rund 9.400 abgeschätzt werden, was ca. 10.900 Erwerbstätigen entspricht. Dieser Wert ist eher als Obergrenze anzusehen, da keine weiteren Kosten oder Gewinne berücksichtigt wurden.

Damit liegt der Anteil der Wertschöpfung der Dienstleistungen bei rund 7 % (bzw. 14 % inkl der produktionsbezogenen Dienstleistungen) des Gesamtumsatzes der Branche zur Nutzung fester Biomasse, der nach Kratzat et al. (2007) bei insgesamt 4,8 Mrd. € liegt. Der Anteil an der gesamten Beschäftigungswirkung von 52.000 Beschäftigten im Biomassesektor (feste Biomasse) (Kratzat et al. 2007) lag gemäß den oben ermittelten Zahlen bei rund 21 %. Dabei wurden allerdings nur Dienstleistungen im Rahmen der Planung und Errichtung sowie für Wartung und Instandhaltung berücksichtigt, nicht jedoch die bedeutenden produktbezogenen Dienstleistungen. Auch gilt zudem, dass ein hoher Anteil an indirekter Beschäftigung (branchenweit 50 %, s.o.) zu berücksichtigen ist. Damit ist insgesamt von deutlich höheren Beschäftigtenanteilen der Dienstleistungen im Bereich feste Biomasse auszugehen.

Dienstleistungsexport

Im Bereich der energetischen Nutzung fester Biomasse sind die Exportquoten mit 4 % noch sehr gering, wobei durchschnittlich die Produzenten (11 %) und Händler (9 %) etwas höhere Exportquoten aufweisen als die Dienstleistungsunternehmen (2 %) (BMU 2006a).

[28] Die gesamten Investitionen der Biomassebranche lagen bei 2,8 Mrd. €, davon entfielen 1,3 Mrd. € auf Biogasanlagen und 50 Mio. € auf flüssige Bioenergieträger (Staiß 2007).

Entgegen der insgesamt geringen Exportquoten schätzen zwei der im Rahmen der vorliegenden Studie befragten Unternehmen den Anteil des Auslandsgeschäfts in der Branche für das Jahr 2006 auf 30 – 50 % – mit einem hohen Wachstumspotenzial bis 2015. Von den vier befragten Unternehmen sind bisher drei auf Auslandsmärkten aktiv. Das vierte Unternehmen plant keine Auslandsaktivitäten, da die Auslastung über den deutschen Markt ausreichend sei. Bei zwei der exportaktiven Unternehmenen macht das Auslandsgeschäft bisher nur geringe Umsatzanteile aus (rund 10 %), bei dem dritten Unternehmen (einem Anlagenbauer) dominiert das Auslandsgeschäft mit Umsatzanteilen von 60 %.

2.2.3.3 Flüssige Biomasse: Biogene Kraftstoffe

Bei biogenen Kraftstoffen unterscheidet man zwischen Biodiesel, Pflanzenöl, Bioethanol sowie synthetischen Biokraftstoffen (Biomass-to-Liquid, kurz BTL) (Staiß 2007). Biokraftstoffe müssen zunächst aus Biomasse (fest oder flüssig) hergestellt werden, bevor sie für die Energieerzeugung verwendet werden können. Neben Biodiesel und Pflanzenölen beginnt Bioethanol als Kraftstoff in den letzten Jahren in Deutschland an Bedeutung zu gewinnen. Im Unterschied zur Situation in Deutschland wird der Weltmarkt der Biokraftstoffe heutzutage überwiegend von Ethanol (Weltmarktführer Brasilien) geprägt (Staiß 2007). Nicht zu vernachlässigen ist bei den Kraftstoffen auch die Nutzung von Biomethan (Biogas), das ebenfalls für den Antrieb von Fahrzeugen genutzt werden kann.

Im Jahr 2006 wurden in Deutschland Biokraftstoffe mit einem Energiegehalt von 40.000 GWh produziert (BMU 2007a). Den größten Anteil davon hat die Biodieselproduktion mit 2.800.000 t bzw. 3.200 Mio. Litern. Damit ist Deutschland weltweit führend bei der Biodieselproduktion und -nutzung (FNR 2006). Die Herstellung von Pflanzenöl und Bioethanol weist erst seit einigen Jahren relevante Produktionszahlen auf. Im Jahr 2006 wurden 710.000 t bzw. 770 Mio. Liter Pflanzenöl und 480.000 t bzw. 600 Mio. Liter Bioethanol an Kraftstoffen bereitgestellt (BMU 2007a). Laut einer Erhebung der Fachagentur Nachwachsende Rohstoffe (FNR) existierten in Deutschland im Mai 2007 rund 45 Ölmühlen, 35 Biodieselanlagen und 5 Bioethanolanlagen, weitere Anlagen waren in Planung oder im Bau (FNR 2007a). Synthetische Biokraftstoffe werden bisher lediglich in Versuchs- und Pilotanlagen gewonnen und haben entsprechend noch keine Bedeutung für den Markt (FNR 2006). Umso erstaunlicher scheint es, dass die Umstellung der Biokraftstoff-Förderpolitik auf EU-Ebene und in Deutschland in hohem Maße von der Hoffnung auf die potenziellen ökologischen und ökonomischen Vorteile durch die Kraftstoffe der zweiten Generation geprägt war, die jedoch zum gegenwärtigen Zeitpunkt keineswegs als sicher realisierbar gelten können.

Biokraftstoffe wurden lange Zeit fast ausschließlich im Verkehrsbereich eingesetzt, kaum dagegen für die Erzeugung von Strom und Wärme. So existierten 2004 in Deutschland nur 160 überwiegend kleine Blockheizkraftwerke (< 100 kW_{el}), die mit Pflanzenöl oder Pflanzenölmethylester betrieben wurden (IE 2004). Im Jahr 2006 betrug die installierte Leistung der inzwischen 1.800 Anlagen zur Stromerzeugung aus flüssigen Bioenergieträgern dagegen bereits 2.157 MW_{el} (Scholwin et al. 2007).

Dienstleistungsspektrum und zentrale Dienstleistungsanbieter

Die Wertschöpfungsschritte der Erzeugung von Biokraftstoffen umfassen die Anlagenplanung und den Anlagenbau, den Betrieb der Anlagen und deren Rückbau. Im Bereich der Nutzung der flüssigen Bioenergieträger kommen außerdem noch der Vertrieb der Kraftstoffe und ggf. die Nutzung der Kraftstoffe in Blockheizkraftwerken (BHKW) dazu. Der Bereich Anlagenplanung / -bau kann als zentrale Dienstleistung bezüglich der Biokraftstofferzeugung identifiziert werden, der Betrieb der Biokraftstoffanlagen stellt dagegen einen Herstellungsprozess dar. Planung und Bau der Anlage werden in der Regel von spezialisierten Anlagenbauern übernommen. Die produzierten Biokraftstoffe sind der eigentliche Brennstoff, der den Endverbrauchern meist über ein Vertriebsnetz (Tankstellen) oder im Direktvertrieb zur Verfügung gestellt wird. Umgesetzt wird der Brennstoff in Energie zum Antrieb von Fahrzeugen oder in Blockheizkraftwerken, die mit flüssigen Brennstoffen arbeiten. Die Planung, Errichtung, der Betrieb und der Rückbau des BHKW stellen dann weitere relevante Dienstleistungen dar. Um die einzelnen Dienstleistungsschritte genauer zu charakterisieren wurde das Angebot von Dienstleistungsunternehmen mittels einer Internetrecherche genauer analysiert.

Die Dienstleistungsvielfalt erhöht sich im Biokraftstoffsektor zum einen durch die Produktion und Nutzung von Reinkraftstoffen, da diese eigene Produktions- und Vertriebswege aufweisen. Zum zweiten hängt sie von der Länge bzw. Komplexität der Umwandlungsschritte von der Biomasse bis zum Kraftstoff ab.

Die *Planung und Projektierung* einer Biokraftstoffanlage umfasst Projektentwicklung/ Konzeption, Machbarkeitsstudie/ Wirtschaftlichkeitsrechnung, Genehmigungsplanung, Anlagenplanung, Marktrecherchen, Finanzierungsplanung, Förderanträge. In der *Bauphase* fallen als Dienstleistungen außerdem die Beauftragung von Bauträgern/ Bauausführung, die Bauüberwachung, Netzanschlüsse und die Inbetriebnahme der Anlage an. Die in diesem Bereich tätigen Unternehmen sind meist Anlagenbauer, die auf die Planung und den Bau von verfahrenstechnischen Anlagen – häufig im Bereich Biokraftstoffe – spezialisiert sind. Betrachtet man den deutschen Markt, so wurden hier allein rund 80 % der Biodieselanlagenkapazitäten von der Firma Lurgi AG geplant und gebaut (Kirchhoff 2006). Daneben finden sich wenige weitere Planer und Anlagenbauer. Nennenswert ist hier noch die Firma Biodiesel International, kurz BDI, aus Österreich, die größtenteils in Deutschland tätig ist.

Während des *Betriebs* fallen Servicedienstleistungen an (periodische Wartungs- und Instandhaltungsarbeiten, Fernüberwachung, etc.) die meist vom Anlagenhersteller übernommen werden.

Eine große Bedeutung hat der *Vertrieb der Biokraftstoffe*, der vorrangig von Kraftstoffhändlern über Tankstellen oder im Direktvertrieb an Spediteure, Busunternehmen und andere Unternehmen mit einem größeren Fuhrpark und eigener Tankmöglichkeit erfolgt (siehe Abbildung 15). Im Jahr 2004 existierten bundesweit 1.900 Biodiesel-Tankstellen, bei denen es sich vor allem um freie Tankstellen oder kleinere Tankstellenketten handelte (FNR 2006). Aufgrund der inzwischen im Biokraftstoffquotengesetz vorgeschriebenen Beimischung zu anderen Kraftstoffen wird der Absatzweg als Mischung zukünftig an Bedeutung gewinnen. Neben den Vertriebsstrukturen der Biokraftstoffhersteller gibt es einige Unternehmen, die sich auf den Handel mit Biokraftstoffen spezialisiert haben.

Abbildung 15: Verteilung Biodieselabsatz in Deutschland 2005, Umsatz 1,8 Mio. t

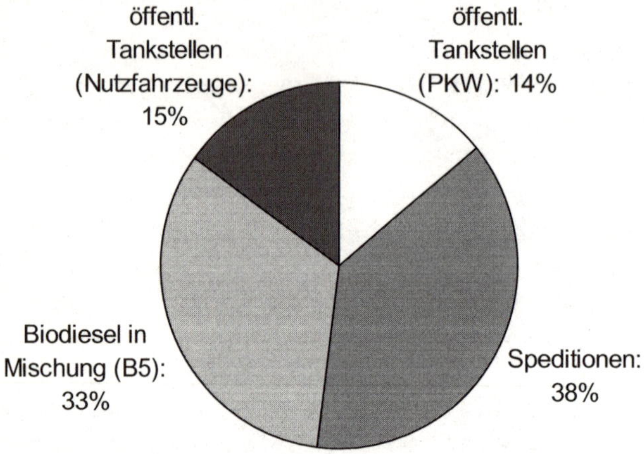

Quelle: eigene Darstellung; Daten: FNR (2007b)

Beim *Einsatz von Biokraftstoffen in Blockheizkraftwerken* fallen wie gewohnt Dienstleistungen im Bereich der Planung, Errichtung, dem Betrieb und dem Rückbau des BHKW an, bei denen zwar die Spezifika des Brennstoffes eine Rolle spielen, ansonsten entsprechen die Dienstleistungen jedoch im Wesentlichen denen von BHKW, die mit andern biogenen oder fossilen Brennstoffen betrieben werden. Aus diesem Grund und da der Einsatz in BHKW bei flüssigen Bioenergieträgern nach wie vor die Ausnahme darstellt werden diese Dienstleistungen hier nicht vertieft behandelt.

Dienstleistungsexport

Die durchschnittliche Exportquote der Unternehmen aus dem Bereich Biokraftstoffe ist bisher mit 1 % sehr gering, wobei die Dienstleister (2 %) und die Händler (3 %) im Vergleich zu den Produzenten (0 %) noch vergleichsweise hohe Exportquoten aufweisen (BMU 2006a). Dennoch geben in einer Befragung der dena 84 % der befragten Unternehmen aus dem Biokraftstoffbereich an, das Auslandsgeschäft für wäre wichtig bis sehr wichtig (dena 2007). So bezeichnet der Bundesverband Biogene und Regenerative Kraft- und Treibstoffe (BBK) Deutschland als Technologieexportweltmeister in den Biokraftstoff-Technologien. Konkrete Auslandaktivitäten, die vom BBK ausgehen, sind das „Technologie-Pflanzenölkontor" in Sao Paolo, das Technologieexporte nach Brasilien und Sojaölimporte nach Deutschland organisiert. Ähnliche Einrichtungen werden derzeit in Hongkong und in der Ukraine gegründet. Konkrete Exportquoten werden vom BBK jedoch nicht genannt (BBK 2007).

Im Rahmen der eigenen Erhebungen konnten keine weiteren spezifischen Informationen zu den Exportaktivitäten bei Dienstleistern in der Biokraftstoffbranche generiert werden. Der im Bereich Anlagenbau dominante Dienstleister, Lurgi, ist bereits international aktiv und gibt an, der Weltmarktführer bei Biodieselanlagen zu sein (www.lurgi.de; Zugriff am 20.07.2007).

2.2.3.4 Biogas[29]

Die Energiegewinnung aus gasförmiger Biomasse wurde in Deutschland in den vergangenen Jahren stark ausgebaut und hat sich zu einer eigenständigen Teilbranche innerhalb der stark wachsenden Bioenergiebranche entwickelt. Biogas entsteht durch die Vergärung von Biomasse, der erneuerbare Energieträger ist Methan. Die Rohstoffe können aus landwirtschaftlichen Reststoffen, gewerblichen Abfällen oder gezielt angebauten Energiepflanzen stammen. Bisher wurde Biogas überwiegend zur Erzeugung von Strom und Wärme in Blockheizkraftwerken verwendet. In jüngster Zeit hat das Interesse an der Aufbereitung von Biogas auf Erdgasqualität zugenommen, da einerseits das steuergünstige Biomethan angesichts hoher Erdölpreise als Biokraftstoff in Erdgasfahrzeugen eine kostengünstige Alternative darstellt und andererseits die Einspeisung von Biomethan in das Erdgasnetz durch die Gasnetzzugangsverordnung (GasNZV) eine Vorrangstellung genießt. Als Zusatzprodukt der Biogasproduktion entsteht Dünger, der als Ersatz für kostenintensiven Mineraldünger verwendet werden kann.

Die Anzahl an Biogasanlagen ist ebenso wie die installierte Leistung in den letzten Jahren stark angestiegen (s. Abbildung 16) und lag Ende 2006 bei 3.500 Anlagen (vgl. Pellmeyer 2007). In Folge dieses rasanten Ausbaus stieg der Umsatz im Vergleich zu 2005 um 55 % im Jahr 2006 auf über eine Milliarde Euro (Pellmeyer 2007). Die Anzahl der in der Biogasbranche Beschäftigen lag 2006 bei 10.000 Personen und damit 25 % über dem Beschäftigungstand von 2005 (Weiland 2006). Aufgrund noch großer ungenutzter Potenziale geht der Fachverband Biogas für das Jahr 2020 recht optimistisch davon aus, dass die sehr positiven Trends der letzten Jahre noch weiter gesteigert werden können und rechnet mit einem Umsatz von dann 7,6 Mrd. Euro und 85.000 Beschäftigten in der Branche. Mit 76 TWh produziertem Strom soll bis dahin ein Anteil von 17 % an Stromerzeugung erreicht werden (Pellmeyer 2007). Im Jahr 2006 erzeugten Biogasanlagen dagegen mit einem Beitrag zur Endenergiebereitstellung von 5,4 TWh erst 0,9 % des Endenergieverbrauchs an Strom (BMU 2007a).

Aufgrund langjähriger Erfahrungen in der Betriebsführung, der Prozessbiologie und den entsprechenden Labordienstleistungen besteht ein breites know-how für den erfolgreichen Betrieb von Anlagen. Ausgereifte Produkte stehen auch im Bereich der Speicher- und Tankanlagen, der spezialisierten Blockheizkraftwerke und der Biogas-Analysetechnik zur Verfügung. Angesichts seiner breiten Diversifizierung ist Deutschland

[29] An der Marktanalyse des Bereichs Biogas war der Projektpartner dena beteiligt.

im Bereich Biogas beim Anlagen- und Maschinenbau sowie bei der Prozesssteuerung und im Betriebs-Know-how für Biogasanlagen weltweit führend.

Aufbauend auf den sich stark entwickelnden Heimatmarkt wachsen auch die Exportanteile der deutschen Biogas-Branche. Dennoch belief sich die Exportquote von Unternehmen der Biogasbranche 2004 durchschnittlich erst auf 5 %, wobei die Produzenten mit 12 % im Schnitt die höchsten Exportquoten aufweisen, Dienstleister und Händler dagegen bei einer Exportquote von 0 % lagen (BMU 2006a). Nach Angaben des Fachverbandes Biogas lag die Exportrate 2006 bereits bei knapp 10 Prozent und soll innerhalb der nächsten Jahre auf 30 Prozent ansteigen (dena 2007). Zielmärkte für landwirtschaftliche Biogasanlagen sind insbesondere agrarisch geprägte Staaten in Europa (Italien, Spanien, Niederlande, Ungarn, Polen) sowie in Nordamerika mit entsprechenden Vergütungssystemen für Strom aus Biogasanlagen oder vergleichbaren Förderbedingungen.

Abbildung 16: Biogasanlagenentwicklung in Deutschland

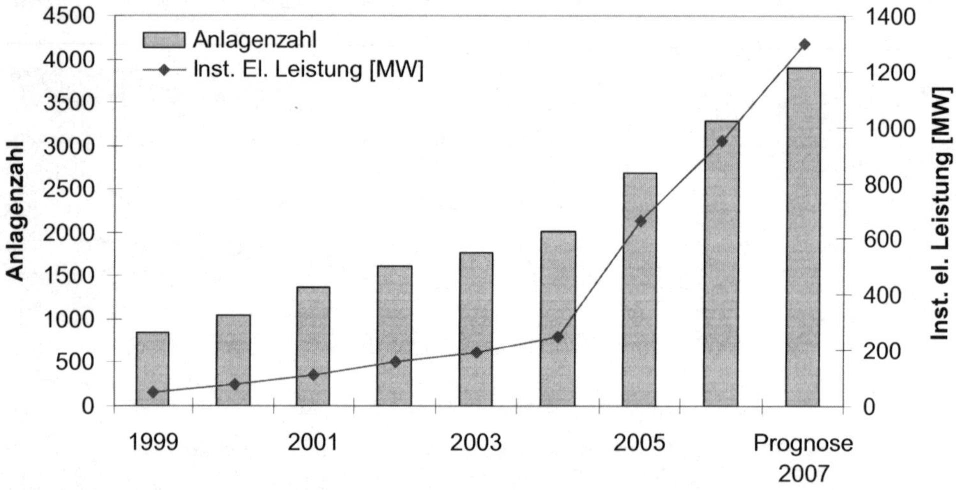

Quelle: eigene Darstellung; Daten: BMU (2006e)

Dienstleistungsspektrum

Man kann die Dienstleistungen im Bereich Biogas grob in die drei Phasen Projektentwicklung und Planung, Bau und Inbetriebnahme sowie Betrieb einteilen. Im Vergleich zu anderen EE-Bereichen spielen Dienstleistungen in der Biogasbranche – insbesondere während des Betriebs – eine wichtige Rolle. Eine Auswertung der Kostenstruktur von größeren Biogasanlagen anhand von Beteiligungsprospekten zeigt, dass allein die Dienstleistungen in der Betriebsphase fast ein Drittel der Gesamtkosten der Biogasanlagen verursachen. Der Grund hierfür liegt an der dauerhaft notwendigen Überwachung der Biogasanlagen, der sich in einem hohen Anteil der Betriebsführungskosten, vor allem der technischen Betriebsführung, äußert.

Bei *kleineren und mittleren Anlagen* werden oft schlüsselfertige Anlagen, meist in Verbindung mit Betreuungs- und Schulungsmöglichkeiten, angeboten. Die Dienstleistungen im Vorfeld des Baus umfassen Themen wie die Betriebsanalyse, die Wirtschaftlichkeitsberechnung der Anlage und das Erarbeiten von Ausführungsplänen und Genehmigungsunterlagen. In der Phase von Bau und Inbetriebnahme übernehmen Dienstleister vor allem die Bauleitung und den Netzanschluss, aber auch die Schulung des Betreibers und den Probebetrieb. Im regulären Betrieb übernehmen die Dienstleister dann vor allem Aufgaben der unterstützenden Betriebsführung, wie die prozessbiologische Betreuung, die Fernüberwachung oder die Anlagenoptimierung. Daneben unterstützen sie aber auch die Betreiber mit telefonischem Rat oder der Versorgung mit Ersatzteilen und zusätzlichen Aggregaten.

Bei *größeren Anlagen* ist das Dienstleistungsspektrum umfangreicher, da hier für die einzelnen Prozessschritte weitere Spezialisten benötigt werden. Die Tätigkeiten können in kaufmännische, juristische und technische Dienstleistungen unterschieden werden. In der Planungsphase werden an kaufmännischen Dienstleistungen vor allem Wirtschaftlichkeitsanalysen sowie die Erstellung eines Businessplans, der die Förderungs- und Finanzierungsplanung beinhaltet, geleistet. In technischer Hinsicht sind dies eher die Machbarkeits- und Standortanalysen, während es sich im juristischen Bereich auf Grundstücks- und Genehmigungsplanung sowie evtl. auf Versicherungsplanung konzentriert. In der Bauphase liegt ein klarer Schwerpunkt auf technischen Tätigkeiten, vor allem Bauablaufplanung, Bau und Inbetriebnahme sowie Netzanbindung. Andere Dienstleistungen fallen im Bereich der Genehmigungsverfahren oder der Bauteillieferungsplanung an.

Ebenfalls dienstleistungsintensiv ist die *Betriebsphase*. Hier fallen juristische Dienstleistungen rund um Versicherungen sowie Steuer- und Rechtsberatung an. Zur technischen Betriebsführung gehören die technische Betreuung (Wartung, Instandhaltung, Ersatzteilmanagement, etc.) und Tätigkeiten zur Steuerung und Überwachung der Anlage (Anlagensteuerung, biologische Betreuung, Netz-Fernüberwachung, etc.). Die kaufmännische Betriebsführung umfasst Arbeiten wie die Anlagenoptimierung, Qualitätsmanagement, laufende Wirtschaftlichkeitsberechnungen, Fonds- und Beteiligungsverwaltung, sowie den Erwerb von Rohstoffen und den Verkauf der Produkte (Strom, Dünger und ggf. Emissionshandel).

Zentrale Dienstleistungsanbieter

Da bisher keine Daten zu der Marktstruktur der Dienstleistungsunternehmen in der Biogasbranche vorlagen, wurde eine Abschätzung zu den relevanten Marktakteuren auf der Grundlage der im Fachverband Biogas organisierten Firmen vorgenommen. In diesem sind derzeit 352 Firmen aus folgenden 5 Kategorien vertreten:

- Berater (52 Unternehmen): Beratungsunternehmen
- Planer (117 Unternehmen): Planung, Genehmigung, Betreuung bei Bau & Inbetriebnahme, Ingenieursdienstleistungen
- Komplettanbieter (167 Unternehmen): Schlüsselfertige Anlagen (Planung, Genehmigung, Anlagenbau, Inbetriebnahme)
- Komponentenanbieter (187 Unternehmen): Anbieter und Hersteller von Komponenten

- Anbieter biologischer Betreuung (69 Unternehmen): Biologische Betreuung, Substrat- & Gärrestanalytik

Die meisten der Unternehmen bieten Dienstleistungen in mehreren Leistungsbereichen an. Bei den Unternehmen mit größerem Leistungsportfolio lassen sich zwei größere Gruppen unterscheiden: Auf der einen Seite Anlagen- und Komponentenhersteller, auf der anderen Seite Planungs- und Beratungsbüros.

- Die *Anlagen- oder Anlagenkomponentenhersteller* sind oft größere Industrieunternehmen. Sie bieten zur Unterstützung des Vertriebs ihrer Erzeugnisse und der Erweiterung ihrer Produktpalette Dienstleistungen an. Hierbei handelt es sich vor allem um die biologische Betreuung oder die Planung der Anlagen, aber auch um Beratungs-Dienstleistungen oder den Vertrieb von Anlagenkomponenten.
- Bei den *Beratungs- und Planungsbüros* handelt es sich vor allem um kleinere Ingenieursbüros und Unternehmensberatungen. Je nach Größe und Spezialisierungsgrad bieten diese ebenfalls zusätzliche Dienste an, vor allem biologische Betreuung, in geringerem Ausmaß auch Verkauf von Anlagen oder Komponenten.

Mit sechs Unternehmen wurden im Rahmen der vorliegenden Studie Leitfaden gestützte Interviews durchgeführt. Die befragten Unternehmen bieten eine breite Palette von Dienstleistungen im Bereich der Biogasanlagen an. Dazu gehören sowohl turn-key-solutions, also Komplettpakete mit Wartung und gegebenenfalls Betrieb der Anlage, als auch Teildienstleistungen wie Planung, Bau und Wartung von Biogasanlagen, Lieferung von Komponenten und biologische Betreuung der Anlagen. Außerdem werden Beratung und Abwicklung im Bereich Contracting und Emissionshandel angeboten. Bezüglich des Dienstleistungsmarkts im Bereich Biogas schätzten einzelne der befragten Unternehmen, dass insgesamt rund 50-60 Unternehmen auf diesem Markt relevant sind. Im Bereich Planung sind dies rund 30 Planer, bei den turn-key-solutions sind es 5 Unternehmen.

Als zentrale Anbieter bzw. Hauptwettbewerber in Deutschland wurden vor allem die Unternehmen Schmack Biogas AG, Lipp GmbH und Pro2 Anlagentechnik GmbH genannt. Die von den Unternehmen genannten Zahlen sind deutlich niedriger als die durch eine Auswertung der Firmenlisten des Fachverbandes Biogas ermittelten Zahlen. Allerdings beschränken sich die Unternehmen auf die Nennung der Anzahl relevanter Unternehmen, d.h. es kann davon ausgegangen werden, dass viele der anderen Unternehmen nur in geringem Umfang auf dem Biogasmarkt aktiv sind.

Die Mehrzahl der befragten Unternehmen plant, neue wachstumsträchtige Dienstleistungen anzubieten. Diese befinden sich allerdings noch in der Konzeptionsphase – als Beispiel wurde der Emissionsrechtehandel genannt. Andere legen den Schwerpunkt auf den Ausbau bereits bestehender Potenziale. Die Nachfragerstruktur besteht derzeit ausschließlich aus dem privaten Bereich, einige Unternehmen rechnen jedoch zukünftig mit einer Zunahme an institutionellen Nachfragern.

Wirtschaftliche Bedeutung der Dienstleistungen

Um die wirtschaftliche Bedeutung der Dienstleistungen im Biogasbereich zu ermitteln wurden zunächst acht Fond-Prospekte (mit insgesamt Daten zu gut 30 Anlagen) hinsichtlich der Kostenstruktur von Biogasanlagen ausgewertet. Auf der Grundlage von Branchendaten können aus den Kostenanteilen Abschätzungen zur Wertschöpfung getroffen werden. Daraus werden wiederum über die Löhne Beschäftigtenzahlen abgeschätzt.

Die Auswertung der Fondsprospekte ergibt, dass Dienstleistungen im Schnitt mindestens 13,9 % der Investitionskosten und mindestens 25,3 % der Betriebskosten ausmachen. Dabei wurden allerdings vergleichsweise große Anlagen betrachtet, so dass die Kosten nur bedingt auf die gesamte Branche übertragen werden können.

Tabelle 10: Kostenanteile von Dienstleistungen bei Biogasanlagen

	Anteil Dienstleistungen	Anmerkungen
Investitionskosten	ca. 14 %	Untergrenze; es fehlen noch Dienstleistungen wie Planung/ Projektierung, die häufig bei der „schlüsselfertigen Anlage“ enthalten sind
Betriebskosten	ca. 25 %	Untergrenze; es fehlen noch Dienstleistungen, die in größeren Kostenblöcken verschwinden

Quelle: eigene Darstellung, Datenbasis: 8 Fond-Prospekte mit 30 Anlagen

Insgesamt lag der Umsatz mit der Errichtung von Anlagen 2006 bei rund 1 Mrd. € (FV Biogas 2007a). Damit lag die *Wertschöpfung der Dienstleistungen* bei ca. 139 Mio. €. Zu den Betriebskosten liegen nur wenig belastbare Daten vor: Die Instandhaltungs- und Wartungsleistungen hatten 2004 einen Umsatz von 185 Mio. € (BMU 2006a) – bei damals 2050 Anlagen (FV Biogas 2007b). Die Zahl der Anlagen stieg allerdings bis 2006 um 71 % auf 3500 Anlagen an (FV Biogas 2007b). Unter der Annahme, dass die Kosten bei allen Anlagen durchschnittlich gleich groß sind, kann entsprechend von einem Anstieg der Umsätze mit Wartungs- und Instandhaltungsleistungen um 71 % auf 316 Mio. € ausgegangen werden. Hiervon sind gemäß BMU (2006a) 30 % Personalkosten. Werden diese vereinfachend als Wertschöpfung der Dienstleistungen angenommen, so liegt diese bei mindestens 95 Mio. €, da andere Dienstleistungen des Betriebs unberücksichtigt bleiben. Insgesamt liegt damit die Wertschöpfung der Dienstleistungen der Biogasbranche bei mindestens 234 Mio. €. Dies sind fast ein Viertel der Gesamtumsätze.

Hinzu kommen wiederum die produktionsbezogenen Dienstleistungen. Diese betragen bei gesamten Investitionen von 861 Mio. € für die Produktion der Biogasanlagen 161 Mio. € (18,7 %, s.o.). Hinzu kommen 41 Mio. € für Dienstleistungen im Rahmen der Sachkosten bei Instandhaltung und Wartung (insgesamt 221 Mio. €). Insgesamt können also 202 Mio. € an Vorleistungen aus dem Dienstleistungssektor hinzugerechnet werden.

Anhand der Wertschöpfung der anlagenbezogenen Dienstleistungen werden nun die *Beschäftigtenzahlen* abgeschätzt. Dazu wird vereinfachend angenommen, dass die durchschnittlichen Umsätze der Dienstleistungen im Biogasbereich den durchschnittlichen Umsätzen je Beschäftigtem in Ingenieur- und Architekturbüros entsprechen, da die Dienstleistungen in der Biogasbranche zu großen Teilen von Ingenieurbüros erbracht wird. Allerdings umfassen die Umsätze im Gegensatz zur Wertschöpfung auch die Kosten für Produkte aus vorgelagerten Wertschöpfungsschritten und sind damit in der Regel höher als die Wertschöpfung. Deshalb kann die berechnete Zahl Beschäftigter als Minimalwert angesehen werden.

Anhand der Wertschöpfung von 234 Mio. € und den durchschnittlichen Umsätzen je Beschäftigtem in Ingenieur- und Architekturbüros im Jahr 2004 in Höhe von 88.000 € (Stat. Jahrbuch 2007; www.destatis.de) ergibt sich somit eine Mindestanzahl der Vollbeschäftigten von rund 2.700 Personen (entspricht ca. 3.100 Erwebstätigen). Dies wäre gut ein Viertel der insgesamt 10.000 Beschäftigen in der Biogasbranche im Jahr 2006 (Weiland 2006). Da die Beschäftigten der produktionsbezogenen Dienstleistungen unberücksichtigt bleiben sowie insgesamt durch die Berechnungsgrundlagen eher Untergrenzen bestimmt wurden, ist also auch hier von einem höheren Beschäftigtenanteil bei den Dienstleistern auszugehen.

Dienstleistungsexport

Die Exportquote der Biogasbranche lag 2004 insgesamt bei 5 %, wobei 12 % der Produzenten zu den Exporteuren gehörten, während die Exportquoten von Händlern und Dienstleistern bei 0 % lag (BMU 2006a). Alle in der EXPEED-Erhebung befragten sechs Dienstleistungsunternehmen tätigen seit fünf bis zehn Jahren Auslandsgeschäfte. Allerdings sind viele vorwiegend noch mit dem Aufbau des Auslandsgeschäfts (Messebesuche, Gründung von Niederlassungen, etc.) beschäftigt. Die Exportquoten der Anbieter von turn-key-solutions und im Bereich der Leistungssteigerung sind mit deutlich unter 10 % noch sehr gering, im Bereich Projektentwicklung werden von dem befragten Unternehmen bereits 20 % erreicht. Obgleich die Exportquoten noch gering sind werden bereits viele Dienstleistungen auch im Ausland angeboten und es wird in den nächsten Jahren ein starkes Wachstum des Auslandsgeschäfts erwartet.

Turn-key-solutions wurden von den befragten Unternehmen als gut bis sehr gut exportgeeignet eingestuft. Laut Angaben der befragten Unternehmen steuern diese bisher einen Anteil von 2-8 % am Gesamtumsatz bei. Auch die Leistungssteigerung von Biogasanlagen wurde von dem befragten Unternehmen trotz geringer Exportbedeutung am Gesamtumsatz von 2 % als sehr gut geeignet für den Export eingeschätzt. Die Projektentwicklung im Bereich Biogas/ -masse beurteilte ein Unternehmen als mittelmäßig exportgeeignet mit einem derzeitigen Exportanteil von 20 % am Umsatz dieses Unternehmens.

2.2.4 Photovoltaik

2.2.4.1 Der PV-Markt national und international

Die installierte Leistung in Photovoltaik-Anlagen in Deutschland lag 2006 bei 2831 MW_p, wovon allein 950 MW_p im Jahr 2006 installiert wurden (BMU 2007a).[30] Diese Anlagen produzierten 2000 GWh Strom. Die Anzahl an installierten Anlagen lag 2006 bei rund 300.000 (Körnig 2007). Der Umsatz der PV-Branche lag im selben Jahr bei rund 5,34 Mrd. € (4,28 Mrd. € aus der Errichtung von Anlagen sowie 1,06 Mrd. € aus dem Betrieb der Anlagen) (BMU 2007a). Die Beschäftigung in der PV-Branche lag 2006 bei 26.900 Personen (25.600 durch die Errichtung der Anlagen sowie 1,300 durch den Betrieb). Dazu kommen 12.612 Beschäftigte durch die Errichtung neuer Produktionskapazitäten, mit einem Umsatz von rund 890 Mio. € (Kratzat et al. 2007). Damit liegt die Beschäftigungswirkung der Branche insgesamt bei knapp 40.000 Personen.

Marktstudien der Deutschen Bank und der Landesbank Baden-Württemberg prognostizieren ein Wachstum des PV-Marktes in Deutschland von etwa 25 bis 40 % bis 2010, sowie etwa 25 % Wachstum in Japan und 30 % in den USA für den gleichen Zeitraum (Iken 2005). Als wichtigste Zukunftsmärkte betrachtet das Schweizer Bankhaus Sarasin in einer Studie zum Solarmarkt innerhalb Europas Spanien, Italien und Portugal (vgl. BSW 2006b). Außerhalb der EU liegen die aussichtsreichsten Märkte der Zukunft vorrangig in Asien: China, Indien, Thailand, Südkorea und Taiwan. Deutschland stellt aufgrund der jährlich neu installierten Leistung weltweit den Marktführer im PV-Bereich dar. Andere bedeutende Märkte sind die USA und Japan.

In den letzten drei Jahren konnten die deutschen Photovoltaikunternehmen ihre Auslandsumsätze nach Angaben des BSW von 190 Mio. Euro auf rund eine Milliarde Euro steigern (BSW 2007a). 2007 lag der Auslandsumsatz dem Verband zu Folge bereits bei gut 2 Mrd. Euro, was einer Exportquote von rund 38 % entsprach (BSW 2008). Als wichtigste Zielmärkte nennt er die EU (rund 60 %), Asien (knapp 20 %) und die USA (gut 13 %) (BSW 2007a). Nach Ansicht des Bundesverbandes Solarwirtschaft (BSW) werden diese Märkte auch in den nächsten Jahren die attraktivsten bleiben, da in Afrika, Nahost, Australien und Südamerika die sozio-ökonomischen Vorraussetzungen für einen PV-Markt fehlen (Iken 2007a).

Die Anzahl der Photovoltaikunternehmen betrug 2006 nach Angaben des Bundesverbandes Solarwirtschaft rund 7000 (incl. Handwerker und Zulieferer) (BSW 2007a). Der BSW schätzt, dass von den nach seinen Angaben ca. 35.000 Beschäftigten rund 60 %

[30] Die Angaben zu den (neu) installierten Leistung unterscheiden sich je nach Erhebungsmethode: So beruhten 2005 die Angaben des BMU auf den Branchendaten, die der Bundesverband Solarwirtschaft (BSW) erhebt. Weitaus höhere Zahlen nannte für 2005 die Zeitschrift Photon: Mittels einer Befragung der Netzbetreiber kommt diese auf eine neu installierter Leistung von 912 MW im Jahr 2005 und damit auf eine insgesamt installierte Leistung von gut 2000 MW (Kreutzmann/ Felten 2006).

auf das Handwerk fallen (rund 21.000), 10 % auf den Großhandel (rund 3.500) und 30 % auf die Industrie (rund 10.500) (BSW 2007a).

Die PV-Anlagen lassen sich analog zum EEG anhand des Orts ihrer Aufstellung (Dach, Fassade, Freifläche) und ihrer Größe (bis 30 kW_p, 30-100 kW_p, über 100 kW_p) unterteilen. Neben den netzgekoppelten Anlagen gibt es außerdem noch PV-Anlagen zur Versorgung von netzfernen Verbrauchern (Inselsysteme) sowie PV-Systeme zur Versorgung von Geräten (photovoltaische Produkte). Von der in Deutschland installierten Leistung im Jahr 2005 waren 29.000 kW den netzunabhängigen Anlagen und 1.400.000 kW den netzgekoppelten Anlagen zuzurechnen (IEA-PVPS 2006). Bei den im Jahr 2005 neu installierten Anlagen lag der Anteil der netzunabhängigen Anlagen mit unter 1 % sogar noch niedriger.

Tabelle 11: Übersicht über unterschiedliche PV-Energieversorgungssysteme

<table>
<tr><th colspan="3">Netzgekoppelte PV-Anlage</th><th>PV-Systeme zur Versorgung netzferner Verbraucher</th><th colspan="2">PV-Systeme zur Versorgung von Geräten</th></tr>
<tr><td colspan="2">an Gebäuden</td><td>auf Freiflächen</td><td rowspan="3">PV-System mit Energiespeicher; auch als Hybridsystem: PV-Generator gekoppelt z.B. mit Motor-Generator / Windkraftanlage</td><td rowspan="3">ohne Energiespeicher (Beispiele: Taschenrechner, Spielzeuge, Ventilatoren),</td><td rowspan="3">mit Energiespeicher wie Kondensator, Akkumulatoren (Beispiele: Uhren, Beleuchtungen)</td></tr>
<tr><td colspan="2">i.d.R. Anlagen mit kleiner (bis 30 kW) oder mittlerer (30-100 kW) Leistung</td><td>i.d.R. Großanlagen im oberen kW- bis MW-Bereich</td></tr>
<tr><td>auf dem Dach (aufgeständert mit Gestell oder integriert z.B. als Solardachziegel)</td><td>an Fassaden</td><td>Meist auf Konversionsflächen oder landwirtschaftlichen Flächen</td></tr>
</table>

Von den PV-Anlagen in Deutschland sind nach Angaben der BSW 99 % *netzgekoppelte Anlagen* (Stryi-Hipp 2006). Die meisten netzgekoppelten Anlagen in Deutschland sind kleine Anlagen im Leistungsbereich bis 30 kW_p, die vorwiegend von Privathaushalte auf dem Dach oder an Fassaden betrieben werden. Anlagen mittlerer Größe (30–100 kW_p) sind wie Kleinanlagen zumeist auf Dächern und an Fassaden zu finden, beispielsweise auf größeren Privathäusern oder landwirtschaftlich genutzten Gebäuden. Großanlagen (> 100 kW_p) gibt es zum einen auf öffentlichen und industriellen Gebäuden, zum anderen als Freiflächenanlagen. PV-Anlagen auf Gebäuden werden vor allem im Bestand errichtet und nur in geringem Maß auf Neubauten (EuPD 2006).

Die Bedeutung von Anlagen mittlerer Größe und großen Anlagen nahm in den letzten Jahren zu. Die Auftraggeber sind in der Regel gewerbliche Kunden, die entweder ihren eigenen Strombedarf decken wollen, wie z.B. Industrie und Sportstadienbetreiber, oder Freilandanlagen zur Netzeinspeisung errichten lassen. PV-Großanlagen erreichen mittlerweile beachtliche Größen, wie zum Beispiel ein in Nevada geplantes 18 MW Projekt, welches ab 2007 durch US-amerikanische Hersteller gebaut werden soll (Hering

2006). Auch in Deutschland gibt es bereits zahlreiche Anlagen im MW-Bereich, die wesentlich zu der gesamtinstallierten PV-Leistung im Bundesgebiet beitragen (BMU 2006b).

Der Anteil der Freiflächenanlagen am gesamten PV-Markt ist nach wie vor gering. Die Freiflächenanlagen stehen etwa zur Hälfte auf ehemalige landwirtschaftlich genutzten Flächen, nur 19 % auf Konversionsflächen, 7 % auf ehemaligen Mülldeponien, zu 18 % der erhobenen Anlagen gab es keine Angaben (ARGE Monitoring PV-Anlagen 2006). Auch wenn weiterhin genügend Freiflächen für PV-Anlagen zur Verfügung stehen (v. a. Konversionsflächen in Ostdeutschland) geht aufgrund der höheren Vergütungssätze im EEG der Trend derzeit in Richtung größere PV-Anlagen auf Dächern (Iken 2006).

Netzunabhängige Anlagen (Inselsysteme) können aufgrund ihrer Größe aufgeteilt werden in Solar Home Systems, größere Inselanlagen und PV-Kleinsysteme. Ein wichtiger Bestandteil der Inselanlagen stellt eine Batterie und ein Regelsystem dar. Solar Home Systems dienen in Gegenden ohne Stromnetze der Eigenversorgung von Haushalten. Als größere Inselanlagen können PV-Anlagen auch ganze Einrichtungen oder Betriebe mit Strom versorgen. Beide Systeme spielen in Deutschland keine Rolle, werden aber teilweise hier hergestellt. PV-Kleinsysteme hingegen werden auch in Deutschland betrieben, beispielsweise für die Stromversorgung von Campingwagen, Booten und Kleingartenlauben. Netzunabhängige Anlagen werden auch zur Versorgung einzelner Geräte, beispielsweise Pumpen oder Parkscheinautomaten, eingesetzt.

In Deutschland sind die Strommengen, die in Inselanlagen zur Eigenversorgung produziert werden vernachlässigbar klein im Vergleich zu der Stromproduktion der netzgebundenen Anlagen (Körnig 2006). Insbesondere aus Ländern in Afrika, Asien und Südamerika steigt jedoch die Nachfrage nach einer elektrischen Versorgung durch Inselsysteme. Chancen für den europäischen Markt werden zur Notstromerzeugung gesehen, z. B. in Spanien, wo es in heißen Sommern regelmäßig zu Netzausfällen kommt (Schlumberger 2007).

Photovoltaische Produkte

Neben PV-Anlagen existiert eine Vielzahl an elektrischen Geräten, die Strom aus Solargeneratoren nutzen und bei denen die photovoltaischen Zellen direkt in das Produkt integriert sind. Besonders marktrelevant sind von den Produkten mit integriertem Speicher aufgrund hoher Verkaufszahlen in Deutschland Gartenleuchten, Armbanduhren, Solarwecker, Briefwaagen, Taschenlampen und Hausnummernbeleuchtungen (Hirschl et al. 2000). Die solarbetriebenen elektrischen Geräte (photovoltaische Produkte) machen bezüglich der produzierten Strommenge in Deutschland nur einen sehr geringen Anteil aus.

2.2.4.2 Dienstleistungsspektrum

Die wichtigsten Wertschöpfungsschritte von PV-Anlagen lassen sich wie folgt unterteilen (vgl. Solarpraxis AG 2006).[31]

- Industrie: Modul- und Komponentenhersteller
- Systemintegratoren: die Systemintegration findet teilweise in der Industrie statt, denn insbesondere das Handwerk kauft Gesamtpakete; teilweise erfolgt die Systemintegration aber auch eigenständig, häufig kombiniert mit Handel, Planung und Projektierung der Anlagen
- Handel: spezielle Solargroßhändler sowie Großhändler aus den Bereichen Heizung/ Sanitär und Elektrotechnik; die Großhändler sind oft gleichzeitig Systemintegratoren, Planer und Projektierer, andere sind eine Erweiterung von Handwerksbetrieben
- Planung und Projektentwicklung: vor allem bei größeren Anlagen Fachplaner, die teilweise auch Projektentwickler sind
- Handwerk: meist regional orientiert

Entlang der Wertschöpfungskette lassen sich für die PV-Anlagen folgende wichtige Dienstleistungen identifizieren:

- industrielle Dienstleistungen (Herstellung),
- Systemintegration,
- Vertrieb,
- Planung/ Projektierung,
- Installation/ Bau
- und Betrieb.

Unabhängig von einzelnen Projekten bieten verschiedene Dienstleistungsunternehmen die Entwicklung von elektronischer Mess-, Steuer- und Regelungstechnik sowie dazugehöriger Software an. Ferner gibt es einen Ausbildungsbereich zur Qualifizierung von Handwerkern und einen Beratungssektor für die umfassende Kundenbetreuung.

Die wichtigsten Akteure des Photovoltaikmarktes sind die Industrie, die Handwerksbetriebe, der (Groß-)Handel, Planer/ Projektierer sowie Betreiber. Eine wichtige Rolle kommt bei PV-Anlagen während des Betriebs außerdem noch Versicherungen zu. Die zentralen Akteure für die Erbringung der weiteren Dienstleistungen unterscheiden sich je nach Anlagengröße, wobei im Folgenden lediglich in kleinere und größere Anlagen unterschieden wird. Unabhängig von der Projektgröße stellt im PV-Bereich eine zentrale industrielle Dienstleistung der Bau von Solarfabriken für die PV-Industrie dar, auf den sich einige Unternehmen in den letzten Jahren spezialisiert haben. Dies sind zum einen die Maschinenhersteller, die schlüsselfertige Produktionsanlagen anbieten, aber auch unab-

[31] Der Bereich der photovoltaisch betriebenen Geräte wird nachfolgend ausgeklammert. Auch hier besteht die Wertschöpfungskette aus Herstellern (Photovoltaik und Gesamtprodukt), industriellen Dienstleistern sowie dem Handel (Groß- und Einzelhandel).

hängige Ingenieurbüros mit einem entsprechenden Prozess-Know-How (Bröer 2006). Wie bereits oben dargestellt wird, führt allein der Ausbau von Produktionsanlagen im PV-Bereich derzeit zu Umsätzen von 892 Mio. € (75 % davon für Ausrüstungsinvestitionen im engeren Sinne) und einer Beschäftigungswirkung von 12.612 Personen (Kratzat et al. 2007). Sowohl für kleinere als auch größere Anlagen spielen außerdem Versicherungen im Bereich der Photovoltaik eine große Rolle. Dieser Bereich wird deshalb gesondert dargestellt.

Kleinere Anlagen werden in der Regel von Handwerksbetrieben installiert, die diese auch warten und teilweise ihren Kunden und Kundinnen ein komplettes Dienstleistungspaket von der Information, Planung, Installation bis zu Wartung, Instandhaltung und Versicherungen anbieten. Einer Studie des Europressedienstes zufolge waren in Deutschland im Jahr 2004 über 5.000 der 70.000 Unternehmen des Heizungs-, Elektro- und Dachdeckerhandwerk in der Solarbranche (PV- und solarthermische Anlagen) aktiv, ein Drittel der befragten Unternehmen plante den Einstieg (UVS 2005). Ein Teil der befragten Handwerksbetriebe (15 %) hat sich sogar auf Solaranlagen spezialisiert (Stryi-Hipp 2006). Teilweise sind bei kleineren Anlagen auch auf solares Bauen spezialisierte Architekten und Ingenieurbüros in der Planungsphase beteiligt. Daneben spielen neben den Handwerkern noch diverse Versicherungsanbieter und -makler eine Rolle.

Weitere wichtige Dienstleister sind die Großhändler (Systemhäuser), von denen die Handwerker in der Regel die Module der PV-Anlage (häufig als Gesamtpakete) beziehen. Nach Angaben des BSW (Stryi-Hipp 2006) waren Ende 2005 allein im PV-Großhandel 3.000 Personen beschäftigt.

Der Markt für *große PV-Anlagen* ist noch jung und daher die Anbieterkonzentration eher gering. Zahlreiche Unternehmen versuchen sich auf den vorhandenen Märkten und den Zukunftsmärkten möglichst günstig zu positionieren. Mittels einer Internetrecherche konnten 19 Akteure identifiziert werden, die bereits wesentliche Aktivitäten im Bereich von PV-Großanlagen auf dem deutschen Markt unternommen haben. Es handelt sich dabei um Planer, Konstrukteure und Dienstleister rund um Anlagenbetreuung und -management, wobei die Unternehmen häufig einige dieser Leistungen im Angebot haben. Die Anbieter sind in der Regel nicht nur auf Großanlagen spezialisiert, sondern haben auch kleine und mittlere Anlagen im Unternehmensportfolio oder sind sogar in anderen EE-Sektoren – vornehmlich im Windkraftbereich – tätig.

Die bereits vorhandenen PV-Großprojekte sind in der Regel durch (häufig internationale) Kooperationen zwischen mehreren Akteuren (Investoren, Hersteller, Projektierer) gekennzeichnet und beinhalten entsprechend der Projektgröße signifikante Dienstleistungsvolumina. Das Dienstleistungsspektrum umfasst Projektplanung inklusive Ertragsprognosen, technische Planung, Standortakquisition und Abwicklung der mitunter aufwendigen Genehmigungsverfahren, Ausarbeitung von Finanzierungskonzepten und Marktanalysen, Anlagenbau (Montage), Netzanschluss und Inbetriebnahme. Nach Betriebsbeginn fallen Betreuung (technische und kaufmännische Betriebsführung) und Reparaturleistungen an, außerdem findet eine in der Regel softwaregestützte Anlagenüberwachung statt, ggf. müssen Investoren und Anleger betreut werden.

In der Regel werden von den beteiligten Unternehmen jeweils mehrere Dienstleistungen übernommen, nur wenige Anbieter haben sich auf einzelne Dienstleistungen im Bereich Planung oder Errichtung spezialisiert. Insbesondere gibt es kaum Unternehmen, die sich als Betreiber auf die Anlagenbetreuung nach der Montage spezialisiert haben. Auf den schnell wachsenden internationalen Märkten für PV-Großanlagen kann sich jedoch mittelfristig zu einer verstärkten Spezialisierung unter den Anbieter entwickeln.

Versicherungen für PV-Anlagen[32] decken sowohl Gefahren durch die Anlage für Dritte (Sach- und Personenschäden) als auch Gefahren für die Anlage, die zu Ertragsausfällen und Kosten für die Reparatur oder den Ersatz der Anlage führen können, ab. Diese Schäden sind zum Teil bereits durch bestehende Versicherungen abgedeckt oder können durch diese abgedeckt werden, wobei dies jeweils mit den Versicherungsanbietern geklärt werden muss. Daneben gibt es aber auch spezielle Solarversicherungen bzw. Solarversicherungspakete, die umfassend all diese Schäden versichern. Teilweise bieten auch die Installateure und Planer ein komplettes Dienstleistungspaket an, dass auch eine Versicherung umfasst. In Deutschland bieten mehr als 20 Versicherungsunternehmen spezielle Angebote zur Versicherung von Solaranlagen an, daneben existieren einige spezialisierte Makler, häufig übernehmen auch Handwerksbetriebe im Rahmen ihrer Komplettangebote die Beratung zu Versicherungsfragen und die Vermittlung von Versicherungen .

2.2.4.3 Zentrale Dienstleistungsanbieter

Im Folgenden wurden die befragten Unternehmen den beiden Kerndienstleistungen Handel und Planung/ Projektierung zugeordnet. Handwerker, die neben der Installation von PV-Anlagen bei kleinen Anlagen häufig auch die Beratung, Planung und Wartung übernehmen, wurden in einer gesonderten Erhebung befragt, da diese häufig Anlagen aus unterschiedlichen EE-Bereichen im Angebot haben (siehe Kapitel 2.2.7). Insgesamt zeigte die Befragung von Dienstleistern in der PV-Branche, dass viele Unternehmen Dienstleistungen mehrerer Wertschöpfungsstufen anbieten. Eine klare Trennung in einzelne Dienstleistungsbereiche ist deshalb nur bedingt möglich.

Im Bereich *Großhandel* mit Systemlösungen sind nach Einschätzung der befragten Unternehmen nur wenige Unternehmen tätig. Die beiden befragten Unternehmen verkaufen Systemlösungen an Zwischenhändler/ Wiederverkäufer (inkl. Beratung und Schulungen) oder auch direkt an Endkunden. Beide Unternehmen sind sehr klein (unter fünf Personen) und sahen für sich ein großes Wachstumspotenzial.

Die Unternehmen, die im Bereich der *Planung* von größeren PV-Anlagen tätig sind, bieten meist noch weitere Dienstleistungen an. So haben die vier befragten Unternehmen neben der Projektierung, Planung und Beratung teilweise auch Komplettpakete inkl. der Betriebsführung oder die Installation der Anlagen im Angebot. Manche sind gleichzeitig als Großhändler und/ oder Systemhaus tätig. Insgesamt zeigt sich, dass sowohl

[32] Die Informationen zu Versicherungen von PV-Anlagen beruhen auf einer Internetrecherche sowie Hörstmann-Jungemann (2003) und Frey (2007).

aus dem Bereich des Handwerks als auch Großhändler und Hersteller zunehmend die Planung von Anlagen anbieten. Die Auftraggeber der Planer waren sowohl Endkunden, als auch größere Investoren (tlw. privat; häufig Unternehmen, Vereine, Energiedienstleister, Banken, etc.) oder andere Anlagenplaner. Auch hinsichtlich der Unternehmensgröße zeigten sich große Spannweiten. Die Umsätze reichten von einigen hunderttausend bis fast 300 Millionen Euro im Jahr, die Zahl der Beschäftigten lag bei 4 bis 70 Personen.

Auf dem deutschen Markt sind nach Einschätzung der befragten Unternehmen derzeit insgesamt 20-30 Ingenieurbüros mit der Planung großer PV-Anlagen befasst. Allerdings werden viele Anlagen nicht nur von diesen Planungsbüros geplant (s.o.). Auch bezüglich der Errichtung von Großanlagen wird die Mitbewerberanzahl insgesamt als gering eingeschätzt. Dagegen existiert bereits heute eine große Zahl an Handwerksbetrieben, die auch Planung anbieten. Hier ist die Tendenz steigend. Die Wachstumspotenziale werden sowohl bezüglich des eigenen Unternehmens als auch der Branche als hoch bis sehr hoch angesehen. Eine genaue Einschätzung zum gesamten Markt konnten die einzelnen Unternehmen jedoch nicht geben.

2.2.4.4 Wirtschaftliche Bedeutung der Dienstleistungen

Eine Studie zum PV-Standort Deutschland, für die eine umfangreiche Erhebung unter PV-Unternehmen (inkl. Zulieferbetrieben) durchgeführt wurde, kommt für das Jahr 2006 insgesamt zu einer *Beschäftigtenzahl* von rund 29.600 Personen (Ruhl et al. 2008). Diese teilen sich folgendermaßen auf: Zulieferer 3.000 (10 %), Hersteller/ Industrie 8.300 (28 %), Großhandel 2.300 (8 %) und Handwerk 16.000 (54 %). Die BSW gibt für das Jahr 2006 (BSW 2007b) eine Gesamtzahl von 35.000 in der PV-Branche beschäftigten Personen an, von denen 60 % im Handwerk (rund 21.000), 10 % im Großhandel (rund 3.500) und 30 % in der Industrie (rund 10.500) tätig seien (BSW 2007b). Im Folgenden wird im Sinne einer konservativen Schätzung von den Ergebnissen der Studie von Ruhl et al. ausgegangen, bei denen der Dienstleistungsbereich (Großhandel und Handwerk) insgesamt einen Anteil von 62 % der Beschäftigten bzw. 18.300 Beschäftigte aufweist. Dies entspricht etwa 15.780 Vollzeitbeschäftigten (Handwerk: 13.800, Großhandel: 1.980).

Tabelle 12: Abschätzung der minimalen Wertschöpfung der PV-Dienstleistungsunternehmen

	Anzahl Beschäftigter (1)	**Durchschnittliche Jahreslöhne (2) („Arbeitgeberbrutto“)**	**Wertschöpfung (Untergrenze)**
Handwerksbetriebe	16.000	34.000 €	469 Mio. €
Großhandel	2.300	50.000	99 Mio. €
Gesamt	**18.300**	-	**568 Mio. €**

Quelle: 1) Ruhl et al. (2008); 2) Landesamt für Datenverarbeitung und Statistik NRW (www.lds.nrw.de)

Die *Wertschöpfung* durch diese 15.780 Vollzeitbeschäftigten wird über deren Löhne abgeschätzt. Damit kommt man zu einem minimalen Wert, da weder weitere Kosten noch die

Gewinne der Dienstleistungsunternehmen berücksichtigt werden. Für die durchschnittlichen Handwerkerlöhne sowie die Verdienste im Großhandel liegen Werte für das Jahr 2006 für NRW vor (vgl. Tabelle 12): Die Handwerkerlöhne lagen bei 27.000 € im Jahr, inklusive der Arbeitgeberzulagen (ca. 25 %) lag der Lohn bei 34.000 € („Arbeitgeberbrutto"). Im Großhandel betrugen die Löhne rund 40.000 € jährlich, 50.000 € inkl. der Arbeitsgeberzulage. Damit liegt die Mindest-Wertschöpfung der Dienstleistungen bei 469 Mio. € für die Handwerksbetriebe sowie 99 Mio. € für die Großhändler, dies sind insgesamt 568 Mio. €. Ergänzend zu diesem Wert kann als Obergrenze der Wertschöpfung der Umsatz der einzelnen Kostenblöcke abzüglich der bekannten Materialkostenanteile ermittelt werden (vgl. Tabelle 13)

Tabelle 13: Berechnung der maximalen Wertschöpfung der PV-Dienstleister im Jahr 2006

	Informationen zu den Materialkosten	**Wertschöpfungsanteil Dienstleistungen**	**Gesamtumsatz 2006 nach (2)**	**Wertschöpfung Dienstleistungen (Obergrenze)**
Errichtung der Anlagen	77 % (1)	max. 23 %	4,28 Mrd. €	Ca. 1 Mrd. €
Betrieb	k. A.	ca. 45 % (vgl. Windkraft)	1,06 Mrd. €	Ca. 477 Mio. €
Errichtung Produktionsanlagen	75 % Investitionen (2)	max. 25 %	890 Mio. €	Ca. 200 Mio. €
Gesamt				1,677 Mrd. €

Quellen: (1) Hirschl et al. 2004, (2) Kratzat et al. 2007, eigene Berechnungen

Zusätzlich können außerdem die Vorleistungen aus dem Dienstleistungssektor, die 18,7 % der Produktionswerte der Waren ausmachen (s.o.), berücksichtigt werden. Dies sind 617 Mio. € für die Dienstleistungen der Anlagenherstellung bei Investitionskosten von rund 3.300 Mio. €. Hinzu kommen Vorleistungen aus dem Dienstleistungssektor in Höhe von rund 108 Mio. € für die abgeschätzten 580 € Sachkosten im Rahmen des Betriebs (siehe Tabelle 13 Gesamtumsatz abzüglich der Wertschöpfungder Dienstleistungen).

Insgesamt liegt die Wertschöpfung der PV-Dienstleistungen damit bei *rund 0,6 bis 1, 7 Mrd. €* bzw. bis zu 2,4 Mrd. € unter Berücksichtigung der produktionsbezogenen Dienstleistungen. Bei Branchenumsätzen der PV-Branche von 5,34 Mrd. € (BMU 2007a) entspricht dies einem Anteil von 11 bis 31 % bzw. bis zu 45 % inkl. der produktionsbezogenen Dienstleistungen.

2.2.4.5 Dienstleistungsexport

In der Photovoltaikbranche sind die weltweiten Wachstumsraten hoch, die Exportquote der gesamten Branche in Deutschland liegt jedoch erst bei 15 % (BMU 2006a). Nach Angaben des BSW sind bisher vor allem der Großhandel (Systemhäuser) sowie Projektierer, Finanzierer und Berater überregional und damit oft auch international aktiv. Die handwerklichen Betriebe, die vorwiegend die Dienstleistungen Zwischenhandel, Installation und Wartung erbringen, sind dagegen häufig nur sehr nahräumig tätig (Stryi-Hipp 2006).

Die befragten Großhändler und Planer/ Projektierer halten ihre Dienstleistungen für sehr gut exportgeeignet. Alle befragten Unternehmen aus diesen beiden Bereichen sind bereits im Ausland aktiv. Auch von den 19 mittels einer Internetrecherche identifizierten Unternehmen, die Dienstleistungen für größere PV-Anlagen erbringen, ist bereits rund die Hälfte international tätig. Versicherungsanbieter aus Deutschland kommen nur sehr begrenzt für die Absicherung von Anlagen im Ausland in Frage, da Anlagen in der Regel durch Versicherungen vor Ort versichert werden (Rosanowske 2006).

Auch die international aktiven Dienstleistungsunternehmen haben jedoch noch recht geringe Exportquoten. So lag die Exportquote der PV-Großhändler nach Bernreuter (2007) im Jahr 2006 bei rund 18 % (doppelt so hoch wie 2005). Der Anteil des Auslandsgeschäfts bei den befragten Planern/ Projektierern ist mit unter 10 % ebenfalls noch sehr gering, innerhalb der nächsten Jahre erwarten aber auch diese Unternehmen einen deutlichen Anstieg auf bis zu 50 %. Die Exportquote der der Dienstleistungsunternehmen ist also – ebenso wie die der gesamten Branche – derzeit noch sehr gering, aber in den nächsten Jahren wird ein deutliches Wachstum bei den Exportquoten erwartet.

2.2.5 Solarthermie

Im Bereich der Solarthermie existieren zwei weitgehend voneinander getrennte Märkte: auf der einen Seite der Markt für solarthermische Anlagen zur (dezentralen) Wärme- und Kälteerzeugung, auf der anderen Seite der Markt für solarthermische Kraftwerke (Stromerzeugung). Diese Märkte werden deshalb nachfolgend getrennt dargestellt Den verwendeten Technologien zu Grunde liegt in beiden Fällen das Prinzip der Solarthermie, das auf der Umwandlung von kurzwelliger Sonnenstrahlung in langwellige Wärmestrahlung beruht.

2.2.5.1 Solarthermische Wärmeerzeugung

Solarthermische Anlagen dienen in der Regel der dezentralen Wärmeerzeugung, beispielsweise zur Warmwasserbereitung in privaten Haushalten oder zur Erwärmung von Schwimmbadwasser. Wichtigster Bestandteil von solarthermischen Anlagen sind die Kollektoren, in denen Absorbermaterialien eingesetzt werden, die möglichst viel kurzwellige Strahlung absorbieren und als langwellige Strahlung emittieren. Grundsätzlich existieren drei verschiedene Arten von Solarkollektoren: verglaste Flachkollektoren, Vakuumröhren sowie Kunststoffabsorber, die in Schwimmbädern zum Einsatz kommen (BMU 2006a). Der Wärmeträger, in der Regel Wasser, durchfließt den Kollektor, heizt sich durch die Wärmestrahlung auf und kann die Wärme nun an einen Speicher abgeben (Kaltschmitt et al. 2003).

Markt national und international

In Deutschland waren Ende 2006 rund 9 Mio. m^2 Kollektorfläche in etwa 940.000 solarthermischen Anlagen installiert, wovon allein im Jahr 2006 1,5 Mio. m^2 Fläche in 140.000 Anlagen neu errichtet wurden. Die Gesamtleistung aller Anlagen betrug ca. 6,3 GW (BSW 2007a). Diese trugen im Jahr 2006 mit 3,3 GWh zur Endenergieerzeugung bei (BMU 2007a). Für die Zukunft werden Wachstumsraten der installierten Leistung zwischen 10 und 20 % angenommen (BMU 2006a).

Weltweit waren 2005 insgesamt 125 Mio. m^2 Kollektorfläche (88GWth) installiert, davon 79,3 m^2 (55,5 GWth) in China und 16 Mio. m^2 (11,2 GWth) in der EU. Davon wurden im Jahr 2005 19 Mio. m^2 Kollektorfläche neu installiert, wobei in China mit einer Fläche von 15 Mio. m^2 ein Anteil von nahezu 80 % zugebaut wurde. Den zweitwichtigsten Markt stellte Europa dar (dena 2007). Dort wurden im Jahr 2006 über 3 Mio. m^2 Kollektorfläche neu installiert, mit denen mehr als 2.000 MW Wärme produziert werden. In fast allen europäischen Ländern sind die Marktzuwachsraten deutlich positiv und die Zahl der Neuinstallationen wird vermutlich auch in Zukunft ansteigen (Schwarzburger 2007).

In Deutschland sind nach Angaben des BSW derzeit etwa 4.000 Solarthermieunternehmen tätig, darunter 100 produzierende Betriebe und eine große Anzahl an Handwerksbetrieben (BSW 2007a). Der Umsatz, den die Branche im Jahr 2006 erwirtschaftete, betrug 1,2 Mrd. Euro, hierbei handelt es sich um einen Zuwachs des Umsatzes um 58 % im Vergleich zum Vorjahr (BSW 2007d). Dieser Umsatz wird vor allem durch Investitionen in die Anlagen, die alleine 910 Mio. Euro betrugen, erzielt. Zusätzlich wurden durch die Errichtung neuer Produktionsanlagen im Jahr 2006 Umsätze in Höhe von 102 Mio. Euro erwirtschaftet (Kratzat et al. 2007). Die Angaben zur Anzahl der im Bereich Solarthermie beschäftigten Personen unterscheiden sich je nach Quelle deutlich: Während der BSW von rund 19.000 Beschäftigten im Jahr 2006 ausgeht (BSW 2007d), kommt die im Auftrag des BMU erstellte Arbeitsplatzstudie zu einer Beschäftigungswirkung (die neben den direkten auch die indirekten Beschäftigungswirkungen beinhaltet) von 13.300 Personen, davon 11.600 durch die Investition in Anlagen und 1.700 durch den Betrieb (Kratzat et al. 2007). Im Dienstleistungsbereich waren nach einer Studie aus dem Jahr 2005 70 % der damals 12.500 Beschäftigten tätig (BSW 2006a).

Die Exportquote für die gesamte Solarthermiebranche lag einer Studie des BMU zufolge im Jahr 2004 bei 10 %, die der Hersteller sogar bei 15 % (BMU 2006a). Im Jahr 2005 stieg die Exportquote der Kollektorhersteller sogar auf 28 % und konnte damit mehr als verdoppelt werden. Zurückzuführen ist dies einerseits auf die steigende Nachfrage aus europäischen Ländern wie Frankreich, Italien und Spanien (Epp/ Meyer 2007). Eine Befragung von 51 Unternehmen aus der Solarthermiebranche 2005 ergab, dass neben den EU-Ländern die USA, Südafrika und Australien wichtige Zielländer darstellen (dena 2007).

Der deutsche Markt wird dominiert durch *Anlagen zur Trinkwassererwärmung*, teilweise mit Heizungsunterstützung. So dienen rund 75 % der Anlagen ausschließlich der Trinkwassererwärmung, bei 25 % handelt es sich um Kombianlagen, die neben der Warmwasserbereitung auch zu Heizungszwecken dienen. Über 90 % der installierten Fläche entfällt auf Kleinanlagen, die auf Privathäusern installiert sind und durchschnittlich eine Kollektorfläche von 11 m² besitzen (BMU 2006d), über 95 % der Anlagen sind Kleinanlagen bis ca. 20-25 m² Kollektorflächen (vgl. Koldehoff/ Urbschat 2007). Eine geringe Verbreitung haben dagegen bisher größere Anlagen auf Mehrfamilienhäusern oder anderen größeren Gebäuden.

Ein verbreitetes Einsatzgebiet sind *solare Freibadheizungen*, die besonders günstig sind, da die Solarstrahlung mit der Wärmenachfrage korreliert (Kaltschmitt et al. 2003). Die Zahl der Neuinstallationen hatte bereits 1993 mit 60 Anlagen und 40.000 m² Absorberfläche ihren Höhepunkt. Zurückgeführt wird der Rückgang in den letzten Jahren auf fehlende finanzielle Mittel der Kommunen. Potenziale für solare Freibadheizungen bestehen neben dem nationalen Markt jedoch auch in den EU-27-Staaten (Berner 2007).

Ein hohes Potenzial hat der Einsatz von solarthermischen Anlagen zur Erzeugung gewerblicher *Prozesswärme*, die in Deutschland allein für 20 % des Endenergiebedarfs verantwortlich ist. Fast ein Drittel davon liegt in einem Temperaturbereich unterhalb 200°C und könnte damit kurz- bis mittelfristig durch solarthermische Anlagen erzeugt werden. Solare Prozesswärme wurde bereits erfolgreich in verschiedenen Branchen wie der Nahrungsmittel-, Textil-, Zellstoff und Papierindustrie eingesetzt (Hennecke 2005). Bisher sind aber im Bereich der Prozesswärme weltweit weniger als 100 Solaranlagen installiert, was zum einen an den niedrigen Temperaturen liegt, die die Flachkollektoren erzielen (60-80 °C), zum anderen ist der Planungs-, Umbau- und auch Kostenaufwand aufgrund individueller Dimensionierung und Gestaltung hoch. Außerdem stehen mit der Wärmerückgewinnung aus dem Prozess oder mit Kraft-Wärme-Kopplung teilweise kostengünstige und umweltfreundliche Alternativen zur Verfügung (Meyer 2003).

Ebenfalls auf dem Prinzip der Solarthermie beruhen Anlagen zur *solaren Kühlung*. Diese haben den Vorteil, dass Solarstrahlung und Energienachfrage korrelieren, doch die Kosten der solaren Kühlung liegen im Vergleich zu konventionellen Systemen derzeit noch um etwa 20-40 % höher (Henning 2005). Im Jahr 2005 waren europaweit nur 70 Anlagen zur solaren Gebäudeklimatisierung installiert, das entspricht einer Leistung von 6,3 MW und einer Kollektorfläche von rund 17.500 m² (Henning 2005). Bis 2007 waren in Europa 12 MW solare Kühlung installiert (Rentzing 2007).

Dienstleistungsspektrum

Die Wertschöpfungskette von Solarthermieanlagen umfasst folgende zentrale Bereiche:
- Industrie: Produktion von Solarkollektoren, Warmwasserspeichern usw.
- Handel: Großhändler aus den Bereichen Heizung/ Sanitär, Handwerksbetriebe
- Planung/ Projektentwicklung (incl. Gutachtenerstellung und Finanzierung bei größeren Projekten)
- Installation, Instandhaltung und Wartung der Anlagen: Handwerk aus den Gewerken Sanitär, Heizung und Klima und Dachdecker (meist regional orientiert)

Zentrale Dienstleistungen im Bereich Solarthermieanalgen stellen damit Dienstleistungen für die Industrie, der Handel mit den Anlagen, die Planung und Projektentwicklung sowie die Installation, Instandhaltung und Wartung der Anlagen dar.

Zentrale Dienstleistungsanbieter

Die zentralen Dienstleistungsanbieter unterscheiden sich je nach Anlagengröße, wobei im folgenden zwischen Kleinanlagen (in der Regel für Ein- und Zweifamilienhäuser) und Großanlagen unterschieden wird.

Die *Kleinanlagen* werden häufig bereits als Systempakete angeboten, die alle notwendigen Komponenten wie die Kollektoren, den Wasserspeicher, die Solarstation, einen Entlüfter und teilweise auch die Solarflüssigkeit und ein Montageset enthalten. Durch diese Standardisierung werden Fehler bei der Installation und der Planung der Anlage minimiert, wodurch auch weniger spezialisierte Handwerker Solarsysteme installieren können(Meyer 2007b). Zu den Akteuren im Handelsgeschäft zählen 100 bis 150 Anbieter von Standardpaketen, die hauptsächlich an Installateure verkauft werden. Dabei werden rund 2/ 3 der Kleinanlagen direkt vom Systemanbieter an den Installateur vertrieben, bei einem Drittel ist der Großhandel zusätzlich beteiligt.

Handwerker (vor allem SHK und Dachdecker) stellen die zentralen Dienstleister bei der Planung und Errichtung sowie während des Betriebs der Kleinanlagen dar. Diese agieren teilweise als Zwischenhändler von Systemen oder Systemkomponenten an (Zwischenhandel), planen, installieren und warten die Anlagen und deinstallieren sie im Bedarfsfall wieder. Auf die Handwerksdienstleistungen wird in Kapitel 2.2.7 genauer eingegangen.

Die Hausbesitzer sind in der Regel die Betreiber der Kleinanlagen. Teilweise führen sie auch die Montage und Wartung selber durch, da Systeme zur Warmwasserbereitung mittels Solarkollektoren inzwischen auch schon als komplette Bausätze zur Selbstmontage beispielsweise in Baumärkten erhältlich sind.

Großanlagen ab einer Kollektorfläche von 10 m² werden – ebenfalls häufig von den Systemanbietern – als individuelle Projekte geplant, wobei bis 30 m² teilweise noch Systempakete zum Einsatz kommen. Bei Großprojekten, z.B. Anlagen, die in der Nahwärmeversorgung von Mehrfamilienhäusern eingesetzt werden oder Prozesswärme für Industriezwecke liefern, weitet sich das Spektrum der nachgefragten Dienstleistungen aus. Besonders im Bereich der Prozesswärme ist der Planungs- und Beratungsaufwand hoch (Hennecke 2005). Insgesamt sind von den Systemanbietern nur 15-20 im Projektgeschäft tätig. Diese entwickeln die Großanlagen und vertreiben dafür geeignete Systeme (Meyer 2007a). Darüber hinaus sind in Deutschland weitere 200 Planer in diesem Bereich tätig, diese befassen sich jedoch oft nur nebengeschäftlich mit der Solarthermie (Meyer 2007a). Ein Kritikpunkt bezüglich der Planer von Großanlagen ist entsprechend auch die mangelnde Erfahrung einiger Dienstleister (Meyer 2007a).

Wirtschaftliche Bedeutung der Dienstleistungen

Für den bereits etablierten und reifen Markt der Solarthermie (Wärme) liegen Daten des Branchenverbandes BSW zur Anzahl der Beschäftigten und dem Anteil der Beschäftigten im Dienstleistungssektor vor. Daraus wird nachfolgend mittels der durchschnittlichen Löhne die Wertschöpfung der Dienstleistungsunternehmen abgeschätzt.

Nach Angaben des BSW waren 2005 70 % der 12.500 Beschäftigten der Solarthermiebranche im Dienstleistungsbereich beschäftigt (BSW 2006a).[33] Im Jahr 2006 waren in der Solarthermiebranche insgesamt bereits 13.300 Personen beschäftigt (Kratzat et al. 2007). Davon ausgehend, dass der Dienstleistungsanteil bei 70 % geblieben ist, waren 2006 damit 9.000 Personen durch Dienstleistungen auf dem Solarthermiemarkt beschäftigt. Dies entspricht etwa 7.760 Vollzeitbeschäftigten.

Die Wertschöpfung durch diese 7.760 Vollzeitbeschäftigten wird über deren Löhne abgeschätzt. Damit kommt man zu einem minimalen Wert, da weder weitere Kosten noch die Gewinne der Dienstleistungsunternehmen berücksichtigt werden. Da es sich im Bereich der Solarthermie überwiegend um handwerkliche Dienstleistungen handelt, werden durchschnittliche Handwerkerlöhne als Berechnungsgrundlage herangezogen. Im Jahr 2006 lagen diese bei 34.000 € („Arbeitgeberbrutto"). Damit lag die minimale Wertschöpfung durch (anlagenbezogene) Dienstleistungen im Bereich der Solarthermie im Jahr 2006 bei 264 Mio. €.

Der Umsatz, den die Solarthermie-Branche im Jahr 2006 insgesamt erwirtschaftete, betrug 1,2 Mrd. € (BSW 2007c). 264 Mio. € davon entfallen mindestens auf die anlagenbezogenen Dienstleistungen. Wenn die restlichen auf die Produktion von Anlagen und Zubehör entfallen, so ist anhand des pauschalen Werts von 18,7 % von einer Wertschöpfung von 175 Mio. € aufgrund der produktionsbezogenen Dienstleistungen auszugehen. Insgesamt läge damit die Wertschöpfung der Dienstleistungen bei 439 Mio. € bzw. rund 37 % der Branchenumsätze.

Dienstleistungsexport

Im Bereich Solarthermie (Wärme) gibt es weltweit wachsende Märkte. Die Exportquote der Solarthermiebranche inklusive der Dienstleistungen lag 2004 bei 10 % (BMU 2006a), 2005 lag die Exportquote der Kollektorhersteller bereits bei 28 % (Epp/ Meyer 2007). Dennoch haben viele Dienstleister bisher wenig Exporterfahrung (BSW 2006a). Exportgeeignet sind aus Sicht des BSW grundsätzlich die Dienstleistungen Großhandel, Projektierung, Gutachtenerstellung und Finanzierung, während die Akteure in den Bereichen Zwischenhandel, Installation und Wartung der Anlagen (also das Handwerk) eher regional tätig sind und in diesem Bereich Exportaktivitäten selten seien (BSW 2006a). Erschwert wird das Exportgeschäft aus Sicht des BSW durch die klein- bis mittelständisch geprägte Struktur der Branche.

---

[33] Es handelt sich nach Angaben des BSW um Vollzeitarbeitsplätze, die aus den Umsätzen der Branche für die Wertschöpfungsstufen berechnet wurden.

2.2.5.2 Solarthermische Stromerzeugung

Solarthermische Kraftwerke setzen im großtechnischen Maßstab Sonnenergie in Hochtemperaturwärme um, die in der Regel wie in einem konventionellen Kraftwerk in Dampf transformiert wird, um einen Turbinenprozess zur Stromerzeugung in Gang zu bringen. Zeiten verringerter oder fehlender Solarstrahlung (z.B. Wolken, Nacht) werden durch Wärmespeicher (z.B. große Mengen an Natrium- und Kaliumnitrat) und/ oder die Integration konventioneller Energieträger (Hybridkraftwerk) kompensiert. Solarthermische Kraftwerke werden in verschiedenen Anlagenkonzepten umgesetzt. Es gibt Parabolrinnenkraftwerke, Fresnelsysteme. Solarturmkraftwerke, Aufwindkraftwerke und Dish-Sterling-Systeme. Für alle Systeme ist weiterhin ein hoher Forschungs- und Entwicklungsbedarf zu konstatieren, entweder mit Blick auf die Überführung zur Anwendungsreife (z.B. Aufwindkraftwerk) oder hinsichtlich der Erzielung technischer und ökonomischer Verbesserungen der Leistungsfähigkeit (z.B. Parabolrinnenkraftwerk).

Nationaler und internationaler Markt

Mit Blick auf die zukünftigen Potenziale der erneuerbaren Energien werden Solarthermische Kraftwerke als eine Technologie gehandelt, die langfristig einen der größten Beiträge zur regenerativen Stromerzeugung leisten kann. Gegenwärtig tragen Solarthermische Kraftwerke noch kaum zur Herstellung elektrischer Energie bei. Die bis vor kurzem einzigen kommerziell betrieben Anlagen wurden bereits zwischen 1984 und 1991 in der kalifornischen Mojave-Wüste errichtet. Erst 2007 (USA) und 2008 (Spanien) wurden weitere kommerzielle Anlagen in Betrieb genommen. Derzeit werden sowohl in den USA als auch in Spanien eine Vielzahl weiterer Pläne für den Bau Solarthermischer Kraftwerke verfolgt; allein in Spanien waren Mitte 2006 Projekte mit einer Gesamtleistung von 1.500 MW angekündigt (Schott AG 2006). Bereits bis zum Jahr 2020 geht das Bundesumweltministerium (BMU) von einem Ausbau der weltweit installierten Kraftwerkskapazität auf 12 Gigawatt (GW) aus (Christmann 2006). Eine andere Studie kommt sogar zu einem noch optimistischeren Szenario und rechnet bis 2025 mit einer global installierten Leistung von 36,85 GW (Greenpeace et al. 2005; für weitere Ausbauprognosen siehe DLR et al. 2004).

Attraktive Standorte stellen für Solarthermischer Kraftwerke die Länder im so genannten Sonnengürtel der Erde, der sich beiderseits des Äquators bis zu 35 Grad geografischer Breite erstreckt und sich durch eine jährliche Sonneneinstrahlung von mindestens 1.900 kWh/ m² auszeichnet. Dies ist die Größenordnung, ab der die solarthermische Stromerzeugung wirtschaftlich darstellbar ist (Schott AG 2006). Die Bundesrepublik kommt – abgesehen von Forschungs- und Testanlagen (z.B. Solarturm Jülich) – als Standort Solarthermischer Kraftwerke selber nicht in Betracht. Aufgrund ihrer Lage im Sonnengürtel sowie günstigen energiepolitischen Rahmenbedingungen weisen bisher vor allem Spanien und die USA eine hohe Entwicklungsdynamik Solarthermischer Kraftwerke auf (Greenpeace et al. 2005). Ein Großteil der potenziellen Standorte für Solarthermische Kraftwerke befindet sich jedoch in Entwicklungs- und Schwellenländern. Deshalb hängen günstige Rahmenbedingungen auch von der Kooperation zwischen diesen und Industrienationen sowie geeigneten Konzepten der Projektfinanzierung ab. Das BMU unterzeichnete im Jahr

2004 bilaterale Vereinbarungen mit verschiedenen Ländern (u.a. Algerien, Ägypten, Marokko, Jordanien) mit der Intention, „gemeinsam eine Verbesserung der energiepolitischen Rahmenbedingungen für den Betrieb solarthermischer Kraftwerke anzustreben" (Fischedick et al. 2004). Länderübergreifend bildet die Global Market Initiative for Concentrating Solar Power (GMI), an der auch das BMU und die KfW beteiligt sind, einen zentralen politischen Rahmen für die weltweite Implementierung Solarthermischer Kraftwerke (ESTIA et al. o.J.; ESTIA/ Greenpeace 2003).

Die im Bereich der solarthermischen Stromerzeugung aktiven deutschen Unternehmen arbeiten in allen Teilsegmenten dieser Technologie (Parabolrinne, Solarturm etc.), konzentrieren sich aber hauptsächlich auf Parabolrinnenkraftwerke. Hier können sie „umfassendes Know-how vorweisen und decken mit ihren Technologien ca. 70 bis 80 Prozent der Wertschöpfungskette ab" (Deutscher Bundestag 2005). Entsprechend hat die deutsche Industrie eine sehr gute internationale Wettbewerbsfähigkeit. Außerdem nehmen deutsche Unternehmen auch in der Projektentwicklung und den damit verbundenen Engineering- und Finanzierungsaktivitäten eine weltweit führende Rolle ein. Zum Beispiel werden die Kraftwerksprojekte Andasol 1 bis 3 in Spanien maßgeblich von der Solar Millennium AG (Erlangen) vorangetrieben.

Alles in allem wird im Kontext der oben erwähnten „Roadmap Solarthermische Kraftwerke" bei geschätzten globalen Gesamtinvestitionen im Jahr 2006 in Höhe von 200 Millionen € von einem Anteil deutscher Unternehmen und Forschungsinstitute von 24 Prozent ausgegangen. Es wird erwartet, dass dieser Anteil bis 2020 stabil bleibt, wobei sich das Umsatzvolumen entsprechend der prognostizierten Steigerung der Investitionen auf sieben Milliarden € von 48 Millionen € (2006) auf 1,68 Milliarden € (2020) erhöhen würde (www.solar-thermie.org/ aktuell.html/ documents/ Roadmap_CSP.pdf). Mit Blick auf die zukünftige Zahl der Beschäftigten im Bereich des deutschen Exports von Komponenten für Solarthermische Kraftwerke geht eine BMU-Studie für das Jahr 2010 von 1.100 Arbeitsplätzen aus, für 2020 von 5.300 bis 6.200 und für 2030 von 13.600 bis 20.400 (BMU 2006a).

Dienstleistungsspektrum

Die Dienstleistungen, die in den unterschiedlichen Projektphasen eines Solarthermischen Kraftwerks relevant sind, werden im Folgenden entlang der vier Wertschöpfungsstufen Projektentwicklung, Bau, Betrieb und Rückbau dargestellt. Die Ausführungen fokussieren auf Parabolrinnenkraftwerke, da diese Technologie am weitesten entwickelt ist und am intensivsten von deutschen Unternehmen bearbeitet wird.

Im Rahmen der der *Projektentwicklung* eines Solarthermischen Kraftwerks können folgende Teilaufgaben unterschieden werden (vgl. Solar Millennium AG o.J.):

- Geografische Standortsuche und Qualifizierung möglicher Kraftwerksstandorte;
- Analyse der Energiesituation und der politischen und wirtschaftlichen Rahmenbedingungen des Landes sowie der Einspeisemöglichkeiten ins Stromnetz;
- Untersuchung des vorgesehenen Standortes bezüglich der Bodenbeschaffenheit und der langjährigen Sonneneinstrahlungsdaten;

- Planung und ingenieurtechnische Auslegung des Kraftwerks (Vorplanung, Genehmigungsplanung);
- umfassende, standortabhängige Baukosten- und Wirtschaftlichkeitsberechnungen;
- Durchführung der Genehmigungsverfahren und Landsicherung;
- Sicherung der Energieeinspeisung ins Stromnetz mit festgelegter Abnahmevergütung für den erzeugten Strom;
- Erstellung von Ausführungsunterlagen für die einzelnen Gewerke (Ausführungsplanung);
- Erarbeiten von Finanzierungskonzepten unter Einbeziehung von Eigen- und Fremdkapital.

Die zentralen Akteure dieser Wertschöpfungsphase sind Projektentwicklungsunternehmen, wobei es sich bei den deutschen Firmen dieses Typs im Bereich Solarthermischer Kraftwerke derzeit um reine Projektentwickler handelt, während international auch Bauunternehmen oder Anlagenbauer als Projektentwickler Solarthermischer Kraftwerke auftreten. In dieser Projektphase sind neben dem Projektentwickler häufig noch lokale Partner (z.B. Anlagenbauer, Baufirma, EVU), Banken (für die Finanzierungskonzeption) und Ingenieursgesellschaften (für die Bau- und Kraftwerksplanung) beteiligt – falls diese Arbeiten nicht durch den Projektentwickler selber geleistet werden.

Die Projektgesellschaft organisiert den *Bau des Kraftwerks,* der von Bauunternehmen und Anlagenbauern ausgeführt wird. Der Projektentwickler kann als Gesamtkoordinator für die Errichtung des Solarfeldes eingebunden sein, Ingenieurgesellschaften übernehmen Aufgaben im Bereich der Auftragsvergabe (z.B. Ausschreibung, Bewertung der Angebote) sowie der Bau- und Herstellungsüberwachung (z.B. Produktion von Stahlbaukomponenten des Solarfeldes) und Bauabnahme (z.B. Prüfung ob Anlage die angebotenen Leistungen erfüllt). Die Bauphase wird mit der Inbetriebnahme des Kraftwerks abgeschlossen.

In der *Betriebsphase* Solarthermischer Kraftwerke sind die Prozesse der Elektrizitätserzeugung und des Stromvertriebs zu organisieren. Dies wird von der Projektgesellschaft selbst durchgeführt oder sie vergibt einen Betreiberauftrag an ein Elektrizitätsunternehmen. In die Betriebsphase fallen ebenfalls Reparatur- und Wartungstätigkeiten, die teilweise in Eigenleistung des Betreibers erbracht werden (z.B. Reinigung der Spiegel).

Die *Rückbauphase* spielt aktuell keine Rolle, da Solarthermische Kraftwerke (abgesehen von neun kalifornischen Anlagen) zur Zeit entweder am Beginn der Betriebsphase stehen oder sich noch in Planung und Bau befinden.

Zentrale Dienstleistungsanbieter

Im Rahmen des Projekts wurden zwei zentrale Dienstleistungsbündel genauer untersucht, die von deutschen Unternehmen angeboten werden:

- Projektentwicklung: hierunter fällt das gesamte Spektrum an Einzeldienstleistungen, das in der gleichnamigen Phase von Projektentwicklungsunternehmen erbracht wird

(Grundlagenentwicklung, ingenieurtechnische Planung, Finanzierungskonzept, Finanzierung);

- Engineering: dazu zählen die von Ingenieurgesellschaften im Rahmen der Phasen Projektentwicklung und Bau angebotenen Dienstleistungen (Machbarkeitsstudien, ingenieurtechnische Planung, Auftragsvergabe, Bauüberwachung und -abnahme).
- Aus beiden Bereichen wurden zwei Unternehmen befragt. Die weiteren bau- und betriebsbezogenen Dienstleistungen werden von lokalen Unternehmen ausgeführt. Deutsche Unternehmen sind hier nicht vertreten und werden nach Einschätzung der befragten Unternehmen wohl auch in Zukunft keine Rolle spielen.

Die beiden befragten *Projektentwickler* sind im Moment die einzigen deutschen Projektentwickler für Solarthermische Kraftwerke. Die Tätigkeiten der Unternehmens umfassen die Projektentwicklung im engeren Sinne. Während das eine Unternehmen noch neu auf dem Markt und noch vorwiegend mit der Grundlagenentwicklung (z.B. Flächensicherung, Einspeiseabkommen) befasst ist, bietet das andere Unternehmen auch die Beteiligungsveräußerung und Ingenieursdienstleistungen (Kraftwerkskonzeption und -planung, Bauüberwachung, Nachführsteuerungen für Parabolspiegel) an und möchte sich zukünftig auch am Betrieb der Kraftwerke beteiligen und als EPC (Engineering, Procurement and Construction)-Contractor Solarfelder von Parabolrinnenkraftwerken aus einer Hand schlüsselfertig liefern. Die Wachstumsaussichten im Geschäft der Projektentwicklung Solarthermischer Kraftwerke werden als sehr gut eingeschätzt. Trotz der günstigen Zukunftsaussichten liegen den befragten Unternehmen keine Kenntnisse von Markteinstiegsplänen weiterer deutscher Unternehmen vor.

Die befragten Unternehmen bieten *Ingenieursdienstleistungen* (Machbarkeitsstudien, Planung und Auftragsvergabe, Bau- und Herstellungsüberwachung) im Zuge der Entwicklung und Realisierung (Bau) Solarthermischer Kraftwerke an. Projektentwickler, Elektrizitätsversorger, Bauunternehmen und Anlagenbauer sind die wichtigsten Nachfrager der Dienstleistungen. Beide Unternehmen sind Ingenieursgesellschaften (bzw. deren 100-prozentige Tochtergesellschaft) und seit Ende der 1990er Jahre im Bereich der Solarthermischen Kraftwerke tätig. Die Wachstumsaussichten im Geschäft mit Engineeringdienstleistungen für Solarthermische Kraftwerke werden als sehr hoch eingeschätzt. Neben den beiden befragten Unternehmen existiert nur noch eine kleine Zahl weiterer Firmen in diesem Segment vertreten (davon keine so realisierungs- und marktnah wie diese).

Wirtschaftliche Bedeutung

Im jungen Markt für solarthermische Kraftwerke wird aufgrund der geringen Größe des Marktes auf eine Abschätzung auf der Basis der im Projekt EXPEED befragten Unternehmen zurückgegriffen. Hier wurden Daten zu den Umsätzen und Beschäftigtenzahlen der Dienstleister (Projektentwicklung und Ingenieursgesellschaften) sowie zum Gesamtmarkt erfragt. Andere belastbare Daten zur wirtschaftlichen Bedeutung dieses Marktes liegen gegenwärtig noch nicht vor.

Die befragten Unternehmen gaben an, dass es in Deutschland bisher zwei Projektentwickler gibt, die 2006 insgesamt 95 Beschäftigte hatten und einen Umsatz von rund 18 Mio. € erwirtschafteten. Die Ingenieursgesellschaften gehen von einem Gesamtumsatz von 3 Mio. € und 40-50 Beschäftigten in ihrem Bereich aus. Der Umsatz dieser Dienstleistungsunternehmen zusammen lag damit bei rund 21 Mio. €, die Zahl der Beschäftigten bei 135-145.

Insgesamt wurden in der Befragung die Umsätze auf dem deutschen Markt für solarthermische Kraftwerke für 2006 auf 50 Mio. € geschätzt, die Zahl der Beschäftigten auf 250. Damit haben die genannten Dienstleister einen Anteil von 42 % der Umsätze und bis zu 58 % der Beschäftigten.

Dienstleistungsexport

Angesichts des in Deutschland vorhandenen technisch-organisatorischen Know-hows und der sich derzeit abzeichnenden dynamischen Marktentwicklung wird die allgemeine Exporteignung der Dienstleistungen von den Unternehmen als sehr hoch eingestuft. Da Deutschland als Standort Solarthermischer Kraftwerke nicht in Frage kommt, ist das Geschäft der befragten Projektentwickler dauerhaft komplett auf Auslandsmärkte ausgerichtet, so dass der Exportanteil 100 Prozent ausmacht. Entsprechend sind beide befragten Unternehmen im Ausland tätig. Auch bei den Ingenieursdienstleistern wird mit 80-100 % fast der komplette Umsatz durch das Auslandsgeschäft generiert. Als Zielländer wurde eine Vielzahl an Ländern im Sonnengürtel, darunter einige Mittelmeerländer die USA, China, Länder im nahen Osten und Australien genannt.

2.2.6 Geothermie

Die Geothermie (Erdwärme) wird unterteilt in oberflächennahe und tiefe Geothermie, wobei der größte Unterschied in der Temperatur des Erdreiches besteht. Technologische Konzepte der tiefen Geothermie können die hohe Energie des Erdreichs oder auch von Thermalwasser direkt nutzbar machen. Die Technologien und Dienstleistungen unterscheiden sich deutlich zwischen der Nutzung der oberflächennahen und der tiefen Geothermie: Die geothermische Wärmeerzeugung beruht im Wesentlichen auf der Nutzung oberflächennaher Geothermie mit Hilfe von Wärmepumpen. Die tiefe Geothermie wird dagegen vor allem zur Stromerzeugung eingesetzt. Diese Märkte werden im Folgenden getrennt betrachtet. Allerdings wird teilweise auch die tiefe Geothermie zur Wärmeerzeugung genutzt, wobei viele notwendige Dienstleistungen (Standortgutachten, Bohrungen, etc.) denen der geothermischen Stromerzeugung entsprechen.

2.2.6.1 Nutzung oberflächennaher Geothermie (Wärmeerzeugung)

Bei der Nutzung oberflächennaher Geothermie ist eine Temperaturerhöhung notwendig, da im Boden nur eine Durchschnittstemperatur von 8-12 °C erreicht wird und dies für Heizzwecke in der Regel nicht ausreichend ist. Als Technologie zur Erhöhung der Temperatur kommt im Wesentlichen die *Kompressions-Wärmepumpe* zum Einsatz. Diese benötigt

Energie, so dass ein fossiler oder ein weiterer regenerativer Energieträger eingesetzt werden muss. Die Wärmepumpen werden meist mit elektrischer Energie betrieben, können aber auch mit einem Gas-Motor (potenziell auch mit Öl o. ä.) angetrieben werden, so dass Verluste durch geringe Wirkungsgrade bei der Stromerzeugung vermieden werden. Gasmotor-Wärmepumpen sind – im Gegensatz zu Deutschland – in den USA und Asien schon weit verbreitet (ASUE 2002).

Neben dem Erdreich nutzen Wärmepumpen-Heizungssysteme auch die Wärme der Außenluft oder des Grundwassers. Je nach Quellmedium wird zwischen Sole/ Wasserwärmepumpe (Erdreich), Luft/ Wasserwärmepumpe (Außenluft) und Wasser/ Wasserwärmepumpe (Grundwasser) unterschieden (Kaltschmitt et al. 2003).

Wärmepumpen, die im Bereich der Einfamilienhäuser eingesetzt werden, besitzen meist eine Leistung < 30 kW (Stiebel Eltron 2007). Neben diesen existieren in Deutschland auch eine Reihe von Anlagen zur Wärmeversorgung größerer Objekte (Mehrfamilienhäuser, Schulen etc.) oder ganzer Siedlungen (Bracke 2005), darunter einige Geothermie-Großprojekte. Diese Großprojekte greifen allerdings meist nicht auf oberflächennahe, sondern auf tiefe Geothermiequellen zurück.

Nationaler und internationaler Markt

Wärmepumpen konnten sich in den vergangenen Jahren als dezentrale Wärmequelle etablieren. Dies zeigt die Entwicklung der Absatzzahlen, die sich im Jahr 2006 mit etwa 51.500 verkauften Wärmepumpen im Vergleich zum Vorjahr mehr als verdoppelten. Es handelt sich hierbei um ca. 7.500 Warmwasser-Wärmepumpen und 43.900 Heizungs-Wärmepumpen. 55 % der Anlagen nutzen die Wärme des Erdreichs (24.195), 35 % die der Umgebungsluft und 10 % die des Grundwassers (BWP 2007). Insgesamt waren laut BWP (Bundesverband WärmePumpe) im Jahr 2006 190.000 Wärmepumpen-Systeme in Deutschland installiert (EHPA 2007a). Es wurden 1,78 TWh Wärme aus oberflächennaher Geothermie erzeugt (dazu kommen 0,13 TWh aus tiefer Geothermie) (BMU 2007a).

Insgesamt betrug der Umsatz auf dem deutschen Markt für oberflächennahe Geothermie (Wärmepumpen) 250 Mio. Euro im Jahr 2006 und zeigt großes Wachstum (Edler et al. 2007). Der Bruttobeschäftigungseffekt der gesamten geothermischen Energieerzeugung lag 2006 bei 4200 Beschäftigten und damit mehr als doppelt so hoch wie noch 2004 (1.800 Beschäftigte (Kratzat et al. 2007). Bis 2010 wird eine Steigerung um 30 % erwartet (BMU 2006a). Der Gesamtumsatz betrug rund 590 Mio. aus der Errichtung der Anlagen (Kratzat et al. 2007). Der Betrieb der Anlagen erzielte dagegen 2006 nur Umsätze in Höhe von 0,03 Mio. Euro (BMU 2007a).

Ähnlich positiv wie in Deutschland entwickeln sich die Märkte in Schweden, Frankreich und Finnland (EHPA 2007b, 2007d, 2007c). In Schweden werden inzwischen mehr als 50 % der Neubauten mit Wärmepumpen ausgerüstet, auch in der Schweiz sind es über 40 % (Energieagentur NRW 2007). Die Exportquote für die gesamte deutsche Geothermiebranche (inkl. Dienstleistungen) lag für das Jahr 2004 bei 32 % (BMU 2006a). Die Studie zu Arbeitsplatzeffekten der erneuerbaren Energien schätzt die Exportquote von Wärmepumpen aufgrund der großen Inlandsnachfrage im Jahr 2006 auf 20 % (2004:

60 %), die Importquote lag bei knapp 70 % (Kratzat et al. 2007). Die dena und der VDI kommen zu dem Ergebnis, dass deutsche Unternehmen aus dem Wärmepumpensektor im europäischen Ausland gute Geschäftsmöglichkeiten besitzen (dena 2007; VDI/VDE/IT 2007b).

Dienstleistungsspektrum

Die Wertschöpfungskette für Wärmepumpen-Anlagen kann im Wesentlichen wie folgt zusammengefasst werden:

- Industrie: Produktion von Wärmepumpen
- Handel: Großhändler aus den Bereichen Heizung/ Sanitär, Handwerksbetriebe
- Planung: Gutachten, Dimensionierung der Anlagen (Im Fall der Kleinanlagen übernehmen dies in der Regel die Handwerksbetriebe, für größere Projekte bieten Ingenieur- und Planungsbüros wie auch einige Institute diese Dienstleistungen an.)
- Installation, Instandhaltung und Wartung der Anlagen: Handwerk: meist regional orientiert

Das Dienstleistungsspektrum entlang der Wertschöpfungskette umfasst industrielle Dienstleistungen, den Vertrieb von Wärmepumpen, die Erstellung von Gutachten und Machbarkeitsstudien, die Durchführung von Bohrungen, die Installation, Instandhaltung und Wartung der Anlagen.

Zentrale Dienstleistungsanbieter

Wärmepumpen werden in der Regel in Ein- oder Mehrfamilienhäusern eingesetzt, wo normalerweise Handwerksbetriebe aus den Gewerken SHK und Elektroinstallation das komplette Dienstleistungsspektrum (abgesehen von den industriellen Dienstleistungen) übernehmen bzw. gegenüber dem Kunden als Generalunternehmen auftreten und ggf. Unteraufträge an andere Handwerksbetriebe in Auftrag geben. Betreiber sind in diesem Fall die Hausbesitzer selbst. Erst bei größeren Projekten treten weitere Akteure wie Ingenieurs- und Planungsbüros auf, die Dienstleistungen wie die Begutachtung der geologischen Bedingungen und die Dimensionierung der Anlagen übernehmen, bei Neubauten häufig außerdem Architekten. Wenn Erdsonden zum Einsatz kommen, müssen Bohrungen durchgeführt werden, die entweder durch im Bereich der Haustechnik aktive Handwerksbetriebe (Brunnenbauer) oder aber durch spezialisierte Bohrunternehmen erfolgen (zu diesen mehr in Abschnitt 2.2.6.2). Die wichtigsten Abnehmer der Wärmepumpen von den Herstellern bzw. dem Fachgroßhandel sind dementsprechend Architekten, Planungsbüros und Privatleute, zukünftig sollen verstärkte Fertighaushersteller angesprochen werden (Edler et al. 2007).

Die zentralen Dienstleistungsunternehmen im Bereich der oberflächennahen Geothermie sind also die Handwerksbetriebe, auf die genauer im Kapitel 2.2.7 eingegangen wird.

Wirtschaftliche Bedeutung

Die Kosten der relevanten Dienstleistungen im Rahmen der Installation und Nutzung einer Wärmepumpe mit Erdwärmekollektor bzw. Erdwärmesonde in einem Einfamilienhaus sind beispielhaft in Tabelle 14 dargestellt. Wird außerdem noch ein Planer hinzugezogen so können zusätzlich noch Planungskosten in Höhe von ca. 500€ pro Anlage entstehen (Effiziento Haustechnik GmbH 2007). Basierend auf diesen Zahlen kann der Umsatz der Dienstleistungen im Bereich der Wärmepumpen abgeschätzt werden.

Tabelle 14: Beispielhafte Kosten der Dienstleistungen für eine Wärmepumpe

	Erdwärmekollektor [€]	Erdwärmesonde [€] (minimal)
Investitionskosten		
Erdarbeiten / Bohrung (incl. Sand)	1120	5000
Verlegung Wärmequelle	300	
Montage Wärmepumpe	1400	1400
Elektroanschluss	500	500
Inbetriebnahme	590	590
Summe	*3910*	*7490*
Betriebskosten/ a		
Wartungskosten	50 €/ a	50 € a

Wärmepumpe in Einfamilienhaus mit 130 qm Wohnfläche; installierte Leistung 6,5kw

Quelle: Ochsner Wärmepumpen (o.J.); Wartungskosten: IWR (o.J.), Bohrung: FAL (2005)

Im Jahr 2006 wurden insgesamt 24.195 Heizungs-Wärmepumpen, die das Erdreich als Quelle nutzen, installiert (BWP 2007). Wenn es sich dabei ausschließlich um kleine Anlagen in Einfamilienhäusern sowie die preisgünstigeren Erdwärmekollektoren handelte, lagen die Umsätze der Dienstleistungen 2006 bei rund 95 Mio. € für die Errichtung neuer Anlagen. Das entspricht einem Anteil von ca. 16 % am Gesamtumsatz der Errichtung von geothermischen Anlagen und kann als Minimalwert betrachtet werden, da von besonders kleinen und hinsichtlich des Dienstleistungsbedarfs kostengünstigen Anlagen ausgegangen wurde. Die Wartungskosten können mit 50 € pro bestehender Anlage und Jahr hinzugerechnet werden. Dies sind bei derzeit 190.000 Anlagen weitere 9,5 Mio. € im Jahr. Zusammen kann die Wertschöpfung der Dienstleistungen im Bereich der Geothermie (Wärme) damit auf mindestens 104,5 Mio. € geschätzt werden.

Die Kosten für die eigentliche Wärmepumpe und weitere benötigte Geräte und Materialien liegen bei einem Erdwärmekollektor für ein Einfamilienhaus in Höhe von 6.950 € je Anlage (Ochsner Wärmepumpen o.J.). Ausgehend von dieser im Vergleich zu anderen Wärmepumpen vergleichsweise kostengünstigen Anlage lagen die gesamten Investitionskosten 2006 bei 168 Mio. €, wovon wiederum Vorleistungen von rund 31 Mio. € (18,7 %, s.o.) aus dem Dienstleistungssektor stammen. Insgesamt liegen die ermittelten

Umsätze damit bei 273 Mio. €. Dieser Wert liegt etwas höher als der Wert, den Staiß (2007) für das Jahr 2005 für den gesamten geothermischen Wärmemarkt auf der Grundlage der Verkaufszahlen von Wärmepumpen ermittelt (240 Mio €). Allerdings ist der Verkauf von Wärmepumpen im Jahr 2006 deutlich angestiegen.

Für die anlagenbezogenen Dienstleistungen wird nun die Zahl der Beschäftigten auf der Basis von angenommenen Durchschnittslöhnen ermittelt, wobei davon ausgegangen wird, dass es sich dabei vor allem um Handwerker handelt. Als durchschnittliche Löhne („Arbeitgeberbrutto") von Handwerkern werden der Berechnung 34.000 € im Jahr zugrunde gelegt (Quelle: www.lds.nrw.de). Damit kann anhand der Wertschöpfung die Zahl der Vollzeitbeschäftigten auf rund 3.100 geschätzt werden, was etwa 3.600 Erwerbstätigen entspricht. Dies ist eher als Obergrenze anzusehen, da keine weiteren Kosten oder Gewinne berücksichtigt wurden.

Für den gesamten deutschen Geothermiemarkt, Strom und Wärme zusammen, wurden für das Jahr 2006 Umsätze von 590 Millionen Euro und eine Brutto-Beschäftigungswirkung von 4.200 Personen ermittelt (Kratzat et al. 2007). Damit sind die hier ermittelten Dienstleistungen des Wärmemarkts nach dieser Abschätzung für rund ein Fünftel der Wertschöpfung (bzw. 23 % inkl. der produktionsbezogenen Dienstleistungen) und bis zu drei Viertel der Beschäftigungswirkung verantwortlich. Auch hier gilt, dass die indirekte Beschäftigungswirkung noch zusätzlich zu berücksichtigen wäre. Wird der Markt für geothermische Stromerzeugung hinzugenommen, so liegen die Anteile der Dienstleistungen an der Wertschöpfung bei rund einem Viertel, bei der Beschäftigungswirkung nur geringfügig höher als für den Wärmebereich allein.

Dienstleistungsexport

Der dena zufolge sind im Bereich der Geothermie neben dem Anlagenbau besonders bei der Projektentwicklung und Bereitstellung von Ingenieursdienstleistungen große Marktpotenziale im Ausland gegeben. Im Bereich der oberflächennahen Wärmepumpensysteme bestehen dagegen hauptsächlich für die produzierenden Unternehmen Exportchancen (dena 2007).

2.2.6.2 Tiefe Geothermie (Stromerzeugung)

Nationaler und internationaler Markt

Während im Jahr 2004 weltweit eine geothermale Kraftwerkskapazität von 8.912 Megawatt (MW) elektrischer Leistung installiert war und circa 56,8 Terawattstunden (TWh) Strom erzeugt wurden (Deutscher Bundestag 2005), steht die Nutzung von Erdwärme zur Stromerzeugung in Deutschland noch ganz am Anfang der Entwicklung.[34] Mitte 2006 gab

---

[34] Im Jahr 2002 hatten die USA einen Anteil von 28 Prozent an der globalen geothermalen Stromerzeugung, gefolgt von den Philippinen mit 24 Prozent, Mexiko mit 12 Prozent und Italien mit 9 Prozent. Weitere wichtige Länder sind Indonesien, Japan, Neuseeland, Costa Rica, El Salvador und

es erst eine Anlage, die Elektrizität auf Grundlage von Erdwärme erzeugt und in das Stromnetz einspeist. Weitere 15 Projekte waren in Deutschland 2006 noch in der Entwicklungsphase, wobei in rund fünf Fällen mit der Aufnahme der Stromproduktion im Laufe des Jahres 2007 mit installierten Leistungen zwischen einem und fünf MW gerechnet wurde. Bei den meisten der Projekte soll die anfallende Restwärme durch Kraft-Wärme-Kopplung (KWK) für Heizzwecke verwendet werden.

Wichtiger Treiber für die in jüngster Zeit rasch zunehmenden Aktivitäten zur geothermischen Stromerzeugung ist das im Jahr 2000 in Kraft getretene erneuerbare Energien Gesetz (EEG), in dem die Vergütung von Strom aus Erdwärme auf eine gesetzlich geregelte verlässliche Grundlage gestellt worden ist. Den Investitionsunsicherheiten der geothermischen Stromerzeugung, die insbesondere darin bestehen, ob am Ort der Bohrung genügend geothermische Energie (Wärme) zur Stromerzeugung vorhanden ist (Fündigkeitsrisiko), steht damit eine sichere Einnahme im Fall eines erfolgreichen Projektabschlusses gegenüber. Zudem wird die Entwicklung dieser nach wie vor forschungsintensiven Technologie durch beträchtliche Mittel der Bundesregierung unterstützt. 2005 gab es 31 laufende Projekte mit einem gesamten Fördervolumen von 42 Millionen Euro, zu diesem Zeitpunkt bereits beendet waren sieben Projekte, für die etwa 12,5 Millionen Euro bereitgestellt worden waren (BMU 2007c).

Im Jahre 2006 hatte der deutsche Geothermiemarkt (Strom und Wärme) ein Umsatzvolumen von 590 Millionen Euro und beschäftigte rund 4.200 Menschen (Kratzat et al. 2007). Die Zahl der Beschäftigten stiegt damit im Vergleich zu 2004 (1.800 Beschäftigte) um 133 % an, wobei das enorme Wachstum vor allem auf den Boom der oberflächennahen Geothermie zurück zu führen ist (Kratzat et al. 2007). Der Umsatz wurde fast ausschließlich durch die Errichtung von Anlagen generiert, da weder aus der Einspeisung von Strom (nur ein produzierendes Kraftwerk) noch aus dem Verkauf von Wärme (erzeugte Wärme wird zumeist nicht verkauft, sondern selbst genutzt) nennenswerte Erlöse erzielt werden konnten – und bis heute nicht erzielt werden können (vgl. BMU 2005). Über die Exportsituation der Geothermiebranche liegen keine belastbaren Zahlen vor, das Exportpotenzial wird jedoch als sehr hoch eingeschätzt (Deutscher Bundestag 2005) (s.u.).

Dienstleistungsspektrum

Das Spektrum an Dienstleistungen, die im Rahmen der tiefen Geothermie relevant sind wird im Folgenden anhand der unterschiedlichen Projektphasen eines Geothermiekraftwerks (Machbarkeitsstudie, Planungsphase, Erkundungen und Bohrungen, obertägige Anlage, Betrieb) dargestellt.

Am Anfang von Projekten der geothermischen Stromerzeugung steht die Phase der *Machbarkeitsstudie*, in der Gutachten und Analysen unter anderem zur Standortgeologie, zum nutzbaren Thermalpotenzial, zu den bohrtechnischen Verfahren, zum Investiti-

Island, das 2002 14,7 Prozent seines inländischen Stromverbrauchs geothermisch deckte (Saadat et al. 2001; Deutscher Bundestag 2005).

onsbedarf, zu den produzierbaren Strom- und Restwärmemengen, zur erwartbaren Heiz- und Prozesswärmenachfrage oder zur Wirtschaftlichkeit des Vorhabens erstellt werden. Diese Phase ist geprägt durch den Rückgriff auf existierende geologische Daten, die im Zuge früherer Bohrungen[35] und seismischer Messungen erhoben wurden. Zentrale Akteure sind Ingenieurbüros, Projektentwickler und -planer und Forschungseinrichtungen (z.B. die Bundesanstalt für Geowissenschaften und Rohstoffe [BGR]).

In der *Planungsphase* werden die Arbeitsschritte bis zur Inbetriebnahme des Geothermiekraftwerks aufbauend auf den Ergebnissen der Machbarkeitsstudie geplant und das konkrete Projekt entwickelt. Dies umfasst Dienstleistungen wie die Projektgesamt- und -detailplanung, das Projektmanagement, die Konzipierung, Ausschreibung, Vergabe, Betreuung und Überwachung der von Dritten zu erbringenden Leistungen (z.B. seismische Messungen, Bohrungen, Bohrlochmessungen, Kraftwerksbau), die Abwicklung von Genehmigungsverfahren, die Organisation von Projektfinanzierung und Versicherungsschutz sowie diverse Beratungsleistungen.

In der nächsten Projektphase erfolgen die *Erkundung und Bohrung*. Dabei geht es zunächst um die Durchführung geophysikalischer Messungen (z.B. vibroseismische Analysen). Auf dieser Grundlage erfolgt sowohl die Festlegung des genauen Bohransatzpunktes als auch die Planung der Bohrungen (z.B. hinsichtlich Bohrtiefe, Bohrlochdurchmesser etc.). Die Bohrarbeiten stellen den zentralen Teil der Umsetzung eines Geothermieprojektes dar. Erst im Zuge der Niederbringung einer Bohrung wird definitiv in Erfahrung gebracht, ob ein Geothermieprojekt wie geplant realisiert werden kann, ob Modifikationen notwendig sind oder ob es abgebrochen werden muss. Die Bohrarbeiten umfassen im Einzelnen:

- Bohrung von in der Regel je einem Loch zur Förderung des Wärmemediums (Förder- oder Produktionsbohrung) und zu dessen Reinjektion (Injektionsbohrung);
- Durchführung von Stimulierungsmaßnahmen bei Hot Dry Rock-Systemen;
- Bohrlochmessungen (Temperatur, Wärmeverteilung, Struktur der Gesteinsschichten, Bohrlochrichtung, chemisch-mikrobiologische Zusammensetzung des Wassers, etc.);
- Pumptests der Förder- und Injektionsbohrungen;
- Komplettierung der Bohrungen (Verlegung und Verschraubung von Rohren, Endinstallation von Pumpen etc.).

Den zuvor beschriebenen untertägigen Arbeiten folgen Planung, Engineering, Errichtung, Netzanschluss und Inbetriebnahme des Geothermiekraftwerks (*obertägige Anlage*) in ORC (Organic Rankine Cycle)-Technologie oder Kalinatechnik einschließlich begleitender Tätigkeiten wie Wirschaftlichkeitsberechnung oder Erstellung von Genehmigungsunterlagen.

---

35 In Deutschland existieren über 5.000 Bohrungen, die zur Erkundung von Erdgas, Öl oder Kohlevorräten genutzt wurden (Staiß 2003).

In der *Betriebsphase* der Geothermieanlage sind die Prozesse der Erzeugung und des Vertriebs des Stroms (und ggf. der Wärme) zu organisieren, wozu unter anderem die Durchführung von Reparatur- und Wartungsarbeiten und die Fernüberwachung zählen.

Zentrale Dienstleistungsanbieter

Im Folgenden wird genauer auf die Dienstleistungen der Projektentwickler, der Bohrungsunternehmen und der Kraftwerksbauer eingegangen, die als zentrale Dienstleistungsanbieter mit Exportpotenzial im Bereich der Geothermischen Stromerzeugung identifiziert wurden.

Zentrale Anbieter in der Planungsphase sind *Projektentwicklungs- und -planungsunternehmen,* die in der Regel vom Projektträger (z.B. eine von einer Kommune bzw. deren Stadtwerke oder von Energieversorgern gegründete Gesellschaft) mit der Planung betraut werden. Deren Aufgaben gehen allerdings über punktuelle Planungs- und Konzeptionierungsleistungen weit hinaus und umfassen das gesamte projektbegleitende Management des Vorhabens.

Bei den zwei befragten Unternehmen, die im Bereich Projektentwicklung tätig sind, handelt es sich um reine Dienstleister, die neben ihrem Tätigkeitsschwerpunkt der Projektentwicklung auch Standortgutachten und Forschungs- und Entwicklungsleistungen anbieten. In diesem Bereich sind in Deutschland bisher fünf relevante Unternehmen tätig, darüber hinaus versuchten viele „Einzelkämpfer" am Markt zu partizipieren. Erwartet wird in den nächsten Jahren ein starkes Marktwachstum. Die Auftraggeber der Projektentwicklungsunternehmen kommen aus dem öffentlichen Sektor (z.B. Kommunen bzw. kommunale Projektträger, Stadtwerke) und der Privatwirtschaft (z.B. Energieversorger). Zu ihrem Kundenkreis zählen auch an einem Einstieg in den Markt der geothermischen Stromerzeugung interessierte Unternehmen (z.B. Banken, Versicherungen), die branchenbezogene Beratungsleistungen nachfragen.

Für die *Bohrarbeiten* (Bohren, Stimulierung, Bohrlochmessung, Pumptests, Komplettierung) werden international tätige Unternehmen herangezogen, die überwiegend aus dem Bereich der klassischen Bohrindustrie kommen und sich größtenteils schon über Jahrzehnte mit der Erschließung von Öl- und Gaslagerstätten sowie dem Brunnenbau beschäftigt haben. Darüber hinaus gibt es eine Reihe von kleinen Firmen, die Tätigkeiten wie Bohrlochmessungen oder Rohrverschraubung anbieten.

Befragt wurde ein Unternehmen, das im Bereich Bohrungen aktiv ist. Zu den angebotenen Dienstleistungen im Bereich Geothermie gehören Tiefenbohrungen und hydraulische Stimulierungen, wobei letzteres im Jahr 2005 nicht nachgefragt wurde. Trat das Unternehmen früher als Main Contractor auf, der neben den Bohrungen auch den Rohreinbau übernahm und Unteraufträge für Bohrlochmessungen und andere Leistungen vergab, beschränkt man sich heute auf Bohrungen (und Stimulierungsmaßnahmen), um das mangels Versicherungsmöglichkeiten hohe Haftungsrisiko zu minimieren. Bei Erfolg der aktuell in der Entwicklung befindlichen deutschen Geothermieprojekte wird ein starkes Marktwachstum erwartet, das insbesondere von Privatinvestoren getragen würde, wobei es bisher nur zwei relevante Mitbewerber gebe.

Kraftwerksbauer und Elektrounternehmen, die meist international tätig sind, übernehmen die Planung und Errichtung der obertägigen Anlage. Der Projektträger übernimmt in der Regel den Betrieb der Anlage, wobei die Kraftwerksbauer in der Regel Reparatur und Wartung der Anlagen übernehmen.

Kraftwerke zur geothermischen Stromerzeugung basieren in der Regel auf der Kalina- oder der ORC-Technologie. Für beide Technologien gibt es nur einen in Deutschland ansässigen Kraftwerkbauer. Der Anbieter der Kalina-Technologie wurde im Rahmen der Erhebung befragt, mit dem ORC-Anbieter wurde ein Kurzinterview durchgeführt.

- Der Kreis der ORC-Anbieter auf dem deutschen Markt besteht aus drei Firmen, von denen eine in Deutschland ansässig ist. Dieses Unternehmen bietet neben dem Bau von Kraftwerken auch Wartungsdienstleitungen in geringem Umfang.
- Die Lizenz zur Nutzung der Kalina-Technologie besitzt in Deutschland nur ein Unternehmen. Die Auftraggeber kommen sowohl aus dem öffentlichen als auch aus dem privaten Sektor. Über die schlüsselfertige Lieferung von Geothermiekraftwerken hinaus bietet das Unternehmen begleitende Dienstleistungen in den Bereichen Wartung, Versicherung und Genehmigung.

Wirtschaftliche Bedeutung der Dienstleistungen

Aufgrund der geringen Größe dieses noch jungen Marktes, in dem bisher überwiegend geförderte Forschungs- und Demonstrationsprojekte existieren, wird auf die Abschätzung der befragten Unternehmen zu den Umsätzen und Beschäftigtenzahlen der Dienstleister (Projektentwicklung, Bohrung, Bohrlochmessung) zurückgegriffen. Andere Daten zur wirtschaftlichen Bedeutung dieses Marktes liegen gegenwärtig noch nicht vor. Die Umsätze entfallen in diesem Teilmarkt fast komplett auf die Errichtung von Anlagen, da bisher kaum Anlagen in Betrieb sind. Als Umsätze geben die Unternehmen für die Projektentwickler 4-15 Mio. € an, die Zahl der Beschäftigten liegt hier bei 100-300 Personen in insgesamt 5 relevanten größeren sowie einigen kleineren Unternehmen. Die 3 ermittelten Dienstleistungsanbieter von Bohrungen erwirtschaften rund 11 Mio. € (2005) mit 60 Beschäftigten. Die Bohrlochmessungen erbringen weitere 15 Mio. € Umsätze. Ab dem Jahr 2008 werden von Unternehmensseite aufgrund der wachsenden Zahl an Anlagen außerdem Umsätze von 11 Mio. € durch die Wartung und Reparatur der Anlagen erwartet.

Nach Schätzung der Unternehmen erzielten die Dienstleister im Jahr 2006 somit 30-41 Mio. € Umsätze mit 160-360 Beschäftigten. Auch hier sind zudem weitere indirekte Beschäftigte zu berücksichtigen. Neben den noch unbedeutenden Dienstleistungen des Betriebs fehlen außerdem noch Standortgutachten, Wirtschaftlichkeitsanalysen und seismische Erkundungen sowie alle Dienstleistungen rund um die obertägige Anlage. Damit liegen die tatsächlichen Dienstleistungsumsätze wohl deutlich höher. Allerdings sind in diesen Umsätzen auch die Warenumsätze enthalten, so dass die tatsächliche Wertsschöpfung der Dienstleistungen geringer sind als deren Umsätze. Staiß (2007) geht davon aus, dass das Investitionsvolumen im Bereich der Tiefengeothermie im Jahr 2005 kaum 30 Mio. Euro überschritten haben dürfte. Damit würden allein die Dienstleistungen diesen

Markt abdecken. Aufgrund des starken Wachstums dieses Marktes lassen sich die Zahlen aus den Jahren 2005 und 2006 allerdings nur bedingt vergleichen.

Dienstleistungsexport

Im Bereich der geothermischen Stromerzeugung wird weltweit in den nächsten Jahren ein hohes Wachstum erwartet. Die deutschen Unternehmen haben sich vor allem auf die Niedertemperatur-Geothermie spezialisiert, welche weltweit hohe Potenziale aufweist. Die Dienstleistungsunternehmen weisen bisher aber nur geringe Auslandsaktivitäten auf und planen aufgrund des erwarteten großen Inlandswachstums auch kaum eine Ausweitung.

Hinsichtlich der Eignung von *Projektentwicklungsdienstleistungen* für den Export werden sehr hohe Potenziale gesehen im Bereich von Geothermieprojekten, die auf der Nutzung niedriger Temperaturen basieren. Das hierzu in Deutschland entwickelte Know-how wird als weltweit führend angesehen und eröffne Marktchancen in Ländern mit ähnlichen geologischen Bedingungen wie in Deutschland (= rund 50 % der globalen Landmasse). Ein zusätzlicher Wettbewerbsvorteil ergibt sich aus der Erfahrung mit der Berücksichtigung ökologischer Anforderungen. Als potenzielle Zielländer werden Südosteuropa (z.B. Ungarn, Rumänien, Bulgarien), der Balkan, Russland, die Baltischen Staaten, Südamerika oder die USA genannt. Geringe bis keine Exportchancen bestünden dagegen in Ländern mit heißen Erdwärmevorkommen, die ihre eigene darauf spezialisierte Geothermieindustrie entwickelt hätten. Dennoch ist der realisierte Anteil des Auslandsgeschäft, der für die Branche von den beiden Unternehmen auf maximal 10 Prozent geschätzt wird, bisher gering. Von den befragten Unternehmen ist auch nur eines – ebenfalls mit geringer Exportquote – im Ausland tätig. Erwartet wird von den Unternehmen ein Wachstum der Auslandsumsätze, jedoch angesichts der wachsenden Gesamtumsätze nicht der Auslandsanteile.

Für geothermische *Tiefenbohrungen* sowie die begleitenden Dienstleistungen (Stimulierungsmaßnahmen, Bohrlochmessungen, etc.) wird nur eine schwache Exporteignung gesehen, weil es sich dabei um ein Standardleistung handele, für die international eine Reihe von Global Players aus der Erdölindustrie zur Verfügung stünden. Ausländische Bohraufträge müssten zudem einen großen Umfang haben, damit der damit verbundene Aufwand für den Transport der Bohranlage und die aufzubauende Infrastruktur vor Ort (z.B. Werkstätten, Ersatzteillogistik) sich rechne. Angesichts dessen spielten Auslandsumsätze im Bereich geothermischer Tiefenbohrungen praktisch keine Rolle. Das befragte Unternehmen hat deshalb im Geothermiebereich noch keine Exporterfahrung. Zurzeit zeichne sich jedoch ein weltweiter Mangel an Bohranlagen ab, der möglicherweise neue Perspektiven für das Auslandsgeschäft mit geothermischen Tiefbohrungen eröffne. Ein Indiz dafür sei das Anwachsen internationaler, häufig über den Verband vermittelter Anfragen (z.B. aus Kenia oder der Türkei).

Der befragte *Kraftwerksbauer* sieht für die von ihm angeboten Dienstleistungen rund um das Kraftwerk (Wartungs-, Versicherungs- und Genehmigungsdienstleistungen) eine hohe bis sehr hohe Exporteignung. Aufgrund fehlender deutscher Kraftwerksinstallationen im Ausland werden diese Dienstleistungen aktuell aber noch nicht außerhalb von

Deutschland verkauft, mit der erwarteten ausländischen Nachfrage nach deutscher Kraftwerkstechnik soll in Zukunft auch das Auslandsgeschäft mit Dienstleistungen an Bedeutung gewinnen. Als wichtige Märkte werden dabei die USA, Österreich, Ungarn, die Türkei und Spanien genannt.

2.2.7 Übergreifende Analyse: das Handwerk

2.2.7.1 Nationaler und internationaler Markt

Im Rahmen der Wertschöpfungs- und Prozessketten im Bereich der erneuerbaren Energien-Anlagen zur Wärmegewinnung und Stromerzeugung nehmen die Handwerksbetriebe eine bedeutende Position ein. Sie sind zentrale Dienstleister bei der Planung und Installation sowie der Wartung und Reparatur insbesondere kleinerer Anlagen. Hinzu kommen Angebote wie der Vertrieb von Anlagen und Anlagenkomponenten, von Versicherungen sowie Beratung u. a. zur Finanzierung der Anlage (vgl. Bühler et al. 2007). Für den EE-Bereich relevant sind im Bereich der klassischen Handwerksgewerke aus dem Bereich Sanitär-Heizung-Klima (SHK) sowie die Betriebe des Elektro- und Dachdeckerhandwerks. Die Konjunkturumfrage im Frühjahr 2007 ergab, dass bereits 68 % der SHK-Betriebe im Bereich der Solarthermie, 50 % im Bereich der Biomassenutzung (hauptsächlich Pelletheizungen) und 28 % im Bereich der Wärmepumpen tätig waren (Kornhardt 2007). Im März 2007 war laut Zentralverband der Deutschen Elektro- und Informationstechnischen Handwerke (ZVEH 2008) bereits ein Drittel der elektrohandwerklichen Betriebe in das Geschäftsfeld der Photovoltaik eingetreten. Es handelt sich bei den Handwerksbetrieben der EE-relevanten Gewerke in den meisten Fällen um relativ kleine Betriebe mit weniger als 8 Beschäftigten (Bühler et al. 2007).

Auf den Bereich der Solarenergie sind etwa 8.000 Handwerksbetriebe spezialisiert, wobei zusätzlich häufig Dienstleistungen im Bereich der Biomasse- und Erdwärmenutzung angeboten werden (BSW 2007b). Die spezialisierten Betriebe spielen für den EE-Markt eine wichtige Rolle: In der Handwerker-Befragung des Europressedienstes gaben die 15 % der Betriebe, die sich auf die Installation von Solaranlagen spezialisiert hatten, an, insgesamt Anlagen mit zwei Drittel der durch alle befragten Betriebe installierten Leistung errichtet zu haben (Stryi-Hipp 2006). In der Regel erwerben die Handwerker die entsprechenden Produkte wie Solarkollektoren, Pelletöfen oder Module für die Photovoltaik von den Herstellern und Großhändlern.

Alleine die Installation und Wartung von PV-Anlagen führt nach Angaben des BSW zu 21.000 Arbeitsplätzen im Handwerksbereich (BSW 2007b). Insgesamt ist der Handwerksbereich nach Angaben des Zentralverbands des deutschen Handwerks (www.zdh.de) mit 4,8 Mio. Beschäftigten (2006) und damit 12,4 % der Erwerbstätigen in Deutschland, sowie Umsätzen in Höhe von 456 Mrd. Euro ein wichtiger Wirtschaftszweig. Davon ca. 50.000 SHK-Betriebe mit rund 300.000 Beschäftigten, 64.000 Elektrotechnik-Betriebe mit ca. 268.500 Beschäftigten (Bühler et al. 2007), sowie rund 15.000 Dachdecker-Betriebe (www.zdh.de).

2.2.7.2 Dienstleistungsspektrum der Handwerksbetriebe

Im Rahmen der vorliegenden Studie wurden 18 Betriebe befragt, die handwerkliche Dienstleistungen im Bereich erneuerbare Energien anbieten. Die Mehrheit der im Rahmen der Empirie befragten Betriebe gab an, auf die Tätigkeiten in einem oder mehreren erneuerbaren Energie-Bereichen spezialisiert zu sein. Was die Betriebsstrukturen bzw. die Größe der Betriebe angeht, sind die meisten befragten Unternehmen klein: 60 % der befragten Geschäftsführer gaben an, weniger als 10 Beschäftigte zu haben, während in nur 16 % der Betriebe 20 oder mehr Personen beschäftigt waren. Damit entspricht die Verteilung der Unternehmensgrößen weitgehend den Ergebnissen der Studie des Europressedienstes zu Handwerkern im PV-Bereich (Stryi-Hipp 2006), die zu einer durchschnittlichen Größe de Handwerksbetriebe von 11 Mitarbeiterinnen und Mitarbeiter kommt. Die *Jahresumsätze* der befragten Handwerksbetriebe sind je nach Größe und Spezialisierung der Firmen sehr unterschiedlich und umfassen eine Spannweite von 280.000 bis 7.000.000 € durch Planung, Installation und Wartung. Etwa zwei Drittel der Betriebe geben Einnahmen unter einer Million an. Die eher vertriebsorientierten Unternehmen geben höhere Umsätze von 6.000.000 bis 240.000.000 € durch den Handel mit Anlagen an.

Nachfrager der Handwerks-Dienstleistungen Planung, Installation und Wartung sind in erster Linie Privatkunden bzw. Eigenheimbesitzer. 90 % der Befragten gaben selbige als wichtige Nachfrager an, meist mit einem Anteil an den Gesamtkunden von über 80 %. Weitere genannte Kunden sind Institutionen wie öffentliche Einrichtungen, Gewerbe, Industrie und Landwirtschaft. Bei Unternehmen, die auch Vertriebsdienstleistungen anbieten, zählen Händler und Installationsbetriebe zu den Kunden.

Die meisten der befragten Handwerker sind in mehreren EE-Bereichen aktiv. Am häufigsten werden Dienstleistungen rund um Photovoltaik-Anlagen (83 % der befragten Betriebe) und Solarthermische Anlagen (67 %) angeboten. Biomasseanlagen (Holzheizungen) haben 44 % der befragten Handwerker im Portfolio, Wärmepumpen 39 %. Die Tätigkeiten der Handwerksbetriebe im Bereich erneuerbare Energien umfassen ein breites Dienstleistungsspektrum. Die Planung von Anlagen wird von allen befragten Handwerksbetrieben angeboten. Die Anlageninstallation bzw. -montage wird von 80 % der befragten Unternehmen geleistet. Die Handwerker, die selber nicht die Installation der Anlagen durchführen, bieten eine Vermittlung von Installateuren an. Ebenfalls häufig genannt werden die Beratung der Kunden (70 % der Befragten) und Wartung und Reparatur (70 %). Die Handwerksbetriebe sind dementsprechend in den Dienstleitungsbereichen Beratungstätigkeiten, Projektplanung und technische Betriebsführung tätig. Die Betriebe selbst bezeichnen ihr Leistungsangebot häufig mit den Worten „alles aus einer Hand“ oder als Komplettangebot. Ein geringerer Anteil an Unternehmen (30 %) vertreibt zusätzlich Anlagen oder Anlagenkomponenten an andere Firmen und betätigt sich damit im Handelsbereich.

2.2.7.3 Export handwerklicher Dienstleistungen

Insgesamt ist bei Handwerksbetrieben der Anteil der international aktiven Unternehmen in den letzten Jahren stark angestiegen (Müller 2008): Eine Befragung von Handwerksbetrieben unterschiedlicher Gewerke kommt zu dem Ergebnis, dass im Jahr 2007 7,2 % der Unternehmen Exporteure waren mit einem durchschnittlichen Exportumsatz von 3,5 %. Im Jahr 1994 lag der Anteil Exporteure nur bei 3,1 % mit einem Auslandsumsatz von 1,8 %. Dabei zeigt sich, dass insbesondere Handwerksbetriebe ab einer Größe von 20 Beschäftigten international aktiv werden (Anteil Exporteure > 20 %).

Eine Befragung von Handwerksbetrieben aus unterschiedlichen Branchen kommt bezüglich deren Internationalisierung zu dem Ergebnis, dass der Bereich SHK im Vergleich zu anderen Handwerksbetrieben (Maschinenbau, Metall, Elektrohandwerk) wenig exportaktiv ist (itb 2006). Dies liegt unter anderem daran, dass insbesondere Handwerksbetriebe mit gewerblichen Kunden international aktiv sind. Die Abnehmer im Ausland sind bei Handwerksunternehmen vor allem ausländische Unternehmen (bei rund 50 % der Dienstleistungen), ausländische Privatpersonen (~ 30 % der Dienstleistungen) und an dritter Stelle deutsche Unternehmen im Ausland (~ 20 % der Dienstleistungen). In einer Befragung unter Handwerksbetrieben im Dach-, Elektro- und SHK-Bereich gaben 3 % der Handwerker an, bereits außerhalb Deutschlands aktiv zu sein. Die Hälfte der Betriebe beschränkt sich dagegen auf einen Landkreis. Von den Spezialisten für Solarinstallationen arbeiten mit 10 % vergleichsweise viele im Ausland (Stryi-Hipp 2006). Viele kleinere EE-Installationsbetriebe im grenznahen Bereich bieten wohl inzwischen ihre Dienstleistungen auch im angrenzenden Ausland an, häufig jedoch nur auf Anfrage (Röpcke 2008). Damit bleibt das Auslandsgeschäft für sie ein Nischenangebot.

Von den im EE-Bereich aktiven befragten 18 Handwerksunternehmen gaben 60 % an, Erfahrung mit Auslandsgeschäften zu haben, wobei an der Erhebung besonders häufig exportaktive Unternehmen teilnahmen. Bei acht Betrieben handelt es sich hierbei um eine kontinuierliche, auch in Zukunft geplante Tätigkeit, während drei Unternehmen auf eine einmalige, vergangene Auslandserfahrung verwiesen. Als Begründung, den Export nicht weiter betreiben zu wollen, wurden die hohe Inlandsnachfrage und ein dadurch entstehender erheblicher Engpass bezüglich der Zeit- und Mitarbeiterkapazitäten genannt. Von den sieben Unternehmen, die bislang nicht in Auslandsmärkten vertreten waren, gaben fünf an, sich auch in Zukunft ausschließlich auf das Inlandsgeschäft konzentrieren zu wollen – auch in diesem Fall aufgrund der hohen Inlandsnachfrage. Zwei weitere Betriebe planten, in naher Zukunft in das Auslandsgeschäft einzutreten. Der Export in diesem Bereich der erneuerbaren Energien hat den Ergebnissen der Befragung zufolge erst in den letzten vier Jahren an Bedeutung gewonnen: Von den elf Unternehmen mit Exporterfahrung stiegen neun nach 2002 in das Auslandsgeschäft ein.

Im Vergleich zu den Angaben von Handwerksbetrieben (n = 69) unterschiedlicher Gewerke, die im Rahmen einer Erhebung des DHI 2007 befragt wurden (DHI 2007), sind die im Rahmen der EXPEED-Erhebung befragten Handwerksunternehmen vergleichsweise häufig im Ausland aktiv, aber erst spät ins Ausland gegangen. So gaben in der DHI-Befragung nur 30 % der Unternehmen an, im Ausland vertreten zu sein, 50 % gingen jedoch schon vor 1998 ins Ausland. In der EXPEED-Erhebung sind immerhin 60 % der befragten Handwerksbetriebe im Ausland aktiv, jedoch 82 % ab dem Jahr 2000 oder später.

Die Exporteignung der Handwerksdienstleistungen Installation und Wartung wird von über 60 % der Unternehmer als „sehr schlecht“ bis „schlecht“ beurteilt. Als Grund für diese Einschätzung wird angegeben, dass ein Großteil der Bevölkerung das Handwerk als eine regionale Tätigkeit betrachtet, da ein Ansprechpartner für die Kunden vor Ort unerlässlich ist. Den internationalen Handel, bzw. den Vertrieb von Anlagen oder Anlagenkomponenten, halten die Befragten dagegen als „mittel“ bis „sehr gut“ exportgeeignet. Im Bezug auf diese Dienstleistung sei der Erfolg des Auslandsgeschäftes durch einen verlässlichen Partner vor Ort erreichbar und regelmäßige Mehrkosten wie Fahrtkosten, die etwa beim Export von klassischen Handwerksdienstleistungen (wie Wartungstätigkeiten) entstehen, entfallen. Auch die Planung von Anlagen wird eher als exportgeeignet wahrgenommen.

Dementsprechend exportieren sechs der elf Unternehmen, die im Ausland aktiv sind oder waren, Dienstleistungen der Kategorie Handel und Planung, während nur drei regelmäßig Anlagen im Ausland installieren und warten. Weitere zwei Unternehmen gaben an, nach Erfahrungen mit dem Export von Handwerksdienstleistungen in Zukunft wieder ausschließlich in Deutschland tätig sein zu wollen. Als Gründe für den Rückzug auf den nationalen Markt wurden der Mangel an Mitarbeitern und Zeit sowie die verhältnismäßig teure Arbeitsweise deutscher Handwerker, die der Konkurrenz in den jeweiligen Ländern meist bessere Wettbewerbschancen eröffne, genannt. Der Anteil des Exportgeschäfts am Gesamtumsatz beträgt bei acht der elf befragten Betriebe weniger als 5 %. In der Regel sind nur ein bis zwei Mitarbeiter – meist unregelmäßig – im Auslandsgeschäft tätig. Auf die Frage hin, ob das Auslandsgeschäft in Zukunft auf weitere Zielländer ausgeweitet werden solle, antworteten nur drei der Unternehmer bejahend, wobei sich der Export in allen drei Fällen ausschließlich auf die Dienstleistungen Vertrieb und Planung konzentrieren soll.

Die am häufigsten genannten Zielländer für den Export von Dienstleistungen im Bereich der Handwerksbetriebe liegen in Europa. Als geeignete Zielländer werden vor allem Spanien (von gut 60 % der Befragten), Italien (55 %), Griechenland (33 %), Frankreich (20 %) und Österreich (16 %), genannt, also v. a. südeuropäische Länder. Tatsächlich aktiv sind die befragten Unternehmen vor allem in Spanien, Griechenland, Österreich und der Schweiz.

2.2.8 Übergreifende Dienstleistungen: Bildung, Finanzierung, Forschung und Entwicklung

2.2.8.1 Bildungsdienstleistungen

Der EE-Bereich war und ist eine dynamisch wachsende Branche mit einem entsprechend hohen Bedarf an qualifizierten Arbeitskräften. Als ein möglicher zukünftiger Engpass für die Branche wird deshalb der Faktor Arbeit benannt (Bühler 2005). Auch wenn die Unternehmen bisher noch keine Probleme bei der Arbeitsplatzrekrutierung hatten, benennen sie die oft fehlenden, spezifischen Qualifikationen als Problem (Bühler/ Felten 2005). Die Ausbildung des zukünftigen Personals und damit der Bildungssektor sind dementsprechend für die EE-Branche von zentraler Bedeutung. Bisher werden die notwendigen Kenntnisse und Qualifikationen vor allem an den Hochschulen sowie im Rahmen der beruflichen Aus- und Weiterbildung vermittelt.

Hochschulbildung

Erneuerbare Energien haben mittlerweile Einzug in die deutsche Hochschullandschaft erhalten. Bereits seit einigen Jahrzehnten wird im Bereich Forschung und Entwicklung intensiv an der Weiterentwicklung von EE-Technologien gearbeitet. Der entsprechende Bedarf an qualifiziertem Personal hat dazu geführt, dass inzwischen EE-spezifische Studiengänge bzw. Vertiefungsmöglichkeiten innerhalb bestehender Studiengänge angeboten werden. So können an den meisten Hochschulen in Deutschland „erneuerbare Energien“ als Wahlpflichtfach, Studienschwerpunkt oder Vertiefung im Rahmen eines ingenieur- oder naturwissenschaftlichen Studiengangs belegt werden (Bundesagentur für Arbeit 2005).

Die Lehrstühle für erneuerbare Energien sind in der Regel an die Fachbereiche Maschinenbau, Elektrotechnik, Verfahrenstechnik, Bauingenieur- und Wirtschaftsingenieurwesen sowie Energie- und Umwelttechnik angeschlossen. Aber auch betriebs- und volkswirtschaftliche Fakultäten bieten mittlerweile Spezialisierungen für Energiewirtschaft an. Immer mehr Studiengängen bieten inzwischen EE-Schwerpunkte an. Eine Recherche des Wissenschaftsladens Bonn kommt für das Frühjahr 2007 zu insgesamt 144 Studiengängen mit EE-Schwerpunkten (einschließlich der für 2008 verbindlich geplanten), darunter 41 spezielle EE-Studiengänge (Bühler 2007). Laut der Ergebnisse einer Recherche des Wissenschaftsladens Bonn liegt die Zahl von Studierenden mit EE-Schwerpunkt bei 11.000, davon rund 10 % in den speziellen EE-Studiengängen (Bühler et al. 2007). Da viele der Studiengänge noch nicht lange laufen liegt die Zahl der Absolventen derzeit bei 200-300 pro Jahr (Bühler 2007).

Aus- und Weiterbildung

Die zunehmende Verbreitung von EE-Anlagen hat auch zu einem erhöhten Bedarf an entsprechend ausgebildeten Techniker und Technikerinnen und Handwerker und Handwerkerinnen geführt. Insbesondere in den wachstumsträchtigen Bereichen Windkraft, PV und solarthermische Anlagen gibt es eine große Nachfrage nach Fachkräften. Diesem Bedarf wird durch Aus- und Weiterbildungsangebote von staatlichen, gemeinnützigen und privaten Einrichtungen, aber auch durch die EE-Branche selber, Rechnung getragen.

Einen spezifisch auf erneuerbare Energien ausgelegten *grundständigen Ausbildungsberuf* gibt es in Deutschland – im Gegensatz zu Österreich[36] – bisher nicht. In einige

[36] In Österreich gibt es eine grundständige Berufsausbildung zum Solarteur bzw. zur Solarteurin ()

Ausbildungsberufen (Anlagenmechaniker/ -in SHK, Elektroniker/ -in Gebäude und Energietechnik und Dachdecker/ -in) wurden jedoch in geringem Umfang EE-Elemente, bspw. zum Umgang mit PV- und ST-Anlagen aufgenommen (Hahne 2005). Eine relativ neue, EE-spezifische Ausbildung, die an Berufsfachschulen angeboten wird, ist ‚Technische/ r Assistent/ in für regenerative Energietechnik und Energiemanagement'. Speziell für Frauen gibt es außerdem ein Ausbildungsangebot in Berlin mit Schwerpunkt erneuerbare Energien (Elektronikerin für Energie- und Gebäudetechnik) (Wissenschaftsladen Bonn 2006). Zentrale Ausbildungsberufe für den Bereich erneuerbare Energien sind im Bereich Montage Anlagenmechaniker/ -in für Sanitär-, Heizungs- und Klimatechnik, Elektroniker/ -in (Energie- und Gebäudetechnik) und Dachdecker/ -in (Dach-, Wand-, und Abdichtungstechnik). In diesen Berufen erhielten im Jahr 2005 gut 55.000 Personen eine Ausbildung (SHK: 25.813, Elektroniker/ -in 22.325 und Dachdecker/ -in 8.150) (Statistisches Bundesamt 2006a). Darüber hinaus sind in den EE-Unternehmen viele weitere Ausbildungsberufe gefragt BMBF (2007).

Die im EE-Bereich angebotenen *Weiterbildungsmaßnahmen*, die vor allem von Umwelt- und Bildungszentren der Handwerkskammern sowie Innungsverbänden angeboten werden,[37] umfassen staatlich anerkannte, mehrjährige Ausbildungen, zertifizierte Lehrgänge und Seminare, berufsbegleitende Ausbildungen und kurze Workshops (Hahne 2005). Angeboten werden vor allem Lehrgänge zu Solaranlagen, Energieberatung/ Gebäudeenergietechnik und Servicetechnik im Bereich Wind. Diese Angebote richten sich meist an Personen mit einer Ausbildung in geeigneten Berufen. Daneben existieren ein paar übergreifende Weiterbildungen für den gesamten Bereich erneuerbare Energien oder spezielle Angebote (Wissenschaftsladen Bonn 2006). Eine Fortbildungsmöglichkeit ist auch die Teilnahme an den Schulungen, die viele Anlagenhersteller anbieten (Meyer 2006).

Da die meisten Ausbildungsgänge das Thema erneuerbare Energien bisher wenig berücksichtigen werden spezifische Kenntnisse meist direkt in EE-Unternehmen erworben. Eine Umfrage unter 300 Unternehmen im Jahr 2006 kommt zu dem Ergebnis, dass die Ausbildungsquote mit 5,5 % in den rund 5000 Betrieben der EE-Branche überdurchschnittlich hoch ist (BEE 2006a).

Insgesamt sind die Fortbildungsmöglichkeiten im EE-Bereich sehr vielfältig, was einen kompletten Überblick über die Anbieter und deren Angebot erschwert. Außerdem existiert aufgrund des vielfältigen Angebots eine Vielzahl an unterschiedlichsten Abschlüssen und Zertifikaten. Allerdings gibt es inzwischen innerhalb der anerkannten Weiterbildungsberufe (Quelle: www.bibb.de) auch solche zu Themen im EE-Bereich, z.B. Fachkraft für regenerative Energietechnik, Servicemonteur/ Servicemonteurin für Windenergieanlagentechnik, Fachkraft für Solartechnik oder Fachagrarwirt/ Fachagrarwirtin erneuerbare Energien – Biomasse. Eine Kurzrecherche zu Weiterbildungsangeboten im

[37] Die wichtigsten Träger von beruflichen Weiterbildungsangeboten insgesamt sind Arbeitgeber und Betriebe (35 % des Weiterbildungsvolumens), es folgen private Institute (15 %), Kammern (11 %), Fachschulen (5 %), Berufsverbände (4 %) sowie Akademien und wissenschaftliche Gesellschaften (4 %).

EE-Sektor (n = 36) ergab, dass mit rund drei Viertel der überwiegende Anteil der erfassten Angebote auf den Bereich Installation, Wartung und Service von Solaranlagen zielt (PV und Solarthermie). Daneben gibt es eine Reihe von Weiterbildungsangebote im Windenergiebereich und integrierte Technikerschulungen und Fortbildungen.

Wirtschaftliche Bedeutung

Die Recherche des Wissenschaftsladens Bonn bei den Länderministerien kommt zu einer Zahl von 330 EE-Lehrstühlen, von denen 35 vollständig (min. 80 %), 115 überwiegend (40-80 %) und 180 teilweise (< 40 %) mit dem Thema erneuerbare Energien befasst sind (Bühler et al. 2007). Daraus lässt sich eine Zahl von rund 140 vollen EE-Professuren abschätzen.[38] Anhand der Hochschulstatistiken kann abgeschätzt werden, dass pro Professur an den deutschen Hochschulen durchschnittlich gut 12 weitere Personen beschäftigt sind.[39] Eine vorsichtige Abschätzung auf der Grundlage der gefundenen Anzahl an Professuren kommt somit zu einer *Beschäftigtenzahl an den Hochschulen von gut 1500 Personen im EE-Bereich*. Allerdings beinhaltet diese Zahl auch die Forschung an den Hochschulen, da sich das Personal für Bildung und Forschung im Hochschulbereich nicht trennen lässt. Vernachlässigt werden hingegen Personen aus außeruniversitären Forschungseinrichtungen, z. B. aus den Fraunhofer Instituten, die an der Hochschullehre im Bereich erneuerbare Energien beteiligt sind.

In der EE-Branche wurden im Jahr 2006 rund 9.300 Ausbildungsplätze angeboten (BEE 2006a). Ausgehend von einem durchschnittlichen Betreuungsschlüssel an Berufsschulen[40] waren alleine aufgrund dieser 9.300 Auszubildenden in den EE-Unternehmen im Jahr 2006 gut 200 Vollzeitlehrkräfte an Berufsschulen beschäftigt.

Eine Abschätzung der wirtschaftlichen Bedeutung in der Weiterbildungsbranche im EE-Bereich kann auf der Basis der vorhandenen Datengrundlage nicht getroffen werden. Damit arbeiten im Jahr 2006 insgesamt mindestens 1.700 Beschäftigte im Bereich der EE-Bildung. Da hierbei noch der gesamte Weiterbildungsbereich fehlt, kann die Gesamtzahl der in diesem Bereich beschäftigten auf mindestens 2.000 Personen abgeschätzt werden. Diese werden nicht in der Betrachtung der einzelnen EE-Sparten berücksichtigt. Aus-

---

[38] Dazu wurden die überwiegend mit dem EE-Thema befassten Lehrstühle mit dem Faktor 0,6 gewichtet (entspricht 69 vollen Professuren) und die teilweise damit befassten mit dem Faktor 0,2 (entspricht 36 vollen Professuren).

[39] In Deutschland gibt es insgesamt 376 Hochschulen (Statistisches Bundesamt 2006b), an denen 2005 497.204 Personen, darunter 37.865 Professoren und Professorinnen, arbeiteten (Statistisches Bundesamt 2006c) und 1.963.108 Studierende immatrikuliert waren (Statistisches Bundesamt 2005a).

[40] Dafür wird auf Durchschnittswerte der Berufsschulen Bayerns zurückgegriffen, in denen das Verhältnis von Auszubildenden zu Vollzeitlehrkräften im Jahr 2005 40,9 zu 1 betrug (Bayrisches Staatsministerium für Unterricht und Kultus o. J.).

gehend von einem Akademiker-Lohn im öffentlichen Dienst[41] ergibt sich aufgrund dieser Beschäftigtenzahlen eine Wertschöpfung von mindestens 95 Mio. €.

Export

Der Bedarf nach Bildungsangeboten ist im Rahmen des EE-Wachstums international sehr hoch. Der Bildungsexport findet im *Hochschulbereich* vor allem durch den Besuch ausländischer Studierender an deutschen Hochschulen statt. Insgesamt lag der Anteil an Bildungsausländern, also Ausländern, die ihren Schulabschluss nicht in Deutschland erworben haben, an den Hochschulen in Deutschland im Wintersemester 2004/ 2005 bei 9,5 % (Willand/ Stroh 2006). In den Ingenieurwissenschaften liegt dieser Anteil mit 12 % etwas höher. Von den EE-spezifischen Studiengängen und den Studiengängen mit EE-Bezug sind einige international ausgerichtet, d. h. die Veranstaltungen finden in englischer Sprache statt und die Studiengänge richten sich explizit (auch) an Studierende aus dem Ausland. In diesen Studiengängen ist deshalb ein überdurchschnittlich hoher Anteil dieser Studierendengruppe zu erwarten.

Insgesamt sind die internationalen Aktivitäten der *beruflichen Aus- und Weiterbildungsbranche* noch gering, wobei immer mehr Bildungsanbieter in den letzten Jahren international aktiv wurden. Von den deutschen Anbietern auf dem Weiterbildungsmarkt waren 2002 nur 16 % international aktiv (Kuwan 2003). Häufig sind exportierende deutsche Unternehmen Kunden dieser Angebote, die meist mit Hilfe öffentlicher Fördergelder finanziert werden (Kuwan 2003). Die Angebote für ausländische Teilnehmerinnen und Teilnehmer finden sowohl in Deutschland als auch im Ausland statt, beliebt sind auch Angebote an Weiterbilder („train the trainer").

Im Bereich der erneuerbaren Energien wird der Export von Bildungsangeboten als große Chance angesehen, vor allem auch für den weiteren Ausbau der Märkte für erneuerbare Energien in anderen Ländern. So benennt der BWE fehlendes gut ausgebildetes Personal im Ausland als Barriere für die Installation und Wartung von Anlagen im Ausland (BWE 2006b). Von den in der Kurzrecherche zum Weiterbildungsangebot im EE-Bereich erfassten Anbietern (s.o.) richtet sich bisher lediglich einer mit seiner Internetpräsenz an Interessenten aus anderen Ländern (BZEE 2006). Darüber hinaus beteiligen sich die halbstaatlichen deutschen Entwicklungsunternehmen, z.B. die Gesellschaft für Technische Zusammenarbeit (gtz) und der Deutsche Entwicklungsdienst (DED), im EE-Bereich an der Ausbildung von Technikern im Ausland (Lietsch/ Meyer 2005).

---

[41] Für die Berechnung wird von einem Akademiker-Einstiegsgehalt im öffentlichen Dienst (TVÖD 13, Bund West) ausgegangen. Dieses liegt bei rund 38.000 € im Jahr bzw. das Arbeitgeberbrutto (+ 25 %) bei 47.500 €. Zwar liegen sicherlich einige der Löhne der Hochschul- und Berufsschullehrkräfte über diesem Wert, jedoch sind in den Beschäftigtenzahlen auch nicht-wissenschaftliches Personal enthalten.

2.2.8.2 Finanzdienstleistungen

Im Bereich erneuerbare Energien ist die Finanzierung zum einen ein wichtiger Aspekt bei der Gründung und dem Ausbau von Unternehmen (insbesondere den kapitalintensiven Herstellungsbetrieben), zum anderen im Rahmen der Entwicklung einzelner Projekte. Die Unternehmensfinanzierung im Bereich der erneuerbaren Energien unterscheidet sich nicht grundsätzlich von der in anderen Bereichen. Allerdings können die EE-Unternehmen von politisch oder ethisch motivierten Anlegern und Banken Geld erhalten. Dennoch gibt es in diesem Bereich wenige spezialisierte Dienstleister, die eher national agieren. Deshalb konzentriert sich die folgende Darstellung der Finanzierungsmechanismen auf die Projektfinanzierung. Anschließend werden die relevanten Akteure im Bereich der Finanzdienstleistungen benannt und deren Internationalisierungspotenzial dargestellt.

Projektfinanzierung

Die Finanzierung von Projekten im EE-Sektor weist im Vergleich zur Unternehmensfinanzierung einige Besonderheiten auf.[42] Insbesondere müssen für die Finanzierung der Projekte die Kosten durch die produzierte Energie, sei es in Form von Einnahmen durch den Verkauf oder die eigene Nutzung der Energie, getragen werden. Diese Einnahmen hängen entscheidend von den zukünftigen gesetzlichen und wirtschaftlichen Rahmenbedingungen ab, insbesondere der Einspeisevergütung bzw. bei Eigennutzung den Energiepreisen. Daneben stellt auch der Entwicklungsstand der jeweiligen Technologie eine wichtige Größe für die Finanzierungsstrukturen dar, da z. B. viele institutionelle Anleger nur Projekte mit bewährter Technik finanzieren (vgl. Iken 2007b).

In der Regel werden für *größere Projekte eigene Projektgesellschaften* (sog. Einzweckgesellschaften) gegründet, die nach der Erstellung des Projekts die gesamten finanziellen Risiken tragen. Alle Kosten des Projekts müssen entsprechend aus dem Cash-Flow getragen werden, dessen Abschätzung die Grundlage für die Finanzierungsstruktur darstellt. Im Gegensatz zu der Finanzierung von Unternehmen (Bonitätsfinanzierung) fehlt also die Sicherheit durch den Kapitalstock des Unternehmens oder dessen Kredithistorie. Da die EE-Unternehmen, die die Projekte entwickeln, meist nicht über genügend Kapital zu deren Finanzierung verfügen,[43] haben sich in diesem Bereich weitere Finanzierungsmodelle etabliert. Zur Finanzierung größerer Projekte gibt es unterschiedliche Möglichkeiten, die häufig auch in Kombination zur Anwendung kommen. Während lange Zeit geschlossene Fonds – insbesondere für Windenergieanlagen – die Finanzierung größerer Projekte prägten, gewinnen in den letzten Jahren Anleihen und Genussscheine, institutionelle Anle-

---

[42] Kleinere Projekte mit einem Finanzvolumen von unter 15 Mio. Euro werden häufig vorwiegend mit den Instrumenten der Unternehmensfinanzierung finanziert, da eine Projektfinanzierung sich aufgrund der Transaktionskosten erst bei größeren Summen lohnt (dena 2007). Auslandsprojekte werden dagegen aufgrund der Möglichkeit, das Risiko unter mehreren Partnern aufzuteilen, in zunehmendem Maße mittels Projektfinanzierungen realisiert.

[43] Eine Ausnahme stellen hier Wasserkraftprojekte dar, bei denen die Betreiber diese Projekte mit Eigenkapital und Krediten finanzieren können.

ger und Eigenkapital der EE-Unternehmen an Bedeutung für die Finanzierung von EE-Projekten (May 2004; Iken 2006). Weitere, besonders exportorientierte Finanzierungsoptionen stellen die unter dem Kyotoprotokoll etablierten flexiblen, projektbasierten Mechanismen Clean Development Mechanism (CDM) und Joint Implementation dar. Allerdings bestehen noch einige Hemmnisse in der Anwendung dieser Mechanismen, wie hohe Transaktionskosten in der Projektzertifizierung, Unsicherheitsfaktoren in der zukünftigen Regulierung von CDM/ JI sowie die noch nicht beschlossenen Fortführung dieser Mechanismen nach 2012 (Michaelowa 2005).

Kleinere EE-Anlagen werden von privaten oder institutionellen Betreibern errichtet, ohne dass die finanziellen Risiken auf eine Projektgesellschaft übertragen werden. Finanziert werden die Anlagen in der Regel durch Eigenkapital sowie Kredite, die zum einen ebenfalls durch das vorhandene Eigenkapital, zum anderen durch die Anlage selber und deren zu erwartenden Gewinn, abgesichert werden (Siemer 2007). Neben den normalen Krediten der Banken spielen auch über die KfW-Förderbank vergebene Kredite und Zuschüsse eine wichtige Rolle für die Finanzierung kleinerer Projekte. Neben der KfW bieten jedoch auch die ökologisch orientierten Banken Umweltbank und GLS spezielle Kredite für private Solarstromanlagen an, die ähnliche Konditionen wie die Kredite der KfW aufweisen. So befassen sich in der Umweltbank bereits zehn Mitarbeiterinnen und Mitarbeiter – und damit die Hälfte der Kreditabteilung – mit der Vergabe von Krediten für Solaranlagen (Siemer 2007). Erste „konventionelle“ Banken beginnen inzwischen ebenfalls, in diesem Sektor aktiv zu werden. Im landwirtschaftlichen Bereich ist die Landwirtschaftliche Rentenbank bereits heute der wichtigste Anbieter von Krediten für Solaranlagen (Siemer 2007).

Eine weitere Geschäftoption – insbesondere im Solarbereich – stellt das *Anlagen-Leasing* dar, bei dem es sich genau genommen jedoch nicht um einen Finanzierungsmechanismus für den Eigentümer der Anlage handelt (Podewils 2007). Die Leasingunternehmen übernehmen die Errichtung und Finanzierung der EE-Anlage, die der Haus- oder Grundstückseigentümer für eine festgelegte Laufzeit betreibt und für deren Nutzung er feste oder gewinnabhängige Leasingraten bezahlt. Nach dem Ende der Laufzeit hat er in der Regel die Option, die Anlage zu einem Restwert zu kaufen. Aufgrund des Verwaltungsaufwands ist das Leasing für die Leasingunternehmen bei PV-Anlagen erst ab einer Größe von 10 KW Leistung interessant (Podewils 2007). Es eignet sich also vor allem für Anlagen auf landwirtschaftlichen und anderen gewerblichen Betrieben sowie von öffentlichen Einrichtung. Anlagenleasing ist gegenüber dem Anlagenkauf meist teurer, kann aber aufgrund möglicher Steuerersparnisse und da keine Kredite aufgenommen werden müssen dennoch attraktiv sein. Jedoch werden rund 90 % der Anlagen klassisch, also nicht durch Leasing, finanziert (Podewils 2007).

Das Geschäftsmodell des *Contractings* stellt ebenfalls eine Finanzierungsmöglichkeit im Energiesektor dar. Contracting ist ein Finanzierungs- und Betriebsverfahren, bei dem keine oder nur geringe Investitionskosten für den Energienutzer, den so genannten Contract-Nehmer, entstehen. Die Kosten für Umsetzung der geplanten Maßnahmen werden vom jeweiligen Dienstleister, dem Contractor, übernommen (Energieagentur NRW

2002). Ein großer Teil der bisher realisierten Contracting-Projekte konzentriert sich auf die Energielieferung, insbesondere die Wärmeversorgung, wofür zunehmend auch solarthermische Anlagen und Biomasseanlagen eingesetzt werden (Energieagentur NRW 2002). Derzeit erfreuen sich vor allem Biomasse-Projekte bei den Energielieferanten großer Beliebtheit: Zwar beträgt der Anteil von Energie aus Biomasse derzeit nur maximal 2 %, bei den derzeit vom VfW geprüften Projekten liegt der Anteil aber bereits bei 50 % (Brust 2006).

Dienstleistungsanbieter in der EE-Branche

Die wichtigsten Akteure bei der Finanzierung von größeren Projekten sind oft die Projektierer. Diese kümmern sich dann um die Erstellung von Finanzierungskonzepten, das Finanzmanagement und die Betreuung externer Investoren und privater Projektträger. Sämtliche Dienstleistungen für das Projekt, inklusive der finanzwirtschaftlichen Leistungen, kommen so häufig „aus einer Hand". Die projektgebundenen Fondsbeteiligungen werden häufig von den Unternehmen, die die Projekte auch realisieren, oder deren Tochterfirmen aufgelegt und vertrieben. Bei kleineren Anlagen bieten die Handwerksbetriebe oder ggf. Planer ebenfalls Beratungsleistungen bezüglich der Anlagenfinanzierung an. Daneben gibt es Unternehmen, die vorwiegend finanzielle Dienstleistungen – insbesondere Finanzberatung – im EE-Bereich anbieten. Darüber hinaus beteiligen sich an der Finanzierung von EE-Projekten und Unternehmen eine Vielzahl an Dienstleistern, die direkt der Finanzbranche zuzuordnen sind. Dabei handelt es sich insbesondere um *Banken* und von diesen wiederum vor allem die ökologisch orientierten. Weitere Akteure bei der Finanzierung von EE-Projekten sind Contractoren und Leasingunternehmen. Allerdings handelt es sich bei diesen nicht um Finanzdienstleister im engeren Sinne, da diese Unternehmen in der Regel wiederum auf die Projektfinanzierung durch Dritte angewiesen sind.

Im Rahmen des Projekts EXPEED wurden insgesamt 14 Unternehmen befragt, die Dienstleistungen im Finanzierungsbereich anbieten. Diese Unternehmen lassen sich aufteilen in „Projektierer" (n = 12), die die Finanzierung von EE-Projekten meist nur als einen Teil der kompletten Projektentwicklung/ Projektierung anbieten, und „Finanzberater" (n = 2), die unterschiedliche Institutionen und Unternehmen bezüglich der Finanzierung von EE-Projekten beraten – und darüber hinaus häufig weitere Beratungs- und Weiterbildungsleistungen anbieten. Darüber hinaus wurden Interviews mit Experten und Expertinnen des EE-Finanzmarktes, unter anderem aus dem Bankgewerbe, durchgeführt.

Die *Projektierer* bieten die Finanzierung häufig nicht als eigenständige Dienstleistung, sondern sehen sie als Bestandteil der Projektentwicklung, nur wenige Unternehmen bieten Finanzierungsstrukturierung oder Finanzmanagement als eigenständige Leistung an. Dies entspräche dem Trend, dass insbesondere im Bereich Windenergie die Finanzierung immer seltener als eigenständige Dienstleistung angeboten wird, da die Projektierung komplett aus einer Hand die Regel sei („schlüsselfertige Anlage"). Entsprechend haben in den letzten Jahren ehemals reine Finanzierer zum Teil ihre Kompetenzen (bspw. durch den Aufkauf anderer Unternehmen) erweitert, um diese Komplettpakete anbieten zu können.

Zwei befragte Unternehmen bieten Beratungsleistungen bezüglich der Finanzierung von EE-Projekten für institutionelle Kunden (öffentliche und gewerbliche) an. Diese werden im Folgenden *„EE-Finanzberater"* genannt. Neben den Finanzdienstleistungen bieten beide Unternehmen weitere Beratungsleistungen und Weiterbildungsangebote an. Die Kunden der Unternehmen sind in der Regel Institutionen (z.B. Banken und EE-Unternehmen). Nach Expertenmeinung verliert der Bereich der unabhängigen Finanzberater und -makler in der EE-Branche immer mehr an Bedeutung, da sich die Projektierer zunehmend selber um die Finanzierung ihrer Projekte kümmern.[44] Es sind deshalb nur noch wenige unabhängige Finanzberater und -makler, die im Gegensatz zu Banken oder Großinvestoren nicht über eigenes Kapital und/ oder eigene Produkte verfügen, im EE-Bereich am Markt.

Die drei „ökologisch orientierten" *Banken*, Umweltbank, GLS und Ethikbank, sind im Vergleich zum gesamten Bankengewerbe sehr klein. Sie haben zusammen eine Bilanzsumme von rund 1,3 Mrd. Euro und vergeben zusammen Kredite in Höhe von rund 800 Millionen Euro.[45] Bei den drei ökologischen Banken arbeiten zusammen zwischen 250 und 300 Personen. Insbesondere für die Umweltbank (rund 135 Mitarbeiterinnen und Mitarbeiter) stellt der Bereich der erneuerbaren Energien das Hauptgeschäftsfeld dar. Neben den drei ökologisch orientierten Banken engagieren sich auch einige konventionelle Banken im EE-Bereich, insbesondere zur Finanzierung der großen Projekte (ab 50 Millionen Euro) und von Unternehmen. Insbesondere die Landesbanken sowie die Commerzbank zeichnen sich in diesem Sektor durch ihr Engagement aus, darüber hinaus sind auch einzelne Wertpapierbanken im EE-Sektor aktiv. Die Commerzbank hat 2002 ein Kompetenzzentrum erneuerbare Energien gegründet, in dem heute rund 60 Mitarbeiterinnen und Mitarbeiter arbeiten.[46]

Wirtschaftliche Bedeutung

Nach Expertenmeinung sind in den unterschiedlichen Finanzdienstleistungsunternehmen im EE-Bereich um die 1000 Personen beschäftigt (Murphy), alleine im Bankwesen mehrere hundert (Hinsche). Die Beschäftigten im Bereich der Finanzdienstleistungen werden allerdings teilweise auch den einzelnen EE-Sparten zugerechnet.

Dienstleistungsexport

Die *Finanzierung von Auslandsprojekten* stellt für die Internationalisierung der EE-Branche eine wichtige Vorraussetzung dar. Die Finanzierung von Projekten wird seitens der Projektierer als sehr exportgeeignet angesehen. Dabei wird gerade für das Auslandsgeschäft das Angebot, alle Dienstleistungen „aus einer Hand" zu erhalten für wichtig gehal-

44 Fernmündliche Mitteilung von Hr. Murphy, Murphy + Spitz, 14.03.2007

45 Quelle: www.ecoreporter.de

46 Schriftliche Mitteilung von Hr. Hinsche, Commerzbank, Center of Competence Renewable Energies; 21.4.2007

ten, so dass die Finanzierung meist als Teil der Projektentwicklung exportiert wird. Die befragten Finanzberater halten ihre Finanzdienstleistungen ebenfalls für sehr gut exportierbar. Die kleineren, ökologisch ausgerichtete Banken orientieren sich am deutschen Markt, da Ihnen das Know-how zu anderen Ländermärkten fehlt und der deutsche Markt ausreichende Betätigungsmöglichkeiten bietet. Dagegen haben einige der großen Banken auch Filialen im Ausland und verfügen über spezielle Landeskenntnisse, so dass diese wohl eher in der Lage zur Finanzierung von Auslandsprojekten sind. Insgesamt sind jedoch beim Auslandsgeschäft vor allem Großinvestoren relevant, die direkt in die Projekte investieren.

2.2.8.3 Forschung und Entwicklung

Die Erforschung der Technologien erneuerbarer Energien wird in Deutschland seit der ersten großen Ölkrise in den 1970er durch staatliche Förderung unterstützt. Die seitdem geleistete Förderungssumme beträgt rund 2 Mrd Euro (BMU 2006d). Im Jahr 2005 hat die Bundesregierung im Energiesektor (konventionelle und erneuerbare Energien) insgesamt rund 200 Mio. Euro für F+E ausgegeben – zusätzlich zu institutionellen Grundfinanzierungen (BMBF 2006). Die wichtigsten Geldgeber sind von den Ministerien das BMU, das BMELV und das BMBF. Davon ausgehend, dass auch im EE-Bereich die Privatwirtschaft zwei Drittel der Forschungsgelder aufbringt,[47] liegt der Umsatz des Forschungsbereichs also bei rund 600 Mio. Euro

Derzeit wird die staatliche EE-Forschungsunterstützung hauptsächlich durch das BMU geleistet. Von dem BMU-Forschungshaushalt des Jahres 2005 (insgesamt rund 147 Mio. Euro) flossen 56 % in die EE-Forschung (BMBF 2006). Daneben unterstützen das BMBF und das BMELV Forschungseinrichtungen und Projektaktivitäten im EE-Sektor. Viele Bundesländer verfügen ebenfalls über eigene Programme zur Forschungsförderung in verschiedenen EE-Bereichen.

Im Vergleich zu den Ausgaben in anderen IEA-Mitgliedsländern stand in Deutschland in dem Zeitraum von 1993 – 2003 viel Geld für Forschung und Entwicklung im Bereich erneuerbare Energie zur Verfügung, lediglich die entsprechenden Budgets in USA und Japan waren höher (IEA 2006). Bezogen auf die Einwohnerzahl lag Deutschland dagegen nur im oberen Mittelfeld, hier liegen die skandinavische Länder sowie die Schweiz und die Niederlande bei den Ausgaben für Forschung und Entwicklung vorn.

Im Rahmen des 6. EU-Forschungsrahmenprogramms wurden ca. 220 Mio. Euro p. a. an Fördergeldern ausgegeben, davon 50 % an Projekte im Bereich der erneuerbaren Energien. An 77 % der Forschungsprojekte aus dem Bereich Energie waren deutsche Institutionen beteiligt, an die insgesamt 22 % der Mittel flossen (Peisker 2006). Wenn dieser Anteil auch für die EE-Projekte galt so flossen bis 2006 jährlich im Durchschnitt fast 25 Millionen Euro in Forschungsprojekte im EE-Bereich in Deutschland. Im 7. Rahmenpro-

---

47 Insgesamt betrugen die Ausgaben für Forschung und Entwicklung (F+E) in Deutschland im Jahr 2004 etwa 55 Mrd. Euro (BMBF 2006). Etwa 69 % davon waren privatwirtschaftliche Ausgaben, die übrigen 31 % wurden von öffentlichen Stellen aufgewendet (BMBF 2006).

gramm sind in den Jahren 2007 bis 2013 jährlich 320 Millionen Euro für Energiethemen vorgesehen, wobei ein Schwerpunkt neben Energieeffizienz, Wasserstoff, Brennstoffzellen, CO_2-Speicherung und weiteren „sauberen Technologien" die erneuerbaren Energien sind (Peisker 2006).

Abbildung 17: Entwicklung der Projektfördermittel für erneuerbare Energien seit 1975

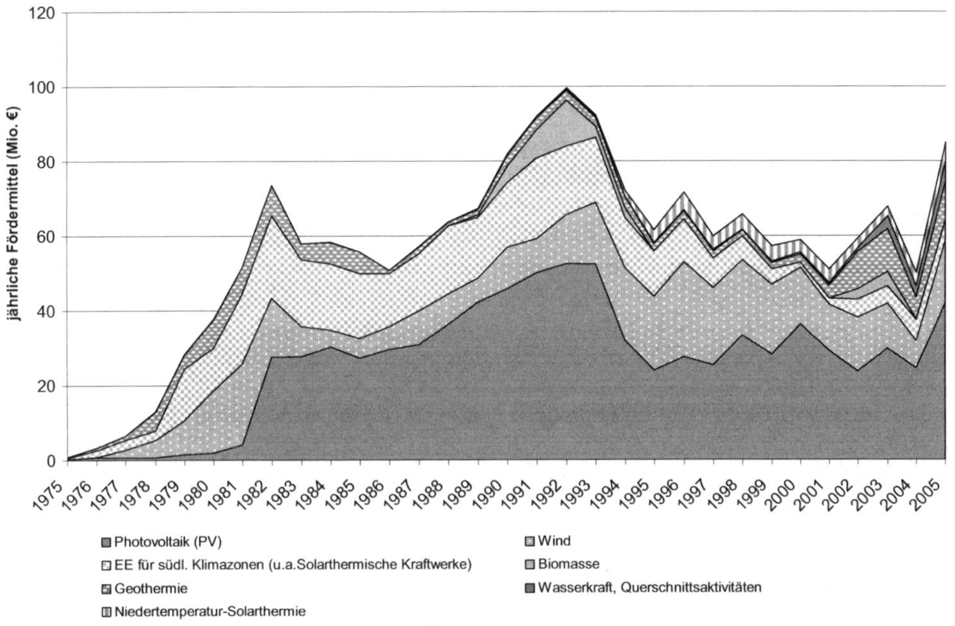

Quelle: BMU (2006d)

Dienstleistungsanbieter

Die relevanten Dienstleister im Bereich EE-Forschung sind universitäre und nicht-universitäre Forschungseinrichtungen sowie die F+E-Abteilungen der Privatwirtschaft. Die Anzahl der Beschäftigten in der EE-Forschung insgesamt ist schwer zu bestimmen, da signifikante Forschungstätigkeiten sowohl in universitären und außeruniversitären Instituten wie auch in der Privatwirtschaft stattfinden. Die Bestimmung der Anzahl der in F+E beschäftigten Mitarbeiter in Unternehmen ist auch deshalb schwer zu ermitteln. da Forschungsleistungen in unterschiedlichen Unternehmensbereichen erbracht werden. Die Conergy AG beschäftigt beispielsweise zwar nur 52 ihrer 724 Mitarbeiter in der Abteilung F+E, allerdings erbringen die über 300 beschäftigten Ingenieure alle zumindest teilweise F+E-Leistungen (Conergy AG 2005). Neben der Privatwirtschaft gibt es zahlreiche Forschungsinstitute, die Projekte zu EE-Forschung durchführen und teilweise sogar auf EE-Forschung spezialisiert sind. Zentral ist bei der EE-Forschung die Technologieforschung, daneben findet in deutlich geringerem Maße sozialwissenschaftliche, ökonomische und ökologische Begleitforschung statt. Fördermittelgeber für die Forschungsinstitute sind vor allem staatliche Institutionen.

Wirtschaftliche Bedeutung der Dienstleistungen

Die Umsätze der EE-Forschung (öffentlich und privatwirtschaftlich) können beruhend auf Angaben des BMBF und des BMU auf rund 600 Mio. € für das Jahr 2006 abgeschätzt werden. Nur durch öffentliche und gemeinnützige Gelder wurden im Jahr 2006 Umsätze in Höhe von 243 Mio. € mit einer Beschäftigungswirkung von 4.000 Personen erzielt[48] (Kratzat et al. 2007). Entsprechend dieser Beschäftigtenzahlen müsste dann die Zahl der Beschäftigten hochgerechnet auf die gesamten Forschungsgelder von 600 Mio. € bei rund 9.900 Personen liegen. Dies umfasst zwar auch die Beschäftigten und Umsätze der EE-Unternehmen. Da die Forschung jedoch vor allem bei den Herstellern stattfindet und bei der Untersuchung der einzelnen EE-Sparten Forschung nicht berücksichtigt wurde, sind für die vorliegende Studie keine großen Dopplungen durch die Berücksichtigung der Gesamtzahlen zur EE-Forschung zu erwarten.

Dienstleistungsexport

Insgesamt stellt Forschung eher die Grundlage für den Export von Produkten dar als dass direkt Forschung eine exportierte Dienstleistung ist. So wird gezielt an Technologien geforscht, die ausschließlich oder vorwiegend für den Export relevant sind (z. B. solarthermische Kraftwerke oder Solar Home Systems). Teilweise finden Forschungsprojekte deutscher Institutionen im Ausland statt (z. B. zu solarthermischen Kraftwerken in Spanien). Als Form des Exports kann lediglich die Einwerbung von Forschungsgelder aus dem Ausland bzw. von internationalen Institutionen (v.a. EU) angesehen werden. Auf den Umfang der Forschungsförderung der EU wurde bereits weiter oben eingegangen.

---

48 Im Bereich Forschung und Entwicklung waren im Jahr 2004 insgesamt 472.500 Personen beschäftigt (BMBF 2006).

3 Internationalisierung von EE-Dienstleistungen

Das folgende Kapitel widmet sich der Internationalisierung der Dienstleistungen im Bereich erneuerbare Energien. Einleitend werden grundlegende Ergebnisse der Internationalisierungsforschung zum Internationalisierungsprozess und zu den Markteintrittsstrategien vorgestellt Ergebnisse der Breitenerhebung zum Stand der Internationalisierung und den Exportpotenzialen sowie zu den zentralen Hemmnissen und Erfolgsfaktoren für die Unternehmen werden in Kapitel 3.2 behandelt. Dabei werden diese Befunde mit Ergebnissen anderer aktueller Erhebungen zu Dienstleistungsunternehmen bzw. der EE-Branche in Bezug gesetzt. Anhand der Ergebnisse einer Fallstudie mit zwölf Unternehmen wird anschließend die Frage der Internationalisierungsstrategie und deren strategischer Planung vertiefend behandelt. Welche Länder sich als Zielmärkte für die Dienstleister eignen und welche Chancen diese Unternehmen auf ausgewählten Ländermärkten haben wird abschließend in Kapitel 3.4 erörtert.

Martin Benkenstein, Madlen Thom

3.1 Grundlagen der Forschung zu Internationalisierungsstrategien

Nach Nöcker kann bei der Analyse von Strategien zum einen deren Inhalt und zum anderen der Prozess ihres Zustandekommens Gegenstand der Betrachtung sein (vgl. Nöcker 2001, S. 33).

Das Ziel der Inhaltsforschung ist die Untersuchung des Zusammenhangs zwischen der Strategie einer Unternehmung und dem Unternehmenserfolg. Dabei wird unter anderem versucht Faktoren zu identifizieren, die besondere Bedeutung für den Erfolg der Unternehmung haben und wie die Wahl einer Strategie den Unternehmenserfolg beeinflusst (vgl. Nöcker 2001, S. 34).

In der Prozessforschung hingegen werden die Vorgänge, die im Ergebnis zu Strategien führen, untersucht. Hierbei wird zwischen zwei Ansätzen unterschieden:

- Der Generierung von Strategien mittels eines geplanten, strukturierten Prozesses, der ex ante von der Unternehmensführung durchgeführt wird, oder
- einer Strategie als Resultat adaptiven Verhaltens, die weniger Ergebnis rationaler Planungsprozesse und demzufolge erst ex post beschreibbar ist.

Strategien des ersten Ansatzes, die auch als „deliberate strategies“ bezeichnet werden, gelten als proaktiv und antizipativ. Strategien des zweiten Ansatzes, so genannte „emergent strategies“, entstehen aus adaptivem und reaktivem Handeln (vgl. Nöcker 2001, S. 33ff).

Bei kleinen und mittleren Unternehmen treten im Internationalisierungsprozess vorrangig „emergent strategies“ auf, d.h. Strategien adaptiven Verhaltens, die erst ex post zu beschreiben sind. Allerdings sind kleine und mittelständische Unternehmen der EE-Branche in Deutschland aufgrund der zunehmenden Bedeutung des Auslandsgeschäftes sowie ihrer zunehmenden Auslandsabhängigkeit gefordert, Konzepte für ein strategisches internationales Marketing (deliberate strategies) zu entwickeln (in Anlehnung an Meissner 1995, S. 66).

Dabei müssen mittelständische Unternehmen überlegen (vgl. Meissner 1995, S. 66):

- auf welche Auslandsmärkte sie sich
- mit welchen Produkten konzentrieren wollen,
- wie sie die zukünftige Entwicklung dieser Märkte einschätzen und
- mit welchen Strategien sie ihre Stellung in diesen Märkten sichern und ausbauen wollen.

Diese Fragen werden im strategischen Planungsprozess zur Internationalisierung des Unternehmens beantwortet. Auch wenn der strategische Planungsprozess einer Internationalisierungsstrategie bisher in der Praxis von kleinen und mittelständischen Unternehmen kaum praktiziert wird, soll er im Folgenden aufgrund seiner zunehmenden Bedeutung grob dargestellt werden. Zukünftig wird er zu einer zentralen Aufgabe für mittelständische Unternehmen, von deren Gelingen die Zukunft des Unternehmens abhängt (in Anlehnung an Meissner 1995, S. 66).

Der strategische Planungsprozess in einer Unternehmung wird in der Fachliteratur meist in zwei Phasen eingeteilt: einerseits in die Phase der Strategieformulierung und andererseits in die Phase der Strategieimplementierung. Unter Strategieformulierung wird ein strukturierter Problemlösungsprozess verstanden, der Maßnahmen der Unternehmens- und Umweltanalyse und -prognose sowie die Auswahl der geeigneten Strategien beinhaltet. Bei der Strategieimplementierung werden konkrete Handlungsprogramme formuliert (vgl. Nöcker 2001, S. 35).

Der internationale Marketing-Planungsprozess im weiten Sinne umfasst verschiedene aufeinanderfolgende Stufen, die in der folgenden Abbildung grob dargestellt werden. Der strategische Planungsprozess im engen Sinne, der im Folgenden Beachtung findet, beinhaltet die Situationsanalyse und -prognose sowie die strategische internationale Marketing-Planung.

In der Situationsanalyse und -prognose geht es um die Beschaffung und Verarbeitung entscheidungsrelevanter Informationen. Dabei sind Informationen zu globalen Rahmenbedingungen, zur Branche, zu den Abnehmern und Wettbewerbern sowie über das eigene Unternehmen von Interesse (vgl. Berndt et al. 2003, S. 86). Dies ist einerseits einer Chancen- und Risiko-Analyse und andererseits einer Stärken-Schwächen-Analyse gleichzusetzen.

Abbildung 18 Phasen des Planungsprozesses des Internationalen Marketing i.w.S.

Quelle: eigene Darstellung, in Anlehnung an Berndt et al. (2003)

Auf Basis der vorliegenden, fundierten Informationen und Prognosen über die einzelnen Auslandsmärkte kann im Unternehmen eine *strategisch orientierte Rahmenplanung* erfolgen. Diese umfasst folgende Stufen:

- Strategische Zielplanung,
- Marktwahl,
- Planung der Markteintrittsstrategie und
- z.T. Planung der Marktbearbeitungsstrategie, indem der Rahmen für den Einsatz des Marketinginstrumentariums festgelegt wird (in Anlehnung an Berndt et al. 2003, S. 87f).

Bei der *strategischen Zielplanung* sind aus den Gesamtunternehmenszielen allgemeine Internationalisierungsziele abzuleiten, die die allgemeinen Anlässe und Motive für die Aufnahme bzw. die Ausweitung der internationalen Aktivitäten zum Inhalt haben (vgl. Berndt et al. 2003, S. 92ff).

Die *Marktwahl* zählt zu den strategischen Basisentscheidungen des Managements. Die Marktauswahlentscheidung setzt sich zusammen aus (in Anlehnung an Backhaus et al. 1998) der *Bewertung der Ländermärkte* (anhand unternehmensexterner Faktoren) und der anschließenden *Auswahl von Ländermärkten*, die u.a. in engem Zusammenhang zur Festlegung der Internationalisierungsstrategie des Unternehmens steht. „In der Literatur wird die *Bewertung von Ländermärkten* in erster Linie vor dem Hintergrund von Chancen- und/

oder Risiko-Betrachtungen diskutiert“ (Backhaus et al. 1998, S. 98). Diese bilden einen Bestandteil der SWOT-Analyse (Strength, Weaknesses, Opportunities, Threats) in Unternehmen, welche ein klassisches Instrument zur Analyse konkreter interner und externer Gegebenheiten eines Unternehmens darstellt und somit für die Auswahl geeigneter Ländermärkte Anwendung findet. Nach Backhaus et al. (1998) stellt jedoch das Begriffspaar Marktattraktivität und Marktbarrieren, im Gegensatz zu Chancen und Risiken, einen umfassenderen Ansatz zur Bewertung von Ländermärkten dar.

- Die Attraktivität von Ländermärkten wird bestimmt durch die ökonomischen Ertragschancen auf ihnen. Diese werden meist durch Kombination verschiedener Merkmale, d.h. multidimensional gemessen. Neben unmittelbar ertragsrelevanten Merkmalen spielt auch eine Reihe von mittelbaren Erfolgsgrößen eine Rolle (vgl. Backhaus et al. 1998).
- Marktbarrieren bzw. „Markteintrittsbarrieren sind Faktoren, die das Ziel eines erfolgreichen und zugleich ertragreichen Markteintritts verhindern oder zumindest erschweren bzw. verlangsamen“ (Diller et al. 2001, S. 1024). Einerseits kann zwischen strukturellen (natürliche) und strategischen (von anderen Marktparteien bewusst aufgebaute) Marktbarrieren unterschieden werden sowie andererseits zwischen ökonomischen (z.B. hohe Einstiegsinvestitionen), protektionistischen (tarifäre/ nicht tarifäre Handelshemmnisse) oder verhaltensbedingten (z.B. das Kundenverhalten) Markteintrittsbarrieren (siehe hierzu Backhaus et al. 1998). Eine besonders relevante Gruppe von Markteintrittsbarrieren bilden die so genannten Länderrisiken. Sie resultieren aus der gesamtwirtschaftlichen, politischen und soziokulturellen Situation eines Landes oder treten im wirtschaftlichen Verkehr zwischen Heimatland und Ausland auf und wirken auf alle Unternehmen gleichermaßen bzw. haben keinen konkreten Projektbezug (in Anlehnung an Backhaus et al. 1998; Meffert/ Bolz 1994).

Um Ländermärkte entsprechend bewerten und sie letztendlich zu Ländermarkttypen zusammenfassen zu können, bedient man sich verschiedener methodischer Ansätze. Zu nennen sind beispielsweise einfache Checklistenverfahren, Punktbewertungsverfahren, multivariate Analyseverfahren und Entscheidungsbaumverfahren. Diese Ansätze lassen sich jedoch eher zwei grundsätzlichen Methoden zuordnen: den Gruppierungsverfahren oder Filterverfahren (in Anlehnung an Backhaus et al. 1998). Gruppierungsverfahren ermöglichen die Gruppierung aller infrage kommenden Ländermärkte durch Ähnlichkeiten bei den als relevant identifizierten Determinanten. Im Ergebnis sind die Ländergruppen intern homogen und extern heterogen. Anschließend werden Kombinationen von Ländermärkten als Zielmärkte ausgewählt. Dieser Vorgang wird auch als internationale Marktsegmentierung bezeichnet. Beim Filterverfahren hingegen werden nicht alle relevanten Determinanten gleichzeitig berücksichtigt, wie beim Gruppierungsverfahren, sondern es wird ein stufenweises Vorgehen gewählt. Auf jeder Filterstufe kommen spezifischere Determinanten zur Anwendung, die bei ihrer Nichterfüllung die Anzahl der in Frage kommenden Länder reduziert. Letztendlich bleiben allein die Länder übrig, die alle Anforderungen erfüllen und die sich für die Marktbearbeitung eignen (vgl. Backhaus et al. 1998). Für die Anwendung eines Gruppierungsverfahrens benötigen Unternehmen eine Vielzahl qualitativer und quantitativer Daten. Daher ist das Verfahren für KMU eher ungeeignet. Das Filterverfahren hingegen ist zu empfehlen, da es einfach durchführbar ist und keine speziellen Primärinformationen erfordert (in Anlehnung an Backhaus et al. 1998).

Mit Blick auf diese Ländermarkttypologie, insbesondere auf die Kernmärkte und Gelegenheitsmärkte, muss ein Unternehmen nun auf Basis von Plausibilitätsüberlegungen die *Auswahl von Ländermärkten* treffen. Häufig geschieht dies durch einen Abgleich mit dem Stärken-/ Schwächen-Profil des Unternehmens (in Anlehnung an Backhaus et al. 1998). Die Auswahl des Ziellandes wird somit durch unternehmensinterne Faktoren, die in produktbezogene und unternehmensbezogene Faktoren unterschieden werden, beeinflusst. Tabelle 15 gibt einen exemplarischen Überblick über unternehmens- und produktbezogene Faktoren.

Tabelle 15: Unternehmensinterne Einflussfaktoren der Ziellandauswahl

unternehmensbezogene Faktoren	produktbezogene Faktoren
- *Internationalisierungsstrategie* (ethnozentr., polyzentr., geozentr.) - Internationale Markteintrittsstrategie - Risikobereitschaft der Unternehmensführung - Größe und Finanzkraft - internationale Erfahrung - Humanressourcen im Unternehmen - Unternehmensphilosophie/ subjektive Auslandsorientierung des Unternehmens, z. B. Abneigung gegenüber bestimmten Zielländern - Wettbewerbsstrategie - Realisierte Marktstellung (Bekanntheitsgrad, Image, Referenzen) - bisherige Unternehmensstandorte - bestimmte erforderliche Technologien zur Leistungserstellung - Intensität der Kundenbindung bzw. Abhängigkeit von best. Kundenunternehmen - Kapazitätsauslastung im Heimatland - bisherige Skalen- und Erfahrungskurveneffekte - Vertriebs- und Transportkosten zur Leistungserstellung	- Mobilität der Leistungserstellung (mobil/ortsgebunden) - Art/ Dauer der Dienstleistungserstellung (diskret/ kontinuierlich) - Phase im Produktlebenszyklus - Ausmaß der Produktdifferenzierung - tangible/ intangible DL - Integrationsgrad des Kunden im Leistungserstellungsprozess

Quelle: eigene Darstellung, in Anlehnung an Dolskie/ Hermanns (2004) und Meffert/ Bolz (1994)

Für die Ziellandauswahl von Dienstleistungsunternehmen im Bereich der erneuerbaren Energien als sehr bedeutsam einzustufen sind u.a. die in Tabelle 3 kursiv dargestellten Faktoren: Internationalisierungsstrategie, internationale Markteintrittsstrategie, Mobilität und Art/ Dauer der Dienstleistungserstellung. Je nach Unternehmensprofil (gekennzeichnet durch unternehmensinterne Faktoren) sind zusätzliche Umweltfaktoren bzw. Gegebenheiten in den Ländermärkten bei der Ziellandauswahl zu berücksichtigen. Durch die erneute Anwendung eines Filter- oder Gruppierungsverfahrens auf Unternehmensebene, je nach

Machbarkeit für das Unternehmen, ergeben sich letztendlich die konkreten Zielländer, die für das spezielle Unternehmen zur Marktbearbeitung geeignet sind.

Abbildung 19: Formen internationaler Markteintrittstrategien

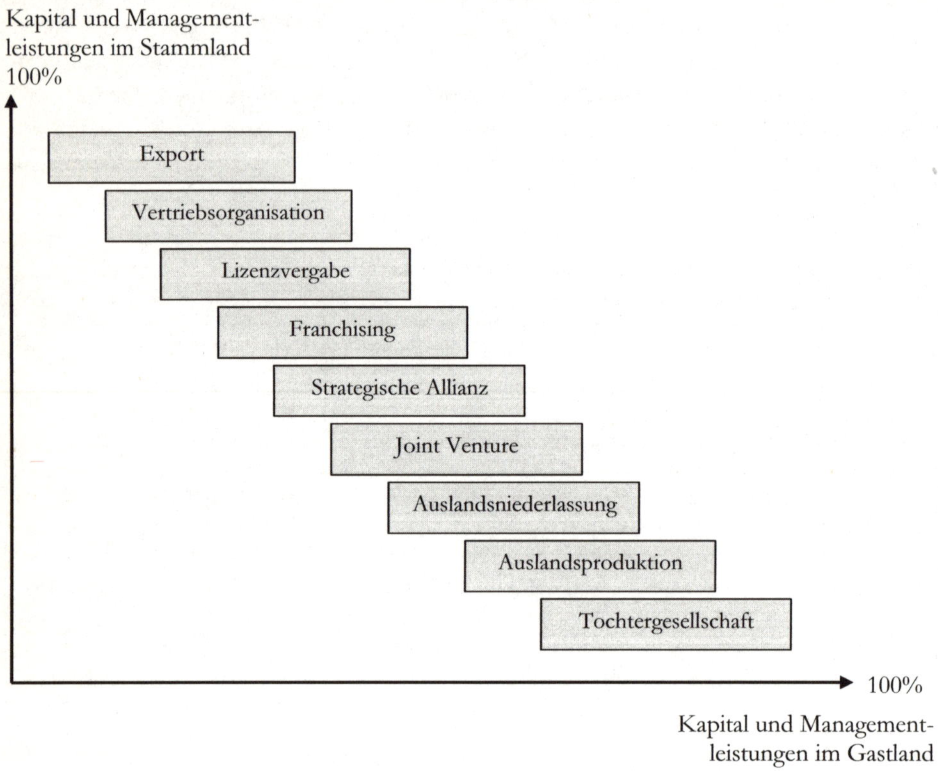

Quelle: eigene Darstellung, in Anlehnung an Meissner/ Gerber (1980).

Einhergehend mit der Ziellandauswahl bzw. kurz nachdem sich ein Unternehmen dazu entschieden hat auf einem Auslandsmarkt aktiv zu werden, trifft es die Entscheidung über die *Markteintrittsstrategie* (vgl. Berndt et al. 2003, S. 132). Abbildung 19 zeigt Formen internationaler Markteintrittsstrategien in Abhängigkeit von Management- und Kapitalleistungen im In- und Ausland.[49]

Der Export ist durch eine hohe Kapital- und Managementleistung im Stammland und eine sehr geringe Kapital- und Managementleistung im Ausland gekennzeichnet.

---

[49] Für die Systematisierung potenzieller Markteintrittsstrategien werden in der Literatur unterschiedliche Ansätze verfolgt (Meffert/ Bruhn 2000): Managementleistungen und Kapitaleinsatz im In- und Ausland, Kontrollmöglichkeiten der Auslandsaktivitäten, Kooperationsabhängigkeit, Institutionelle Ansiedlung der Aktivitäten.

Demgegenüber ist die Gründung einer Tochtergesellschaft im Ausland mit höchsten Kapitalleistungen und Managementaktivitäten im Gastland verbunden. Dazwischen liegen weitere Markteintrittsstrategien. Die wesentlichen Strategien sind im Folgenden kurz zusammengefasst.[50]

Export: Der Export ist die einfachste Möglichkeit für ein Dienstleistungsunternehmen den Markteintritt im Ausland zu realisieren und beschreibt den Verkauf von Dienstleistungen außerhalb des Landes, in dem sich der Sitz des Dienstleistungsunternehmens befindet. Für den Export von Dienstleistungen sind in der Regel kaum Anpassungen des Produktes oder der Unternehmensorganisation notwendig. Gerade kleineren und weniger finanzstarken Dienstleistungsunternehmen bietet sich somit ein relativ risikoarmer Weg in das Ausland. Grundsätzlich weniger geeignet sind Exporte, wenn die Dienstleistungen mit einem hohen personellen bzw. technischen Aufwand – insbesondere über einen längeren Zeitraum – verbunden sind, wie zum Beispiel regelmäßige Wartungsarbeiten, die das Mitführen von Werkzeugen, Ersatzteilen etc. erfordern.

Vertriebsorganisation: Die Vertriebsorganisation ist eine Form des direkten Exports. Bei einer Intensivierung der Marktbearbeitung im Rahmen des Exports kann im Unternehmen selbst eine Auslands- bzw. Exportabteilung für den Vertrieb von Dienstleistungen, mit Sitz im Inland, etabliert werden.

Lizenzvergabe: Auf Grundlage einer vertraglichen Vereinbarung gestattet ein inländisches Unternehmen (Lizenzgeber) einem ausländischen Unternehmen (Lizenznehmer) die Nutzung eines bestimmten Wertes, z.B. Patente, Warenzeichen, Know-how usw., gegen eine Lizenzgebühr. Gründe für die Vergabe von Lizenzen an ausländische Unternehmen sind oftmals eine geringe Finanzkraft des Unternehmens, ein relativ hohes Risiko bei Direktinvestitionen oder fehlende Marktkenntnis z.B. über das Konsumentenverhalten im Ausland.

Franchising: Franchising stellt eine Sonderform der Lizenzvergabe dar, wobei der Franchisegeber dem Franchisenehmer ein vollständiges Unternehmenskonzept zur Verfügung stellt. Darin enthalten sind auch Produkt- und Marketingkonzepte. Der Vorteil für den Franchisegeber besteht darin, dass nur Know-how und somit keine Vermögenswerte in das Ausland transferiert werden und das Risiko somit überschaubar bleibt. Dem steht ein relativ hoher Koordinierungsaufwand gegenüber. Weiterhin muss ein unternehmenseinheitlicher Qualitätsstandard der angebotenen Leistungen durch den Franchisenehmer gewährleistet sein.

Strategische Allianzen: Strategische Allianzen stellen eine Kooperationsform von mindestens zwei Dienstleistungsunternehmen dar, mit dem Ziel Wettbewerbsvorteile gegenüber Konkurrenten aufzubauen. Die Unternehmen bleiben dabei weiterhin unabhängig und können sich unter Umständen auf anderen Märkten auch als Konkurrenten gegenüberstehen. Vor dem Hintergrund der Internationalisierung von Dienstleistungen im EE-

---

[50] Vgl. zu folgenden Ausführungen: Bruns (2003), Meffert/ Bolz (1994), Keegan et al. (2002), Berndt et al. (2003) und Kutschker/ Schmid (2004)

Bereich sind vor allem Allianzen zwischen Lieferanten und Kunden (vertikale Allianzen) sinnvoll. Weiterhin besteht die Möglichkeit von Allianzen zwischen Wettbewerbern (horizontale Allianzen) und Unternehmen verschiedener Branchen (laterale Allianzen).

Joint Venture: Ein Joint Venture beschreibt (im Internationalisierungskontext) die gemeinsame Gründung einer Tochtergesellschaft durch ein inländisches und ein ausländisches Unternehmen. Die Vorteile bestehen vor allem in einer Verminderung des Risikos sowie in einem geringeren Kapitalbedarf. Weiterhin können Arbeitsschritte rationalisiert und Synergieeffekte zwischen den beteiligten Unternehmen genutzt werden. Im Rahmen des Joint Ventures können allerdings Problemfelder auftreten, z. B. aufgrund der Partnerstruktur und der Entscheidungsbefugnisse in Hinblick auf Zielsetzung, Gewinnverteilung usw. sowie aufgrund von Einschränkungen im Entscheidungsspielraum.

Auslandsniederlassung/ Auslandsproduktion: Niederlassungen und Betriebsstätten sind rechtlich unselbständige Engagements im Ausland. Niederlassungen beschreiben dabei eher Vertriebseinheiten, wohingegen Betriebsstätten eher Produktionseinheiten darstellen. Eine strikte Trennung ist im Dienstleistungssektor jedoch kaum möglich. Aus diesem Grund werden hier beide strategischen Optionen zusammen betrachtet.

Tochtergesellschaft: Im Gegensatz zu Auslandsniederlassungen handelt es sich bei einer Tochtergesellschaft um ein rechtlich selbstständiges Engagement. Dies geschieht durch Neugründung oder Akquisition eines bestehenden Unternehmens. Dadurch wird eine eigenständige Präsenz im Ausland geschaffen. Gleichzeitig besteht im Vergleich zu partnerschaftlichen Strategien keine Abhängigkeit von anderen Unternehmen. Damit sind eigene Ziele und Strategien des Dienstleistungsunternehmens direkt durchsetzbar. Auf der anderen Seite erfordern Tochtergesellschaften umfangreiche Ressourcen im Kapital- und Managementbereich.

Weiterhin muss das Unternehmen neben dem sachlichen Aspekt der Markteintrittsform das *Timing des Markteintritts* bestimmen. Hierbei ist einerseits die länderübergreifende und andererseits die länderspezifische Timingstrategie festzulegen. Bei der Bestimmung der länderübergreifenden Timingstrategie wird die zeitliche Abfolge, in der mehrere als Zielländer definierte Auslandsmärkte angegangen werden sollen, bestimmt. Dabei wird zwischen Wasserfall-Strategie, Sprinkler-Strategie und Wassertropfen-Strategie unterschieden. In Bezug auf die länderspezifische Timingstrategie hat das Unternehmen in Abhängigkeit von der Umwelt- und Unternehmenssituation die Entscheidung zu treffen, ob es in den einzelnen Auslandsmarkt, im Vergleich zu seinen Hauptkonkurrenten, frühzeitig (Pionier-Strategie) oder spät (Folger-Strategie) eintritt (vgl. Berndt et al. 2003, S. 147 ff).

Der Übergang von der strategischen Planungs- in die Implementierungsphase ist gekennzeichnet durch Entscheidungen über den Einsatz des Marketinginstrumentariums in den ausgewählten Ländermarktsegmenten. Bei der Festlegung *internationaler Marktbearbeitungsstrategien,* die die langfristige Positionierung des Unternehmens bzw. seiner strategischen Geschäftseinheiten auf den bearbeiteten Auslandsmärkten bestimmen, sind u.a. Entscheidungen bezüglich der internationalen Basis-Marketingstrategien zu treffen (vgl. Berndt et al. 2003, S. 162). Basisstrategien des Internationalen Marketings kennzeichnen das Ausmaß an länderübergreifender Vereinheitlichung von Marketing-Inhalten und Marketingprozessen. Die zwei Extremoptionen auf einem bipolaren Kontinuum sind „Standardisierung“ und „Differenzierung“ (vgl. Berndt et al. 2003, S. 162).

Julika Weiß, Bernd Hirschl

3.2 Exportpotenziale und Stand der Internationalisierung der EE-Dienstleistungsunternehmen

3.2.1 Exportpotenziale und Exportaktivitäten der EE-Dienstleister

3.2.1.1 Exporteignung und Exportpotenziale

Die Aussagen der befragten Unternehmen sowie Expertinnen und Experten zur Exporteignung der unterschiedlichen Dienstleistungen werden in Tabelle 16 zusammen gefasst. Demnach sehen vor allem Dienstleistungen mit hoher Vor-Ort-Präsenz und der Notwendigkeit über lokales Wissen zu verfügen sowie Dienstleistungen, die wenig spezifisch sind und überall auch vor Ort angeboten werden, geringe Exportchancen. Jedoch hängt die Exporteignung offensichtlich auch von der jeweiligen EE-Sparte ab: So werden manche Dienstleistungen je nach Teilsparte für gut oder weniger gut exportgeeignet gehalten. Beispielsweise ist Projektierung/ Planung aus Unternehmenssicht in den meisten Sparten eine Dienstleistung mit hoher Exporteignung, nicht jedoch im Bereich Biogas. Wartung und Reparatur dagegen, wird meist als Dienstleistung mit geringer Exporteignung gesehen In den Bereichen Windenergie und geothermische Stromerzeugung werden dieser Dienstleistungskategorie dagegen gute Exportchancen zugeschrieben.

Zu ihren Exportpotenzialen bzw. zu den Exportpotenzialen der von ihnen angebotenen Dienstleistungen konnten die meisten Unternehmen keine genauen Einschätzungen angeben. Teilweise wurden Tendenzen benannt (z.B. „hoch“ oder „gering“), wobei die Unternehmen für die meisten (exportgeeigneten) Dienstleistungen gute Exportpotenziale sehen. Potenziale zu einer Ausweitung des Exports werden in allen EE-Sparten für diverse Dienstleistungen gesehen. Dies sind insbesondere Planung und Projektierung, häufig auch Einzeldienstleistungen in diesem Bereich sowie Beratungsdienstleistungen. Daneben werden auch für Dienstleistungen des Betriebs, insbesondere für hoch spezialisierte Angebote wie Condition Monitoring / Fernüberwachung und die Leistungssteigerung von Biogasanlagen, große Potenziale gesehen. Hohe Exportpotenziale bestehen vielfach außerdem für den Vertrieb von Anlagen und für Angebote der beruflichen Weiterbildung sowie der Hochschulbildung (in Form von „Studierendenimporten“).

Tabelle 16: Einschätzungen der befragten Unternehmen sowie Experten und Expertinnen zur Exporteignung der EE-Dienstleistungen

EE-Sparte	Exporteignung
Windenergie	Planung/ Projektierung: hoch bis sehr hoch Service und Wartung: sehr hoch Condition Monitoring Systeme: hoch
Photovoltaik	Planung/ Projektierung, Großhandel: sehr hoch Versicherungen: gering
Wasserkraft	Vermessung und Versicherung: gering Ingenieurdienstleistungen (Bau- und Planungsphase): hoch bis sehr hoch Dienstleistungen von Wasserkraftunternehmen: sehr hoch (teilweise Probleme beim Export von Reparatur- und Wartungsdienstleistungen) Inbetriebnahme und Fernüberwachung: hoch
Biomasse fest	Planung/ Projektierung: hoch
Biogas	turn-key-solutions: hoch bis sehr hoch Leistungssteigerung: sehr hoch Projektentwicklung: mittelmäßig
Geothermische Stromerzeugung	Projektentwicklung: sehr hoch Bohrungen: eher gering Wartung, Versicherung und Genehmigung: hoch bis sehr hoch Standortgutachten, seismische Erkundung: gering
Geothermie (Wärme)	Dienstleistungen (Handwerk): gering
Solarthermische Kraftwerke	Projektentwicklung und Ingenieursdienstleistungen: sehr hoch
Solarthermie (Wärme)	Großhandel, Projektierung, Gutachtenerstellung, Finanzierung: hoch Zwischenhandel, Installation und Wartung: eher gering
handwerkliche Dienstleistungen	Installation: gering bis sehr gering Planung und Vertrieb: hoch
Bildung	Hochschulbildung, berufliche Weiterbildung: hoch berufliche Ausbildung: gering

Quelle: Eigene Zusammenstellung nach Erhebungen in EXPEED

3.2.1.2 Exportaktivitäten und wirtschaftliche Bedeutung der Internationalisierung

Der Export ist für die meisten EE-Unternehmen bereits ein sehr wichtiges Geschäftsfeld, wie zwei Erhebungen zeigen (VDI/VDE/IT 2007a; dena 2007). So gaben 2007 60 % der in einer Erhebung des VDI/ VDE/ IT befragten EE-Unternehmen (n = 244) an, dass sie den Export für „sehr wichtig" halten. Sogar 82 % der Unternehmen erwarten, dass die Auslandsaktivitäten für sie in den nächsten 2 bis 3 Jahren „sehr wichtig" werden (VDI/VDE/IT 2007a). Eine Differenzierung der EE-Unternehmen, die von der dena befragt wurden, in Hersteller und Dienstleister zeigt, dass der Export auch für die meisten EE-Dienstleistungsunternehmen wichtig ist, wobei Hersteller etwas häufiger den Export für sehr wichtig halten (siehe Abbildung 20).

Abbildung 20: Bedeutung des Exports für die Unternehmen

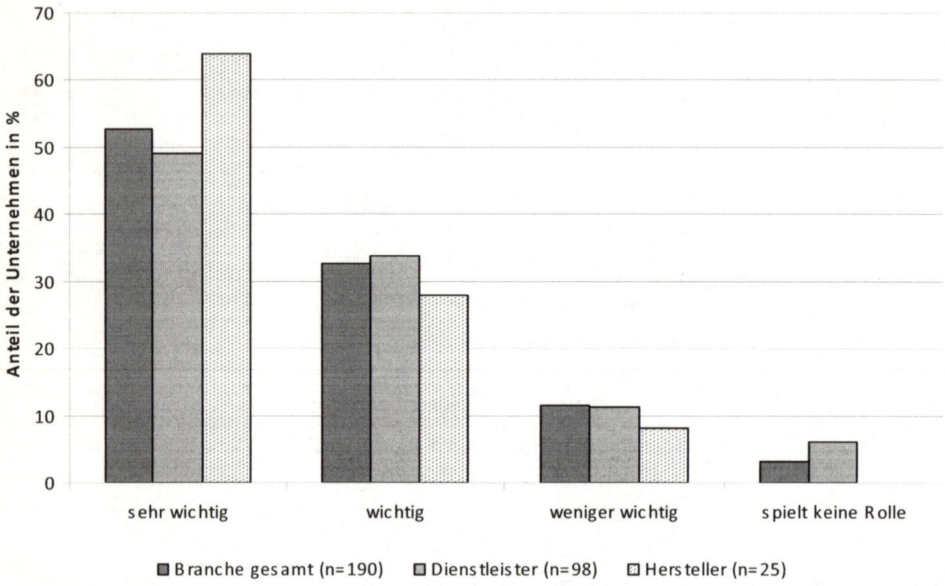

Quelle: Eigene Darstellung; Daten aus einer Erhebung der dena (vgl dena 2007)

Von den, im Rahmen der vorliegenden Studie befragten, 86 Dienstleistungunternehmen waren 81 % (70 Unternehmen) bereits im Ausland tätig, häufig erst seit wenigen Jahren. Dabei ist zu berücksichtigen, dass im Rahmen der Erhebung auslandsaktive Unternehmen bevorzugt ausgewählt wurden, so dass davon auszugehen ist, dass der Anteil auslandsaktiver Dienstleister in der EE-Branche insgesamt geringer ist. Die Unternehmen bieten besonders häufig Dienstleistungen der Bereiche „Planung/ Errichtung", „Beratung" und „begleitende/ ergänzende Dienstleistungen" im Ausland an, vergleichsweise selten dagegen Dienstleistungen aus dem Bereich „Betriebsführung". Die Umsatzanteile des Auslandsgeschäfts der befragten EE-Dienstleistungsunternehmen liegen meist unter 50 %, wobei die Aufteilung in exportstarke und -schwache Unternehmen in etwa dem Durchschnitt unternehmensorientierter Dienstleistungen entspricht (siehe Tabelle 17).

Tabelle 17: Auslandsumsatz der international aktiven Unternehmen in den Befragungen von EXPEED und der DIHK (2006)

EXPEED		DIHK	
Anteil Auslandsumsatz	Anteil antwortender Unternehmen	Anteil Unternehmen	Anteil Auslandsumsatz
< 5 %	22 %	12 %	0 %
5 – 20 %	27 %	35 %	> 0 – < 20 %
21 – 50 %	22 %	30 %	20 % – 60 %
> 50 %	29 %	22 %	> 60

Quelle: Eigene Zusammenstellung

Die Exportaktivitäten der Dienstleistungsunternehmen in den einzelnen EE-Sparten wurden bereits in Kapitel 2.2 dargestellt. In Tabelle 18 werden diese Ergebnisse zusammen gefasst und mit den Exportquoten verglichen, die im Rahmen der Arbeitsplatzstudie des BMU (2006a) für die jeweiligen Sparten ermittelt wurden. Der Vergleich zeigt, dass die im Rahmen des Projekts EXPEED befragten Dienstleistungsunternehmen, im Vergleich zu den in der Arbeitsplatzstudie befragten Dienstleistungsunternehmen, meist recht hohe Exportquoten aufweisen. Allerdings wurden in der Arbeitsplatzstudie nicht nur die auf den EE-Bereich spezialisierten Dienstleister, sondern alle an der Herstellung und dem Betrieb von EE-Anlagen inkl. der jeweiligen Vorleistungen beteiligten Dienstleistungsanbieter, betrachtet. Außerdem beziehen sich die Daten der Arbeitsplatzstudie auf das Jahr 2004, wohingegen die Daten aus der EXPEED-Erhebung in der Regel das Jahr 2007 als Bezugszeitraum haben. Dennoch muss davon ausgegangen werden, dass die im Rahmen der vorliegenden Studie befragten Dienstleistungsunternehmen aufgrund der Unternehmensauswahl vergleichsweise exportaktiv sind. Sie zeigen somit eher die Potenziale des Exports von Dienstleistungsunternehmen als den bisherigen Stand der Internationalisierung, auf.

Ein anderes Bild ergibt sich bei den Wasserkraft-Dienstleistungsunternehmen, bei denen die vorliegende Studie große Unterschiede hinsichtlich der Exportanteile und insgesamt eher geringere Werte als die Arbeitsplatzstudie aufzeigt. Hier verdeckt der insgesamt hohe Exportanteil der Branche, dass einzelne Dienstleistungsunternehmen – nämlich die kleinen – noch beachtliche Probleme mit der Internationalisierung haben.

Tabelle 18: Vergleich der Ergebnisse der EXPEED-Erhebung zum Dienstleistungsexport mit Daten aus der Literatur zum EE-Export

	Anteil Export einzelner Dienstleistungen	Produ-zenten*	Dienst-leister *	Händler*	Exportquote der EE-Sparte**
	EXPEED-Erhebung (Daten für 2006)	BMU (2006a) (Daten für 2004)			
Windenergie	Planer/ Projektierer 40-50 % Service/ Wartung 10-20 % CMS bis 70 %	35 %	12 %	29 %	37 % (Quelle: DEWI 2007)
PV	Planer/ Projektierer: gering (< 10 %)	17 %	2 %	4 %	15 %
Wasserkraft	0-92 %, meist 20-30 %	39 %	85 %	2 %	79 %
Biogas	tunr-key-solutions: 2-8 % Leistungssteigerung: 2 % Projektentwicklung: 20 %	12 %	0 %	0 %	7 % (Biokraftstoffe + Biogas zusammen betrachtet)
Biokraftstoffe	-	0 %	2 %	3 %	
Feste Biomasse	Planer/ Projektierer: 30-50 %	11 %	2 %	9 %	5 %
Geothermie	Projektentwickler < 10 % Bohrungen: kaum auslandsaktiv	44 %	8 %	0 %	32 %
Solarthermie	k.A.	10 %	4 %	5 %	10 %
EE gesamt					28 %

* Durchschnittlicher Exportanteil der Unternehmen

** Anlagen + Vorprodukte inkl. Dienstleistungen und Zulieferer – bezogen auf den Unternehmensumsatz

Quelle: Eigene Zusammenstellung

Obgleich die Ergebnisse nicht repräsentativ sind so zeigen sie doch, dass viele Dienstleistungsunternehmen bereits auf Auslandsmärken aktiv sind, insbesondere aus den Bereichen Windenergie, Wasserkraft und Photovoltaik. Die Dienstleistungen im Bereich Biomasse und Geothermie befinden sich meist erst am Anfang des Exportgeschäfts und kümmern sich derzeit häufig noch um den Ausbau von internationalen Partnernetzwerken. In den meisten Sparten lässt sich also ein Zusammenhang zwischen den Exportquoten der befragten Dienstleister und der gesamten Teilbranche feststellen, d.h. die Dienstleister haben dann hohe Exportquoten, wenn die Branche insgesamt hohe Exportquoten aufweist. Eine Ausnahme stellen die Handwerksbetriebe dar. Diese sind auch bei Anlagen die international vertrieben werden, häufig wenig international aktiv oder bieten international allenfalls den Vertrieb der Anlagen an. Im Bereich der energetischen Nutzung der festen Biomasse zeigt sich hingegen, dass trotz der insgesamt wenig international aktiven Branche die befragten Planer schon sehr international aktiv sind.

Die wirtschaftliche Bedeutung der Internationalisierung der Dienstleistungsunternehmen lässt sich jedoch nicht nur an deren Auslandsumsätzen festmachen, denn daraus ergeben sich häufig *Folgeaufträge*, auch bei anderen Unternehmen, so dass der Gang der Dienstleister ins Ausland zum Auslandsgeschäft der gesamten EE-Branche beiträgt. Dies zeigen die Ergebnisse einer Nacherhebung im Rahmen des EXPEED-Projekts, in der die Unternehmen (n = 60) zu Folgeaufträgen im Zuge ihrer Internationalisierung befragt wurden. Bei vielen Unternehmen kommt es in Folge einer ersten Markterschließung immer oder häufig zu weiteren Folgeaufträgen (57 % der befragten Unternehmen). Darüber hinaus führt die Dienstleistungsinternationalisierung häufig auch zu Aufträgen bei weiteren EE-Unternehmen: So geben mehr als 60 % der befragten Unternehmen (n = 37) an, immer bzw. häufig technische Produkte in Deutschland für Projekte im Ausland zu erwerben. Gut ein Viertel der befragten Unternehmen (n = 17) nimmt Dienstleistungen aus Deutschland im Rahmen des Auslandsgeschäfts immer bzw. häufig in Anspruch. Als Gründe für die geringe Dienstleistungsnachfrage geben die Unternehmen an, dass ein Großteil der Dienstleistungen selbst erbracht oder im Ausland an lokale Dienstleister vergeben wird.

In deutlich geringerem Maße führt die Internationalisierung der Dienstleister zu direkten Auslandsaktivitäten weiterer EE-Unternehmen: Bei gut einem Fünftel der Unternehmen (n = 13) folgen (immer oder häufig) weitere Dienstleister ins Ausland, nur bei 7 % (n = 4) dagegen Hersteller. Insbesondere Generaldienstleister (Planer/ Projektierer) nehmen Anbieter von einzelnen Dienstleistungen (z.B. Planung, Wartung und Montage, Betriebsführung) mit ins Ausland.

Ein besonders hohes Potenzial andere Unternehmen mit ins Ausland zu nehmen bzw. diesen Aufträge zu verschaffen, haben mit den Planungs- und Projektierungsdienstleistungen (bei denen wiederum die Standortakquisition hervorgehoben wird) Dienstleistungen am Beginn der Wertschöpfungskette. Eine solche Türöffnerfunktion für weitere Dienstleistungs- und Technologieexporte aus Deutschland haben Beratungs- und Planungsdienstleistungen, nach Angaben von Klaus Rollenhagen vom Verband beratender Ingenieure, auch in ähnlichen Bereichen. Neben den direkten Folgeaufträgen spielt dabei auch der Einfluss von Beratern auf die Gestaltung von weiteren Projekten oder die Berücksichtigung deutscher Normen in Ausschreibungen eine Rolle. Aus Sicht von Rollenhagen wird dieses Potenzial von anderen Ländern bereits gezielt ausgeschöpft, indem beispielsweise entsprechende Beratungsdienstleistungen finanziell gefördert werden (Rollenhagen 2008).

3.2.2 Internationalisierungsstrategien

Im Folgenden werden die Ergebnisse der Befragung von EE-Dienstleistungsunternehmen zu den Themen Auftragsaquise, Markteintrittsstrategien und die Kunden im Ausland dargestellt und mit Ergebnissen anderer Studien zur Dienstleistungsinternationalisierung in Bezug gesetzt. Vertiefend wurde auf den Prozess der Internationalisierung und die Internationalisierungsstrategien im Rahmen von Unternehmensfallstudien eingegangen, deren Ergebnisse in Kapitel 3.3 präsentiert werden.

3.2.2.1 Auftragsakquise

EE-Sparten-übergreifend kann festgestellt werden, dass zur Auftragsakquise im Ausland hauptsächlich die Kundennachfrage oder persönliche Kontakte, Netzwerke und frühere Partnerschaften sowie Messeauftritte und Konferenzen dienen (siehe Abbildung 21). Auftragsakquisition durch die Teilnahme an Ausschreibungen ist hauptsächlich für Unternehmen der Sparte Solarthermische Kraftwerke und im Wasserkraftbereich relevant. Vor allem für kleine Unternehmen (< 10 Mitarbeiter) – insbesondere auch die Handwerksbetriebe – ist die Bedeutung von Netzwerken und Kontakten für den Erwerb von Auslandsaufträgen besonders hoch. Viele Unternehmen zeigen damit eher ein adaptives/ reaktives Verhalten bezüglich ihrer Internationalisierung.

Abbildung 21: Art der Auftragsakquise im Ausland

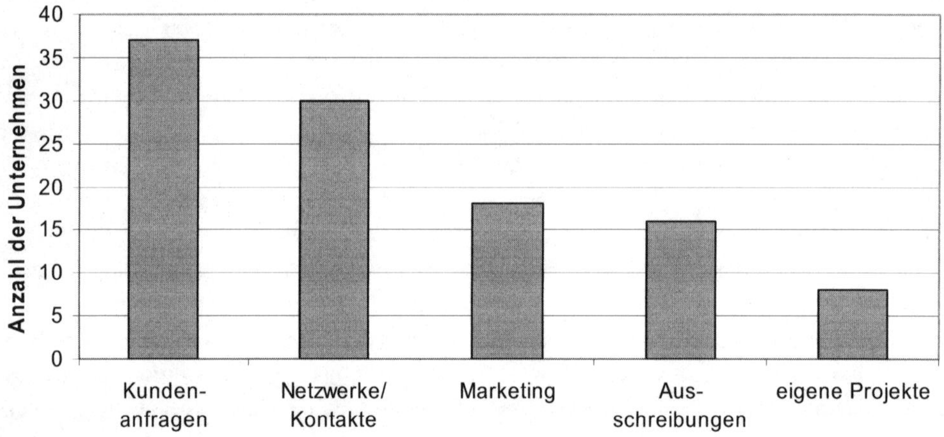

Quelle: eigene Darstellung; Daten: Unternehmensbefragung EXPEED; n = 70: auslandsaktive Unternehmen

Dennoch geben 70 % der Unternehmen, die bereits auf Auslandsmärkten vertreten sind (n =63), an, dass sie gezielt versuchen neue Märkte und Aufträge zu erschließen. Während dies für fast alle großen Unternehmen (> 50 Mitarbeiter) zutrifft, bearbeitet nur rund die Hälfte der kleinen Unternehmen (< 10 Mitarbeiter) gezielt neue Märkte. 12 % der Unternehmen geben sogar an, dass sie im Ausland eigene Projekte initiieren.

Im Rahmen einer Nacherhebung (n = 60) im Jahr 2008 wurden die im Ausland aktiven Unternehmen gezielt zur Eigenständigkeit ihrer Markterschließung im Ausland befragt. Mehr als die Hälfte der befragten Unternehmen gab an, dass sie immer (n = 21) oder häufig (n = 14) eigenständig („pro-aktiv“) ins Ausland gehen. Größere Unternehmen

(> 50 Mitarbeiter) verfolgen häufiger eine pro-aktive Auslandsmarkterschließung als kleinere Unternehmen. Pro-aktiv werden außerdem vor allem die Dienstleistungen Planung und Errichtung sowie Betriebsführung angeboten. Handwerksbetriebe gehen dagegen selten pro-aktiv ins Ausland. Aus Sicht der Unternehmen eignen sich Dienstleistungen aus dem Bereich Planung und Projektierung (insbesondere Erstellung von Standortgutachten oder Machbarkeits- und Umweltverträglichkeitsstudien) besonders gut für pro-aktive Verhaltensweisen, grundsätzlich kämen aber alle angebotenen Dienstleistungen dafür in Frage.

Die Unternehmen, die in der Regel auf Grund externer Anfragen (reaktiv) im Ausland tätig werden, bekommen den Anstoß zur Internationalisierung häufig von bereits bekannten Kunden bzw. Partnern aus Deutschland (n = 23) oder von Neukunden (n = 27), die meist direkt aus dem Ausland stammen. Dabei treten teilweise typischen Konstellationen auf:

- Handwerker (Montagedienstleistungen) werden oft von Projektierern oder Herstellern, mit denen sie in Deutschland zusammenarbeiten, mit ins Ausland genommen.
- Spezialdienstleistungen im Ingenieur- und Messbereich werden oft von deutschen Unternehmen mitgenommen, da diese im Ausland nicht angeboten werden.
- Messdienstleistungen (Wind) werden von Planern / Projektierern mitgenommen, wenn diese für die Erstellung ganzer Windparks verantwortlich sind

Es zeigt sich dabei, dass Partner bzw. Auftraggeber aus dem Inland bei der (reaktiven) Internationalisierung häufig eine zentrale Rolle spielen.

3.2.2.2 Markteintrittsstrategien

Die befragten Unternehmen nutzen als Markteintrittsstrategie im Auslandsgeschäft insbesondere den Export, Auslandsniederlassungen sowie strategische Allianzen/ Joint Ventures. Einige Unternehmen haben auch Erfahrung mit Tochtergesellschaften (siehe Abbildung 22). Je größer die Unternehmen umso vielfältiger die Markeintrittsstrategien. Kleinere Unternehmen setzen eher auf den Export. Für größere verschiebt sich der Schwerpunkt auf strategische Allianzen/ Joint Ventures und Auslandsniederlassungen. Pro-aktive Unternehmen (n = 44) wählen besonders häufig Joint Ventures (n = 25) und Auslandsniederlassungen (n = 26) als Markteintrittsstrategie.

Im Vergleich zu diesen Ergebnissen nennen in einer Erhebung der DIHK, unter unternehmensorientierten Dienstleistungsanbietern unterschiedlicher Bereiche, deutlich mehr Unternehmen Export (70 %) und Tochtergesellschaften (41 %) als Markteintrittsstrategie (DIHK 2006). Insgesamt gaben die von der DIHK befragten Unternehmen im Schnitt auch deutlich mehr unterschiedliche Markteintrittsstrategien an.

Abbildung 22: Markteintrittsstrategien

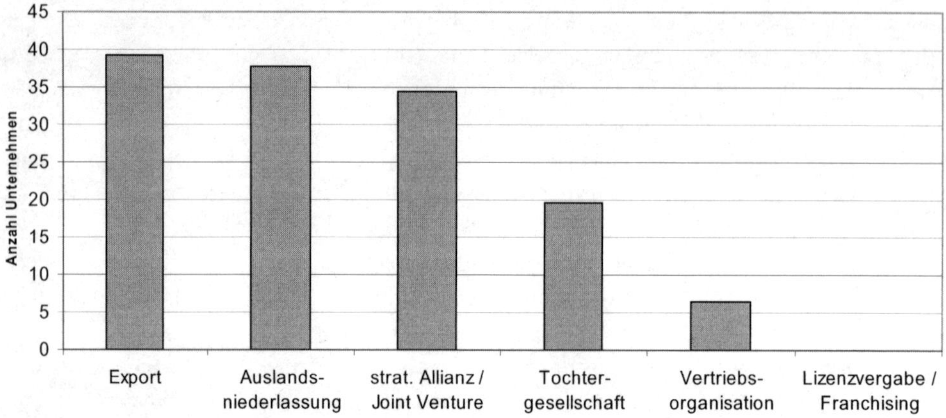

Quelle: Eigene Darstellung; Daten: Unternehmensbefragung EXPEED; n = 70: auslandsaktive Unternehmen

3.2.2.3 Kunden

Im Auslandsgeschäft werden die Dienstleistungen aus der EE-Branche meist von gewerblichen Nachfragern in Anspruch genommen. Tabelle 19 zeigt, dass im Ausland die gewerbliche Nachfrage deutlich wichtiger als im Inland ist, wo institutionelle/ öffentliche Nachfrager und private Nachfrager eine größere Rolle spielen. Entsprechend werden diejenigen Dienstleistungen, deren Kunden gewerbliche bzw. institutionelle Nachfrager sind, überdurchschnittlich häufig im Ausland angeboten. Wohingegen Dienstleistungen, die sich eher an private Kunden richten, vergleichsweise selten im Ausland offeriert werden.

Tabelle 19: Kunden im In- und Ausland

	Anteil der Unternehmen, deren Dienstleistungen von den verschiedenen Nachfragergruppen abgenommen werden	
	im Inland	im Ausland
private Nachfrager	37 %	32 %
gewerbliche Nachfrager	51 %	81 %
institutionelle/ öffentliche Nachfrager	64 %	50 %
Anzahl der Antworten	N = 86	N = 70

Mehrfachnennungen möglich

Quelle: Unternehmensbefragung EXPEED

Eine Befragung von Handwerksbetrieben durch das DHI kommt ebenfalls zu dem Ergebnis, dass international vor allem gewerbliche Kunden bedient werden. Wohingegen kaum einer der Betriebe, die über mehrere Jahre Auslandsgeschäfte betreiben, private oder öffentliche Kunden zu seinen Hauptkundengruppen zählt (DHI 2007).

3.2.3 Erfolgsfaktoren und Hemmnisse

In der Befragung der EE-Dienstleistungsunternehmen wurden in offenen Fragen auch die zentralen Erfolgsfaktoren und Chancen, die mit der Internationalisierung verbunden werden sowie die Hemmnisse und Risiken erhoben. Diese werden im Folgenden mit den Ergebnissen einiger anderer Studien zur Dienstleistungsinternationalisierung, verglichen. Die Barrieren werden außerdem im Rahmen der Auswertung der Unternehmensfallstudien nochmals thematisiert (vgl. Kapitel 3.3).

3.2.3.1 Chancen und Erfolgsfaktoren

Die von den Unternehmen genannten Chancen und Erfolgsfaktoren wurden in unternehmensinternen und -externen Faktoren aufgeteilt und zu Kategorien zusammen gefasst. Als externe Chancen bzw. Erfolgsfaktoren nennen die befragten Unternehmen (n = 86) vor allem die ökonomische Situation (n = 34) des Auslandsmarkts. Insbesondere die Nachfragesituation und das Marktpotenzial. Daneben ist für viele Unternehmen die rechtliche und politische Situation (n = 17) wichtig. Eher seltener werden kulturelle Aspekte (n = 11), z.B. kulturelle Nähe, Sprache, Mentalität sowie geographische Faktoren / Umweltsituation (n = 9) oder der gute Ruf Deutschlands im Technologiebereich bzw. EE-Bereich (n = 8) als externer Erfolgsfaktor genannt.

Als interne Erfolgsfaktoren benennen die Unternehmen vor allem die Präsenz vor Ort und die Bezüge zum Land (n = 44), z. B. durch verlässliche Partner oder eine Präsenz vor Ort, persönlicher Kontakt, Landes- und Sprachkenntnisse. Außerdem werden Know-How, Fachwissen und Erfahrung (n = 30) und die hohe Qualität und Zuverlässigkeit (n = 22) sowie Netzwerke bzw. Kooperationen mit anderen Unternehmen, in Verbänden und internationalen Organisationen (n = 17) von vielen Unternehmen als Erfolgsfaktoren genannt. Weitere Stärken, die als Erfolgsfaktoren genannt wurden, sind Referenzen und die Bekanntheit im Ausland, die Stellung als Alleinanbieter oder Pionier, ein innovatives oder spezielles Angebot, günstige Preise, Flexibilität und Schnelligkeit, Kapital sowie gute und motivierte Mitarbeiterinnen und Mitarbeiter.

Die Ergebnisse zeigen, dass als Erfolgsfaktoren für den Auslandserfolg – ebenso wie in vielen anderen Studien zur Dienstleistungsinternationalisierung (vgl. DIHK 2006; Sichtmann et al. 2007; Freitag et al. 2007; DHI 2007) – „weiche Erfolgsfaktoren" (Netzwerke und gute Kontakte ins Ausland, Geschäftsbeziehungen und gute Marktkenntnisse) von besonderer Bedeutung sind. Neben diesen Erfolgsfaktoren werden in anderen Studien für Dienstleistungsunternehmen ebenfalls die Qualität der Produkte und know-how sowie qualifizierte / gute und motivierte Mitarbeiterinnen und Mitarbeiter als wichtige Erfolgsfaktoren angegeben.

3.2.3.2 Hemmnisse und Risiken

Zentrale Hemmnisse und Risiken werden seitens der EE-Dienstleister vor allem in den Rahmenbedingungen im Zielland gesehen, unternehmensinterne Hemmnisse werden dagegen von den in der vorliegenden Studie befragten Unternehmen selten genannt.

Als *externe Hemmnisse und Risiken* werden insbesondere die rechtliche/ politische Situation im Ausland angegeben (n = 49). Wobei insbesondere Probleme mit Genehmigungsverfahren und der Bürokratie, Zollbeschränkungen und nicht-tarifäre Handelshemmnisse sowie weitere rechtliche Barrieren und die fehlende Rechtssicherheit und politische Stabilität genannt werden. Daneben nennen viele Unternehmen die ökonomische Situation (n = 31), vor allem die Konkurrenz, die Preise und das Zahlungs- und Investitionsrisiko, sowie kulturelle/ gesellschaftliche Aspekte (n = 27), insbesondere Sprachprobleme und Mentalitäts- oder Kulturunterschiede, als Problem. Immerhin zwölf Unternehmen nennen außerdem das Fehlen geeigneter Partner oder Mitarbeiterinnen und Mitarbeiter bzw. Präsenz vor Ort. Zehn Unternehmen sehen Probleme aufgrund der geographischen Faktoren / Umweltsituation (insbesondere die Anfahrts- und Transportwege). Selten genannt wird dagegen die Informationssituation (n = 5). Kleine Unternehmen (< 10 Mitarbeiter) nennen überdurchschnittlich häufig die ökonomische Situation sowie die geographische Lage / klimatischen Verhältnisse, wohingegen für die großen Unternehmen (> 50 Mitarbeiter) eher die rechtliche/ politische Situation und Partner oder Mitarbeiterinnen und Mitarbeiter vor Ort von Bedeutung sind.

Hinsichtlich der Konkurrenz auf den internationalen Märkten wurden die Unternehmen zusätzlich nach den zentralen Wettbewerbern gefragt. Dies scheint insgesamt nur für wenige Unternehmen ein zentrales Hindernis darzustellen. Wichtigste Wettbewerber auf den Auslandsmärkten sind häufig wiederum andere Unternehmen aus Deutschland. Daneben sind aber auch international agierende Unternehmen sowie auf den Auslandsmärkten heimische Unternehmen wichtige Konkurrenten (Mehrfachnennungen möglich).

Eine Studie von Freitag et al. (2007) kommt ebenfalls zu dem Ergebnis, dass die Rahmenbedingungen im Zielland – insbesondere rechtlich-politische – einen zentralen Einflussfaktor für den Erfolg des Auslandsgeschäfts darstellt. Gesellschaftliche Normen und Wertvorstellungen (bzw. „kulturelle Aspekte/ Sprache“) werden – ebenso wie in der EXPEED-Erhebung – auch in den Erhebungen von Sichtmann et al. (2007) und Freitag et al. (2007) genannt. Daneben wird in der Studie von Freitag et al. (2007) den technischen Rahmenbedingungen sowie der Infrastruktur im Zielland Bedeutung beigemessen, die in der EXPEED-Erhebung wenig genannt wurden.

Als *internes Hemmnis* wurde vor allem die Finanzierung (hoher Bedarf an Finanzen / Finanzierungsprobleme) genannt (n = 25). Dieses Problem gaben vor allem die Unternehmen mit kleiner oder mittlerer Größe (bis 50 Mitarbeiter) an. Daneben nannten einige Unternehmen noch als Hemmnis, dass sie zu wenig Mitarbeiterinnen und Mitarbeiter oder Zeit für ein Auslandsengagement haben (n = 8). Andere internen Risiken werden von den befragten Unternehmen kaum genannt. Ein Vergleich zwischen den im Ausland aktiven und nicht-aktiven Unternehmen zeigt, dass erstere insgesamt eher weniger Probleme (insbesondere interne) sehen. Wohingegen die nicht im Ausland aktiven Unternehmen v.a.

wegen interner Risiken und Hemmnisse und einer hohen Inlandsnachfrage den Weg ins Ausland scheuen.

Weitere zentrale, interne Hemmnisse für die Internationalisierung von Dienstleistungsunternehmen sind nach Sichtmann et al. (2007) Zeitmangel des Managements bzw. dass das Einholen von Informationen über den Zielmarkt zu teuer und zeitintensiv sei. Auch im Rahmen einer Befragung von Handwerksbetrieben durch das DHI (2007) werden als Exportprobleme neben Sprachproblemen und Mentalität auch die Organisation, Fähigkeiten sowie Marktzugang und Finanzierung/ Versicherung benannt. Der Aspekt der Unternehmensorganisation taucht bei den Unternehmen der EXPEED-Befragung hingegen kaum auf, wobei sich die Methodik der Erhebung (offene oder geschlossene Fragen) deutlich unterscheidet.

Die Auswertung einer Erhebung der dena aus dem Jahr 2006 (dena 2007) speziell für Dienstleistungsanbieter kommt ebenfalls zu dem Ergebnis, dass ein zentrales Hemmnis der EE-Dienstleister die Finanzierung darstellt, die für die Dienstleistungsunternehmen ein wichtigeres Problem als für die Hersteller ist (vgl. Abbildung 23). Als weitere wichtige Hemmnisse werden Informationen zu den Auslandsmärkten und fehlende Personalkapazitäten identifiziert.

Abbildung 23: Exporthemmnisse im Inland

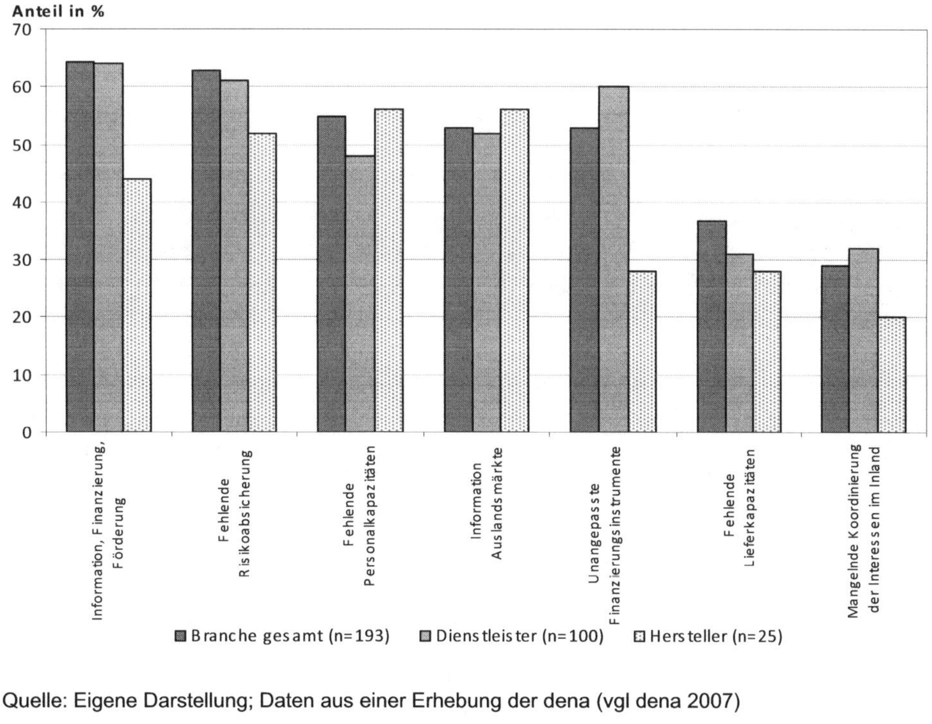

Quelle: Eigene Darstellung; Daten aus einer Erhebung der dena (vgl dena 2007)

Zentrale Exporthemmnisse im Ausland stellen für die Dienstleistungsunternehmen auch in der dena-Erhebung bürokratische Hürden und gesetzliche Rahmenbedingungen dar (vgl. Abbildung 24). Weitere zentrale Hemmnisse sind der Kontaktaufbau und die Qualifikation vor Ort, wobei qualifiziertes Personal und Produktkenntnisse im Ausland eher für die Hersteller von Bedeutung sind.

Abbildung 24: Exporthemmnisse im Ausland

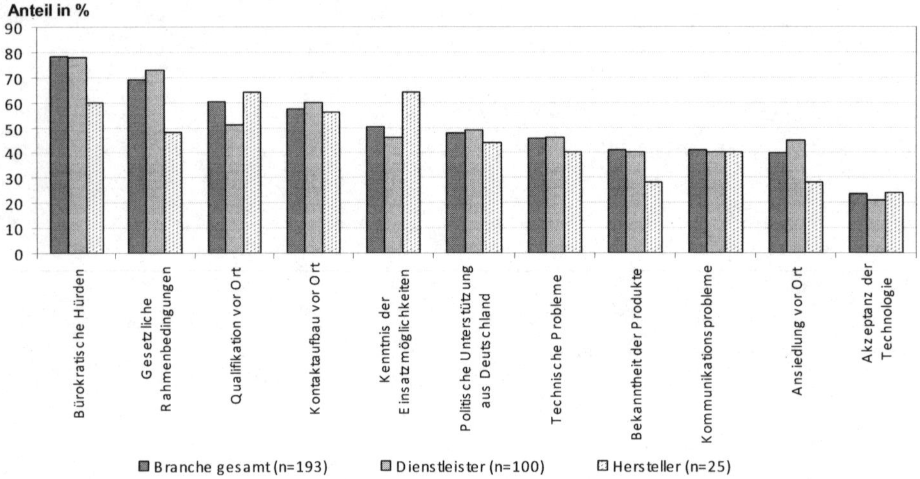

Quelle: Eigene Darstellung; Daten aus einer Erhebung der dena (vgl dena 2007)

Eine vergleichende Erhebung zu Unternehmen unterschiedlicher Bereiche (EE, Nanotechnologie, Mikrosystemtechnik und Biotechnologie) kommt ebenfalls zu dem Ergebnis, dass rechtliche Unsicherheiten und politische Risiken sowie mangelnde Förderangebote und die hohen Investitionskosten für die Unternehmen der EE-Branche besonders relevant sind (vgl. Kabst et al. 2008).

Martin Benkenstein, Madlen Thom

3.3 Internationalisierungsstrategien von Unternehmen – eine Fallstudienuntersuchung

3.3.1 Methodik der Fallstudien

3.3.1.1 Methodik und Vorgehensweise der empirischen Untersuchung

Das EXPEED-Projekt widmete sich der Forschungsfrage: Wie müssen geeignete Internationalisierungsstrategien der EE- Dienstleister ausgestaltet sein? Zur Beantwortung wurden Internationalisierungsstrategien in Zusammenarbeit mit Praxispartnern mittels Unternehmensfallstudien exemplarisch dargestellt. Darauf aufbauend wurden fallstudienübergreifend verallgemeinerbare Empfehlungen zur strategischen Internationalisierung und vor allem auch zu idealtypischen Prozessen der Strategieentwicklung erarbeitet.

In der Untersuchung wird der Fallstudienansatz als Forschungsstrategie verstanden, die idealerweise mehrere Techniken zur Erhebung von Daten aus unterschiedlichen Quellen und unterschiedliche Methoden zur Analyse der erhobenen Daten in sich vereint. Yin unterscheidet zwischen „exploratory, explanatory and descriptive cases“ (Yin 1994, S.1) und damit zwischen erforschenden, erklärenden und beschreibenden Fällen.

Bei der durchgeführten Fallstudienerhebung handelte es sich um eine explorative Untersuchung. Dementsprechend wurde der theoriegeleiteten Thesenentwicklung als Ausgangspunkt der Untersuchung keine übermäßige Bedeutung beigemessen. Dennoch bildeten einerseits Erkenntnisse aus den vorangegangenen Untersuchungen des EXPEED-Projektes (vgl. Kapitel 3.2) sowie theoretische Ausführungen zum Planungsprozess einer Internationalen Marketing-Strategie (siehe Kapitel 3.1), die theoretische Basis.

Aufbauend auf diesem Planungsprozess wurden die Analyseelemente für die Einzelfälle ausgewählt. Mit der Entscheidung für ein Mehrfall-Design war jeder der Fälle, d.h. jedes Unternehmen, bezüglich seines Beitrages zum Gesamtergebnis der Studie zu bewerten. Die ausgewählten Unternehmen mussten klar definierte Anforderungen erfüllen. In Vorbereitung auf die Datenerfassung wurde ein Fallstudienprotokoll entworfen, in dem insbesondere zwei Aspekte von Bedeutung waren: die Fragen bzw. Themenkomplexe der Fallstudie, um den roten Faden bei der Datenerfassung zu gewährleisten, sowie ein Leitfaden zur späteren Anfertigung der Einzelfallberichte.

Das jeweils ausgewählte Unternehmen wurde telefonisch und schriftlich kontaktiert und gebeten, grundlegende Firmendaten zu übermitteln. Anschließend wurde ein Interviewtermin vereinbart. In Vorbereitung auf das Gespräch wurde dem Unternehmen der Gesprächsleitfaden zugeschickt und vom Interviewer erste Anhaltspunkte zu den Analyseelementen aus verschiedenen Quellen erarbeitet. Nach Durchführung des Interviews wurde für jedes Unternehmen ein Einzelfallbericht erstellt, den wiederum das Unternehmen selbst prüfte.

3.3.1.2 Methodik der fallstudienübergreifenden Auswertung

Der Internationalisierungsprozess der Unternehmen wurde auf verschiedenen Ebenen/ Stufen des Planungsprozesses einer internationalen Marketing-Strategie in Abhängigkeit von der Unternehmensgröße, dem Exportanteil und der Zugehörigkeit zu einer EE-Sparte betrachtet.

Die fallstudienübergreifende Auswertung basierte auf einer qualitativen Inhaltsanalyse. Sie wurde in fünf Schritten vollzogen:

1. Materialorientierte Bildung von Auswertungskategorien,
2. Zusammenstellung der Auswertungskategorien zu einem Codierleitfaden,
3. Codierung des Materials,
4. Erstellung (quantifizierender) Materialübersichten,
5. Interpretation der Verteilungen im Material und Ableitung hypothetischer Erkenntnisse.

Der qualitativen Auswertung lagen zwölf Unternehmensfallstudien aus dem Bereich der erneuerbaren Energien zugrunde. Bezogen auf die Mitarbeiterzahl umfasste die Studie vier kleine Unternehmen (< 10 Mitarbeiter), vier mittlere (10-50 Mitarbeiter) und vier größere Unternehmen (> 50 Mitarbeiter). In Bezug auf den Exportanteil gab es drei Unternehmen mit geringer Exportquote (≤ 30 %), die auch gleichzeitig kleine, im Sinne dieser Studie, sind. Sechs Unternehmen mit mittlerer Exportquote (> 30 % ≤ 60 %), die hauptsächlich mittelgroße Unternehmen darstellen und drei Unternehmen mit hoher Exportquote (> 60 %), die mehrheitlich große Unternehmen sind. Insofern lässt sich ein direkter Zusammenhang zwischen Exportquote und Unternehmensgröße vermuten. Je größer Unternehmen sind, desto engagierter sind sie im Auslandsgeschäft.

Mit Blick auf die EE-Sparten wurden drei Unternehmen aus dem Bereich Windenergie, drei Unternehmen mit schwerpunktmäßiger Ausrichtung auf die Photovoltaik und je ein Unternehmen mit vorrangiger Ausrichtung auf die jeweiligen EE-Sparten Solarthermie (Wärme), solarthermische und geothermische Stromerzeugung, feste Biomasse, Biogas und Wasserkraft, analysiert. Damit wurde der starken Bedeutung der Photovoltaik und Windkraft im Bereich der erneuerbaren Energien Rechnung getragen. Es wurden jedoch auch die sehr jungen Märkte der solarthermischen und geothermischen Stromerzeugung berücksichtigt. Tabelle 20 gibt einen kurzen Überblick über die Struktur des Fallstudiensamples. Gleichzeitig ist ihr zu entnehmen, in welchen DL-Kategorien die Unternehmen jeweils tätig sind. Es ist zu erkennen, dass Unternehmen Dienstleistungen in unterschiedlichen Dienstleistungskategorien anbieten. Ihre Kernkompetenzen liegen in den Kategorien, die mit einem großen Kreuz gekennzeichnet sind.

Tabelle 20: Struktur des Samples für die Unternehmensfallstudie

Unternehmen		U 1	U 2	U 3	U 4	U 5	U 6	U 7	U 8	U 9	U 10	U 11	U 12
EE-Sparte		Wind	Wind	Wind	PV	PV	PV	ST - W	ST - KW	Geo - KW	Bio - fest	Biogas	Wasser
Größe (Zahl Mitarbeiter)	klein (< 10)						x			x	x	x	
	mittel (10 – 50)	x				x		x					x
	groß (> 50)		x	x	x				x				
Exportquote (in % vom Umsatz)	gering (≤ 30 %)						x			x	x		
	mittel (> 30 % ≤ 60 %)	x	x		x			x				x	x
	hoch (> 60 %)			x		x			x				
DL-Kategorien*	Planung/ Errichtung	x	X		X	X	X		X	X	X	X	X
	Finanzierung		X		X				X				
	Betriebsführung		x	X	X								
	Wartung/ Service/ Instandhaltung, Handwerk, Leistungsoptimierung	X		x		x	(x)						X
	Handel/ Vertrieb			x		X	x	X					
	Hersteller/ Zulieferer			X		x		X					
	Beratung						X			X	x	X	
	Bildung										x	X	
	Versicherung									x			

X: zentrale Dienstleistungsbereiche,

x: Bereiche, in denen vereinzelt Dienstleistungen angeboten werden

3.3.2 Erkenntnisse zu den Internationalisierungsstrategien von EE-Dienstleistungsunternehmen

Die Unternehmensfallstudien bestätigten die Aussage, dass von kleinen und mittleren Unternehmen der EE-Branche (≤ 50 Mitarbeiter) derzeit meist nur zufällig und unsystematisch Exportbeziehungen aufgebaut werden, größere Unternehmen (> 50 Mitarbeiter) hingegen engagierter und planvoller bei ihrer Internationalisierung vorgehen. Grundsätzlich entspricht das auch der Kernaussage des KfW-Mittelstandspanels 2008. Wobei größere Unternehmen der Unternehmensfallstudien aus EXPEED auch noch größtenteils zum Mittelstand gehören, entsprechend der Definition des Mittelstandspanels (< 500 Mio. € Umsatz). Darin wird erläutert, dass „...der Internationalisierung in kleinen und mittleren Unternehmen häufig keine langfristige Strategie zugrunde liegt, sondern Auslandsaktivitäten im kleinen Mittelstand oftmals zufalls- und einzelfallgetrieben sind." (KfW Bankengruppe 2008, S. 51)

Es zeigte sich, dass viele Aussagen zu den einzelnen Phasen des Planungsprozesses einer Internationalisierungsstrategie, die aus den Fallstudien in Abhängigkeit von der Unternehmensgröße ableitbar sind, in gleicher Weise aus dem Blickwinkel der Exportquote ausgeprägt sind. Dies ist sicherlich der Tatsache geschuldet, dass im Fallstudiensample kleine Unternehmen meist durch eine geringe und große meist durch eine hohe Exportquote gekennzeichnet sind. In Phasen des Planungsprozesses einer Internationalisierungsstrategie, wo derartige Parallelitäten auftraten, wird im Folgenden explizit darauf verwiesen. Insbesondere bei Betrachtung der zentralen Ländermärkte und den damit im Zusammenhang stehenden Markteintrittsbarrieren wird deutlich, dass bei den Fallstudienunternehmen Unterschiede in Abhängigkeit von der EE-Spartenzugehörigkeit existieren. In den anschließenden Abschnitten werden zentrale Erkenntnisse aus den Unternehmensfallstudien zusammengefasst.

In der ersten Phase, der *Situationsanalyse*, setzen sich zwar alle Unternehmen mit ihren *Stärken und Schwächen* sowie den Rahmenbedingungen in den Ländermärkten auseinander, das geschieht aber in einem unterschiedlichen Ausmaß. Hervorzuheben ist, dass international interessierte Unternehmen mindestens drei Mal so viele Stärken als Schwächen in Bezug auf eine Internationalisierung ihres Unternehmens benennen. Grundlegend sind hierbei immer die Qualität ihrer angebotenen Dienstleistungen und das Know-how/ Fachwissen der Mitarbeiterinnen und Mitarbeiter. Während kleine und mittlere Unternehmen insbesondere Schwächen in ihren personellen und finanziellen Ressourcen sowie bei den Sprachkenntnissen sehen, scheint dies weniger ein Problem für die großen zu sein.

Bei der *Ländermarktbewertung* werden grundsätzlich recht wenige Kriterien seitens der Unternehmen herangezogen. Natürlich ist vor allen anderen Kriterien „das Vorhandensein der richtigen Standortverhältnisse" von Bedeutung. Für viele Unternehmen, insbesondere kleine und mittlere, sind daraufhin EE-Fördergesetze nach deutschem Vorbild bzw. entsprechende Vergütungssysteme, entscheidend. Überraschenderweise spielt die geographische Entfernung als Kriterium in der Ländermarktauswahl nur eine untergeordnete Rolle. Wirtschaftliche Rahmenbedingungen scheinen stärker als rechtliche und politische gewichtet zu sein. Um sich über die entsprechenden Kriterien/ Rahmenbedingungen zu informieren, bedienen sich Unternehmen unterschiedlicher Wege. Die Fallstudien zeigten, dass zur Informationsbeschaffung vor allem betriebsinterne Marktforschungsbemühungen der eigenen Mitarbeiter, betriebsexterne Quellen wie Kooperationspartner/ Bekannte/ freie Mitarbeiter in den Zielländern und Informationen der Verbände, dienen. In geringerem Ausmaß, als die eben benannten Quellen, werden Dienste der AHKn/ IHKn, das Internet/ Fachzeitschriften, Netzwerke, Auftraggeber und Messebesuche in Anspruch genommen. Überraschenderweise wurden selten staatliche Informationsangebote, z.B. von der Bundesagentur für Außenwirtschaft (bfai) direkt benannt. Unkonventionellere Herangehensweisen, um Informationen zu erhalten, sind beispielsweise Referententätigkeiten für AHKn im Ausland oder Pensionäre von Wettbewerbsunternehmen zu engagieren. Bemerkenswert ist jedoch, dass die Mehrheit der Fallstudienunternehmen keine Informationsdefizite benannte und die wenigen Defizite, die erwähnt wurden, sehr heterogen ausfielen. Vielleicht ist dies jedoch ein Hinweis darauf, dass viele kleine und mittlere Unternehmen der Informationssuche und -aufarbeitung wenig Beachtung schenken, wie es das BMWi in seinem „Ratgeber für kleine und mittlere Unternehmen – weltweit aktiv“ schrieb (vgl. BMWi 2007b, S. 12). Auf Basis der Unternehmensgröße lässt sich erkennen, dass große Unternehmen im Gegensatz zu kleinen und mittleren Unternehmen, verstärkt betriebsinterne Marktforschung betreiben. Überraschend ist, dass Angebote der Kammern (AHKn/ IHKn/ DIHK) von kleinen und mittleren Unternehmen nicht so häufig in Anspruch genommen werden.

Bei Betrachtung der Phase der *strategischen Zielplanung* wird deutlich, dass die Integration der Internationalisierung in die allgemeinen Unternehmensziele stark von der Größe der Unternehmen abhängt. Kleine und mittlere Unternehmen berücksichtigen die Internationalisierung kaum in ihren Zielstellungen. Wobei kleinen und mittleren Unternehmen vom BMWi angeraten wird, der Zielbestimmung des Auslandsengagements vor dem ersten Export große Bedeutung beizumessen (vgl. BMWi 2007b, S. 21). Kleine Unternehmen äußerten lediglich ideelle Zielsetzungen in Verbindung mit ihrer Internationalisierung. Große Unternehmen berücksichtigen hingegen die Internationalisierung in Bezug auf ökonomische Zielsetzungen wie Rentabilität, Gewinn, Wachstum, Marktanteil oder Ressourceneinsatz. Der Internationalisierungsprozess wird bei kleinen und mittleren Unternehmen meist durch externe Einflüsse ausgelöst. Diese sind zudem häufig direkter Art wie Kundenanfragen, Anfragen von Partnerunternehmen oder Kontakte durch Auslandstagungen, Verbandsmitgliedschaften oder Projektmitarbeit. Bei größeren Unternehmen besteht oft ein großes Eigeninteresse an der Internationalisierung, sodass es keiner externen Auslöser bedarf. Dennoch sprachen derartige Unternehmen – wenn auch in einem geringeren Ausmaß – von externen Auslösern, die jedoch eher indirekter Art waren, wie Einführung eines EE-Fördersystems nach deutschem Vorbild oder eine gestiegene Nachfrage in dem jeweiligen Auslandsmarkt. In den Unternehmensfallstudien konnte nur bei großen Unternehmen mit einer hohen Exportquote die Internationalisierung ausschließlich auf Basis unternehmensinterner Auslöser beobachtet werden.

Die *Marktwahl* eines Unternehmens, d.h. die Ziellandauswahl steht eng im Zusammenhang mit der Ländermarktbewertung. Im Abschnitt dazu wurden bereits Aussagen zu den Kriterien und zur Informationsbeschaffung in den Unternehmen getroffen. Im Folgenden wird vor allem auf das Auswahlverfahren in den Unternehmen eingegangen, das auf Basis der Ländermarktbewertung erfolgt. Weiterhin werden wertende Aussagen zu zentralen Zielländern sowie wahrgenommenen Markteintrittsbarrieren der Fallstudienunternehmen vorgenommen.

Das Vorgehen bei der Ländermarktauswahl ist bei den Unternehmen meist sehr vereinfacht. In den Fallstudien gab es kein Unternehmen, das aufwendige Gruppierungsverfahren, in denen alle Kriterien gleichermaßen einbezogen werden wie beispielsweise in der Clusteranalyse, zur Auswahl von Ländermärkten einsetzt. Meist wird auf Basis zweier Ausschlusskriterien „Gefahr für Leib und Leben der Mitarbeiter“ sowie „Vorhandensein notwendiger natürlicher Bedingungen“ zunächst die Bearbeitbarkeit der Ländermärkte geprüft. In der nächsten Stufe erfolgt eine Gegenüberstellung und Abwägung weiterer Chancen und Risiken der jeweiligen Ländermärkte, meist bezogen auf EE-Förderung oder wirtschaftliche Rahmenbedingungen, wobei die Kriterien sich hier gegeneinander „aufwiegen“ können.

Bei kleinen und mittleren Unternehmen ist das persönliche Interesse/ eine persönliche Affinität der Geschäftsführung bei der Auswahl eines Ländermarktes oftmals entscheidend. Kleine Unternehmen entscheiden sich für die Erschließung eines Ziellandes meist situationsbedingt. Kleine und mittlere Unternehmen reagieren oft nur auf zielgerichtete Anfragen aus den jeweiligen Ländermärkten. Große Unternehmen treffen ihre Auswahl hingegen strukturierter, aus mehreren Alternativen, durch ein stärkeres Abwägen der Chancen und Risiken der jeweiligen Ländermärkte. Mit zunehmender Erfahrung wird ihr Vorgehen planvoller/ strategischer. Sie schaffen entsprechende Organisationseinheiten (Vertriebsabteilungen, Auslandsabteilungen) oder Procedere (Reporting), die sich mit der Entscheidungsfindung detaillierter auseinandersetzen. Zusammenfassend lässt sich für die Unternehmen der EE-Branche feststellen, mit zunehmender Exportquote und Größe der Unternehmen wird die Ländermarktauswahl planvoller und somit strategisch.

Zentrale Zielmärkte der Fallstudienunternehmen liegen, wie auch das BMWi allgemein für mittelständische Unternehmen feststellt (BMWi 2007b, S. 16), vorrangig in Europa bzw. den 27 EU-Staaten. Dies spiegelt auch die Erkenntnisse aus der Unternehmensbefragung von EXPEED in 2007 wider (vgl. Kapitel 3.4.1). Das KfW-Mittelstandspanel 2008 zeigt ebenfalls, dass der EU-Binnenmarkt eine wesentliche Rolle für den Mittelstand spielt und der Anteil der KMU, der außerhalb Europas aktiv ist, deutlich niedriger ausfällt (vgl. KfW Bankengruppe 2008, S. 51). Die Anzahl der bearbeiteten Ländermärkte ist abhängig von den angewandten Markteintrittsstrategien der Unternehmen. Je kapital- und managementintensiver die Markteintrittsstrategien im Ausland sind, desto weniger Ländermärkte werden bearbeitet. Nur ein Drittel der Fallstudienunternehmen weist intensiv bearbeitete außereuropäische Zielmärkte auf, wobei die Hälfte dieser Unternehmen aufgrund der natürlichen Standortverhältnisse in diese Regionen muss. Die andere Hälfte sind große Unternehmen der Windenergiebranche mit einer hohen Exportquote, somit Unternehmen mit entsprechenden Ressourcen. Über alle EE-Sparten werden allerdings die Ländermärkte USA und China als wichtig eingestuft. Die bearbeiteten Ländermärkte der Unternehmen sind jedoch stark abhängig von der entsprechenden EE-Sparte. Die Auswertung der Fallstudien zeigte, dass die analysierten Fälle unter Betrachtung ihrer eigenen Markteinschätzung sowie ihrer Ländermarktauswahl typische Repräsentanten ihrer EE-Sparte sind und auf bedeutenden Märkten der jeweiligen EE-Sparte, die u. a. seitens der EE-Breitenerhebung von EXPEED ermittelt wurden, tätig sind.

In Bezug auf die genannten Markteintrittsbarrieren ist festzustellen, dass – parallel zur Rangfolge der Kriterien bei der Ländermarktbewertung – Barrieren ökonomischer Art im Vordergrund stehen, gefolgt von rechtlichen/ politischen Markteintrittsbarrieren. Diese beiden Aspekte wurden auch in der Unternehmensbefragung am häufigsten genannt, wobei dort die ökonomischen Aspekte vor allem als Erfolgsfaktor und Chance, die rechtlichen und politischen Aspekte dagegen als Hemmnis genannt wurden (vgl. Kapitel 3.2.3). Erst danach kommen entsprechend der Häufigkeit der Nennung Barrieren kultureller und gesellschaftlicher Art. Das KfW-Mittelstandspanel 2008 bestätigt diese Reihenfolge für auslandsaktive KMU. Finanzielle Faktoren (= ökonom. Bedingungen) stellen für diese mit Abstand die wichtigsten Schwierigkeiten dar, zweitwichtigste Faktoren sind die gesetzlichen und bürokratischen Hürden und erst mit deutlichem Abstand folgen Sprachprobleme und kulturelle Probleme. Noch weiter hinten rangieren das Personal und fehlende Kontakte (vgl. KfW Bankengruppe 2008, S. 64f). Barrieren kultureller und gesellschaftlicher Art, wie unzureichende Sprachkenntnisse und Mentalitätsunterschiede, wurden insbesondere von kleinen Unternehmen benannt und beziehen sich insbesondere auf osteuropäische Länder.

Im Gegensatz dazu beklagen große Unternehmen ihren hohen Finanzierungsbedarf, da sie oft in Vorleistung gehen müssen. Überraschenderweise wurden fallstudienübergreifend die geographische Lage oder schlechte Informationen über Zielländer gar nicht als Barriere angeführt. Zudem trat äußerst selten die Bemängelung fehlender Partner und Mitarbeiter vor Ort auf. Interessant ist die Tatsache, dass in attraktiveren Zielmärkten mehr Barrieren als in weniger attraktiveren Ländermärkten wahrgenommen und benannt werden. Durch mehrere Aussagen bestätigte sich, dass südeuropäische Ländermärkte Markteintrittsbarrieren durch Mentalität, starke Bürokratie, lange Genehmigungsverfahren und damit verlängerte Projektierungszeiten aufweisen. Als EE-Sparten-spezifische Barrieren sind Lieferengpässe von Solarmodulen in der Solarbranche, ein Fachkräftemangel, insbesondere an Bohrfachleuten, sowie zwischenstaatliche Rahmenverträge in der geothermischen Stromerzeugung und von den Unternehmen zu leistende Öffentlichkeitsarbeit in der solarthermischen Kraftwerksbranche zu nennen.

Bei der *Planung der Markteintrittsstrategie* wird deutlich, dass die passive Auftragsakquisition (Anfragen durch Kunden) insbesondere bei den kleinen Unternehmen, aber auch bei den mittleren eine bedeutende Rolle spielt. Kleine Unternehmen verlassen sich fast ausschließlich darauf und verwenden nur gelegentlich ein paar unkonventionelle Methoden zur Auftragsakquisition im Ausland wie Referententätigkeiten, Verbandstätigkeiten, Geschäftsreiseprogramme oder Vermittlung durch ehemalige Geschäftspartner. Dagegen machen mittelgroße Unternehmen zunehmend von Ausschreibungen und eigeninitiierten Werbemaßnahmen Gebrauch, um Aufträge im Ausland zu generieren. Überraschenderweise stehen sich insbesondere diese beiden Formen der passiven und aktiven Auftragsakquisition nach der Häufigkeit ihrer Nennung gegenüber. Fachmessen, Tagungen/ Konferenzen, persönliche Kontakte und Unternehmenskooperationen werden im Gegensatz dazu weitaus weniger genannt. Insofern erscheint die Auftragsakquisition sehr polarisiert. Weniger überraschend ist eine zunehmend aktivere Auftragsakquisition bei großen Unternehmen. Sie reduzieren ihre Abhängigkeit von Kundenanfragen und verstärken ihre Aktivitäten zur Geschäftsanbahnung dafür auf Fachmessen, nutzen erstaunlicherweise auch verstärkt persönliche Kontakte und Kooperationen. Die große Bedeutung der Kundenanfragen und bestehender Netzwerke und Kontakte bei der Auftragsakquisition gerade der kleinen Unternehmen zeigt sich auch in der Befragung im Rahmen der vorliegenden Studie (vgl. Kapitel 3.2.2.1). Bei Betrachtung der EE-Sparten ist auffallend, dass sich die polarisierte Auftragsakquisition, Kundenanfragen (passiv) und Ausschreibungen (aktiv), verstärkt bei Unternehmen der Windenergiebranche zeigt. Erstaunlicherweise erwies sich mittels der Fallstudien nicht, dass der Einbezug der Internationalisierung in die Zielplanung des Unternehmens und ein betriebsinterner Auslöser der Internationalisierung, eine aktivere Auftragsakquisition zur Folge hat.

Auffallend ist in diesem Zusammenhang ebenfalls, dass die Hälfte aller Fallstudienunternehmen betont, keine Fördermittel zur Internationalisierung in Anspruch genommen zu haben[51]. Die Gründe dafür sind vielseitig. Die Unbekanntheit von Unterstützungsprogrammen und umfangreiche Formalismen scheinen vor allem ein Problem darzustellen. Meist werden Einrichtungen wie die dena, AHKn und Verbände fallstudienübergreifend mit Unterstützungsangeboten in Verbindung gebracht, obwohl vereinzelt die Meinung existiert, dass die Hilfe der dena und Branchenverbände eher auf große Unternehmen ausgerichtet ist. Während sich insbesondere kleine und mittlere Unternehmen entscheidungs- und handlungsorientierte Unterstützung bei der Internationalisierung wünschen, sind große Unternehmen vorrangig an finanzieller Hilfe interessiert. Große Unternehmen scheinen bereits deutlich versierter bei der Inanspruchnahme verschiedener Förderprogramme zu sein. Dies zeigte eine größere Vielfalt der von ihnen genannten Unterstützungsangebote und -einrichtungen.

Bemerkenswert ist, dass beim Markteintritt im Ausland die Unternehmen sich nicht nur auf eine Form des Markteintritts festlegen, sondern sich häufig auf zwei Formen konzentrieren. Fallstudienübergreifend werden am meisten Strategische Allianzen angewandt. Dies scheint sehr spezifisch für Dienstleister zu sein, denn das KfW-Mittelstandspanel 2008, das unter anderem auch das verarbeitende Gewerbe und Baugewerbe berücksichtigt, weist den Export als wichtigste Form der Erschließung von Auslandsmärkten nach (vgl. KfW Bankengruppe 2008, S. 48). Von der überwiegenden Mehrheit der Fälle werden privatwirtschaftliche Unternehmen bzw. Personen im Ausland als Kooperationspartner bevorzugt. Mit Institutionen und in Netzwerken kooperieren eher die großen Dienstleister. Sehr typisch erscheint dies auch für die Windenergiebranche zu sein. Kleine Unternehmen nutzen als Markteintrittsstrategie oft den Export und Strategische Allianzen, mittlere Unternehmen überwiegend Strategische Allianzen sowie Niederlassungen und Tochterunternehmen – sie greifen auch noch mehrfach auf den Export zurück – und große Unternehmen scheinen fast ausschließlich Niederlassungen/ Tochterunterneh-

[51] In der Breitenerhebung gaben sogar rund 2/ 3 der Unternehmen an, keine Unterstützungsangebote genutzt zu haben (vgl. Kapitel 4.2).

men und Strategische Allianzen für den Markteintritt zu bevorzugen, Joint Ventures sind eher selten. Diese Aufteilung zeigt sich auch in der Befragung von Dienstleistungsunternehmen, die im Rahmen der vorliegenden Studie durchgeführt wurde (vgl. Kapitel 3.2.2.2). Diese Tendenz spiegelt sich auch aus der Perspektive der Exportquote wider. Der Export als Markteintrittsstrategie steht meist im Zusammenhang mit einer hohen Mobilität des externen Faktors, begrenzter Dauer von Projekten und geographischer Nähe des Zielmarktes zum Heimatmarkt.

Die Analyse der Timingstrategie beim Markteintritt ergab, dass fast alle Fallstudienunternehmen – zumindest in einigen Ländermärkten – als Pioniere eintreten. Die Folgerstrategie innerhalb von Ländermärkten, d.h. nach den Hauptwettbewerbern in die entsprechenden Ländermärkte einzutreten, wird eher selten angewandt, eigentlich nur von Unternehmen der Wind- und Solarenergiebranche. Wahrscheinlich wollen sie zunächst in Ländern mit sehr hohem Nachfragepotenzial Auslandserfahrungen sammeln, um diese dann in anderen Ländermärkten als Pionier umzusetzen und rechtzeitig Wettbewerbsvorteile aufzubauen. Bei der länderübergreifenden Markterschließung ist grundsätzlich die Tendenz des Nacheinander-Erschließens zu erkennen. Bei kleinen Unternehmen erfolgt dies meist zufällig und situationsbedingt. Bei mittleren und großen Unternehmen wird bereits ein planvolleres Nacheinander-Erschließen von Ländermärkten deutlich, sodass man dort von einer Wassertropfen oder Wasserfallstrategie sprechen kann. Dies lässt sich auch aus Perspektive der Exportquote in den Unternehmen ableiten. Die Sprinklerstrategie, d.h. mehrere Ländermärkte gleichzeitig zu erschließen, tritt sehr selten auf, häufiger wohl bei mittelgroßen Unternehmen.

Mit Blick auf die *Basisstrategie der Marktbearbeitung* bestätigt sich auch für Dienstleister im Bereich der erneuerbaren Energien die in der Literatur getroffene Aussage, dass eine reine Standardisierung bzw. Differenzierung der Marketing-Inhalte und -Prozesse kaum vorgenommen, sondern eher von den Unternehmen eine Mischstrategie verfolgt wird. Eine Standardisierung über alle Marketing-Instrumente und -Prozesse hinweg lässt sich am ehesten in der Windenergiebranche beobachten. Es stellt sich heraus, dass bei den Marketing-Instrumenten die Markenstrategie von fast allen Unternehmen länderübergreifend standardisiert wird und die Preispolitik die größten Spielräume zur Differenzierung innerhalb der Unternehmen, zwischen einzelnen Ländermärkten zulässt. Kleine Unternehmen betreiben häufig eine differenzierte Produkt- und Kommunikationspolitik sowie eine weitestgehend standardisierte Preispolitik. Bei mittleren und großen Unternehmen ist es hingegen umgekehrt. Die Produkt- und Kommunikationspolitik sind häufig standardisiert und die Preispolitik wird mit zunehmender Größe und Vielzahl von Auslandsmärkten differenzierter. Die Standardisierung versus Differenzierung von Marketingprozessen in Unternehmen scheint in Abhängigkeit von den angewandten Markteintrittsstrategien zu stehen. Kleine Unternehmen, die häufig Dienstleistungen an mobilen externen Faktoren erbringen und damit auch häufiger den Export anwenden, weisen oft differenzierte Marketingprozesse auf. Mittlere und große Unternehmen, die stärker Strategische Allianzen, Niederlassungen und Tochterunternehmen als Markteintrittsstrategie verwenden, weil sie meist ortsgebundene Dienstleistungen erbringen, zeigen eher eine Standardisierung von Prozessabläufen.

Zum Abschluss der Fallstudienbetrachtung lassen sich drei *Unternehmenstypen* mit einer unterschiedlichen Vorgehensweise bei ihrer Internationalisierung erkennen. Um diese Typen trennscharf voneinander abzugrenzen, eignete sich das Kriterium „Vorgehen bei der Ländermarktauswahl“, das die Ausprägungen: zufällig, strukturiert und strategisch aufweist. Demnach ergaben sich die in Tabelle 21 genannte drei Unternehmenstypen, die. im Folgenden näher beschrieben werden.

Tabelle 21: Unternehmenstypen der Internationalisierung bei Dienstleistern im Bereich der EE

Typ 1: Unternehmen mit zufälligem Vorgehen bei der Ländermarktauswahl	Typ 2: Unternehmen mit strukturiertem Vorgehen bei der Ländermarktauswahl	Typ 3: Unternehmen mit strategischem Vorgehen bei der Ländermarktauswahl
es wird situativ auf Anfragen reagiert, es wird nicht/ äußerst selten zwischen alternativen Zielländern abgewogen, es werden nur wenige Kriterien beim Auswahlprozess des Landes berücksichtigt, meist sind Kundenanfragen für die Auswahl des jeweiligen Ländermarktes entscheidend	Vor- und Nachteile von Zielländern werden gegeneinander abgewogen/ Entscheidung zwischen Alternativen, bewusste Auswahl von Zielländern, es werden mehr Merkmale (Chancen/ Risiken) der Ländermärkte als bei Typ 1 in die Entscheidung miteingebunden	vorgeschriebene „Reportings“ über Ländermärkte, Vertriebs- und Auslandsabteilungen mit eigener Marktforschungstätigkeit, genaue Sondierung der Zielmärkte, vorrangig nach wirtschaftlichen Kriterien

Quelle: Eigene Zusammenstellung

Ein *Unternehmen mit zufälligem Vorgehen bei der Ländermarktauswahl* (Typ 1) ist überwiegend klein bis mittelgroß (≤ 50 Mitarbeiter). Es stammt mit höherer Wahrscheinlichkeit aus den EE-Sparten Bioenergie, Wasserkraft oder Geothermie. In der Wind- und Solarenergiebranche ist dieser Unternehmenstyp eher seltener vorzufinden. Das internationale Engagement wird häufig durch externe direkte Einflüsse ausgelöst wie beispielsweise Kundenanfragen, Anfragen von Partnerunternehmen. Bei der Planung und Festlegung der Unternehmensziele ist die Internationalisierung für das Unternehmen eigentlich von nachrangigem Interesse. Motivationen zur Internationalisierung sind eher ideeller Art, z.B. Entwicklungsarbeit zu leisten oder einen Wissenstransfer zu ermöglichen, selten stehen wirtschaftliche Aspekte im Vordergrund. Um sich über die Ländermärkte zu informieren werden mehrheitlich unternehmensexterne Quellen genutzt. Eine eigene firmeninterne Marktforschung existiert nicht. Dementsprechend bestehen verstärkt Informationsdefizite und Probleme bei der Bewertung der Richtigkeit von Informationen. Zentrale Zielländer dieses Unternehmenstyps befinden sich in Europa und werden häufig mittels des Exports oder Strategischer Allianzen, äußerst selten durch Niederlassungen oder Beteiligungen/ Tochterunternehmen, erschlossen. Kooperationspartner im Sinne Strategischer Allianzen sind oft privatwirtschaftliche Unternehmen und Personen im Ausland. Barrieren für einen Markteintritt existieren neben den ökonomischen, rechtlichen und politischen vor allem auch in Bezug auf fehlende Partner und Mitarbeiterinnen und Mitarbeiter sowie im kulturellen und gesellschaftlichen Bereich. In Bezug auf den länderübergreifenden zeitlichen Markteintritt existiert kein planvolles Vorgehen. Dies ist meist situationsbedingt und zufällig. Im Hinblick auf Basisstrategien zur Marktbearbeitung wird oft eine standardisierte Markenpolitik angewandt. Die Prozessabläufe bezüglich der Internationalisierung sind eher differenziert und werden individuell an geänderte Rahmenbedingungen angepasst. Bei der Internationalisierung werden größtenteils keine Fördermittel genutzt, weil man sie einerseits nicht kennt oder andererseits zu viele Formalismen und eine umfangreiche Berichterstattung damit verbindet. Dennoch ist anzumerken, dass Unternehmen dieses Typs hohe Exportquoten von über 50 Prozent aufweisen können. Auch im KfW-Mittelstandspanel 2008 wird deutlich, dass kleine und mittlere Unternehmen im Vergleich zu Unternehmen ab 50 Beschäftigten in der Lage sind, einen wichtigen Anteil ihres Umsatzes im Ausland zu erzielen und dabei der Abstand zu den durchschnittlichen Anteilen der Auslandsumsätze bei größeren Unternehmen gar nicht mehr so groß ist (vgl. KfW Bankengruppe 2008, S. 52, 62). Jedoch die jährlichen durchschnittlichen Anteile der Auslandsumsätze schwanken bei kleinen Unternehmen sehr stark. Was darauf zurückzuführen sein kann, dass sie aufgrund einzelner Aufträge aus dem Ausland große Umsatzanteile erreichen können und kleine Unternehmen eine geringe Kontinuität im Auslandsgeschäft aufweisen als größere Unternehmen (KfW Bankengruppe 2008, S. 53). Dies scheint insbesondere für wissensintensive Dienstleistungen zu gelten (KfW Bankengruppe 2008, S. 56). Derartige Feststellungen lassen sich auch durch Aussagen der Unternehmensfallstudien belegen.

Ein *Unternehmen mit strukturiertem Vorgehen bei der Ländermarktauswahl* (Typ 2) ist höchstwahrscheinlich von mittlerer Größe (10 bis 50 Mitarbeiter), kann aber auch vereinzelt klein oder groß sein und wird voraussichtlich aus den EE-Sparten Wind- oder Solarenergie stammen. Auslöser seiner Internationalisierung sind meist externer Art. Diese können auch indirekt sein, z.B. die Einführung einer EE-Förderung nach deutschem Vorbild in einem Zielland. Im Gegensatz zum Typ 1 berücksichtigt es die Internationalisierung bereits in der Planung seiner Unternehmensziele, insbesondere in Bezug auf ökonomische Zielgrößen. Bei der Informationsbeschaffung über Ländermärkte wird sich nicht ausschließlich auf externe Quellen verlassen, sondern auch eine eigene firmeninterne Recherche vorgenommen. Zunehmend werden Netzwerke zur Informationsgewinnung genutzt. Informationsdefizite bestehen im Unternehmen nicht. Die zentralen, häufig bearbeiteten Zielländer liegen in Europa. Zum Markteintritt kommen alle Formen wie Export, Strategische Allianzen, Beteiligungen/ Tochterunternehmen, Joint Venture und Niederlassungen in Betracht. Dabei werden größtenteils keine Fördermittel in Anspruch genommen. Dies basiert zum einen auf deren Unbekanntheit, zum anderen darauf, dass man sie nicht benötigt. Kooperationspartner werden häufig über Netzwerke gefunden. Bei den Basisstrategien der Marktbearbeitung wird bei der Produkt- und Markenpolitik weitestgehend eine Standardisierung gewählt.

Ein *Unternehmen mit strategischem Vorgehen bei der Ländermarktauswahl* (Typ 3) ist groß und gehört voraussichtlich in die EE-Sparte Wind-, Solarenergie oder beispielsweise in die solarthermische Kraftwerkssparte. Auslöser für das internationale Engagement stammen vorrangig aus dem Unternehmen selbst und sind somit interner Art. Die wenigen externen Auslöser sind eher indirekt, z.B. durch eine steigende Nachfrage im jeweiligen Ländermarkt oder die Einführung einer EE-Gesetzgebung nach deutschem Vorbild. Die Internationalisierung wird stets in die ökonomischen Zielsetzungen des Unternehmens miteinbezogen. Informationen werden durch eine intensive eigene firmeninterne Marktforschung beschafft. Dazu werden entsprechende Organisationseinheiten und Prozessabläufe geschaffen. Demzufolge bestehen kaum Informationsdefizite. Zentrale Ländermärkte, die häufig bearbeitet werden, befinden sich nicht nur in Europa, sondern sind weltweit zu finden. Somit treten neben ökonomischen, rechtlichen und politischen Markteintrittsbarrieren auch häufiger kulturelle/ gesellschaftliche in Erscheinung. Die Zielländer werden meist mittels Strategischer Allianzen, Beteiligungen/ Tochterunternehmen oder Niederlassungen erschlossen. Der Export als Markteintrittsstrategie spielt nur eine unbeträchtliche Rolle. Kooperationen im Ausland werden auch verstärkt mit Forschungseinrichtungen oder Institutionen eingegangen, im Gegensatz zu Typ 1 und 2. Zudem werden Fördermittel der EU, des Bundes oder der Länder genutzt. Deren Auswahl und Prüfung erfolgt vom Unternehmen mit Sorgfalt. Unterstützungswünsche richten sich eher auf Finanzierungshilfen. Das Timing beim länderübergreifenden Markteintritt ist als bewusst sukzessiv zu bezeichnen und gleicht somit einer Wasserfallstrategie. In Bezug auf die Basisstrategie der Marktbearbeitung wird eine standardisierte Produkt- und Kommunikationspolitik angewandt. Prozessabläufe im Unternehmen sind zu einem überwiegenden Teil standardisiert. Die Exportquote des Unternehmens ist sehr hoch.

3.3.3 Ausgewählte Empfehlungen zur strategischen Internationalisierung

In diesem abschließenden Kapitel sollen für die Dienstleister im Bereich der erneuerbaren Energien einige ausgewählte Empfehlungen zur strategischen Planung ihres internationalen Engagements gegeben werden. Sie beziehen sich vorrangig auf die unternehmensinterne Stärken- und Schwächenanalyse, die strategische Zielplanung, die Auftragsakquisition, die Ländermarktbewertung und -auswahl sowie die dazu notwendige Informationsbeschaffung, die Form und das Timing des Ländermarkteintritts.

Unternehmen der EE-Branche, insbesondere kleine und mittlere, haben am Anfang ihrer Internationalisierung oft gar nicht das Ziel, sich im Ausland zu engagieren. Häufig wird der Internationalisierungsgedanke zunächst getragen durch eine persönliche Affinität der Geschäftsführung in Bezug auf ein Zielland oder ideelle Zielsetzungen wie Entwicklungshilfe oder einen Wissenstransfer leisten zu wollen bzw. das Wissen über die jeweilige EE-Nutzung zu verbreiten. Dienstleistungsunternehmen, die sich langfristig auf EE-Märkten etablieren wollen, müssen allerdings darauf achten, frühzeitig ihr Handeln und ihren Ressourceneinsatz in zielführende Bahnen zu lenken, indem sie sich messbare und damit kontrollierbare Ziele in Bezug auf die Internationalisierung setzen. Ökonomische Zielsetzungen, die die Internationalisierung berücksichtigen, können sich beispielsweise auf Marktanteile, Gewinn, Rentabilität, Wachstum oder den Ressourceneinsatz beziehen und sollten schnellstmöglich fest in die Zielplanung des Unternehmens integriert werden. Damit ist der Internationalisierungserfolg im Zeitablauf nachvollziehbar und kontrollierbar.

Um sich nicht unrealistische Ziele zu setzen, ist es notwendig, dass sich das Unternehmen intensiv mit seinen Stärken, aber auch Schwächen auseinandersetzt. Es sollte sich im Vergleich zu seinen Hauptwettbewerbern betrachten. Als grundlegende und für die Internationalisierung notwendige Erfolgsfaktoren muss zumindest eine hohe Qualität der angebotenen Leistungen sowie das entsprechende Know-how/ Fachwissen der Mitarbeiter gewährleistet sein. Zudem sind eine große Bekanntheit/ viele Referenzen, Flexibilität und Schnelligkeit, ein innovatives, spezielles oder umfangreiches Dienstleistungsangebot von Vorteil. Insbesondere in der Windenergie- und Photovoltaikbranche sind entsprechende Zertifizierungen unerlässlich. Die Vielzahl der Stärken muss die Schwächen deutlich überwiegen. Kleine und mittlere Unternehmen stoßen hierbei oft an die Grenze ihrer personellen Ressourcen und finanziellen Möglichkeiten. Meist spielen auch mangelhafte Sprachkenntnisse eine wesentliche Rolle. Große Unternehmen beklagen ihren hohen Finanzierungsbedarf.

Bei der Auftragsakquisition werden von den Unternehmen häufig die Extremformen, Kundenanfragen als passive Form und Teilnahme an Ausschreibungen als sehr aktive Form, angewendet. Gemäßigte Formen der aktiven Auftragsakquisition wie beispielsweise persönliche Kontaktaufnahme über Fachmessen, Tagungen/ Konferenzen und über Unternehmenskooperationen oder ehemalige inländische Partner werden bisher in einem zu geringen Ausmaß genutzt. Weiterhin sind zur Generierung von Aufträgen im Ausland unkonventionellere Herangehensweisen zu berücksichtigen wie aktivere Mitarbeit in Verbänden, Teilnahme an Geschäftsreiseprogrammen der Exportinitiative oder Ausübung von Referententätigkeiten im Ausland, z.B. für die AHKn.

Idealerweise liegen dem Unternehmen mehrere ausländische Auftragsanfragen aus verschiedenen Ländermärkten vor bzw. es hat den Entschluss gefasst, seine Dienstleistungen im Ausland anzubieten und dafür vorerst verschiedene Ländermärkte ins Blickfeld gefasst. Für ein langfristig erfolgreiches Auslandsengagement muss es dem Unternehmen gelingen, schon im Vorfeld der Entscheidung für einen gewissen Ländermarkt ausreichend Informationen zu sammeln, um gut vorbereitet zu sein und somit das Risiko des Scheiterns beim ausländischen Markeintritt zu verringern.

Dazu sollte das Spektrum der Beurteilungskriterien für die Ländermärkte möglichst weit und divers sein – nicht nur wirtschaftliche Aspekte, sondern auch politische und rechtliche umfassen. Basiskriterium zur Bewertung sollte zunächst das Vorhandensein der natürlichen Standortbedingungen sein, damit die jeweilige erneuerbare Energie zum Einsatz kommen kann. Die meisten Unternehmen, insbesondere die kleinen und mittleren, orientieren sich danach am Vorhandensein von EE-Fördergesetzen – möglichst nach deutschem Vorbild – bzw. den Vergütungssystemen. Wirtschaftliche Kriterien spielen im Gegensatz zu den rechtlichen und politischen Rahmenbedingungen eine gewichtigere Rolle. Aus wirtschaftlicher Perspektive sind eine ausreichende Nachfrage, Seriosität/ Kompetenz/ Bonität und Qualität der Partner vor Ort äußerst wichtig. Bei den rechtlichen Rahmenbedingungen stehen zur Beurteilung des Ländermarktes häufig die genehmigungsrechtlichen Abläufe im Mittelpunkt des Interesses. Unter dem politischen Blickwinkel ist eine stabile Situation wünschenswert.

Um die benannten Kriterien mit den landesspezifischen Ausprägungen zu untersetzen, werden kleine und mittlere Unternehmen zur Informationsgewinnung zunächst vorrangig betriebsexterne Quellen nutzen. Grundlegende Säulen der Informationsbeschaffung sind dabei Kooperationspartner/ Bekannte/ freie Mitarbeiter in den Zielländern. Dementsprechend ist es für sie sehr wichtig persönliche Kontakte ins Ausland zu suchen, zu pflegen und zu stärken. Weiterhin können Informationsangebote der Verbände, Angebote der DIHK, IHKn, AHKn sowie der Deutschen Exportinitiative Erbeuerbare Energien, die Auftraggeber selbst, Messen, Netzwerke sowie Internetseiten und Fachzeitschriften genutzt werden. Es sollten auch unkonventionelle Methoden nicht außer Acht bleiben, wie beispielsweise Referententätigkeiten bei AHKn oder der Erfahrungsschatz von Ruheständlern aus Wettbewerbsunternehmen. Mit zunehmender Größe der Unternehmen ist häufig ein größeres Eigenengagement bei der Informationsbeschaffung und -aufbereitung festzustellen und anzustreben, denn jedes Unternehmen besitzt spezifische Informationsbedürfnisse, die es in der gewünschten Zusammenstellung meist nicht findet. Oft können erst mit entsprechender Größe und wachsender Exportquote des Unternehmens nötige personelle Ressourcen und somit entsprechende Abteilungen sowie Procedere für eine Informationsaufbereitung und -beurteilung geschaffen werden. Im Weiteren darf sich das Unternehmen nicht auf der einmalig ermittelten Datenbasis ausruhen, sondern muss diese stets aktualisieren.

Wenn dem Unternehmen entsprechend seiner spezifischen Informationsbedürfnisse Kenntnisse zu den jeweiligen Ländermärkten vorliegen, sollte es mit dem Auswahlverfahren beginnen und die Ländermärkte in eine Rangfolge bringen. Am Anfang der Internationalisierung ist das Vorgehen häufig noch stark vereinfacht. Bei kleinen und mittleren Unternehmen ist oft nur eine zielgerichtete Anfrage aus einem Land entscheidend für die Auswahl des zu bearbeitenden Ländermarktes. Die Entscheidung für das Zielland fällt situationsbedingt. Objektive Entscheidungsparameter bleiben dabei weitgehend unberücksichtigt. Ein derartiges Vorgehen sollte vermieden bzw. ihm sollte schnellstmöglich entgegengewirkt werden. Zu Beginn ihrer Internationalisierung sollten die Unternehmen einen Zielmarkt mittels eines Filterverfahrens auswählen. Ein Filterverfahren umfasst mehrere Stufen. Auf der ersten Stufe scheiden alle Länder aus, die gewisse Ausschlusskriterien erfüllen. Beispielsweise alle Länder, in denen Gefahr für Leib und Leben der Mitarbeiter besteht oder die nicht die natürlichen Voraussetzungen für die entsprechende EE-Anwendung bieten. In den nächsten Auswahlstufen legt das Unternehmen ihm wichtige Kriterien fest. Voraussichtlich werden es in der zweiten Stufe Kriterien wirtschaftlicher und politischer sowie rechtlicher Art sein. Diese Kriterien können unterschiedlich gewichtet sein und sich gegenseitig „aufwiegen“. Ländermärkte mit der besten Benotung könnten dann in die nächste Auswahlstufe eingehen, in der möglicherweise gesellschaftliche und kulturelle Aspekte die Auswahl bestimmen. Ein Filterverfahren besteht aus ca. drei bis vier Stufen. Die Ländermärkte, die aus dem Filterverfahren letztendlich hervorgehen, sollten für einen Markteintritt bevorzugt werden.

Die für eine Bearbeitung ausgewählten Zielländer sollten vorzugsweise nacheinander (Wasserfallstrategie) erschlossen werden. Dies ist insbesondere aus Sicht der begrenzten finanziellen und personellen Ressourcen kleiner und mittlerer Unternehmen zu empfehlen. Dabei sollten die Unternehmen darauf achten, dass sie möglichst eine Vorreiterposition mit ihrem Dienstleistungsangebot im jeweiligen Zielland einnehmen bzw. als Pionier oder zumindest gleichzeitig mit den Hauptwettbewerbern eintreten. Denn nur so können sie sich rechtzeitig Wettbewerbsvorteile sichern. Bei mittelgroßen Dienstleistern der Wind- und Solarenergiebranche ist auch häufiger eine Folgerstrategie zu beobachten, d.h. dass sie erst nach den Hauptwettbewerbern in Zielländer eintreten. Dabei handelt es sich meist um Ländermärkte mit sehr hohem Nachfragepotenzial, das durch die bereits dort anbietenden Unternehmen nicht gedeckt werden kann. Hier besteht die Chance für ein Folgerunternehmen, erste Auslandserfahrungen zu sammeln und diese dann auf einem anderen Ländermarkt als erster bzw. Pionier anzuwenden.

Aufgrund der Eigenschaften von Dienstleistungen wie Immaterialität, Nicht-Lagerbarkeit, Integration des Kunden in den Erstellungsprozess, Individualität der Leistungserstellung und dem sich daraus ergebenden Kaufrisiko beim Kunden scheinen Strategische Allianzen als Markteintrittsstrategie für Dienstleister besonders geeignet. Ein Kooperationspartner vor Ort besitzt häufig ein größeres Vertrauen des Kunden, ist mit den örtlichen Gegebenheiten besser vertraut und – wenn nötig – sofort ansprechbar.

Die meisten befragten Dienstleistungsunternehmen der EXPEED-Unternehmensfallstudie geben nicht nur eine angewandte Markteintrittsstrategie an, sondern sehr häufig zwei. Kleine Unternehmen und Unternehmen mit geringer Exportquote nutzen meist den Export und Strategische Allianzen. Unternehmen von mittlerer Größe verwenden auch noch mehrfach den Export, aber überwiegend Strategische Allianzen sowie Niederlassungen oder Tochterunternehmen. Niederlassungen und Tochterunternehmen werden von ihnen nur in Ländermärkten mit einem kontinuierlichen Nachfragepotenzial gegründet. Als Gründe für den Export werden häufig eine begrenzte Dauer der Projekte, Mobilität bei der Dienstleistungserbringung sowie die geographische Nähe der Zielländer angeführt. Große Unternehmen bevorzugen Strategische Allianzen, Tochterunternehmen/ Beteiligungen und Niederlassungen. Je größer die finanziellen und personellen Ressourcen, desto stärker tendieren sie zu 100-prozentigen Tochterunternehmen oder Niederlassungen und können damit ihrem Kontrollbedürfnis nachkommen.

Im Gegensatz zu reinen Dienstleistungsunternehmen scheinen Unternehmen mit einem materiellen Produkt, z.B. ein Messgerät, das sie mit einem entsprechenden Dienstleistungsangebot kombinieren, bei der Internationalisierung bevorteilt zu sein. Meist exportieren sie zunächst ihre Produkte in die jeweiligen Zielländer und erweitern ihr Angebot später um die jeweiligen Dienstleistungen. Als Beispiel ist das Condition Monitoring in der Windenergiebranche zu nennen.

Die Auswertung der EXPEED-Unternehmensbefragung zu den einzelnen Branchen ergab, dass in der Windenergiebranche eine große Vielfalt an Markteintrittsstrategien vom Export bis hin zur Tochtergesellschaft zu finden ist. Dies ist auch z.T. gültig für die Photovoltaik, obwohl die Unternehmen dort stärker Auslandsniederlassungen und Tochterunternehmen bevorzugen und damit den Alleineintritt. Anbieter der Solarthermie bevorzugen den Export und Auslandsniederlassungen bzw. Projektgesellschaften. Im Biomasse-Bereich konzentriert man sich beim ausländischen Markteintritt auch auf den Export und Auslandsniederlassungen. In der Geothermie wird von Tochtergesellschaften als Markteintrittsstrategie eher abgesehen und man sucht nach Partnern vor Ort für längere Kooperationen oder Einzelverträge. In der Wasserkraft ist das Bild gemischter. Kleine Planungs- und Projektierungsunternehmen bevorzugen den Export. Große Planer und Projektierer nutzen den Export bis hin zu Tochtergesellschaft. Anscheinend liegt der Schwerpunkt aber auf Auslandsniederlassungen und Joint Ventures.

Insbesondere mit den beiden Markteintrittsstrategien des Exports und der Strategischen Allianz stehen geringe Kapital- und Managementleistungen im Zielland im Einklang und damit auch ein gemindertes Investitionsrisiko. Sie sind deshalb insbesondere kleineren Dienstleistungsunternehmen zu empfehlen.

Weitere Handlungsempfehlungen zur strategischen Internationalisierung von Dienstleistungsunternehmen im Bereich der erneuerbaren Energien sind in einem Unternehmensleitfaden, der im Rahmen des EXPEED-Projektes entwickelt wurde, aufgeführt[52].

---

[52] Der Leitfaden mit dem Titel „Internationalisierung von Dienstleistungen. Ein Handbuch für Unternehmen aus dem Bereich erneuerbare Energien“ steht unter www.expeed.de zum Download bereit.

Julika Weiß

3.4 Zielmärkte

3.4.1 Bearbeitete Zielmärkte der EE-Dienstleistungsunternehmen

Zentrale Zielregion der EE-Dienstleistungsunternehmen aus Deutschland ist bisher Europa: Fast alle im Rahmen der Erhebung im Projekt EXPEED befragten Unternehmen mit Auslandserfahrung (n = 70) bieten Dienstleistungen in Ländern der EU-27-Region an (siehe Abbildung 25). Trotz dieser Fokussierung auf den europäischen Markt sind viele Unternehmen auch in weiter entfernten Zielregionen aktiv: So nannte fast die Hälfte der befragten Unternehmen Zielländer in Asien; jeweils mehr als ein Viertel der Unternehmen sind außerdem in Lateinamerika, Nordamerika und Afrika vertreten. Weniger aktiv sind die Unternehmen in Australien/ Ozeanien sowie dem restlichen Europa (einschließlich der Türkei). Eine vertiefte Auswertung zeigt, dass zwar 41 % der Dienstleistungsunternehmen sich auf Europa als Zielmarkt konzentrieren, aber mit 39 % fast ebenso viele in drei oder mehr der genannten Zielregionen (siehe Abbildung 25) tätig sind.

Abbildung 25: Zielregionen der Unternehmen

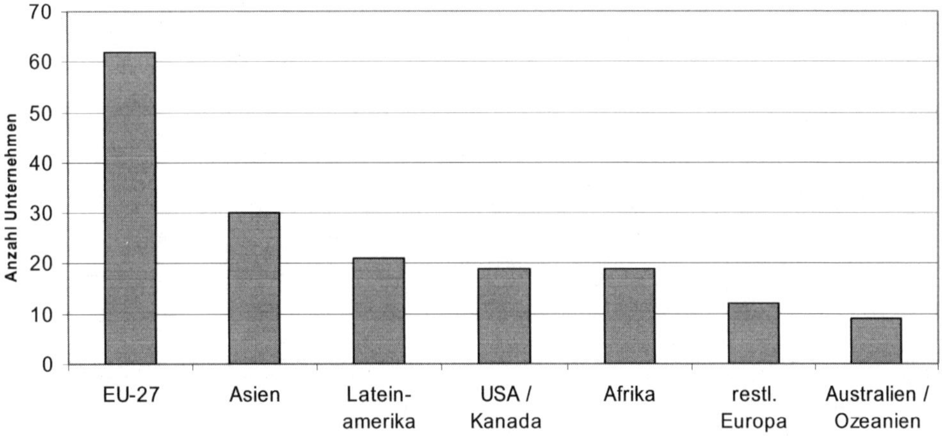

Quelle: Unternehmensbefragung EXPEED, auslandsaktive Unternehmen: n = 70

Die Fokussierung auf den europäischen Markt ist für alle EE-Teilmärkte zu beobachten. Allerdings bestehen Unterschiede in der räumlichen Ausrichtung der Dienstleistungsunternehmen verschiedener EE-Sparten: innerhalb Europas gehen die Anbieter der Solarenergiebranche vor allem in die südeuropäischen Länder, die Geothermie-Branche vor allem nach Ost- und Südosteuropa und die Biomassebranche vor allem in die mittel- und osteuropäischen Länder. Weniger auf Europa konzentriert und weitgehend weltweit aktiv sind insbesondere die großen Dienstleistungsunternehmen der Wasserkraftbranche sowie die Unternehmen im Bereich solarthermische Kraftwerke. Gezielt in Schwellen- und Entwicklungsländer gehen Anbieter im Bereich der PV-Inselanlagen.

Die Konzentration auf den EU-Markt gilt für die EE-Branche insgesamt, wie eine Erhebung der dena im Jahr 2006 zeigt (dena 2007a). Die Dienstleistungsunternehmen der EE-Branche sind nach dieser Erhebung besonders häufig in Spanien, Italien, Frankreich, Österreich und Polen aktiv (siehe Abbildung 26). Eine getrennte Auswertung zeigt, dass auf allen Märkten deutlich weniger Dienstleister als Hersteller tätig sind. Die Hersteller sind damit im Schnitt auf mehr Märkten aktiv als die Dienstleister.

Abbildung 26: Aktivität der Unternehmen in Europa

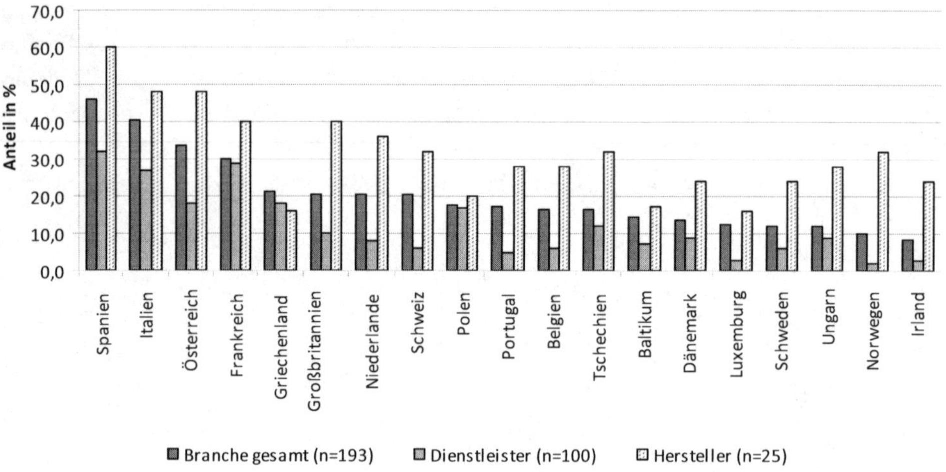

Quelle: Eigene Darstellung; Daten aus einer Erhebung der dena (vgl dena 2007); n = 190

Eine Studie der DIHK (2006) kommt zu dem Ergebnis, dass Dienstleistungen insgesamt hauptsächlich im europäischen Ausland angeboten werden: Dort sind mehr als 90 % der vom DIHK befragten Unternehmen tätig. Die Häufigkeit der Bearbeitung unterschiedlicher Zielregionen weist insgesamt wenig Unterschiede zwischen den Dienstleistungsanbietern in der DIHK-Erhebung und den im EXPEED-Projekt befragten EE-Dienstleistern auf. Lediglich auf dem nordamerikanischen Markt sind in der Erhebung der DIHK deutlich mehr Unternehmen (50 %) tätig, dieser Markt wird also von den EE-Dienstleistern vergleichsweise selten bearbeitet.

3.4.2 Ergebnisse der Länderfallstudien[53]

3.4.2.1 Ziel und Vorgehensweise der Länderfallstudien

Ziel der Länderfallstudien war die Untersuchung der – nach EE-Sparten und Dienstleistungsarten differenzierten – Potenziale im jeweiligen Zielmarkt für EE-Dienstleister aus Deutschland. Die Bewertung erfolgte auf der Grundlage der in Tabelle 22 und Tabelle 23 dargestellten allgemeinen und EE-spezifischen Faktoren. Diese beruhen auf verschiedenen Ansätzen zur Unterteilung unternehmensexterner Einflussfaktoren bzw. Rahmenbedingungen auf Zielmärkten (siehe Dolski/ Hermanns 2004; Meffert/ Bolz 1998; Berndt et al. 2003; Backhaus et al. 1998) sowie den spezifischen Bedingungen im Bereich der erneuerbaren Energien (siehe auch Deutscher Bundestag 2005). Je nach Ausprägung der Faktoren und ihrer Bewertung aus zum Teil unternehmensinterner Sicht handelt es sich um Faktoren der Marktattraktivität oder Marktbarrieren im Wirtschaftssektor der erneuerbaren Energien.

[53] Das Kapitel 3.4.2 entstand unter Mitarbeit von Stefan Ites.

Tabelle 22: Allgemeine Faktoren der Ländermarktbewertung in der EE-Branche

<table>
<tr><th colspan="6">allgemeine Umweltfaktoren/ externe Rahmenbedingungen der Unternehmen</th></tr>
<tr><th>Informationssituation</th><th>geographische Lage/ Umweltsituation</th><th>rechtliche, politische Situation</th><th colspan="3">ökonomische Situation</th></tr>
<tr><td rowspan="4">– Stromnetzdaten
– Management des Netzes</td><td rowspan="4">räumliche Distanz zwischen Heimat- und Zielmarkt</td><td rowspan="4">– Verstärkung protektionistischer Markteintrittsbarrieren durch tarifäre Handelshemmnisse (Zölle, Steuern, Dumping-Vorschriften, Preiskontrollen) oder nicht tarifäre Handelshemmnisse (generelle Ein- und Ausfuhrverbote, Kontingentierungen, local-content-Vorschriften, divergierende technische Vorschriften); oder Abbau protektionistischer Markteintrittsbarrieren (z.B. durch EU-DL-Richtlinie; GATT, GATS) (=Liberalisierung des Energiemarktes)
– politische Absichtserklärungen bzw. politischer Wille
– Arbeitsrecht des Landes
– Sicherheitsrisiko (Gefährdung, von Leben, Gesundheit und Freiheit der Mitarbeiter und deren Angehörigen)
– Fiskal- und Geldpolitik des Landes (Fiskalisches Risiko)
– rechtliches Risiko (unterschiedliche Rechtsnormen, Schwierigkeiten bei Rechtsverfolgung und Rechtsdurchsetzung)
– Substitutionsrisiko (das Gastland sieht sich veranlasst bisherige Importe durch lokale Produktion zu ersetzen)
– Transferrisiko (das Land ist nicht mehr in der Lage oder gewillt seine Zahlungsverpflichtungen nachzukommen)
– politische Stabilität</td><td colspan="3">– Marktvolumen und Marktstruktur des aktuellen Energiemarktes (Anteil der EE am Gesamtmarkt der Energie / Energiebedarf)
– Infrastruktur / Entwicklungsstand (Netzanschlüsse, Verkehr, Kommunikation)
– Inflationsrate
– Wechselkurse (Währungsrisiko durch Wechselkursschwankungen)
– Zahlungsrisiko (Insolvenz ausländischer Partner)
– Investitionssicherheit/ -rendite
– erzielbare Preise (Energiepreise)</td></tr>
<tr><td>Beschaffungsmarkt</td><td colspan="2">Absatzmarkt</td></tr>
<tr><td rowspan="2">– Kapitalmarkt
– (Fremdkapitalgeber vor Ort)</td><td>Nachfragesituation</td><td>Wettbewerbssituation</td></tr>
<tr><td>– Nachfrageverhalten (kulturelle Distanz, Bevorzugung inländischer Anbieter)</td><td>– Substitutionsgüter (Vorkommen fossiler Energieträger)</td></tr>
</table>

Quelle: Eigene Darstellung

Tabelle 23: EE-spezifische Faktoren der Ländermarktbewertung

<table>
<tr><th colspan="6">EE-spezifische Umweltfaktoren/ externe Rahmenbedingungen der Unternehmen</th></tr>
<tr><th rowspan="4">Informations-situation</th><th rowspan="4">geographische Lage/ Umweltsituation</th><th rowspan="4">Rechtliche, politische Situation</th><th colspan="3">ökonomische Situation</th></tr>
<tr><td colspan="3">Wachstum des jeweiligen EE-Auslandsmarktes
Kapitalerfordernisse beim Markteintritt (Höhe der erforderlichen Einstiegsinvestitionen)</td></tr>
<tr><th rowspan="2">Beschaffungsmarkt</th><th colspan="2">Absatzmarkt</th></tr>
<tr><th>Nachfragesituation</th><th>Wettbewerbs-situation</th></tr>
<tr><td>– Daten zu EE-Ressourcen (z.B. Windatlanten etc.)</td><td>– klimatische, geographische Standortbedingungen (Eignung für jeweilige EE unter den Gesichtspunkten derzeitiger Technologiestand und Wirtschaftlichkeit)</td><td>– Förderprogramme/ -maßnahmen im Ausland, Heimatland oder durch internationale Institutionen im Rahmen der Internationalisierung (EE-Förderung, keine Förderung konventioneller Energieträger, Elektrifizierungsprogramme im ländlichen Raum)
– EE-Gesetze, Richtlinien, die Einspeisemengen und Einspeisevergütung regeln
– Transparenz und Dauer der Genehmigungsverfahren für EE-Projekte</td><td>– Preise und Qualität der Produktionsfaktoren vor Ort (z.B. Arbeitskraft)
– verlässliche und erfahrene Partner vor Ort</td><td>– Nachfragevolumen und Nachfragestruktur im jeweiligen EE-Markt (Anzahl, Größe, Bedarf/ Energiebedarf und Kaufkraft potenzieller Kunden in den jeweiligen Ländern)
– Wie ist die Entwicklung wichtiger Kunden bezüglich der Internationalisierung
– Markttransparenz aus Kundensicht</td><td>– Anzahl und Wettbewerbsstärke der Konkurrenten (Wettbewerbsintensität auf dem Auslandsmarkt)
– Wettbewerberverhalten (strategische Barrieren, z.B. Switching-costs für Nachfrager bei Anbieterwechsel)</td></tr>
</table>

Quelle: Eigene Darstellung

Die Auswahl von Ländern für die Länderfallstudien erfolgte in zwei Schritten. In einem ersten Schritt wurde zunächst eine Länderbewertung anhand der derzeitigen oder in den nächsten Jahren zu erwartenden Attraktivität des EE-Marktes getroffen. Dazu erfolgte auf der Basis einer breiten Internet- und Literaturrecherche eine Bewertung anhand der Kriterien Energiebedarf, politischer Wille, Liberalisierung des Energiemarkts sowie den geografisch-klimatischen Vorraussetzungen der einzelnen EE-Sparten, deren Marktvolumen und -potenzial und den jeweiligen Fördermöglichkeiten. Als interessante Märkte wurden dadurch 27 Länder identifiziert (siehe Tabelle 24).

Tabelle 24: Interessante EE-Märkte

		sehr interessant	interessant	mäßig interessant	Nähe, Entwicklungsstand	Länderrisiken
Europa	EU-15	**Frankreich**, Spanien, Portugal, Griechenland, Italien	Irland		Tendenziell abnehmend	Tendenziell zunehmend
	EU-25	**Tschechien**	Polen, Ungarn			
	Resteuropa		**Türkei**	Russland, Bulgarien		
Nicht-Europa	Industrieländer	USA		Israel		
	Schwellenländer	**China**, Indien	Philippinen, Brasilien, Chile			
	Entwicklungsländer		**Marokko**, Tunesien	Indonesien, Ägypten, Madagaskar, Afghanistan, Bangladesch, Pakistan		

fett: für Fallstudie ausgewählte Länder

Quelle: Eigene Darstellung

Aus den besonders interessanten Märkten wurden fünf Länder ausgewählt, die sich bezüglich ihrer Marktbarrieren möglichst stark unterscheiden sollten. Vereinfachend orientierte sich die Auswahl an den Kriterien räumliche und kulturelle Distanz, Entwicklungsstand sowie dem allgemeinen Länderrisiko, die für die jeweiligen Ländergruppen grob abgeschätzt wurden.

In jeder Ziellandstudie erfolgte zunächst eine Darstellung der allgemeinen Situation des Landes sowie des Energiesystems als Ausgangsbasis. Anschließend wurden die allgemeinen Exportbedingungen für deutsche Dienstleistungsunternehmen in das Zielland beschrieben, um grundsätzliche Hemmnisse und Restriktionen, aber auch Erfolgsbedingungen und Anknüpfungspunkte zu identifizieren. Im Hauptteil der Untersuchung erfolgte eine detaillierte Analyse der jeweiligen EE-Teilmärkte. Im Folgenden wird jeweils zusammenfassend ein Fazit zu den jeweiligen Ländermärkten gezogen. Die ausführlicheren Länderfallstudien stehen als Arbeitspapiere unter www.expeed.de zur Verfügung.[54]

3.4.2.2 Der Zielmarkt Frankreich

Die Attraktivität des französischen EE-Marktes[55] ist für deutsche Dienstleistungsunternehmen hoch. Wenige Handelshemmnisse bzw. Markteintrittsbarrieren ermöglichen einen guten Einstieg für deutsche Firmen. Von Seiten der Regierung wurde die Liberalisierung des Energiesektors erfolgreich durchgeführt, zusätzlich bieten verschiedene Fördermaßnahmen und politische Absichtserklärungen bzgl. erneuerbare Energien einen guten Rahmen für eine unternehmerische Tätigkeit in Frankreich. Im Verlauf der letzten Jahre verzeichneten alle EE-Sparten ein Wachstum. Der Anteil der erneuerbaren Energien an der gesamten Stromerzeugung betrug 12,5 % im Jahr 2006. Bisher ist Wasserkraft die dominierende Energiequelle, derzeit wachsen vor allem die Bereiche Windkraft und Biogas. Mit dem wachsenden Markt ergibt sich ein erhebliches Potenzial für ausländische Dienstleistungsunternehmen, jedoch mit unterschiedlich starker Ausprägung in den einzelnen EE-Sparten.

Folgende Faktoren sind im EE-Bereich positiv hervorzuheben:

- Mitgliedsland der EU => wenig Marktbarrieren (z.B. Zölle, gleiche Rechtssphären), freier Warenverkehr, EU-Dienstleistungsrichtlinie,
- kulturelle und geographische Nähe zu Deutschland,
- großes Vertrauen in Know-how und Produkte aus Deutschland, gute Erfahrungen von deutschen Unternehmen mit frz. Partnern,
- moderne Infrastruktur, sehr gut ausgebildete Arbeitskräfte mit hoher Produktivität,
- geringe Länderrisiken (stabile wirtschaftliche Entwicklung, keine Wechselkursrisiken),
- Traditionell negative Außenhandelsbilanz => Dienstleistungsimporte,

[54] Die Länderfallstudien wurden (maßgeblich) von Sascha Faradsch (Türkei), Jan-Christoph Neuhann (Frankreich, Marokko), Daniela Waltenberger (China) und Urte Zahn (Tschechien) im Rahmen ihrer Abschlussarbeiten bzw.während eines Praktikums am IÖW erstellt.

[55] Die folgende Darstellung beschränkt sich auf das europäische Staatsgebiet und vernachlässigt die Überseegebiete Frankreichs.

- steigender Energiebedarf und geringe Energieressourcen, erneuerbare Energien wichtige Energiequelle, gute Prognosen für das Wachstum der EE-Sparten,
- Gesetze zur Förderung des EE-Ausbaus und Anschlusspflicht, feste Tarife für Strom,
- klimatische und geographische Voraussetzungen akzeptabel bis sehr gut,
- sehr gute Datenlage zu erneuerbaren Energien (in einzelnen Sparten akzeptabel bis sehr gut).
- Negative Auswirkungen haben folgende Aspekte:
- Dominanz der Kernenergie, niedrige Einspeisevergütung für Strom aus erneuerbaren Energien,
- Starrer und regulierter Arbeitsmarkt (z.B. gesetzlicher Mindestlohn oder starker Kündigungsschutz),
- Investorenschutz liegt laut Weltbank unter dem OECD-Durchschnitt.

Außerdem können die anspruchsvollen Genehmigungsverfahren für ausländische Dienstleister im Hinblick auf Sprache oder Administration eine große Hürde darstellen. Dazu kommt ein starker Einfluss der lokalen Ebene bei diesen Verfahren. Beim Bau von Stromerzeugungsanlagen mit über 4,5 MW installierter Leistung muss zudem der Energieminister zustimmen und zugleich muss der mehrjährige Investitionsplan mit dem jeweiligen Projekt abgestimmt werden. Des Weiteren sind die Fördermaßnahmen bzgl. erneuerbarer Energien in Frankreich unübersichtlich und bürokratisch, so dass einzelne Programme zeitlich aufeinander folgen oder nebeneinander existieren. Diese Hemmnisse stellen insbesondere für Planung und Projektierung große Hürden dar.

Die Gründung von Unternehmen ist ebenfalls mit Hindernissen verbunden, die vor allem ortsgebundene Dienstleistungen treffen: Ausgaben von über 1,5 Mio. € müssen allerdings der zuständigen Finanzbehörde mitgeteilt werden. Jede Firmengründung muss in einem Bulletin offiziell angekündigt werden und 2 Monate nach Aufnehmen der Geschäftstätigkeit muss die Eintragung ins Handelsregister erfolgen. Erst danach erhält die Firma eine eigene Steuer- und Handelsregisternummer und besitzt eigene Rechtspersönlichkeit. Vorher haften die Gesellschafter mit ihrem gesamten Privatvermögen.

Eine der größten Hürden für deutsche Unternehmen stellt der Abschluss einer Gewährleistungshaftpflicht dar, da französische Versicherungen das Risiko für deutsche Bauunternehmen nicht übernehmen. Hinzu kommt, dass es in Deutschland nur einen Versicherer gibt, der dieses Risiko abdeckt. Für alle Dienstleistungen kann sich die starke lokale Konkurrenz als Problem darstellen, da lokal tätige Firmen zumeist über einen festen, loyalen Kundenstamm verfügen. Ebenso sind die hohen Lohnnebenkosten für ortsgebundene Dienstleistungen als Hemmnis anzusehen, wenn die Arbeiten durch französisches Personal durchgeführt werden.

Im Folgenden werden die Attraktivität der einzelnen Teilmärkte sowie jeweils spezifische Hemmnisse genauer dargestellt. Zu übergreifenden Dienstleistungen wie Bildung, Beratung oder Finanzierung sind mangels Informationen keine Aussagen möglich.

Sonnenenergie

Insgesamt eignet sich Frankreich gut bis sehr gut für den Einsatz von Solaranlagen. Die jährliche solare Einstrahlung beträgt 900-1700 kWh/ m²[56] (http://re.jrc.ec.europa.eu/ pvgis/) und nimmt von Süden nach Norden ab. Photovoltaik-Anlagen werden durch steuerliche Förderung für private Haushalte zunehmend attraktiver, so dass im Jahr 2006 ein Zuwachs von 81 % erreicht wurde (ESTIF 2007). Bis 2010 wird mit einer weiteren Ausweitung der Kapazität auf 160 MW installierte Leistung gerechnet (ENERPLAN 2006). Im Jahr 2005 wurden 121.500 m² an Solarthermie-Anlagen neu installiert, 2006 bereits 280.000 m² (+131 %) (ADEME 2006). Damit ist Frankreich nach Deutschland der zweitgrößte Markt für solare Wassererwärmung.

Prinzipiell verfügt Frankreich sowohl im Solarthermie- als auch im PV-Bereich über interessante Märkte für Dienstleister aller Wertschöpfungsstufen. Eingeschränkt wird die Attraktivität jedoch durch die starke Konkurrenz an lokalen Firmen, die oftmals über einen loyalen Kundenstamm verfügen. Außerdem sind im Solarenergiebereich – insbesondere bei kleineren Anlagen – häufig nur Handwerksbetriebe tätig, für die die Entfernung ein großes Problem darstellt. Potenziale bestehen hier vorwiegend für grenznahe Unternehmen (Installation, Wartung und Service von kleinen Anlagen). Des Weiteren können sich Dienstleistungen rund um die Errichtung und den Betrieb von größeren Anlagen (Planung, Projektierung, Machbarkeitsstudien, Bau, Betriebsführung) für den Markteintritt in den französischen Solarmarkt eignen. Für netzgebundene Anlagen stellt jedoch die Komplexität der Genehmigungsverfahren ein großes Problem dar. Im Vergleich zu Deutschland sind die durchschnittliche Dauer der Verfahren und die Anzahl der erforderlichen Genehmigungen deutlich höher.

Windenergie

Die Windenergie hatte 2007 eine installierte Kapazität von 2.000 MW, was einer Verdoppelung im Vergleich zum Vorjahr entspricht (DGEMP 2007a). Das erschließbare Potenzial bis zum Jahr 2010 liegt bei bis zu 13.500 MW (MINEFI 2007). Das größte Problem im Windenergiebereich stellen die Standortbedingungen dar. Die Gegenden mit dem größten Potenzial sind zumeist vergeben und um die verbleibenden günstigen Gebiete wird sich ein intensiver Wettbewerb entwickeln. Hinzu kommt, dass Windparks nur in sogenannten Windenergieentwicklungszonen (ZDE) zu festen Einspeisvergütungen produzieren dürfen. Diese werden von den jeweiligen lokalen Behörden festgelegt und müssen dann vom regionalen Präfekten abgenommen werden. Darüber hinaus können Regionen eine „Raumplanung für Windgebiete" aufstellen, um einen gleichbleibenden Ausbau der Windenergie zu gewährleisten.

Eine Studie der Boston Consulting Group fand heraus, dass 27 behördliche Genehmigungen vorliegen müssen für den Bau einer Windkraftanlage (BCG 2004). Eine

[56] In Deutschland beträgt die jährliche solare Einstrahlung nur 900-1.200 kWh/ m² (http:/ / www.energieroute.de/ solar/ solarstrahlung)

Umweltverträglichkeitsprüfung ist obligatorisch bei Anlagen, die höher als 50 Meter sind. Eine Baugenehmigung muss für Windkraftanlagen ab einer Höhe von 12 Metern vorliegen. Das Rahmengesetz der Energiepolitik sieht zudem vor, dass Betreiber von Windkraftanlagen im Falle der Demontage für die Herstellung des Ursprungszustandes verantwortlich sind, wofür finanzielle Rücklagen geschaffen werden müssen.

Der französische Windenergiemarkt ist einer starken Konkurrenz ausgesetzt, wobei deutsche Firmen eine starke Position auf dem Markt haben und den Anlagen-Markt dominieren. Im Bereich Planung und Projektierung sind insbesondere französische Firmen aktiv, so dass es starke Konkurrenz gibt – zumal der Markt bereits weitgehend gesättigt ist. Möglichkeiten bestehen deshalb vor allem für einzelne Dienstleistungen im Rahmen von Planung und Projektierung sowie Dienstleistungen während des Betriebs. Diese Dienstleistungen werden teilweise auch vom EDF als Einzelaufträge vergeben.

Geothermie

Die Geothermie spielt in der Stromerzeugung bisher eine marginale Rolle. Im Wärmebereich soll bis 2010 ein Anteil von 50 % an der EE-Wärmeenergie mittels Geothermie (Fernwärme und Wärmepumpen) zur Verfügung gestellt werden (ADEME/ BRGM 2007). Insgesamt sind in der Region Île de France 170.000 Haushalte an Fernwärmesysteme angeschlossen, bis 2020 sollen weitere 100.000 Haushalte versorgt werden (IGA 2007). Außerdem sind eine Million geothermischer Wärmepumpen installiert.

Frankreichs Geothermiemarkt mit Wärmepumpen und Fernwärmesystemen ist größtenteils auf den Großraum Paris beschränkt. Wie bei der Sonnenenergie besteht hier das Problem für ausländische Dienstleistungsunternehmen, dass kleine lokale Firmen den Dienstleistungsbereich abdecken, so dass eventuell nur grenznahe Firmen ihre Dienstleistungen in Frankreich anbieten können. Geothermie spielt eine marginale Rolle in der Stromerzeugung, dies wird sich wohl auch in naher Zukunft nicht ändern. Deshalb reduzieren sich die Möglichkeiten auf handwerkliche Dienstleistungen wie die Installation und Wartung/ Service von Wärmepumpen (überwiegend im grenznahen Gebiet) sowie ggf. auf Dienstleistungen zur Marktentwicklung im Bereich der tiefen Geothermie.

Bioenergie

Bioenergie besitzt in Frankreich mit knapp 28 Mio. ha landwirtschaftlicher Fläche sehr gute Voraussetzungen (Benoit/ Marquer 2007). Feste Biomasse nimmt im Wärmeenergiebereich den ersten Platz ein. Biokraftstoffe werden durch Steuerermäßigungen gefördert und sollen bis 2015 einen Anteil von 10 % erreichen (DGEMP 2007b). Der Markt für Biogasanlagen ist noch klein, die Nachfrage nach Anlagen seitens der Landwirte wächst jedoch stetig. Das mittelfristige Potenzial wird auf 2.000 Biogas-Anlagen geschätzt (FORSEO 2007). Ein Hemmnis besteht möglicherweise darin, dass Frankreich im Biogas-Bereich sehr wenige Spezialisten hat, die den Ausbau dieses Bereiches fördern können. Dies kann jedoch auch eine Chance für deutsche Dienstleister darstellen, die alle Bereiche der Wertschöpfungskette bedienen können. Als Dienstleistungen kommen vor allem im

Biogas-Bereich Standortgutachten und Messungen, Projektplanung, Projektierung und Finanzierung, Beratungstätigkeiten sowie Wartung und Service der Anlagen in Frage.

Wasserkraft

Wasserkraft ist nach Kernenergie die zweitwichtigste Energiequelle Frankreichs, die 2006 mit einem Anteil von 11,1 % zur Stromerzeugung beitrug (91 % des EE-Stroms) (DGEMP 2007a). Vor allem kleineren Wasserkraftanlagen werden in Zukunft große Potenziale zugesprochen. Die Betätigung ausländischer Dienstleister wird durch strenge gesetzliche Regelungen bzgl. Sicherheitsstandards und die Dominanz der Energieerzeugung durch öffentliche Träger behindert. Dennoch können Dienstleistungsunternehmen aus Deutschland mit Angeboten für kleine Wasserkraftanlagen (insbesondere ökologische Ausgleichsmaßnahmen) sowie Dienstleistungen im Rahmen des Betriebs der großen Kraftwerke aktiv werden.

Fazit

Frankreich stellt aufgrund seiner Standortbedingungen in fast allen EE-Sparten für ausländische Dienstleistungsunternehmen einen attraktiven Markt dar. Bei genauerer Betrachtung ist aber festzustellen, dass sich kurz- und mittelfristig die großen Entwicklungspotenziale auf die Bereiche Windenergie und Biogas beschränken. In den Bereichen Sonnenenergie, Geothermie und feste Biomasse sind die Chancen für ausländische Dienstleister deutlich geringer, da kleine französische Firmen strukturelle Vorteile in diesen Bereichen besitzen. Möglichkeiten in diesen EE-Bereichen bestehen insbesondere für Unternehmen, die handwerklich orientierte Dienstleistungen im Grenzgebiet anbieten. Die geringsten Geschäftschancen sind mit dem Bereich Wasserkraft verbunden, der für ausländische Dienstleister aufgrund der Dominanz der öffentlichen Hand nur schwer zu bedienen ist. Hemmnisse, die vor allem *ortsgebundene* Dienstleistungen betreffen, wie aufwendige Genehmigungsverfahren und der starre Arbeitsmarkt, behindern das Erbringen von Dienstleistungen. Insgesamt sind die Hemmnisse jedoch gering.

3.4.2.3 Der Zielmarkt Tschechien

Für deutsche Dienstleistungsunternehmen ist der tschechische EE-Markt mit seinem großen Potenzial und den wenigen Markteintrittsbarrieren bzw. Hemmnissen ein interessantes Betätigungsfeld. Liberalisierungsbestrebungen seitens der Regierung wurden erfolgreich umgesetzt, des Weiteren gibt es vielfältige Förderungsmaßnahmen für den EE- Bereich. Alle EE-Sparten haben Entwicklungspotenziale und sind in den vergangen Jahren mit unterschiedlicher Intensität gewachsen. Biomasse weist mit Abstand das größte Wachstumspotenzial auf. Wasserkraft besitzt den größten Anteil an den erneuerbaren Energien, das Potenzial liegt in der Zukunft im Bereich Mikroturbinen. Der Markt für Windenergie ist gesättigt, für Photovoltaik- und Solarthermieanlagen steht er noch am Anfang und die Geothermie spielt derzeit noch keine Rolle.

Positiv hervorzuheben sind folgende Aspekte:
- EU-Mitgliedsland, sodass viele Handelshemmnisse wegfallen (z.B. Angleichung des nationalen Rechts an EU-Recht),
- geringe Länderrisiken, gute allgemeine Infrastruktur, stabile wirtschaftliche Entwicklung, moderates Lohnniveau und qualifizierte Arbeitnehmer,
- steigender Energiebedarf, Bestrebungen zum EE-Ausbau, geplante CO_2-Emissionsteuer,
- große Anzahl der Fördermaßnahmen für erneuerbare Energien,
- geringe räumliche Distanz, weit verbreitete Deutschkenntnisse, strategische Lage für den Eintritt in osteuropäische Märkte,
- akzeptable bis sehr gute klimatische und geographische Standortbedingungen,
- deutsche Unternehmen als zuverlässige Partner angesehen,
- staatliche Investitionsanreize für Auslandsinvestitionen.

Die Verfügbarkeit von Daten bzgl. der Ressourcen von erneuerbaren Energien scheint gut zu sein, da verschiedene Studien zu den Potenzialen der erneuerbaren Energien vorliegen. Die allgemeinen Informationen sind nicht nur in tschechischer Sprache vorhanden und werden mit dem Wachstum der EE-Branche weiter ausgebaut und internationalisiert.

Allerdings ist man bei der Lizenzvergabe zur Energieerzeugung von der Energieregulierungsbehörde abhängig. Gesellschaften oder Zweigniederlassungen (der Niederlassungsleiter muss seinen Wohnsitz in Tschechien haben) müssen ins Handelsregister eingetragen werden. Vereinzelte Korruptionsfälle, langwierige Bewilligungsprozesse und die intransparente Vergabe von öffentlichen Aufträgen können ausländische Dienstleistungsunternehmen ebenso behindern wie das fehlende Umweltbewusstsein in der Bevölkerung. Das positive Bild wird außerdem getrübt durch:
- Tschechische Unternehmen legen Wert auf Referenzen aus vorherigen Projekten,
- Dauer der Genehmigungsprozesse lang,
- Überangebot an Strom in Tschechien,
- kein ökologischer Druck auf Seiten der Regierung, die Anteile der erneuerbaren Energien zu erhöhen,
- marktbeherrschende Stellung des Unternehmens ČEZ (pro Kernenergie),
- schlechter Zustand der Straßen (außerhalb der bereits modernisierten Gebiete).

Darüber hinaus lassen sich für die einzelnen Dienstleistungstypen folgende Hemmnisse feststellen:
- Die steigende Inflationsrate könnte für Dienstleistungen, die kontinuierlich zu erbringen sind, ein erhöhtes finanzielles Risiko darstellen (Inflationsrate 2004: 2,8 %, 2005: 1,9 %, 2006: 2,5 %, 2007: 2,8 %, 2008:5,4 %) (WKO 2009).
- Fachkräftemangel im EE-Bereich und die daraus resultierende Konkurrenz um Arbeitnehmer stellen vor allem für die diskret oder kontinuierlich ortsgebundenen Dienstleistungen ein Problem dar.
- Durch Erbringung von kontinuierlichen ortsgebundenen Dienstleistungen erhöht sich die Gefahr, dass inländische Dienstleister diese Leistungen durch Lerneffekte selbst

übernehmen. Diese Gefahr ist auf dem tschechischen Markt jedoch zurzeit noch sehr gering.
- Der schlechte Zustand einiger (insb. ländlicher) Straßen könnte für ortsgebundene Dienstleistungen problematisch werden, vor allem, wenn die Erbringung der Leistung diskret erfolgen soll (z. B. Materialtransport).

Zusammenfassend erweisen sich die oben genannten Faktoren als geringe Hemmnisse für einen Markteintritt ausländischer Unternehmen, da der Markt überwiegend positive Signale ausstrahlt.

Solarenergie

Für die Sonnenenergie sind die Bedingungen ähnlich denen in Deutschland. Die installierte Leistung der Photovoltaikanlagen lag 2005 bei knapp 0,5 MW (bfai 2008a) Bis 2010 soll dieser Bereich 0,38 % der Stromerzeugung aus erneuerbaren Energien ausmachen (2006: 0 %) (OEA 2007). Gefördert wird durch Festtarife (Einspeisetarif oder Grüner Bonus). Die Solarthermie hatte 2004 eine Kapazität von 35 MW bei einer Nutzfläche von 50.000 m² (MIT 2007) Schätzungen gehen davon aus, dass 2007 bereits 130.000 bis 135.000 m² genutzt werden (Bufka 2007). Im europäischen Vergleich ist der Anteil der Sonnenkollektoren in Tschechien verschwindend gering, was auf ein enormes Potenzial schließen lässt.

Die Nachfrage nach PV-Anlagen steigt erst langsam an, gleichzeitig sinkt die Einspeisevergütung. Das Wissen der tschechischen Bevölkerung zu Einsatzmöglichkeiten von Solaranlagen ebenso wie das Umweltbewusstsein ist als gering einzustufen. Dies kann sich negativ auf die Nachfrage auswirken. Ein weiteres Hemmnis ist die Knappheit an Fachpersonal. Der wenig entwickelte Markt der Sonnenenergie ermöglicht ausländischen Dienstleistungsunternehmen das volle Spektrum der Dienstleistungen anzubieten.

Windenergie

Der Anteil der Windenergie an der Stromerzeugung aus erneuerbaren Energien lag im Jahr 2006 bei 1 % (ERÚ 2007), Prognosen für das Jahr 2010 gehen von einem Anteil von 21 % aus (bfai 2008a). Die attraktivsten Gebiete sind inzwischen schon vergeben und nur wenige andere Standorte verfügen über geeignete Bedingungen. Damit steht der Windenergiemarkt am Beginn einer Sättigungsphase. Bei der Planung und dem Bau von Windparks muss außerdem von einer starken öffentlichen Opposition ausgegangen werden, zudem sind die Umweltschutzanforderungen sehr hoch. Die unzureichende Einbindung in das Mittelspannungsnetz stellt ein weiteres Hemmnis da, so dass Unternehmen bei größeren Anlagen gezwungen sind, eigene Umspannwerke zu bauen. Genehmigungen für den Bau von Windkraftanlagen sind in der Regel schwer zu erhalten, zudem werden die wesentlichen Prozesse nicht von staatlicher Seite beschleunigt.

Aufgrund der bereits bestehenden Anlagen und dem Beginn der Sättigungsphase besteht vor allem ein Markt für Dienstleistungen des Betriebs, Service sowie Aus- und Weiterbildung. In geringerem Maße können auch Dienstleistungen der Planungs- und Projektierungsphase noch erfolgreich auf dem tschechischen Markt aktiv werden.

Geothermie

Der gesamte tschechische Geothermie-Markt ist bisher noch wenig entwickelt. Diesem Bereich wird aber ein großes Wachstumspotenzial bescheinigt und 2010 soll Geothermie bereits 0,38 % zur Stromerzeugung aus erneuerbaren Energien beitragen (OEA 2007). Bisher sind nur wenige oder unzureichende Informationen über geothermische Vorkommen vorhanden, so dass für größere geothermische Projekte bisher die Informationsgrundlagen fehlen. Hinzu kommt ein Mangel an geeigneten Bohrgeräten, der zu langen Wartezeiten führt. Potenziale für Dienstleistungen liegen deshalb vor allem in der Vorbereitung des Marktes (z.B. geothermische Gutachten, Rechtsberatung, Schaffung/ Verbreiterung der Datenbasis) und der Ausbildung von Fachkräften.

Bioenergie

Die Voraussetzungen für Bioenergie sind in Tschechien besser als in Deutschland. Die großen zusammenhängenden Landwirtschaftsflächen bieten gute Rahmenbedingungen für den Anbau von Energiepflanzen. Daneben entwickelt sich seit einigen Jahren der Markt für Biomasse- und Biogasanlagen. 2006 besaßen Biomasse und Biogas einen Anteil von 26 % an der Stromerzeugung aus erneuerbaren Energien (ERÚ 2007), dieser Anteil soll laut Prognosen im Jahr 2010 54 %[57] betragen (bfai 2008a). 90 % des Potenzials erneuerbarer Energien beruhen auf Biomasse, ein Zehntel davon wird bisher genutzt (IEA 2004).

Der Markt besteht aus vielen kleinen Unternehmen, die wenig miteinander vernetzt sind, was ein schnelles Wachstum der Branche bisher verhindert. Dennoch sind die Chancen für ausländische Dienstleistungsunternehmen als sehr gut einzustufen, da alle Bereiche der Wertschöpfungskette nachgefragt werden.

Wasserkraft

Potenziale für größere Wasserkraftanlagen sind in Tschechien gering. Im Bereich kleiner Laufwasserkraftwerke besteht dagegen noch ein Potenzial. 2005 lag die installierte Kapazität bei 267 MW (OEA 2007), im Bereich Kleinstkraftwerke wird das Potenzial auf 130 MW geschätzt (EWS 2008). Dabei kann es zu Zielkonflikten mit dem Gewässer- und Naturschutz kommen, außerdem erhalten Wasserkraftwerke eine vergleichsweise geringe Förderung, Kraftwerke über 10 MW sind von der Förderung ganz ausgeschlossen (Reiche 2003). Der bestehende Markt bietet für Dienstleistungen im Bereich Service, Modernisierung oder Neubau kleiner Anlagen gute Potenziale.

Fazit

Der gesamte tschechische Markt ist für deutsche Unternehmen grundsätzlich interessant: Er hat vom Marktvolumen her eine große, in Bezug auf die Möglichkeiten der Dienstleistungserbringung eine sehr große Attraktivität und weist als weiteren Vorteil die geringe

---

[57] Inkl. der Nutzung von Biomasse mit fossilen Brennstoffen.

Entfernung auf. Die Errichtung und der Betrieb von EE-Anlagen werden durch Festtarife oder andere Maßnahmen gefördert. Zugleich sind die Förderungen längerfristig angelegt und politisch unterstützt. Der Markt für EE-Anlagen ist in den Bereichen Wasser- und Windkraft relativ gesättigt, so dass sich in diesen Teilmärkten die Dienstleistungen auf bestehende Anlagen konzentrieren. In den Sparten Geothermie, Bio- und Sonnenenergie sind die Potenziale für den Neubau von Anlagen sehr groß, allerdings nur teilweise wirtschaftlich. In diesen Sparten können insbesondere Dienstleistungen am Anfang der Wertschöpfungskette angeboten werden. Außerdem bieten alle Sektoren Möglichkeiten für die Dienstleistungen Aus- und Weiterbildung, Öffentlichkeitsarbeit, Dienstleistungen während des Betriebs und Finanzierungsdienstleistungen. Insbesondere k*ontinuierlich ortsgebundene* Dienstleistungen sind mit einer Reihe von Hemmnissen konfrontiert, insgesamt gibt es jedoch nur wenige Risiken und Markthemmnisse.

3.4.2.4 Der Zielmarkt Türkei

Insgesamt ist der türkische Markt für deutsche Dienstleistungsanbieter ein attraktiver Markt und es gibt nur wenige Markteintrittsbarrieren bzw. Hemmnisse. Grundsätzlich sind die Bestrebungen der türkischen Regierung den Energiemarkt zu liberalisieren recht stark. Weiterhin sollen die erneuerbaren Energien im Hinblick auf die heimische Energieproduktion gestärkt bzw. gefördert werden. Besonders groß sind das Marktvolumen und das Marktpotenzial für Windenergie, Geothermie und Wasserkraft. In den anderen EE-Bereichen sind die geographischen und klimatischen Standortbedingungen zwar ebenfalls gut, es fehlt jedoch (bisher) der politische Wille zum Ausbau dieser Bereiche.

Da die Türkei:

- nur geringe bis mäßige Länderrisiken aufweist,
- der Entwicklungsstand, insbesondere der allgemeinen Infrastruktur und der Netzinfrastruktur, gut bis akzeptabel ist (Netzinfrastruktur teilweise nur mäßig, in vielen Landesteilen häufige Stromausfälle),
- eine starke Liberalisierungsbestrebung durch den Abbau protektionistischer Handelsbarrieren besteht,
- der politische Wille durch entsprechende Gesetzgebungen und Fördermaßnahmen stark erkennbar ist,
- ein hoher, wachsender Energiebedarf (privat und gewerblich) vorhanden ist,
- für alle EE-Bereiche gute bis sehr gute geographische und klimatische Standortbedingungen existieren,
- und nur wenige Markteintrittsbarrieren bestehen,

zählt die Türkei zu den interessanten Zielmärkten für deutsche Unternehmen. Die recht positiv zu beurteilende Gesamtsituation für erneuerbare Energien sowie die damit verbundene Dienstleistungsnachfrage wird dennoch durch einige Hemmnisse für ausländische Dienstleistungsanbieter getrübt.

Zum Teil veraltete Marktinformationen und das begrenzte Informationsangebot, das zudem meist nur in türkischer Sprache vorliegt, erschweren die Informationsgewinnung für ausländische Anbieter. Weiterhin beeinflussen die Notwendigkeit des Besitzes einer Lizenz, die Pflicht zur Mitgliedschaft in einer Handelskammer, politische Spannungen zu Syrien und dem Irak bezüglich des GAP-Projektes, vereinzelte Fälle von Korruption, schwierige Geltendmachung von Rechtsansprüchen vor Gericht und ein nur wenig ausgeprägtes Umweltbewusstsein in der Bevölkerung alle Dienstleistungstypen im gleichen Ausmaß negativ. Die hohe Inflationsrate birgt für ausländische Anbieter ein erhöhtes finanzielles Risiko. Für *kontinuierlich* zu erbringende Dienstleistungstypen ist dieses besonders hoch. Dass bei öffentlichen Ausschreibungen oft Vertreter vor Ort vorgeschrieben sind, ist insbesondere für *mobil* zu erbringende Dienstleitungen von Nachteil.

Der Mangel an EE-spezifisch geschulten und ausgebildeten Arbeitskräften in der Türkei, die gelegentlichen kämpferischen Auseinandersetzungen im Südosten der Türkei (Kurdengebiet) sowie die relativ große räumliche Distanz aus Sicht des europäischen Marktes stellen besonders für das Angebot *ortsgebundener* Dienstleistungstypen ein Hemmnis dar. Weiterhin erschweren Probleme mit dem Niederlassungsrecht und die seit 2004 weggefallene Befreiung von Steuern, Abgaben und Gebühren in Freihandelszonen ausländischen Anbietern ortsgebundener Dienstleistungen den Markteintritt.

Die Lage der Türkei kann für *ortsgebundene* Dienstleistungen, insbesondere bei einer diskreten Erbringung und bei der Notwendigkeit von Materialtransport, ein Hindernis darstellen (im Vergleich zu Nachbarländern). Das Land ist aber prinzipiell von Deutschland aus gut erreichbar (Distanz ca. 3 Flugstunden; zahlreiche Flugverbindungen).

Zusammenfassend ist für ausländische Anbieter ortsgebunden zu erbringender Dienstleistungen, insbesondere kontinuierlicher, der Markteintritt in der Türkei vergleichsweise schwer, da einige Hemmnisse vor allem die Erbringung der Dienstleistung vor Ort betreffen.

Eingeschränkt wird die Marktattraktivität im Strombereich durch die geringen Einspeisevergütungen, die sich nur bei Windenergie an sehr guten Standorten und bei Wasserenergie lohnen, und die geringe Sicherheit über das Fortbestehen garantierter Einspeisetarife. Dies stimmt mit dem zentralen energiepolitischen Ziel der Türkei einer möglichst kostengünstigen Energieerzeugung überein. Ebenfalls eingeschränkt wird die Attraktivität im Strombereich durch die schlechte Netzinfrastruktur, insbesondere die geringen Kapazitäten. Insbesondere im Wärmebereich kann das geringe Umweltbewusstsein in der Bevölkerung zu einer geringen privaten Nachfrage beitragen.

Für ausländische Betreiber von EE-Anlagen kommen als Hindernisse hinzu, dass Lizenzen für die EE-Produktion nur von türkischen Unternehmen erworben und nicht weiterverkauft werden dürfen, ein Investor für ausländische Investitionen eine Erlaubnis und Bescheinigung vom Generaldirektorat benötigt und dass bei öffentlichen Ausschreibungen die Einschaltung von Vertretern vor Ort oft vorgeschrieben ist. Aus diesen Gründen ist in der Regel die Kooperation, ein Joint Venture mit einem türkischen Unternehmen oder die Gründung eines Tochterunternehmens erforderlich.

Windenergie

Der Windenergiemarkt in der Türkei entwickelt sich dank guter Bedingungen derzeit bereits lebhaft. Hier bestehen gute Potenziale für deutsche Windenergie-Dienstleister, sich an der Marktentwicklung zu beteiligen. Dennoch ist die Situation für Investoren aufgrund der dargestellten Rahmenbedingungen in der Türkei recht risikobehaftet. Deshalb ist kein starkes Wachstum des Windenergiemarktes innerhalb kurzer Zeit zu erwarten. Dies schränkt die Betätigungsmöglichkeit für Planer und Projektierer ein, die außerdem von langwierigen Bürokratie- und Verwaltungsgängen bei Genehmigungsverfahren sowie durch die begrenzte Aufnahmefähigkeit des Stromnetzes behindert werden. Auch die z.T. alten Informationen und die begrenzte Informationslage in der Türkei wirken sich negativ aus. Die geringe Anzahl installierter Windenergieanlagen und deren langsames Wachstum führen zu einer geringen Nachfrage nach Dienstleistungen des Betriebs. Den Markteintritt für deutsche Dienstleistungsunternehmen – insbesondere für mobil zu erbringende wie kaufmännische Betriebsführung oder Fernüberwachung – erschwert, dass bei öffentlichen Ausschreibungen oft die Einschaltung von Vertretern vor Ort vorgeschrieben ist.

Geothermie

Der Geothermie-Bereich ist bisher noch weitgehend unentwickelt, allerdings hat sich in den letzten Jahren die Gesetzeslage sowie die Informationslage verbessert. Außerdem gibt es gezielte Informationsmaßnahmen von deutscher Seite. Gleichzeitig besteht ein hohes Potenzial aufgrund des Vorkommens heißer Quellen. Im Bereich der Geothermie können für die Errichtung der Anlagen analog die Probleme der Windenergiebranche angeführt werden. Bei geothermischen Anlagen kommt hinzu, dass hier noch grundlegende Informationen zu geeigneten Standorten fehlen und die Anlagenerrichtung mit noch größeren Risiken verbunden ist. Der Geothermiebereich ist außerdem bisher weitgehend in öffentlicher Hand, private Unternehmen bekommen also kaum Aufträge. Aufgrund der geringen Anzahl installierter Anlagen besteht außerdem noch kein Markt für Dienstleistungen im Rahmen des Betriebs. Das größte Potenzial besteht im Bereich der Geothermie für Dienstleistungen, die am Anfang der Wertschöpfungskette stehen, z.B. Messungen und Gutachten zur Standorterschließung.

Wasserkraft

Im Bereich der Wasserkraft sind die Potenziale für große Wasserkraftanlagen schon weitgehend ausgeschöpft, aktuelle Projekte sind zudem aufgrund ihrer sozialen und ökologischen Folgen umstritten. Im Gegensatz zu den anderen Bereichen besteht hier aufgrund der bereits bestehenden Anlagen ein Markt für Dienstleistungen des Betriebs, allerdings mit großer internationaler und türkischer Konkurrenz. Gute Potenziale bestehen aber für kleinere Wasserkraftanlagen. Bei der Errichtung kleinerer Anlagen bestehen die bei den Windkraftunternehmen genannten Hemmnisse ebenfalls.

Sonnenenergie

Die Türkei eignet sich aufgrund ihrer Lage und der entsprechend hohen solaren Einstrahlung prinzipiell sehr gut für die Nutzung von Solarenergie. Bisher haben PV-Anlagen jedoch nur als Inselsysteme für Nischenanwendungen (beispielsweise zur saisonalen Versorgung von Ferienhaussiedlungen) eine Chance, da die Vergütungen zu gering sind. Im Bereich Solarthermie besteht bereits ein durch das einheimische Angebot an einfachen solarthermischen Anlagen weitgehend versorgter Markt. Komplexere Systeme zur solarthermischen Wärme- oder auch Kälteerzeugung könnten aber für den Markt durchaus interessant sein, spielen aber ebenso wie solarthermische Kraftwerke in der Türkei bisher keine Rolle. Hier könnten deutsche Dienstleistungsanbieter sich an ersten Schritten in Richtung Marktentwicklung beteiligen.

Bioenergie

Die traditionelle Nutzung von Biomasse in wenig effizienter Art soll in den nächsten Jahren eingeschränkt werden. Andere Arten der Biomassenutzung spielen bisher in der Türkei keine Rolle. Auch hier bestehen Potenziale zur Marktentwicklung unter Beteiligung deutscher Dienstleister.

Übergreifende Dienstleistungen

Aufgrund des bisher wenig entwickelten EE-Markts in der Türkei können außerdem Bildung und Beratung interessante Dienstleistungsangebote für den türkischen Markt darstellen. Außerdem könnten auch kombinierte Finanzierungs- und Planungsdienstleistungen auch für Privathaushalte interessant sein, da in der Türkei aufgrund der hohen Inflationsraten in den letzten Jahrzehnten die Bildung von Rücklagen häufig nicht erfolgt. Von besonderem Interesse können in allen Bereichen dezentrale Lösungen auch zur Notstromversorgung sein, da in vielen Bereichen aufgrund der häufigen Stromausfälle bereits Notstromversorgungskonzepte auf der Grundlage von Generatoren eingesetzt werden.

Fazit

Insgesamt weist der Markt in den Bereichen eine hohe Marktattraktivität auf, in denen der Einsatz von EE-Anlagen politisch unterstützt und gefördert wird (Wasserkraft, Windenergie, Geothermie). Allerdings fehlt bei der Förderung die langfristige Sicherheit insbesondere für größere Investitionen. Allgemein gibt es wenige Risiken und Markthemmnisse. Zentral für die EE-Dienstleistungen sind vor allem einige Hemmnisse für das (kontinuierliche) Engagement von Dienstleistungen vor Ort, insbesondere Einschränkungen für ausländische Dienstleistungensunternehmen, aber auch langsame bürokratische und juristische Prozesse, hohe Inflation und tlw. Sicherheitsprobleme.

3.4.2.5 Der Zielmarkt China

Den großen Potenzialen des chinesischen Marktes für deutsche Dienstleistungsanbieter im EE-Bereich stehen eine Vielzahl von Markteintrittsbarrieren gegenüber, die China zu einem insgesamt schwierig zu erschließenden Markt machen. China verfügt in allen EE-Sparten sowohl über geeignete klimatische und geografische Standortbedingungen als auch den politischen Willen, die damit verbundenen Potenziale zur Energieerzeugung zu nutzen. Die wichtigsten Sektoren sind Solarenergie, Wasserkraft und Windenergie.

Positive Aspekte sind:

- geringe bis mäßige Länderrisiken,
- wenige tarifäre und nicht-tarifäre Handelshemmnisse und starke Bemühungen zum Abbau protektionistischer Handelsbarrieren,
- hoher und steigender Energiebedarf,
- starker politischer Wille zum Ausbau der erneuerbaren Energien, Erneuerbare-Energien-Gesetz,
- gute bis sehr gute natürliche Standortbedingungen für erneuerbare Energien.
- Die sehr positive, auf starkes Wachstum ausgerichtete Gesamtsituation für erneuerbare Energien und die sich daraus prinzipiell ergebenden Chancen für Dienstleistungsanbieter wird durch eine Reihe von Hemmnissen für ausländische Dienstleister getrübt:
- schlechte Verfügbarkeit von Marktinformationen,
- Implementierungsdefizite liberalisierungspolitischer Maßnahmen,
- Beziehungsaufbau und Netzwerkbildung sind wesentliche Voraussetzungen, Identifikation und Auswahl seriöser lokaler Partner ist schwierig,
- hohe local content-Anforderungen,
- unzureichend ausgebautes Energienetz,
- keine kostendeckenden Preise für EE-Strom,
- starke nationale und internationale Konkurrenz.

Insbesondere Sprachbarrieren und der Umstand, dass die offizielle chinesische Statistik aufgrund politischer Rücksichten und administrativer Mängel in der Informationserfassung durch systematische und zum Teil massive Verzerrungen und Beschönigungen gekennzeichnet ist, machen es ausländischen Unternehmen sehr schwer, sich eine solide Informationsgrundlage zu erarbeiten. Schritte zur Verbesserung der Situation sind zwar eingeleitet, außerdem liegen in einzelnen EE-Bereichen (Windenergie, Geothermie) mittlerweile standortspezifische Daten vor, dennoch ist die Informationssituation nach wie vor unbefriedigend. Weitere Risikofaktoren sind die fehlende Transparenz von Entscheidungsprozessen und der unverbindliche Umgang mit vertraglichen Vereinbarungen. Über diese für alle vier Dienstleistungstypen geltenden Hemmnisse hinaus sind mit Blick auf die einzelnen Dienstleistungstypen folgende Markteintrittsbarrieren festzuhalten:

- Die hohe räumliche Distanz zwischen Deutschland und China bringt vor allem Probleme für ortsgebunden zu erbringende Dienstleistungstypen, speziell mit Blick auf diskrete ortsgebundene Dienstleistungen.
- Mit der hohen chinesischen Inflationsrate sind insbesondere für kontinuierlich zu erbringende Dienstleistungen finanzielle Risiken verbunden.
- Von der Gefahr des unfreiwilligen Know-how-Transfers sind kontinuierlich ortsgebundene Dienstleistungen betroffen, insofern durch die wiederholte Ausführung des Servi-

ces – gerade wenn dafür einheimische Arbeitskräfte herangezogen werden – Lerneffekte generiert werden.

- Anbieter ortsgebundener Dienstleistungen treffen in China auf das Problem, qualifizierte Arbeitskräfte zu rekrutieren und sie dauerhaft an das Unternehmen zu binden, da chinesische Arbeitnehmer sich durch eine hohe Wechselbereitschaft auszeichnen.
- Ein zentrales Problem stellt die geringe Zahlungsbereitschaft chinesischer Kunden für Dienstleistungen dar. Dies gilt in besonderem Maße für kontinuierliche Dienstleistungen (z.B. Wartung), die als Teil des Produktes betrachtet werden, so dass die Kunden hierfür nicht extra bezahlen wollen. Diskrete Dienstleistungen (z.B. Machbarkeitsstudien, Projektierung), die sich als eigenständiges Leistungspaket verkaufen lassen, sind hiervon in weit geringerem Ausmaß betroffen.

Zusammenfassend erweisen sich diese ökonomischen (hoher Wettbewerbsdruck, geringe Strompreise), infrastrukturellen (schwache Leistungsfähigkeit des Stromnetzes) und politischen Faktoren (local-content-Forderungen, IPR-Probleme) als wesentliche Hindernisse auf dem Weg in einen EE-Markt mit prinzipiell großen Wachstumspotenzialen. Aufgrund der genannten Vor- und Nachteile zählt China zu den interessanten, zugleich aber risikoreichen Zielmärkten für deutsche EE-Unternehmen. Kontinuierlich ortsgebundene Dienstleistungen müssen dabei die höchsten, diskret mobil zu erbringende Dienstleistungen die geringsten Markteintrittshürden überwinden.

Solarenergie

Der Sonnenenergie werden von allen erneuerbaren Energien die größten theoretisch nutzbaren Potenziale in China attestiert. In zwei Drittel des Landes liegt die Zahl der Sonnenstunden bei über 2.000 pro Jahr (Deutschland: im Schnitt rund 1.500) und die solare Einstrahlung ist im Süden des Landes hoch. Bis Ende 2006 waren PV-Anlagen mit einer Leistung von 70 MW installiert, wovon etwa die Hälfte zur Stromerzeugung in den abgelegenen ländlichen Gegenden in netzunabhängigen Anlagen genutzt wird (Eifert et al. 2007). Bis 2020 soll die installierte Leistung 1,8 GW erreichen. Die Solarthermie ist zur Warmwasserbereitung weit verbreitet, mit 55 GW verfügt China über 60 % der weltweit installierten Kapazität. Die Kollektorfläche soll bis 2020 von 80 Mio. m^2 auf 150 Mio. m^2 anwachsen (gtz 2007c). Der Bereich der solarthermischen Kraftwerke steht dagegen noch ganz am Anfang der Entwicklung, im Moment laufen erste Planungen für den Bau von solarthermischen Kraftwerken.

Im Bereich der Sonnenenergie verfügt China über eine eigene industrielle Basis, die sowohl den Heimatmarkt beliefert als auch auf dem Weltmarkt aktiv ist und die dazu in der Lage ist, die mit dem Betrieb von solartechnischen Anlagen verbundenen Dienstleistungen zu erbringen. Mit Blick auf den Betrieb solartechnischer Anlagen kommt als weiterer hemmender Faktor der Umstand hinzu, dass es in China im Bereich Sonnenenergie keine staatliche Förderung gibt und die Gestehungskosten nicht gedeckt werden. Angesichts der weitreichenden Ausbaupläne sind große Potenziale für Machbarkeitsstudien, Einstrahlungsmessungen, Standortcharakterisierungen sowie Planung und Projektierung vorhanden. Dies gilt insbesondere für anspruchsvollere Projekte, da für die Planung von Standardanlagen chinesische Anbieter vorhanden sind. Darüber hinaus ergeben sich aus dem wachsenden Bedarf nach qualifizierten chinesischen Arbeitskräften Chancen für Anbieter von Schulungsleistungen.

Im Bereich der solarthermischen Kraftwerke steht China am Beginn der Marktentwicklung und ist in hohem Maße auf ausländische Kompetenz angewiesen. Für deutsche Projektentwickler, die zu den weltweit führenden Unternehmen dieses EE-Segments zählen, ergibt sich daraus die große Chance, sich von Anfang an in China eine starke Marktstellung zu sichern. Als ersten Schritt in diese Richtung kann ein Rahmenabkommen zwischen einem deutschen Projektentwickler und einem chinesischen Unternehmen über bis zu 1.000 MW Kraftwerksleistung angesehen werden.

Wasserkraft

Mit ca. 680 GW hat China das größte Wasserkraftpotenzial der Welt, das sich hauptsächlich im Westen des Landes konzentriert (Martinot 2005). 34 % des wasserkraft-basierten Stroms werden von den etwa 42.000 chinesischen Kleinwasserkraftwerken (bis 50 MW) erzeugt (Eifert et al. 2007). Die installierte Stromerzeugungskapazität soll von 2005 bis 2020 auf 220 GW verdoppelt werden, das entspricht einem Anteil von 20 % der prognostizierten Stromproduktion in diesem Jahr (Albers 2007).

In der großen und kleinen Wasserkraft verfügt China sowohl über große Entwicklungspotenziale als auch über ehrgeizige politische Pläne zur Nutzung der Wasserkraft zur Stormerzeugung. Dabei ist zu beachten, dass die großen Projekte teilweise aufgrund ihrer sozialen und ökologischen Folgen problematisch sind. Dennoch sind einige große deutsche Unternehmen bei Neubau, Erweiterung und Modernisierung von Anlagen bereits in China aktiv und erbringen in diesem Kontext ingenieurtechnische Planungs- und Engineeringdienstleistungen. In der kleinen Wasserkraft ist China der weltweit größte Anlagenproduzent, Chancen für deutsche Anbieter sind hier deshalb weniger im Neubau- als im Modernisierungs- und Erweiterungsbereich zu erwarten. Außerdem bieten sich Geschäftsgelegenheiten mit Blick auf ökologische Ausgleichsmaßnahmen, mit deren Umsetzung deutsche Wasserkraftunternehmen vielfältige Erfahrungen haben. Diese Dienstleistungsbereiche werden in Deutschland vor allem von KMU bearbeitet, für die die mit China verbundenen Hemmnisse wie große Entfernung, mangelhaft qualifizierte Arbeitskräfte oder intransparente Entscheidungsprozesse von besonderem Gewicht sind.

Windenergie

China verfügt mit rund 1.000 GW über das größte nutzbare Windpotenzial weltweit. Die 2005 installierte Leistung von 1,26 GW soll bis 2020 auf 30 GW anwachsen (Dewees 2005). Auf dem schnell wachsenden chinesischen Windenergiemarkt sind einheimische und ausländische Unternehmen aktiv, zu denen in zunehmendem Maße auch deutsche Hersteller zählen. Mit dem Ausbau der chinesischen Windkraftkapazität eröffnen sich Chancen für deutsche Anbieter von Dienstleistungen, die am Anfang der Wertschöpfungskette zu erbringen sind. Dazu zählen vor allem Machbarkeitsstudien, Windmessungen,

Standortcharakterisierungen sowie Planung und Projektierung. Darüber hinaus ist die Durchführung von Forschung und Entwicklung eine wichtige deutsche Exportdienstleistung im Windenergiebereich. Dabei entwickeln deutsche Unternehmen Windenergieanlagen für chinesische Hersteller. Ein Hemmnis im Windenergiebereich stellen die hohen Local-Content-Anforderungen dar.

Geothermie

Die Erzeugung elektrischen Stroms aus geothermischen Quellen ist in China trotz beachtlicher Vorkommen mit einem geschätzten Potenzial von 5,8 GW noch kaum entwickelt. Die installierte Leistung zur Stromerzeugung betrug 2005 30 MW, bis 2010 sollen 300 MW verfügbar sein. 225 Standorte wurden ermittelt, die für eine geothermische Stromerzeugung in Frage kommen (gtz 2007c). Da im Bereich Geothermie also noch kein eigener chinesischer Markt existiert haben Dienstleistungen am Beginn der Wertschöpfungskette (z.B. Beratungs-, Mess-, Schulungs- und Planungsdienstleistungen) die größten Chancen.

Biomasse

Die installierte Leistung zur Erzeugung von Strom aus Biomasse soll von 2 GW im Jahr 2005 auf 30 GW im Jahr 2020 ausgebaut werden (Albers 2007). Der weitaus größte Teil des bislang erst zu einem Drittel genutzten Biomassepotenzials wird für thermische Zwecke verwendet, und zwar vor allem in kleinen Feuerungen auf dem Land. Bei kleinen Biogasanlagen auf Basis anaerober Fermentation ist China weltweit führend. Von den im Jahr 2005 vorhandenen 17 Mio. Klein- und Kleinstanlagen finden die meisten in landwirtschaftlichen Betrieben ihre Anwendung. Mit 1.500 großen Anlagen ist das diesbezügliche Potenzial noch wenig ausgeschöpft (gtz 2007c). Im Bereich Biomasse gibt es einen Bedarf nach Spezialwissen insbesondere zur Planung und zum Betrieb größerer (Biogas-) Anlagen. Allerdings halten sich deutsche Anbieter von Biogasanlagen, die technologisch weltweit eine Spitzenstellung einnehmen, auf dem chinesischen Markt bisher aus Angst vor Know-how-Transfer zurück.

Fazit

In jedem der drei in China wichtigsten EE-Sektoren Sonnenenergie, Wasserkraft und Windenergie, die gemäß der politischen Ausbaupläne in den nächsten Jahren schnell wachsen sollen, sind Marktpotenziale für deutsche Dienstleistungsanbieter vorhanden. Eine hohe Marktattraktivität haben vor allem Dienstleistungen, die am Anfang der Wertschöpfungskette zu erbringen sind, kontinuierlich vor Ort zu leistende Services der Betriebsphase sind dagegen mit hohen Markteintrittshürden belastet. Da sich in einigen Sparten eigene chinesische Märkte etabliert haben (z.B. PV, Solarthermie, Wasserkraft), sind teilweise nur hoch spezialisierte Dienstleister gefragt. In anderen Sparten (z.B. Solarthermische Kraftwerke, Geothermie) steht die Entwicklung erst am Anfang, so dass Dienstleistungen gefragt sind, die am Anfang der Wertschöpfungskette stehen.

3.4.2.6 Der Zielmarkt Marokko

Der Eintritt in den marokkanischen EE-Markt ist für ausländische Dienstleistungsunternehmen insgesamt attraktiv, jedoch mit einigen Hemmnissen verbunden. Zunehmender Zollabbau, Freihandelsabkommen und der politische Wille zum Ausbau der erneuerbaren Energien unterstützen das Tätigwerden auswärtiger Dienstleister. Gezielte Fördermaßnahmen für erneuerbare Energien, die große Importabhängigkeit Marokkos im Bereich Energie sowie der Anstieg der Energienachfrage bieten gute Voraussetzungen für Aktivitäten ausländischer EE-Firmen. Der EE-Anteil an der gesamten Stromproduktion betrug 2005 bereits 10 % (Neuhann 2007). Da in den meisten EE-Sparten ausreichende Ressourcen vorhanden sind, wird das Potenzial von der gtz auf einen Anteil von 22,7 % an der Stromproduktion bis 2020 geschätzt (GTZ 2007b). Die erneuerbaren Energien spielen vor allem im Programm zur dezentralen ländlichen Elektrifizierung eine große Rolle.

Positiv hervorzuheben sind:

- Assoziierungsabkommen mit der EU (z.B. gradueller Zollabbau) und Verhandlungen über Liberalisierung des Handels mit Dienstleistungen im Europa-Mittelmeerraum,
- Schwerpunktland deutscher Entwicklungszusammenarbeit, Nachfrage nach deutschem Know-how im privaten sowie im öffentlichen Sektor sehr groß, verringerte Steuersatz für Dienstleistungen aufgrund des deutsch-marokkanischen Steuerabkommens, deutsch-marokkanischer Vertrag über den gegenseitigen Schutz von Kapitalanlagen,
- Erwerb von Eigentum nicht sehr kostenintensiv und zeitaufwendig im OECD-Durchschnitt, privates Eigentum und Erwerb von Eigentum sind ausführlich kodifiziert und geschützt, gewerblicher Rechtschutz ist gesichert, bei Investitionen kann Zoll- und Abgabenfreiheit für die importierten Anlagegüter beantragt werden,
- politisch stabiles Land, geringes fiskalisches Risiko, nationale Währung recht stabil,
- keine Ein- und Ausfuhrverbote für Dienstleistungen bekannt,
- geringe Lohnnebenkosten/ Löhne,
- stark wachsender Energiebedarf und geringes Substitutionsrisiko (Importabhängigkeit),
- akzeptable bis sehr gute EE-Standortbedingungen (außer Geothermie),
- EE-Ausbau politisch gewollt: marokkanisches Erneuerbare-Energien-Gesetz, nationale und internationale Förderprogramme für den Ausbau der erneuerbaren Energien, politische Ziele,
- Ausbau des Stromnetzes, langfristig: geplante Anbindung an das europäische Stromnetz,
- akzeptable allgemeine Datenlage (von deutscher Seite durch die gtz sehr gut).

Ausländische Dienstleister haben gegenüber inländischen Unternehmen den Nachteil, dass Marokko zwar ein Assoziierungsabkommen mit der EU abgeschlossen hat und eine weitere Liberalisierung des Handels anstrebt, jedoch werden auswärtige Waren und Dienstleistungen mit Zöllen belegt. Ein weiteres Problem besteht darin, dass Konzessionen zur Stromproduktion nur durch ONE, dem dominierenden Unternehmen im Energiesektor, erteilt werden können. ONE ist außerdem bisher der einzige Abnehmer von EE-Anlagen und – zusammen mit dem Centre des energies renouvelable (CDER) – für Beratungsdienstleistungen und Machbarkeitsstudien. Zudem stellen die nicht unabhängige Justiz und die weit verbreitete Korruption Barrieren dar, die für Unternehmen problematisch sein könnten. Außerdem ist die Konkurrenz durch Unternehmen aus anderen Ländern teilweise hoch, da diese bereits auf dem Markt vertreten sind und andere Länder eine größere kulturelle Nähe haben (z.B. Frankreich, Spanien). Im Energiebereich gibt es eine große politische und wirtschaftliche Anbindung an Spanien, die spanische Unternehmen begünstigt. Weiterhin negativ zu bewerten sind folgende Faktoren:

- Teilweise hohe Länderrisiken: Bürger- und Freiheitsrechte werden partiell und temporär verletzt, rechtliches Risiko ist sehr groß,
- Publikationen und Gesetzestexte sind häufig nicht frei zugänglich, Informationslage bzgl. erneuerbarer Energien teilweise unzureichend (v.a. Geothermie, Bioenergie und Wasserkraft),
- für EE-Strom keine verbindliche Einspeisevergütung, nur geringe finanzielle Anreize,
- Kosten für die Genehmigung von EE-Projekten sind im OECD-Durchschnitt deutlich höher auf Grund der anhaltenden Korruption,
- der Westsahara-Konflikt.

Für die einzelnen Dienstleistungstypen lassen sich folgende Hemmnisse feststellen:

- Für kontinuierlich zu erbringende Dienstleistungen könnte die hohe Inflation (2008: 3 %) ein wirtschaftliches Risiko darstellen, ebenso die mögliche Abwertung der Währung. Dieses Risiko ist jedoch gering, da die marokkanische Regierung versucht, die Währung stabil zu halten, um eine Verteuerung der Importe zu verhindern.
- Der Mangel an gut qualifizierten Arbeitskräften stellt ein erhebliches Problem für ortsgebundene Dienstleistungen dar, wenn diese durch ortsansässige Partner erbracht werden sollen.
- Lerneffekte können bei kontinuierlicher ortsgebundener Erbringung von Dienstleistungen auftreten, so dass inländische Unternehmen diese Tätigkeiten übernehmen könnten.
- Die große räumliche Distanz zum Zielland mindert die Attraktivität des marokkanischen Marktes für ortsgebundene Dienstleistungen, insbesondere diskret erbrachte.
- Die schlechte Infrastruktur in einigen Regionen des Landes wirkt sich negativ auf ortsgebundene Dienstleistungen aus.

Bei einer abschließenden Betrachtung stehen den vielen positiven Signalen des marokkanischen EE-Marktes einige Hemmnisse entgegen. Die von ausländischen Unternehmen mobil zu erbringenden Dienstleistungen sind dabei deutlich weniger Hemmnissen unterworfen als die ortsgebundenen Tätigkeiten. Insgesamt besteht ein attraktiver Markt für Dienstleistungen deutscher Unternehmen im Hinblick auf Informationsvermittlung, technischer Unterstützung oder Ausbildung. Deutsche Firmen profitieren im Vorfeld von der sehr guten Kooperation beider Länder, z.B. mit Blick auf die Refinanzierung von Krediten im Umweltsektor durch die KfW oder hinsichtlich von Regierungsverhandlungen, in denen Deutschland Marokko finanzielle Hilfen zusagt.

Sonnenenergie

Sehr gute klimatische Bedingungen führen zu einer hohen Attraktivität in diesem Bereich. Die tägliche Sonneneinstrahlung variiert von 4,7-5,7 kWh/ m² und beträgt zwischen 2.800-3.000 Sonnenstunden jährlich (CDER 2005).

- *Photovoltaik* wird in Marokko fast ausschließlich zur dezentralen Stromversorgung eingesetzt. Die jährliche Stromproduktion lag 2005 bei 25,7 GWh/ Jahr; dies sind 8,92 % der gesamten EE-Stromproduktion. Das erschließbare Potenzial für PV-Anlagen liegt mit 3,3 TWh/ Jahr bis 2020 weit darüber (GTZ 2007b), wobei unter anderem im Bereich der ländlichen Elektrifizierung enorme Potenziale liegen. Gefördert wird der Ausbau der Photovoltaik durch internationale Initiativen und Projekte.
- Die in *solarthermischen Anlagen* installierte Leistung betrug 2005 6 MW mit einer Stromproduktion von 11 GWh/ Jahr, was einem Anteil von 3,82 % an der Stromproduktion aus erneuerbaren Energien entspricht. Das realisierbare Potenzial wird bis 2020 auf 0,708 TWh/ Jahr geschätzt (GTZ 2007b). Durch günstige Steuersätze, Finanzierungshilfen, technische Unterstützung und Ausbildung sowie direkte Subvention soll die Nutzung solarer Brauchwassererwärmung verstärkt werden, so dass eine jährliche Installation von 20.000 m² Solarkollektoren erreicht wird (GTZ 2007b).

Im Photovoltaikbereich vergibt ONE Konzessionen für die Energieversorgung. Dies sind langfristige Verträge zumeist mit ausländischen Dienstleistern, bisher insbesondere mit einem französischen Dienstleistungsunternehmen. Neue Ausschreibungen für Konzessionen sind jedoch mittelfristig zu erwarten, so dass auch deutsche Dienstleistungsunternehmen dort tätig werden können. Dem stehen das Fehlen von gut ausgebildetem Fachpersonal, die große räumliche Distanz und eine fehlende gesetzlich verbindliche Einspeisevergütung als Barrieren gegenüber. Die Konkurrenz von circa 25 Unternehmen, die PV-Produkte (Pumpanlagen, Telekommunikationsanlagen, dezentrale Elektrifizierung der ländlichen Gebiete) herstellen, könnte sich als Problem erweisen. Dienstleistungen, die vor Ort ausgeführt werden müssen, unterliegen zudem den oben genannten allgemeinen Hemmnissen. Dennoch bietet der Markt große Potenziale für deutsche Dienstleistungsunternehmen vor allem im Bereich Großanlagen.

Windenergie

Die Datenlage bzgl. Windenergie in Marokko ist als gut zu bezeichnen. Die installierte Leistung betrug 2005 64 MW mit einer Stromproduktion von 250 GWh/ Jahr und damit 86,73 % an der Stromerzeugung aus erneuerbaren Energien. Bis zum Jahr 2012 sollen knapp 1.250 MW Windenergieleistung installiert sein. Aus Schätzungen der gtz ergeben sich realisierbare Potenziale für die Windenergie bis 2020 von 9,9 TWh/ Jahr (GTZ 2007b). Das technische Potenzial liegt mit 1.000 TWh/ Jahr allein für das südliche Marokko weit darüber (Knies/ Bennouna 2002).

Windparks mit einer Leistung von über 10 MW können im Rahmen von Konzessionen eigenständig betrieben werden. Diese müssen allerdings von ONE genehmigt werden, an die auch der produzierte Strom exklusiv geliefert werden muss. Das Fehlen einer gesetzlich verbindlichen Einspeisevergütung und die geringen Abnahmepreise durch ONE stellen ein Hindernis für das Tätigwerden ausländischer Unternehmen dar. Bisher werden Windparks vor allem von ONE betrieben. Einige ausländische Akteure bieten Dienstleistungen im Bereich Windenergieproduktion an. Nachgefragt werden Dienstleistungen im Rahmen von Planung und Projektierung und Betrieb, aber auch im Bereich Ausbildung.

Geothermie

Zu den Möglichkeiten der Geothermienutzung sind die Informationen bisher unzureichend, da dieser Bereich in Marokko wenig bis gar nicht erforscht ist. Bisher wird kein Strom in geothermischen Anlagen erzeugt, die Potenziale dafür werden als gering eingeschätzt. Eine zukünftige Nutzung würde sich also eher auf die dezentrale Nutzung zur Wärme- oder Kälteerzeugung beschränken. Der Bereich der Geothermie besitzt deshalb mittel- bis langfristig keine Potenziale für Dienstleistungen rund um die Anlagenerrichtung und den Betrieb. Deutsche Dienstleister könnten jedoch die Vorbereitung des Marktes durch Machbarkeitsstudien, Standortgutachten, Forschung und Entwicklung und Bildung unterstützen.

Bioenergie

Biomasse deckt fast ein Drittel des Energiebedarfs Marokkos. Die Nutzung konzentriert sich bisher auf die Nutzung von Holz zum Heizen und Kochen, bei der Stromerzeugung spielt Biomasse kaum eine Rolle. Da die bisherige Nutzung wenig ressourcenschonend ist fördert die marokkanische Regierung Technologien, die die Benutzung von Brennholz effizienter gestalten oder die Substitution von Brennholz ermöglichen. Das realisierbare Potenzial für feste Biomasse wird bis 2020 auf 12,9 GWh Strom im Jahr geschätzt. Bisher gibt es keine Biogasanlagen zur Stromerzeugung, das erschließbare Potenzial bis 2020 wird auf 10 GWh/ Jahr geschätzt. Im Bereich Biokraftstoffe liegt das realisierbare Potenzial bis 2020 bei 1,05 GWh/ Jahr Strom (GTZ 2007b). Damit wäre das technische Potenzial der festen Biomasse und der Biokraftstoffnutzung ausgeschöpft, die Potenziale für Biogas (inkl. Klär- und Deponiergas) werden deutlich höher eingeschätzt. Allerdings sind im Bereich der Biomasse keine politischen Ziele und rechtlichen Bestimmungen vorhanden, so dass mit einem nachrangigen Ausbau gegenüber Wind- und Sonnenenergie zu rechnen ist. Daher ist eher mittelfristig ein Potenzial in diesem Bereich zu sehen, da die Priorität anderer EE-Sparten deutlich erkennbar ist.

Die Förderung effizienter Technologien zur Nutzung von Brennholz, die Substitution durch andere Energieträger sowie der Biogas-Markt, dem kurzfristig ein großes ökonomisches Potenzial zugesprochen wird, stellen potenzielle Geschäftsfelder für deutsche Dienstleister dar. Aufgrund des Fehlens von inländischen Spezialisten kann außerdem der Ausbildungsbereich ein interessantes Geschäftsfeld darstellen. Da Bioenergie vor allem in ländlichen Gebieten produziert wird, besteht ein großes Hemmnis in der hier anzutreffenden mangelhaften (Transport-)Infrastruktur. Ebenso behindert die große räumliche Distanz Dienstleistungen, die vor Ort erbracht werden müssen.

Wasserkraft

Die Datenlage zur Wasserkraft ist von marokkanischer Seite aus als unzureichend anzusehen, Informationen von deutscher Seite sind vorhanden. Die aktuell installierte Wasserkraftleistung beträgt 1.727 MW, das technisch nutzbare Wasserkraftpotenzial wird auf 2,5 GW geschätzt. Mit Blick auf die Kleinwasserkraft wurden über 200 potenzielle Standorte für Kleinstwasserkraftwerke identifiziert, welche ganze Dörfer mit Strom versorgen könnten (GTZ 2007b; Amal 2007). Da die politischen Schwerpunkte in anderen EE-Bereichen liegen, besteht im Bereich Wasserkraft ein großes technisches Potenzial, das jedoch kurz- bis mittelfristig kaum wirtschaftlich erschlossen werden kann.

Aufgrund der geringen politischen Priorität und der geringen bisherigen Nutzung besteht kurzfristig nur ein sehr begrenzter Markt für Dienstleistungsunternehmen. Neben den allgemeinen Hemmnissen, die in Marokko auftreten, stellen außerdem die stark variierenden Niederschlagsmengen eine große Barriere dar. Deshalb bestehen bisher wenn dann Geschäftsmöglichkeiten für Dienstleistungen wie Machbarkeitsstudien und Aus- und Weiterbildung sowie ggf. für Planung und Projektierung von Kleinwasserkraftanlagen.

Fazit

Marokko besitzt in den meisten EE-Sparten ein enormes technisches Potenzial, dessen Ausschöpfung jedoch noch mit einigen Schwierigkeiten verbunden ist. Die fortschreitende Liberalisierung des Energiebereiches, politische Stabilität und Absichtserklärungen bzgl. erneuerbarer Energien sowie die Ausbildung von Fachkräften tragen dazu bei, dass der marokkanische Energiemarkt an Attraktivität für ausländische Unternehmen gewinnt. Vielen positiven Aspekten des marokkanischen Marktes stehen einige negative Gesichtspunkte, beispielsweise das Monopol von ONE, tarifäre Handelshemmnisse, rechtliche Risiken und hohe Inflationsraten, gegenüber.

Die langfristige Planung von Stromexporten in die Europäische Union, die Bestrebungen zur ländlichen Elektrifizierung, und der steigende Energiebedarf bestärken die politischen Absichten zum Ausbau der erneuerbaren Energien, die nach Prognosen der gtz bereits 2010 Anteile von über 20 % an der Stromproduktion erreichen werden. Insgesamt besitzen die Bereiche Sonnen- und Windenergie aufgrund der sehr guten Standortbedingungen langfristig das größte Potenzial. Kurzfristig wird den Bereichen Windenergie und Biogas ein hohes ökonomisches Potenzial prognostiziert. Feste und flüssige Biomasse und Solarenergie können mittelfristig an ökonomischer Bedeutung gewinnen, besonders im Hinblick auf die ländliche Elektrifizierung oder zur Substitution der ineffizienten Brennholznutzung. Dem Bereich Geothermie wird keine Bedeutung beigemessen, ebenso wenig der bisher politisch vernachlässigten Wasserkraft.

Deutsche Unternehmen und deutsches Know-how haben in Marokko ein sehr hohes Ansehen. Dies wird dadurch unterstützt, dass Marokko ein Schwerpunktpartnerland der deutschen Entwicklungszusammenarbeit ist. Für deutsche Dienstleistungsunternehmen bieten sich besonders Aktivitäten im Bereich größerer Anlagen (z.B. Planung und Projektierung, Betriebsführung, Fernüberwachung) und im Bereich Bildung und Beratung.

3.4.2.7 Vergleich der Ergebnisse der Länderfallstudien

Die Analyse der Zielländer ergab, dass auf allen fünf untersuchten Märkten interessante Geschäftsmöglichkeiten für Dienstleistungsunternehmen aus Deutschland bestehen. Welche EE-Teilmärkte jeweils besonders attraktiv sind unterscheidet sich dabei deutlich zwischen den untersuchten Ländern (siehe Tabelle 25). Die Attraktivität der einzelnen Märkte wird dabei insbesondere durch die geografischen und klimatischen Vorraussetzungen und damit das vorhandene (theoretische) EE-Potenzial beeinflusst. Von großer Bedeutung ist außerdem der politische Wille zum Ausbau der Märkte sowie (meist damit verbunden) die Wirtschaftlichkeit des Anlagenbetriebs. Daneben zeigen die Länderfallstudien, dass auch die Marktdynamik und die Wettbewerbssituation (insbesondere lokale Anbieter) Einfluss auf die Attraktivität der Teilmärkte hat.

Tabelle 25: Länderspezifische Potenzialeinschätzungen für EE-Sparten

EE-Sparte \ Land	Frankreich	Tschechien	Türkei	China	Marokko
Sonnenenergie	-	+	-	+	+
Windenergie	+	-	+	+	+
Geothermie	-	+	+	o	-
Bioenergie	+	+	-	-	+
Wasserkraft	+ / -	+ / -	+	+	-

+ gut o durchschnittlich - schlecht

Quelle: Eigene Darstellung

In allen untersuchten Ländern bestehen jedoch auch eine Reihe von Hemmnissen, die trotz attraktiver Märkte die unternehmerische Tätigkeit in dem jeweiligen Land erschweren können (siehe Tabelle 26 und Tabelle 27). Zentral sind die politisch-rechtliche und die ökonomische Situation. Während im Hinblick auf die politisch-rechtliche Situation in den Nicht-EU-Ländern die Länderrisiken und nicht-tarifäre Handelshemmnisse im Vordergrund stehen, sind es in Frankreich und Tschechien – in denen aufgrund der EU-Mitgliedschaft eine Reihe von Länderrisiken entfallen – vor allem Probleme im Zuge der Genehmigungsverfahren. In Frankreich und Tschechien stellt der Absatzmarkt (Wettbewerb – inkl. Konkurrenz zur Kernenergie – und Nachfrage) die zentrale ökonomische Barriere dar. In Tschechien kommen Defizite bei der Infrastruktur und die Inflation hinzu – beides Aspekte, die auch in den Nicht-EU-Ländern relevant sind. Ein weiteres zentrales Problem in diesen drei Ländern stellt die Nachfrage dar, insbesondere die geringen erzielbaren Preise. In Tschechien und der Türkei wird die private Nachfrage außerdem durch ein geringes Umweltbewusstsein eingeschränkt. Fehlendes qualifiziertes Personal kann in allen untersuchten Ländern zu einem Hemmnis werden, in China kommen Schwierigkeiten bei der Partnersuche hinzu.

Tabelle 26: Länder- und EE-spezifische Hemmnisse und Risiken – Teil I

	Frankreich	Tschechien	Türkei	China	Marokko
Politisch-rechtliche Situation	– Lang andauernde Genehmigungsprozesse (z.B. 27 behördliche Genehmigungen für den Bau einer Windkraftanlage) – Schwierig zu erlangende, notwendige Gewährleistungs-haftpflicht – Pol. Dominanz der Kernenergie	– Intransparente Vergabe von öffentlichen Aufträgen – Dauer der Genehmigungsprozesse lang – Vereinzelte Korruptionsfälle – Unternehmen ČEZ drängt auf den Ausbau der Kernenergie	– Vereinzelte Fälle von Korruption – Schwierige Geltendmachung von Rechtsansprüchen – kämpferische Konflikte im Südosten – Lizenzen für EE-Produktion nur für türkische Unternehmen – keine Befreiung von Steuern, Abgaben und Gebühren in Freihan-	– Intransparente Entscheidungsprozesse – Know-how-Transfer – Lokalisierung der Herstellung von Seiten Chinas gewünscht – Implementierungs-defizite liberalisierungspolitische Maßnahmen	– Justizreform langsam und schwierig, keine Unabhängigkeit, schlecht ausgebildetes Personal – Keine Freihandelszone mit der EU – Anhaltende Korruption – Westsahara-Konflikt
Ökonomische Situation	– Lokale Dienstleister erschweren die Erbringung von DL in den Bereichen Sonnenenergie und Geothermie – Starke Konkurrenz durch EDF im Energiebereich und andere ausländische Firmen – Relativ niedrige Einspeisevergütung für Strom aus EE	– Überangebot an Strom – Steigende Inflationsrate – Größere EE-Anlagen benötigen zum Teil eigene Umspannwerke – Wasserkraft über 10 MW erhält keine Förderung – Schlechter Zustand der Straßen in entlegenen Gebieten – Fehlendes Umweltbewusstsein in der Bevölkerung	– Hohe Inflationsrate – Aufnahmefähigkeit des Stromnetzes begrenzt und Netzinfrastruktur in keinem guten Zustand – Niedrige Einspeisevergütung, Preisgarantie für EE-Strom läuft 2011 aus – Wenig ausgeprägtes Umweltbewusstsein	– Unzureichend ausgebautes Energienetz – geringe Preise für EE-Strom – Geringe Zahlungsbereitschaft DL – Hohe Inflationsrate	– Relativ hohe Inflationsrate – Konkurrenz vor allem aus Spanien, Frankreich, Italien und den USA – Keine gesetzliche Einspeisevergütung – Infrastruktur teilweise schlecht

Tabelle 27: Länder- und EE-spezifische Hemmnisse und Risiken – Teil II

	Frankreich	Tschechien	Türkei	China	Marokko
Geeignete Partner Qualifizierte Mitarbeiterinnen und Mitarbeiter	– Starrer und regulierter Arbeitsmarkt – Biogas: Wenig Spezialisten vor Ort	– Mangel an qualifizierten Arbeitskräften	– Mangel an EE-spezifisch geschulten und ausgebildeten Arbeitskräften	– Identifikation und Auswahl seriöser lokaler Partner schwierig – Qualifizierte Arbeitskräfte schwer zu finden	– Mangel an qualifizierten Arbeitskräften
Kulturelle Aspekte				– Unterschiedliche Auffassung über Vertragstreue – Große kulturelle Distanz	– Große kulturelle Distanz
Informationssituation		– Unzureichende Informationen im Bereich Geothermie	– Veraltete Marktinformationen und begrenztes Informationsangebot, oftmals in türkischer Sprache	– Schlechte Verfügbarkeit von Marktinformationen	– Publikationen und Gesetzestexte häufig nicht frei zugänglich – Teilweise schlechte Informationslage
Geographische Lage/ Umweltsituation			– Relativ große räumliche Distanz	– Sehr große räumliche Distanz	– Relativ große räumliche Distanz

Erwartungsgemäß nimmt die kulturelle Distanz ebenso wie die geographische Entfernung in der Reihenfolge Frankreich/ Tschechien, Türkei, Marokko, China zu. In derselben Reihenfolge sinkt das Informationsangebot. Insgesamt sind damit die Hemmnisse und Risiken in den EU-Ländern vergleichsweise gering, China stellt dagegen den risikoreichsten Markt dar, und auch in Marokko und der Türkei konnten eine Reihe von Risiken und Hemmnissen identifiziert werden.

Die Relevanz der analysierten Rahmenbedingungen für die Unternehmen unterscheidet sich nicht nur je nach Stellung in der Wertschöpfungskette, sondern auch nach Art der Dienstleistungserbringung, wobei zwischen kontinuierlich und diskret sowie mobil und ortsgebunden unterschieden wird.

- In allen untersuchten Ländern sind *ortsgebundene* Dienstleistungen in besonderem Maße mit Hemmnissen konfrontiert. In Frankreich sind dies Probleme bei der Firmengründung und hohe Lohnnebenkosten, in Tschechien, China und Marokko der Fachkräftemangel und teilweise die Infrastruktur. In der Türkei und Marokko kommen für die ortsgebundenen Dienstleistungen noch Sicherheitsrisiken hinzu, in der Türkei außerdem Probleme mit den Niederlassungsrecht. In den Ländern mit größerer räumlicher Entfernung haben ortsgebundene Dienstleistungen – und von diesen insbesondere die *diskret* erbrachten – durch die weiten Anfahrtswege einen Nachteil.
- Ein spezifisches Problem für die *mobilen* Dienstleistungen besteht in der Türkei aufgrund der Anforderung, dass bei der Teilnahme an Ausschreibungen ein Vertreter vor Ort vorhanden sein muss. Insgesamt sind diese Dienstleistungen jedoch deutlich weniger von den Rahmenbedingungen in den untersuchten Ländern betroffen als die ortsgebundenen Dienstleistungen.
- Ein spezifisches Hemmnis für *kontinuierlich* zu erbringende Dienstleistungen stellt die hohe Inflation in Tschechien, der Türkei China und Marokko dar. In Marokko wird dieses Hemmnis ergänzt durch das Währungsrisiko. In China stellt für die kontinuierlich zu erbringenden Dienstleistungen des Weiteren die geringe Zahlungsbereitschaft für diese ein spezielles Problem dar.

Insgesamt sind also kontinuierlich ortsgebundene Dienstleistungen vergleichsweise vielen Hemmnissen bei ihrem Gang in die untersuchten Länder ausgesetzt. Für die Anbieter dieser Dienstleistungen gilt außerdem in besonderem Maße die Gefahr des know-how-Transfers, da vor Ort längerfristig Personal eingearbeitet wird.

Der Stand der Markterschließung in den einzelnen EE-Sparten ist ein weiteres wichtiges Kriterium für die Frage, welche Dienstleistungen auf einem Ländermarkt gute Erfolgsaussichten haben. So werden die Dienstleistungen am Anfang der Wertschöpfungskette (z.B. Beratung, Machbarkeitsstudien, aber auch Bildung,) eher auf jungen, gerade entstehenden Märkten benötigt. Andere Dienstleistungen haben nur auf bereits entwickelten Märkten mit bestehenden Anlagen Betätigungsfelder (z.B. Wartung, Service). Da der Stand der Markterschließung sich in allen untersuchten Ländermärkten zwischen den EE-Teilmärkten deutlich unterscheidet, werden in den Zielländern je nach EE-Sparte unterschiedliche Dienstleistungen nachgefragt.

3.4.2.8 Übertragbarkeit der Ergebnisse auf weitere Ländermärkte[58]

Im Rahmen des Projekts wurden fünf Ländermärkte exemplarisch untersucht. Die Ergebnisse zu den einzelnen Ländern sind jedoch prinzipiell nur begrenzt auf andere Ländermärkte übertragbar, da die Länder gerade aufgrund ihrer besonders attraktiven EE-Märkte ausgewählt wurden. Dennoch wurden im Rahmen der Länderauswahl die Länder anhand einer groben Analyse gruppiert und die Länder stellvertretend für die Gruppe analysiert (vgl. Tabelle 24). Im Folgenden wird erörtert, inwiefern die Ergebnisse der einzelnen Länderfallstudien auf die jeweilige Ländergruppe, für die das Land stellvertretend ausgewählt wurde, übertragen werden können. Dazu wurden vereinfachend die Ergebnisse der Fallstudien hinsichtlich Übereinstimmung zu den übrigen attraktiven Ländermärkten der jeweiligen Gruppe (siehe Tabelle 24) verglichen. Grundlage des Ländermarktvergleich stellten die verfügbaren Länderinformationen der gtai und IEA sowie Indices und Vergleichsstudien (beispielweise eine Atkearney Studie (Haag et al. 2007), der CDM-Index und der Transparency International Index) dar. Außerdem wurden die Ergebnisse der Recherchen, die zur Auswahl der Fallstudienländer durchgeführt wurden. hinzugezogen.

Frankreich wurde im Rahmen der Länderauswahl als Land mit sehr hoher Marktattraktivität sowie – aufgrund der benachbarten Lage und der EU-15-Mitgliedschaft – als Land mit sehr großer Nähe, sehr hohem Entwicklungsstand und sehr geringen Länderrisiken für deutsche Unternehmen bewertet. Ähnliche Eigenschaften wurden auch den attraktiven EE-Märkte Spanien, Portugal, Griechenland und Italien zugeschrieben.

Die Fallstudie bestätigt, dass es sich um einen sehr interessanten Markt mit insgesamt wenigen Hemmnissen handelt. Die geographische Nähe, bestehende grenzüberschreitende Dienstleistungstätigkeit, enge deutsch-französische Wirtschaftsverflechtungen und EU-Regelungen bezüglich der Strommarktliberalisierung sowie die erneuerbaren Energien Zielsetzungen wirken sich positiv aus. Wichtige Hemmnisse auf dem französischen Markt sind komplizierte Genehmigungsverfahren und bürokratische Förderprogramme, die eine große Vertrautheit mit der französischen Bürokratie voraussetzen; dazu kommt ein starrer Arbeitsmarkt. Außerdem herrscht innerhalb des EE-Sektors ein großer Wettbewerb mit einer starken Position französischer Unternehmen.

Innerhalb der EU-15 Gruppe besteht durch die EU Mitgliedschaft ein sehr ähnlicher Rechtsrahmen, politisch wie wirtschaftlich sind die Länderrisiken minimal, sie verfügen über eine sehr gute Infrastruktur und Informationsangebote. Insgesamt weisen die EU-15-Länder aufgrund der staatlichen Fördermodelle eine hohe Attraktivität als EE-Märkte auf (vgl. Tabelle 28). Die am häufigsten genannten Hemmnisse beim Ausbau der EE-Märkte sind in der EU langwierige Anlagengenehmigungsverfahren, die auch vom EU-Parlament kritisiert werden.[59]

---

[58] Das Kapitel 3.4.2.8 entstand unter Mitarbeit von Sarah Rieseberg.

[59] Entschließung des Europäischen Parlaments vom 25. September 2007 zu dem Fahrplan für erneuerbare Energiequellen in Europa (2007/ 2090(INI))

Tabelle 28: Renewable Energy Investment Index (3. Quartal 2008)[60]

Rank	Country	All renewables	Wind Index	Onshore wind	Offshore wind	Solar	Biomass/ other	Geothermal	Infrastructure
1	US	66	67	72	53	71	60	65	60
2	Germany	66	66	65	70	72	67	53	62
3	China	62	67	70	56	46	50	50	62
4	India	61	62	69	41	61	58	42	59
5	Spain	60	62	66	47	65	54	36	63
6	UK	60	63	61	69	48	56	34	60
7	Italy	58	57	62	44	66	55	59	59
8	Canada	56	60	64	47	40	48	31	59
9	France	55	56	58	52	58	53	27	54
10	Portugal	54	56	61	43	57	46	32	57
11	Ireland	54	57	57	56	35	53	27	60
12	Greece	54	57	60	45	58	41	33	53
13	Australia	52	51	54	43	61	47	54	55
14	Sweden	50	51	51	50	42	55	33	48
15	Netherlands	47	49	49	49	47	41	21	42
16	Denmark	46	48	45	56	40	44	32	50
17	Belgium	46	50	48	55	34	35	26	47
18	Poland	46	50	52	44	41	35	21	43
19	Norway	45	47	48	46	30	46	30	48
20	Brazil	43	44	48	34	44	40	20	41
21	New Zealand	42	46	50	36	31	31	43	41
22	Japan	42	44	46	38	45	32	38	45
23	Turkey	37	38	39	34	39	28	33	38
24	Austria	36	30	40	N/ A	53	49	35	47
25	Finland	35	33	32	34	25	53	21	33

Quelle: Eigene Darstellung nach Ernst&Young (2008)

[60] Aufschlüsselung der Einflussfaktoren nach Ernst & Young (EY 2008):
1) Technology factors: power off take attractiveness (19 %), Tax climate (11 %), grant/ soft loan availability (9 %), market growth potenzial (18,5 %), current installed base (8), resource quality (19 %), project size (15,5 %)
2) Infrastructure Index: Electricity market regulatory risk (29 %), planning and grid connection issues (42 %), Access to finance (29 %)

Trotz dieser großen Gemeinsamkeiten weisen die EU-15 Länder auch einige Unterschiede auf: So ermöglichen Spanien und Irland ausländischen Dienstleistern einen einfachen Zugang, während in Frankreich, Italien und Griechenland eine größere Vertrautheit und Expertiese vor Ort notwendig sind. Außerdem ist der Wettbewerb nur in den etablierten Märkten von Spanien und Frankreich hoch, wohingegen in Irland und Griechenland noch Chancen für Pioniere bestehen. Dennoch erweist sich die EU-15 Gruppe insgesamt als sehr homogen, so dass die Ergebnisse des Fallbeispiels weitgehend auf die wirtschaftlichen Rahmenbedingungen und Hemmnisse anderer EU-15 Länder übertragen werden können.

Tschechien wurde als neueres EU-Mitglied (EU-25) und ehemaliges Ostblockland mit großer Nähe zu Deutschland, hohem Entwicklungsstand und geringen Länderrisiken ausgewählt. Parallelen wurden zu den EE-Märkten Ungarns und Polens vermutet. Im Vergleich zu den EU-15 Ländern weisen die EU-25 Länder einen etwas niedrigeren Entwicklungsstand auf und haben erst seit kurzer Zeit EE-Ausbauziele festgelegt, so dass die Märkte insgesamt noch jung sein dürften.

Die Fallstudie Tschechien kommt zu dem Ergebnis, dass die Förderung von EE-Maßnahmen durch nationale und europäische Instrumente hoch ist. Grenznähe und sich verbessernde Infrastruktur erleichtern den Zugang für deutsche Unternehmen. Insbesondere mangelndes politisches Interesse, geringes Umweltbewusstsein in der Bevölkerung, Intransparenz bei der Vergabe öffentlicher Aufträge und mangelnde Kontakte deutscher KMUs stellen Hemmnisse für den Ausbau dar. Der Markt für erneuerbare Energien in Tschechien wird nur langfristig wachsen, da zurzeit ein Stromüberangebot herrscht.

Während die westeuropäischen Märkte Sättigungstendenzen zeigen, erzielen laut Atkearney-Studie (Haag et al. 2007) und einer Studie der HypoVereinsbank (Pulkert 2007) die osteuropäischen Märkte hohe Zuwachsraten, wobei Tschechien im Vergleich zu Polen und Ungarn ein etwas geringeres Wachstum aufweist, da der Windenergiemarkt bereits weitgehend gesättigt ist. Dagegen engagieren sich Polen und Ungarn in geringerem Maße für erneuerbare Energien und favorisieren eher Kohle (Polen) bzw. Kernenergie (Ungarn).

Ebenso wie der tschechische Markt zeichnen sich Polen und Ungarn durch ihre geringe geographische Entfernung, eine kulturelle Nähe zu Deutschland und geringe Länderrisiken aus. Durch den EU Beitritt ist in allen drei Ländern das Angebot von Dienstleistungen vereinfacht worden. Gemeinsamkeiten bestehen auch im Hinblick auf die Infrastruktur, die – mit Einschränkungen im ländlichen Raum – in gutem Zustand ist. Die Arbeitsmärkte zeichnen sich durch ein gutes Angebot an qualifizierten Arbeitskräften bei geringem Lohnniveau aus.

Langwierige Genehmigungsverfahren sind, ähnlich wie in den EU-15 Ländern, auch in Osteuropa ein Problem, besonders für ausländische Unternehmen. Dazu geht die Liberalisierung des Strommarktes teilweise schleppend voran, ist aber durch die EU Regelung langfristig gesichert. Die EE-Vergütungen erweisen sich als noch nicht ausreichend um alle erneuerbaren Energien wirtschaftlich betreiben zu können

Insgesamt zeigen sich im Hinblick auf die zentralen Chancen und Hemmnisse auf dem tschechischen Markt große Gemeinsamkeiten zu den beiden anderen osteuropäischen

Märkten, so dass die Ergebnisse der Länderfallstudien im Hinblick auf die allgemeinen Rahmenbedingungen weitgehend übertragbar sein dürften.

Die *Türkei* wurde als europäisches Land, das kein EU-Mitglied ist, ausgewählt. Dabei wurde von einer mittleren Nähe zu Deutschland, einem mittleren Entwicklungsstand und einem mittleren Länderrisiko ausgegangen. Andere Länder mit ähnlichen Attributen, aber etwas weniger attraktiven EE-Märkten, sind Russland und Bulgarien. Dabei wurde davon ausgegangen, dass auf Grund der EU-Binnenmarktregelungen Dienstleister innerhalb der EU geringere Hürden zu nehmen haben als außerhalb der EU Grenzen.

Die Fallstudie Türkei zeigt, dass dort aufgrund des zentralen politischen Ziels einer kostengünstigen Energieversorgung und entsprechend geringer Vergütungssätze nur die Wind- und Wasserkraftmärkte sowie der noch wenig entwickelte Geothermiebereich größere Wachstumspotenziale aufweisen. Die Netze sind unzureichend, so dass zusätzlich Marktpotenziale für lokale Notstromversorgungskonzepte bestehen. Der Energiebedarf wächst in der Türkei stark und die Liberalisierung des türkischen Strommarktes schreitet voran, der Markt wird allerdings noch von staatlichen Unternehmen dominiert. Das Assoziierungsabkommen mit der EU vereinfacht den Markteintritt, allerdings können Energieerzeugungs-Lizenzen nur von türkischen Unternehmen erworben werden. Aus Deutschland operierende Unternehmen haben durch die geographische Distanz, die kulturellen und bürokratischen Anforderungen der Türkei mit Komplikationen zu rechnen.

Russland und Bulgarien weisen eine ähnliche Entfernung zu Deutschland und einen vergleichbaren Entwicklungsstand wie die Türkei auf (siehe Tabelle 29). Entsprechend leiden alle drei Länder zum Teil unter mangelnder Infrastruktur, ungenügenden oder maroden Netzen, übermäßiger Bürokratie und hoher Korruption. Insgesamt sind die Länderrisiken höher als in den EU Ländern und die Inflationsraten bewegten sich 2008 zwischen 8-10 % sind aber besonders in der Türkei und Russland starken Schwankungen unterworfen. Trotz dieser Gemeinsamkeiten weisen die drei Ländermärkte auch deutliche Unterschiede im Hinblick auf die relevanten Rahmenbedingungen auf. So haben sich in Bulgarien die Rahmenbedingungen durch den EU-Beitritt deutlich verbessert und es gibt dort Zugang zu diversen EU Förderprogrammen (bfai 2006). Im Bereich erneuerbare Energien wurden erste Großinvestitionen getätigt, der Markt ist vielversprechend aber noch in der Aufbauphase (GTAI 2009). In Russland wächst der Marktanteil der erneuerbaren Energien dagegen nur langsam, da politisch auf fossile Energieträger und Kernenergie gesetzt wird; aufgrund des großen Marktvolumens ist der EE-Markt dennoch nicht völlig unattraktiv (vgl. Schulze 2008). Insgesamt sind die Marktvolatilitäten in Russland besonders hoch, das Rechtssystem wird deutlich schlechter bewertet und Russland ist kein Mitgliedsstaat der GATS.

Zusammenfassend lässt sich sagen, dass die in der Türkeistudie identifizierten Hemmnisse wie Korruption, mangelnde Infrastruktur, und geringes politisches Interesse auch in Russland und Bulgarien anzutreffen sind und die Ländermärkte einige Gemeinsamkeiten aufweisen. Russland weist allerdings im Vergleich zur Türkei und Bulgarien mehr Markthemmnisse auf – auch aufgrund der politischen Dominanz anderer Energieträger – und die wirtschaftlichen und politischen Rahmenbedingungen sind in Bulgarien und

Russland schwieriger als in der Türkei, so dass in diesen Ländern weitere Hemmnisse hinzu kommen.

Tabelle 29: Ausgewählte Länderindikatoren für die Gruppe „weiteres Europa“

	Türkei	Bulgarien	Russland
Inflationsrate (2005-2007) (Quelle: World Bank 2009a)	7,1-9,3 %	3,8-8,5 %	13,5-19,2 %
Wirtschaftswachstum (2005-2007) (Quelle: World Bank 2009a)	4,6-8,4 %	6,2-6,3 %	6,4-8,1 %
TI Index 2008 (Quelle: TI 2008) (Rang: x von 180) 10= geringe Korruption Wahrnehmung, 1= hohe Korruption Wahrnehmung	4,6 (58)	3,6 (72)	2,1 (147)
Human Development Index 2007/ 08 (Quelle: UNDP 2008) (Rang: x von 177) 1= hohe Entwicklungsgrad 0=niedrigster Entwicklungsgrad	0.77 (84)	0.82 (53)	0.8 (67)

Quelle: eigene Darstellung, Datenquellen in Tabelle

China wurde als Schwellenland mit attraktivem EE-Markt ausgewählt. Es wurde dabei von einer großen Distanz, einem mittleren bis geringem Entwicklungsstand sowie höheren Länderrisiken ausgegangen. Ähnliche Attribute weist Indien auf, aber auch Chile, Brasilien und die Philippinen, deren EE-Märkte als etwas weniger attraktiv eingeschätzt wurden. China hat sich ehrgeizige EE-Ziele gesetzt und erlebt ein explosionsartiges Wachstum erneuerbarer Energien. Dieses Wachstum stammt unter anderem aus der hohen Anzahl an CDM-Projekten darunter viele Großprojekte. Die Fallstudie zeigt aber auch, dass hohe bürokratische Hürden, die noch geringe Liberalisierung des Strommarktes, unzureichende Infrastruktur, eine hohe local-content Verpflichtung und mangelnde Markttransparenz, den Markteintritt äußerst schwierig gestalten. Nicht-Einhaltung der TRIPS (Trade-Related Aspects of Intellectual Property Rights[61]), Kopieren von Geschäftsideen, geringe Vertragstreue von Mitarbeitern und Partnern, sowie Sprach- und Mentalitätsschwierigkeiten machen China zu einer Herausforderung. Besonders Serviceleistungen leiden zudem unter der schlechten Zahlungsmoral. Insgesamt kommt die Fallstudie deshalb zu dem Urteil, dass China ein expandierender, aber risikoreicher Markt ist.

China teilt viele Charakteristika mit den anderen ausgewählten Schwellenländern: Sie weisen alle fünf ein hohes Wirtschaftswachstum, eine stark steigende Energienachfrage und mäßige Länderrisiken auf (siehe Tabelle 30).

---

[61] handelsbezogene Aspekte der Rechte am geistigen Eigentum

Tabelle 30: Ausgewählte Länderindikatoren für die Gruppe der Schwellenländer

	China	Indien	Philippinen	Chile	Brasilien
Inflationsrate (2005-2007) (World Bank 2009a)	3,6-7,4 %	4,1-5 %	2,8-6,5 %	4,9-12,4 %	4-7,2 %
Wirtschaftswachstum (2005-2007) (World Bank 2009a)	10,4-13,0 %	9,1-9,4 %	5-7,2 %	4,3-5,6 %	3,2-5,4 %
World Bank Ein-kommens Kategorie (World Bank 2009b)	Lower-middle	Lower-middle	Lower-middle	Upper-middle	Upper-middle
TI Index 2008 (Rang: x von 180) 10= geringe / 1= hohe Korruptions-wahrnehmung (TI 2008)	3,6	3,4	2,3	6,9	3,5
Human Development Index 2007/ 08: 1= hoher / 0= niedri-ger Entwicklungs-grad (Rang: x von 177) (UNDP 2008)	0.77 (81)	0,62 (128)	0,77 (90)	0,86 (40)	0,8 (70)

Quelle: Eigene Darstellung

Außerdem haben die Länder im Rahmen des Kioto-Vertrags als Annex II Staaten keine Emissionsverpflichtungen und kommen als Zielländer für CDM-Projekte in Frage. Alle fünf Länder erreichen eine relativ hohe Platzierung im CDM-Index des DEG, der Anhaltspunkte über Rechtssysteme und Infrastruktur im Klimaschutzbereich gibt (siehe Tabelle 31).

Die Schwellenländer zeigen durchweg ein großes Interesse am Aufbau eines EE-Marktes mit zum Teil sehr ehrgeizigen Zielsetzungen. So möchten die Philippinen ihre steigenden Nachfrage vorrangig durch einen massiven Ausbau der erneuerbaren Energien decken (Höflinger 2009). Indien, Brasilien und Südafrika verständigen sich auf der IBSA Konferenz 2007 über den Austausch „sauberer" Energieerzeugungstechnologie. In allen Ländern nimmt außerdem die Liberalisierung der Energiemärkte zu. Hohe Bürokratie, schlechte Rechtssysteme und Korruption können in allen fünf Ländern ein Markthindernis werden und die Markttransparenz ist zum Teil bedenklich.

Trotz vieler Gemeinsamkeiten bestehen zwischen den fünf Ländern auch relevante Unterschiede. So ist das Wirtschaftswachstum in Chile, Brasilien und den Philippinen nicht so ausgeprägt wie in Indien und China. In Chile stellt Korruption ein geringeres Problem als in den anderen vier Ländern dar, die Inflationsrate ist dagegen höher. Aufgrund der hohen Wachstumsprognosen zeichnen die EE-Märkte in Indien und China eine besonders große Attraktivität für die internationale Konkurrenz und einen ausgeprägten Wettbewerb aus. Die EE-Märkte in Chile, Brasilien und den Philippinen sind hingegen noch deutlich kleiner und weniger erschlossen: die Philippinen sind bisher vor allem für geothermische Anlagen interessant; in Brasilien erfuhren erneuerbare Energien bis 2004 kaum Beachtung und befinden sich noch am Anfang ihrer Entwicklung, so dass der Markt noch klein ist (bfai 2008b). Indien hat einen boomenden Markt für erneuerbare Energien, auf dem einige Markthemmnisse bestehen (Mukherjee/ Goswami 2009), und verfügt ebenso wie China über ein (unzureichendes) EEG. In Chile existiert dagegen ein Quotenmodell (5 %).

Tabelle 31: CDM Index der Länderauswahl

Land	**Cluster Schwellenländer**	**Cluster Entwicklungsländer**	**CDM Index**	
Chile[2]	x		94	sehr gut
China[1]	x		84,7	gut
Brasilien[2]	x		83	gut
Indien[1]	x		82,1	gut
Indonesien[1]		x	79,6	gut
Philippinen[1]	x		78,9	gut
Ägypten[1]		x	72,8	befriedigend
Marokko[1]		x	70,9	befriedigend
Tunesien[1]		x	53,1	ausreichend
Bangladesh[3]		x	45 – 59,9	ausreichend
Madagaskar[2]		x	36	mangelhaft
Pakistan[3]		x	30 – 44,9	mangelhaft
Afghanistan[1]		x	7,2	ungenügend

1) Indexstand 2008; 2) Indexstand 2006; 3) Indexstand 2004: alte Bewertungsmethode

Quelle: DEG (2009)

Der Vergleich der Ländermärkte zeigt also, dass sich die allgemeine Wirtschaftssituation in den Schwellenländern ähnelt, die Situation auf den EE-Märkten stellt sich jedoch recht unterschiedlich dar. Inwiefern die spezifischen Hemmnisse des chinesischen Markts auf den anderen ebenso anzutreffen sind, konnte im Rahmen des Ländervergleichs nicht ermittelt werden.

Als Entwicklungsland mit attraktivem EE-Markt wurde *Marokko* in der Fallstudie untersucht. Parallelen wie große Distanz, geringer Entwicklungsstand und hohe Länderrisiken weist der ebenfalls recht attraktive EE-Markt Tunesien auf. Daneben gibt es eine Reihe anderer Entwicklungsländer mit etwas weniger attraktiven EE-Märkten, beispielsweise Indonesien, Ägypten, Madagaskar, Afghanistan, Bangladesch und Pakistan, zu denen Parallelen im Hinblick auf die Rahmenbedingungen in den Ländern vermutet wurden.

Die Fallstudie Marokko zeigt, dass in Marokko ein großes politisches Interesse am Ausbau der erneuerbaren Energien besteht, insbesonders im Rahmen der Elektrifizierung ländlicher Gebiete. Die Informationslage ist – auch durch die gtz – insgesamt gut. Zwar verfügt Marokko über ein EEG nach deutschem Vorbild, die Hauptförderung findet aber über internationale Förderprogramme sowie CDM-Projekte statt.

Die für Entwicklungsländer typischen Probleme für Marktteilnehmer wie fehlende Infrastruktur und Fachkräftemangel, Sicherheitsprobleme und schwierige politische sowie rechtliche Rahmenbedingungen mit hohen Länderrisiken können für die gesamte Gruppe der Entwicklungsländer festgestellt werden. Auf der anderen Seite verfügen diese Länder teilweise über umfangreiche Ressourcen, geringe rechtliche Auflagen und einen Mangel an Elektrizität bzw. Stromversorgungsnetzen, der diese interessant für eine ländliche Elektrifizierung durch erneuerbare Energien macht. Damit besteht eine Reihe von Gemeinsamkeiten innerhalb dieser Gruppe, die sich auch in der – im Vergleich zu den Schwellenländern – schlechten Bewertung beim CDM-Index ausdrückt (vgl. Tabelle 31).

Die Gruppe der Entwicklungsländer lässt sich entlang unterschiedlicher Entwicklungslevels in *lower-middle income* Länder (neben Marokko sind dies Indonesien, Tunesien und Ägypten) und die *low income* Länder (Madagaskar, Afghanistan, Pakistan und Bangladesh) aufteilen (siehe Tabelle 32). Die Gruppe der *low income* Länder zeichnet sich dabei im Vergleich zu den *lower-middle income* Ländern durch ein eher höheres Wirtschaftswachstum, eine meist höhere Korruptionswahrnehmung und einen geringeren Human Development Index aus, wobei die jeweiligen Indizes sich teilweise stärker innerhalb der Gruppen unterscheiden (siehe Tabelle 32). Diese Aufteilung zeigt sich ähnlich im CDM-Index, bei dem insbesondere Indonesien gut bewertet wird, Madagaskar, Pakisatan und Afghanistan dagegen mit mangelhaft bzw. ungenügend (siehe Tabelle 31).

Insbesondere die *low income* Länder zeichen sich im Vergleich zu Marokko durch eine sehr schlechte Infrastruktur aus. Aufgrund des (weitgehenden) Fehlens von Übertragungsnetzen ist in diesen Ländern insbesondere die dezentrale ländliche Energieversorgung durch erneuerbare Energien von Interesse, die z.B. in Bangladesh anstrebt wird. Insgesamt stellen diese Länder zurzeit nur im Rahmen von Entwicklungsprojekten interessante Märkte dar, wobei in Afghanistan in Anbetracht einer sich verschlechternden Sicherheitssituation kurzfristig kein Markt existiert. Auch einige l*ower-middle income* Länder weisen höhere Inflationsraten und eine höhere Korruptionswahrnehmung als Marokko auf.

Die Situation in Marokko lässt sich also nur sehr begrenzt auf die gesamte Gruppe der Entwicklungsländer übertragen. Größere Übereinstimmungen bestehen eventuell zu den Ländern der MENA-Region (Middle East and North Africa), die über große Potenziale im Bereich der Solarenergie verfügt, sowohl für den Eigengebrauch wie auch für den Export nach Europa. Das gtai geht langfristig von einer positiven Entwicklung des EE-Marktes in der MENA Region aus: Die Länder der Region haben inzwischen EEG Verordnungen und ländliche Elektrifizierungsprogramme durch erneuerbare Energien erlassen, Tunesien begann 2005 mit der Installation von Solarthemieanlagen in ländlichen Regionen (bfai 2007). Dennoch sind Ägypten und Tunesien trotz ihrer Ressourcenattraktivität als Markt momentan kaum zu erschließen, da die politischen Rahmenbedingungen unzureichend sind. Ägyptens Regierung zeigt darüber hinaus kaum Interesse an privaten Stromversorgern (gtz 2007a).

Tabelle 32: Ausgewählte Länderindikatoren für die Gruppe der Entwicklungsländer

	Indonesien	Marokko	Tunesien	Ägypten	Madagaskar	Afghanistan *	Pakistan	Bangladesh
Inflationsrate (2005-2007) (World Bank 2009a)	11,5 - 14,3 %	1,5 - 3,8 %	2,4 - 3,8 %	6,2 - 12,6 %	10,3 - 18,3 %	9,7 - 11,9 %	7,0 - 10,5 %	5,1 - 6,8 %
Wirtschaftswachstum (2005-2007) (World Bank 2009a)	5,5 % - 6,3 %	2,7 - 7,8 %	4,0 - 6,3 %	4,5 - 7,1 %	4,6 - 6,2 %	5,3 - 14 %	6,0 - 7,7 %	6,0 - 6,4 %
World Bank Einkommens Kategorie (World Bank 2009b)	Lower-middle	Lower-middle	Lower-middle	Lower-middle	Low	Low	Low	Low
TI Index 2008 10= geringe/ 1= hohe Korruptionswahrnehmung (TI 2008)	2,6	3,5	4,4	2,8	3,4	1,5	2,5	2,1
Human Development Index 2007/ 08 (Rang: x von 177) 1= hoher/ 0=niedriger Entwicklungsgrad (UNDP 2008)	0,72 (109)	0,65 (127)	0,76 (95)	0,71 (116)	0,53 (143)	0,34 (174)	0,56 (139)	0,524 (147)

* Daten nur bis 2006 ermittelt.

Quelle: eigene Darstellung, Datenquellen in Tabelle

Fazit

Die Ergebnisse der Auswertung zur Übertragbarkeit der Situation auf den ausgewählten Zielmärkten zeigen insgesamt, dass eine große Übereinstimmung im Hinblick auf zentrale Chancen und Hemmnisse insbesondere bei den europäischen Ländern gegeben ist. Die *EU-15-Länder* weisen eine hohe Homogenität auf: Sie lassen sich durch sehr leichte Zugangsbedingungen, einen überdurchschnittlichen politischen Willen und – bedingt durch Fördermaßnahmen – ein außerordentliches Marktwachstum charakterisieren. Die *EU-25-Länder* stellen prozentual die größten Wachstumsmärkte Europas dar und sind besonders geographisch für Deutschland sehr interessante EE-Märkte, auch da in den Ländern wenig Hemmnisse bestehen. Die Gruppe des *weiteren Europas* lässt sich durch eine zögerliche politische Haltung und eine Fokussierung auf kostengünstige Stromerzeugung charakterisieren. Schwierigere rechtliche Rahmenbedingungen führen dazu, dass Bulgarien und Russland insgesamt größere Markthemmnisse aufweisen als die Türkei.

Die Schwellen- und Entwicklungsländer weisen insgesamt eine geringere Homogenität auf, so dass bei diesen eine Übertragung der Ergebnisse der Fallstudien auf andere Ländermärkte in geringerem Maß möglich ist. Die *Schwellenländer* bieten insgesamt ähnliche Vorraussetzungen in Bezug auf EE-Marktwachstum und rechtliche bzw. infrastrukturelle Hemmnisse. China und Indien stechen jedoch durch ihr Wirtschaftswachstum und ihre Marktgröße heraus. Außerdem lässt sich die spezielle Situation in China nur bedingt auf die in anderen Schwellenländern übertragen. Die *Entwicklungsländer* sind auf Grund von Länderrisiken, Infrastruktur, Mangel an Rentabilität insgesamt nur mäßig interessante EE-Märkte. Allerdings sind die *lower-middle income* Länder – insbesondere in Nordafrika – aufgrund ihrer besseren Infrastruktur und der geographischen Nähe zu Deutschland interessanter als Länder wie Madagaskar, Pakistan oder Bangladesh, die allenfalls für Entwicklungszusammenarbeitsprojekte geeignet sind. Deshalb lassen sich die Ergebnisse der Fallstudie Marokko eher auf weitere Länder der MENA-Region übertragen, wobei in Tunesien und Ägypten die politischen Rahmenbedingungen für erneuerbare Energien bisher deutlich schlechter als in Marokko sind.

Julika Weiß, Bernd Hirschl

4 Unterstützungsangebote und Fördermöglichkeiten für die Internationalisierung von EE-Dienstleistungen

Die Ergebnisse des Projekts EXPEED zeigen, dass die EE-Dienstleistungen und deren Internationalisierung eine hohe Bedeutung für die gesamte EE-Branche haben. Gleichzeitig sind die Dienstleistungsunternehmen mit einer Reihe spezifischer Hemmnisse bei der Internationalisierung konfrontiert. Um das vorhanden Potenzial zu heben muss also zukünftig neben dem Technologieexport auch der Dienstleistungsexport im Rahmen von Unterstützungsangeboten und Förderinstrumenten stärker Berücksichtigung finden.

Im Folgenden erfolgt eine Darstellung des Status quo der Angebote der Außenwirtschaftsförderung sowie der speziell für die EE-Unternehmen angebotenen Dienstleistungen der Exportinitiative Erneuerbaren Energien. Auf der Basis der Einschätzungen der EE-Dienstleister zu den bestehenden Angeboten sowie deren weiterem Unterstützungsbedarf werden abschließend Empfehlungen für die Weiterentwicklung des Unterstützungsangebots sowie des Förderinstrumentariums gegeben.

4.1 Vorhandene Unterstützungsangebote – von der Qual der Wahl

Die Unternehmen durchlaufen bei ihrer Internationalisierung (idealtypisch) mehrere Phasen, in denen sie unterschiedlichen Unterstützungsbedarf aufweisen. Im Folgenden werden zur Einteilung der Angebote vereinfachend 3 Phasen unterschieden (siehe auch Kapitel 3.1):

1. In der ersten Phase überprüft das Unternehmen zunächst seine Exportfähigkeit auf der Basis einer Betrachtung der Chancen und Risiken einer Internationalisierung sowie der Stärken und Schwächen des Unternehmens (*Situationsanalyse und -prognose*). Dabei sind insbesondere Informationen zur Vorgehensweise bei der Internationalisierung, zur Branche und zu globalen Rahmenbedingungen von Interesse sowie gezielte Beratungsdienstleistungen für die Situationsanalyse und die ersten Schritte.
2. Ergibt sich aus dieser Analyse eine Entscheidung für das Auslandsgeschäft, so folgt die *strategische Marketingplanung*. Diese umfasst idealtypisch die Festlegung von Zielen der Internationalisierung und die Auswahl eines oder mehrerer Ländermärkte sowie der Strategien des Markteintritts und der Marktbearbeitung für diese Länder. In dieser Phase ist eine umfangreiche Beschaffung und Analyse von Informationen zu den in Frage kommenden Ländermärkten notwendig.
3. Zuletzt erfolgt die Planung der konkreten Umsetzung (*Strategieimplementierung*) und daran anschließend das Auslandsgeschäft selbst. In dieser Phase fällt die Suche nach

geeigneten Geschäfts- und Kooperationspartnern, die Frage nach der Finanzierung des Auslandsgeschäfts sowie Detailfragen zu den einzelnen Ländermärkten.

Die Unterstützungsangebote, die sich an die Unternehmen in den unterschiedlichen Phasen des Auslandsgeschäfts richten, lassen sich außerdem einteilen in Beratungs- und Informationsangebote sowie finanzielle Unterstützung zu deren Nutzung auf der einen Seite und Finanzierungsinstrumenten für das Auslandsgeschäft auf der anderen Seite.

Die zentralen Institutionen, die im Bereich Außenwirtschaftsförderung aktiv sind, werden nachfolgend zuerst dargestellt. Anschließend erfolgt eine Auswertung der Angebote aufgeteilt in Beratungs- und Informationsangebote und Finanzierungsinstrumente sowie nach den 3 Phasen des Auslandsgeschäfts. Die Darstellung konzentriert sich im Wesentlichen auf bundesweite Angebote. Die Programme der Exportinitiative Erneuerbare Energien werden in einem eigenen Abschnitt dargestellt und entsprechend bei den vorherigen Betrachtungen ausgeklammert.

4.1.1 Zentrale Unterstützungsanbieter

Die zentralen Anbieter von Unterstützung für Unternehmen bei ihrer Internationalisierung sind die Institutionen der *Außenwirtschaftsförderung des Bundes und der Wirtschaft*. Auf Bundesebene arbeiten die zentralen Einrichtungen des Staats und der Wirtschaft eng zusammen. Eine gemeinsame, zentrale Informationsstelle für erste Fragen zur Internationalisierung sowie den Unterstützungsangeboten der diversen zentralen Anbieter der deutschen Außenwirtschaftsförderung bietet das Außenwirtschaftsportal „ixpos".

Die *zentralen Einrichtungen der Wirtschaft*, die sich mit Fragen der Außenwirtschaftsförderung befassen, sind die *Industrie- und Handelskammern (IHK)*, deren Dachorganisation, der *Deutsche Industrie- und Handelskammertag (DIHK)*, sowie die *Auslandshandelskammern (AHK)*. Daneben vertreten eine Vielzahl an weiteren *Wirtschafts- und Branchenverbänden* bzw. Kammern sowie *Ländervereine* die Außenwirtschaftsinteressen der deutschen Wirtschaft und unterstützen Unternehmen bei Export- und Außenhandelsaktivitäten. Im Rahmen seiner Angebote für KMU unterstützt das *Rationalisierungs- und Innovationszentrum der Deutschen Wirtschaft (RKW)* diese auch bei deren Auslandsgeschäft. Und nicht zuletzt gibt es freie Unternehmensberater, die sich auf Fragen der Internationalisierung von Unternehmen spezialisiert haben.

Die *Angebote des Bundes* koordiniert als zentrale Institution der Außenwirtschaftsförderung das *Wirtschaftsministerium (BMWi)*. Zur Unterstützung der Unternehmen wurde die Serviceeinrichtung *Germany Trade and Invest (gtai)* eingerichtet. Außerdem bestehen zahlreiche Förderprogramme, beispielsweise zur Auslandsmessebeteiligung oder Vermarktungshilfe. Diese werden insbesondere über das *Bundesamt für Wirtschaft und Ausfuhrkontrollen (BAFA)* angeboten. Auch die *Exportinitiative Erneuerbare Energien* wird vom BMWi beauftragt und koordiniert.

Jedoch leisten neben dem BMWi auch *weitere Bundesministerien* im Rahmen ihrer Aufgabengebiete Unterstützung beim Auslandsgeschäft. Einrichtungen des Außenministeriums (*Auswärtiges Amt, Auslandsvertretungen*) unterstützen deutsche Unternehmen bei ihrem Gang ins Ausland durch die Bereitstellung von Länderinformationen und die Unterstützung bei der Kontaktaufnahme. Unternehmen, die in Entwicklungs- und Schwellenländern aktiv werden, können sich an die Einrichtungen des Bundesministeriums für wirtschaftliche Zusammenarbeit (im EE-Bereich insbesondere die *Gesellschaft für technische Zusammenarbeit gtz*) wenden. Das *Umweltbundesamt* betreibt ein Portal, das sich speziell an Unternehmen aus dem Umweltschutzbereich richtet und diese auch bei ihrem Auslandsgeschäft unterstützen soll.

Die *Bundesländer* unterstützen ihre auslandsorientierte Wirtschaft ebenfalls in Zusammenarbeit mit den Außenwirtschaftsinstitutionen des Bundes mit landeseigenen Förder-, Finanzierungs-, Beratungs- und Garantiemöglichkeiten. Auch die *EU* legt Programme zur Außenwirtschaftsförderung auf.

Spezielle *Finanzierungsangebote und Angebote zur Risikoabsicherung* werden von *Finanzierungsinstitutionen des Bundes* wie der *Kreditanstalt für Wiederaufbau (KfW)* und der *Deutschen Investitions- und Entwicklungsgesellschaft (DEG)* angeboten. Die Bankenwirtschaft ist insbesondere durch die *Ausfuhr-Kreditgesellschaft (AKA)* aber auch durch zahlreiche Geschäftsbanken und Versicherungsunternehmen an der Finanzierung von Auslandsaktivitäten der Unternehmen beteiligt. Finanzielle Unterstützung für Projekte im Bereich Umwelt und Entwicklungszusammenarbeit bieten außerdem *EU-Programme* und diverse *Stiftungen*. Hinzu kommen *öffentliche Ausschreibungen* der Weltbank und der Entwicklungsbanken, der Vereinten Nationen sowie der EU und weiterer öffentlicher Einrichtungen.

4.1.2 Angebote im Bereich Information und Beratung

4.1.2.1 Angebote für die Situationsanalyse: Erstberatung und -information

Im Rahmen der Analyse der eigenen Situation und der Frage, ob und ggf. wie eine Internationalisierung des Unternehmens aussehen könnte, finden die Unternehmen vielfältige Informationsmöglichkeiten – insbesondere im Internet – und Beratungsangebote.

Informationen und Ratschläge zur Vorgehensweise bei der Internationalisierung und zu weiteren Ansprechpartnern finden sich gebündelt auf den Seiten des zentralen Außenwirtschaftsportal *ixpos* (www.ixpos.de). Konkrete Ratschläge für das Auslandsgeschäft finden sich außerdem in *Broschüren und Leitfäden*. Gezielt an Dienstleister bzw. KMU richten sich folgende Ratgeber, die im Internet kostenlos erhältlich sind:

- „Weltweit aktiv – Ratgeber für kleine und mittlere Unternehmen“ des BMWi (2007b)
- „Exportratgeber für unternehmensnahe Dienstleister in Bayern“ des bayrischen Industrie- und Handelskammertags (BIHK 2006)

Unternehmen können sich auch mit Hilfe von *Tools im Internet* auf die Internationalisierung vorbereiten und ihre Exportfähigkeit analysieren:

- Das BMWi stellt für KMU den *eTrainer „Export-Vorbereitung“* zur Verfügung, der Informationstexte, Übungen und Lernkontrollen enthält und dadurch KMU bei den ersten wichtigen Schritten des Export-Vorhabens unterstützen soll. Zusätzlich zum e-Trainer werden Begleitbroschüren angeboten, die die einzelnen Themenbereiche wie

„Kooperation“ im Detail erläutern und Hinweise auf die Geschäftspraxis liefern (www.existenzgruender.de).

- Der vom RKW in Zusammenarbeit mit zahlreichen weiteren Experten entwickelte kostenlose *Online-Test „Kompetenz-Check international“* ermöglicht durch Fragen in acht Themenbereichen (Unternehmensstrategie, Wettbewerb im Zielmarkt, Kunden im Zielmarkt, Marketing, Finanzen und Controlling, Personal und operative Abwicklung, Recht und Haftung sowie Kooperation im Auslandsgeschäft) den Stand der Vorbereitungen für das Auslandsgeschäft zu bewerten, Stärken und Schwächen zu erkennen und geeignete Maßnahmen zu planen. Zusätzlich wird er mit Angeboten der Außenwirtschaftsförderung verlinkt und zeigt damit weiterführende Lösungswege auf www.rkw.de).

Persönliche Unterstützung bei der Analyse der eigenen Exportfähigkeit und für allgemeine Fragen zur Internationalisierung liefern als erste Ansprechpartner die lokalen *Industrie- und Handelskammern (IHKn)* sowie die *Handwerkskammern (HWKn).* Die IHKn (www.ihk.de) beraten ihre Mitgliedsunternehmen in außenwirtschaftlichen Fragen (Fördermöglichkeiten, Märkte), ggf. in Zusammenarbeit mit den AHKn. Sie führen zu diesem Thema auch Veranstaltungen und Seminare durch. Der Zentralverband des deutschen Handwerks (ZDH) (www.zdh.de) und die deutschen Handwerkskammern unterhalten ebenfalls Beratungsstellen zum Thema Außenwirtschaft.

Als erste Anlaufstelle für KMU kann auch das *Rationalisierungs- und Innovationszentrum der Deutschen Wirtschaft RKW* (www.rkw.de) dienen, das gezielt KMU zu Fragen der Außenwirtschaft berät und bei der Suche nach Unterstützungsangeboten und Ansprechpartnern hilft.

Ebenfalls erste Ansprechpartner für Fragen zum Außenhandel, insbesondere auch Informationen zur jeweiligen Branche, sind die diversen *Branchenverbände*. Für die EE-Dienstleistungsunternehmen können neben den verschiedenen *EE-Fachverbänden*, die im Bundesverband Erneuerbare Energien (www.bee-ev.de) zusammengeschlossen sind, beispielsweise auch der *Verband Unabhängig Beratender Ingenieure und Consultants e.V.* (VUBIC) (www.vubic.de), die *Bundesarchitektenkammer* oder der *Bundesverband des Deutschen Groß- und Außenhandels (BGA)* (www.bga.de) wichtige Ansprechpartner sein. Internationale Konjunkturanalysen, Branchenportraits und -berichte sowie Merkblätter mit Zahlen und Fakten sind teilweise über ixpos sowie von Fach- und Branchenverbänden verfügbar.

Neben diesen Möglichkeiten zur Erstberatung können sich die Unternehmen auch *vertiefend beraten und begleiten* lassen. So besteht für Unternehmen im Rahmen des *Bundesprogramms „Unternehmensberatungen für kleine und mittlere Unternehmen und Freie Berufe“* die Möglichkeit, Zuschüsse für Beratungen zum Thema Außenwirtschaft beim BAFA zu beantragen (www.bafa.de). Berater können dann z.B. über die Fachgruppe Außenwirtschaftsberatung im Bundesverband Deutscher Unternehmensberater gefunden werden. Noch weiter gehende Unterstützung erhalten KMU aus den neuen Bundesländern im Rahmen des *Vermarktungshilfe-Programms des Bundes* bei ihrem Gang ins Ausland.

Sie können entweder an Vermarktungshilfeprojekten teilnehmen, die Unterstützung in Form von Vermittlung von Export-Know-how, Geschäftspartnervermittlung, Beratung zum Aufbau der betrieblichen Absatzorganisation und Vermittlung von spezifischen Marktinformationen über das Zielland umfassen, oder in Form von Lieferantenforen Beratungs- und Betreuungsleistungen erhalten (www.bmwi.de).

Gerade im Bereich der Beratung und weiteren Begleitung von KMU bei ihrer Internationalisierung haben einige *Bundesländer spezielle Programme* entwickelt. Im Rahmen des Projektes *„Fit für Auslandsmärkte – Go International"* werden mittelständische bayerische Unternehmen, die bisher nicht oder nur beschränkt im Auslandsgeschäft tätig waren, bei der Erschließung von neuen Absatzwegen und -märkten unterstützt *(Grzesik/ Thomsen 2007)*. Die teilnehmenden Unternehmen werden von ehemaligen Managern und Unternehmern („Senior Experts") begleitet, die über eine langjährige Berufserfahrung im Auslandsgeschäft verfügen. Im Rahmen des Programms wird ein individueller Internationalisierungsplan entwickelt. Anschließend kann die Umsetzung der darin genannten Internationalisierungsmaßnahmen finanziell gefördert werden (beispielsweise Teilnahme an Messen, Geschäftspartnersuche, Erstellung von Werbeunterlagen, Übersetzungsleistungen, Rechtsberatung). Das Programm ist ein Gemeinschaftsprojekt der bayerischen IHKs und Handwerkskammern und dem Außenwirtschaftszentrum Bayern (www.go-international.de). Ebenfalls Unterstützung bei der Erstellung eines strategischen Gesamtkonzeptes bietet das Land Berlin im Programm *„Neue Märkte erschließen"* für Berliner KMU. Diesen werden ebenfalls darauf aufbauend Umsetzungsmaßnahmen finanziert (z. B. Beratungs- und Schulungsleistungen für Fach- und Führungskräfte, Teilnahme an Messen, Kooperationsbörsen oder die Einstellung eines Außenwirtschaftsassistenten). Mit der Programmdurchführung ist die Investitionsbank Berlin (IBB) betraut worden (www.ibb.de/ NME).

4.1.2.2 Angebote im Rahmen der Strategieplanung: Informationen zu Zielländern

Während im Rahmen der ersten Phase insbesondere das Internet und lokale Akteure wie die IHKs zentrale Ansprechpartner für die Unternehmen sind, werden im Rahmen der Strategieplanung Informationen zu den Ländermärkten von zentraler Bedeutung, die eher von bundesweit oder in den jeweiligen Zielländern agierenden Institutionen angeboten werden. Im Rahmen der Strategieplanung sind jedoch auch Beratungsleistungen gefragt, die den Unternehmen bei der Zielsetzung und der Wahl geeigneter Zielmärkte helfen. Die Ansprechpartner hierfür sind im Wesentlichen bereits im Rahmen der Ausführungen zu Beratungsangeboten bei der Situationsanalyse benannt worden. Zusätzlich bieten die IHKn durch ihre Länderspezialisten eine individuelle Beratung zu einzelnen Ländermärkten per Telefon oder persönlich. Spezifische Fragen werden dann in Zusammenarbeit mit den anderen Kammern im In- und Ausland beantwortet, die branchenspezifische Kenntnisse über die ausländischen Märkte besitzen.

Die zentrale Anlaufstelle für *Länderinformationen* ist die *Germany Trade and Invest* (seit Anfang 2009 der Zusammenschluss der Bundesagentur für Außenwirtschaft und der Invest in Germany GmbH), die im Auftrag der Bundesregierung Außenwirtschaftsinformationen beschafft, systematisiert und verbreitet. Das Grundangebot ist kostenlos, Spezialthemen sind kostenpflichtig. Tiefgründige länderspezifische Informationen, beispielsweise zu kulturellen Aspekten und handelsspezifischen Fragen, können bei der gtai in einer Datenbank recherchiert werden (www.gtai.de).

Die *EU* bietet ebenfalls Informationen zu EU- und Nicht-EU-Ländern. Die Marktzugangsdatenbank (Market Access Database = MADB) (http://mkaccdb.eu.int.) enthält Informationen über die Ausfuhr- und Investitionsbedingungen in zahlreichen Nicht-EU-Ländern. Recherchiert werden können Handelshemmnisse nach Sektor und Land, Einfuhrverfahren, Informationen über Zölle und Steuern, Berichte über Marktzugangsbedingungen sowie ausgewählte Unternehmensberichte zu Barrieren. Informationen zu Ländermärkten und Rahmenbedingungen im europäischen Binnenmarkt bietet das Enterprise Europe Network (www.enterprise-europe-network.ec.europa.eu). Aufgabe der 300 lokalen Verbindungsstellen ist es, Unternehmen bei Fragen zu Gesetzen und Rechtsvorschriften und zu europäischen Förderprogrammen und Ausschreibungen zu helfen.

Informationen zu den jeweiligen Ländermärkten bieten auch *diplomatische Vertretungen der ausländischen Staaten* sowie *Niederlassungen ausländischer Banken* in der Bundesrepublik Deutschland. In Entwicklungs- und Schwellenländern können Informationen zu den Ländermärkten sowie zu Marktpotenzialen über die deutsche Gesellschaft für Technische Zusammenarbeit GmbH (*gtz*) bezogen werden (www.gtz.de). Zu den jeweiligen Regionen sind Informationen auch bei den *Ländervereinen* erhältlich, die regionsspezifische Serviceangebote und Dienstleistungen für Unternehmen anbieten. Sie sind von den Spitzenverbänden der Wirtschaft gegründet, beispielsweise der Asien-Pazifik-Ausschuss, die Lateinamerika-Initiative oder die Südliches Afrika Initiative der Deutschen Wirtschaft, oder unabhängige Vereine, zum Beispiel den Nah- und Mittel-Ost Verein e.V. (www.numov.org).

Sowohl über die *gtai* als auch Länderspezialisten der *IHKn und AHKn* können *spezifische Informationen zu einzelnen Ländermärkten* sowie umfangreichere *Länderanalysen* durchgeführt werden. Dies sind dann jedoch keine kostenlosen Dienstleistungen mehr. Eine weitere Anlaufstelle für die Recherche spezieller Daten zu einzelnen Ländermärkten ist das Statistische Bundesamt (www.destasis.de). Dieses bietet mittels des Infoservice International auch Beratung bei der Suche nach internationalen Statistiken aus verschiedenen Quellen (UN; WTO; OECD etc.) und Zugang auf weltweite Daten der Bereiche Wirtschaft, Außenhandel, Energie etc. Speziell zu Fragen zum Umweltrechtssystem sowie den jeweiligen Umweltstandards kann der Verein zur Förderung des Internationalen Transfers von Umwelttechnologie e.V. (ITUT) (www.itut-ev.org) weiterhelfen.

Umfangreiche *Brancheninformationen* stehen für einzelne Branchen und Länder bei der *gtai* zur Verfügung, die Branchendetails, Marktentwicklung und -bedarf (Exporte und Importe), Wachstumszahlen der Branche (Prognosen), ausgewählte Infrastrukturprojekte im Land, die Produktion und Branchenstruktur (Bauunternehmen), aber auch Hinweise zu Ausschreibungen und der Geschäftspraxis beinhalten. So bietet die gtai beispielsweise eine Länderbroschüre „Energiewirtschaft in Kanada – Zahlen und Fakten“.

Standardisierte Informationsmaterialien bieten teilweise auch die *Branchen- und Fachverbände* in Form von länderspezifischen Leitfäden an.

4.1.2.3 Angebote für die Phase der Strategieimplementierung

Im Rahmen der Strategieimplementierung und des eigentlichen Auslandsgeschäfts sind insbesondere die Knüpfung von Kontakten zu möglichen Partnern im In- und Ausland sowie Entscheidungsträgern und potenziellen Kunden im Zielland wichtig. Außerdem spielen verstärkt Fragen der Finanzierung und spezifische Fragen zu Recht und Zoll, eine wichtige Rolle. Unterstützungsangebote helfen den Unternehmen außerdem bei der Umsetzung ihrer Marketingmaßnahmen. In dieser Phase werden auch Finanzierungsinstrumente wichtig, die im nächsten Kapitel dargestellt werden.

Kooperationsförderung

Potenzielle Partner können die Unternehmen im In- und Ausland durch die Nutzung von Datenbanken sowie durch die Vermittlung diverser Institutionen erhalten. Aus diesen können sich dann Kooperationen in Form von Netzwerken und Firmenpools etablieren, die teilweise ebenfalls gefördert werden. Auch die Teilnahme an Kontaktveranstaltungen oder Delegationsreisen sowie Messeauftritte dienen der Kontaktanbahnung.

Zentrale Anlaufstelle bei der *Suche nach Geschäftskontakten* ist das *e-trade-center* (www.e-trade-center.de), die internationale Geschäftskontakt-Börse. Ausländischen und deutschen Firmen wird die Möglichkeit geboten, konkrete Wünsche nach Geschäftskontakten kostenlos auf der Plattform zu veröffentlichen oder nach geeigneten Partnern in der Datenbank zu recherchieren. Interessierte Unternehmen können den potenziellen Geschäftspartner direkt ansprechen. Der dort eingetragene Geschäftskontaktwunsch ist kostenlos online abrufbar. Neben der Suche nach Geschäftspartnern können KMU bei der *gtai* auch kostenlos nach Adressen von Auskunfts- und Kontaktstellen in verschiedenen Ländern recherchieren.

Weitere Datenbanken, in denen nach potenziellen Geschäftspartnern gesucht werden kann, sind *GENIOS – German Business Information* (www.genios.de) oder „*Cleaner Production Germany* – Das Portal zum Umwelttechnologietransfer“ des Umweltbundesamts, das allerdings nur deutschen Unternehmen die Möglichkeit zur Selbstdarstellung bietet (www.cleaner-production.de).

Die individuelle *Ermittlung von Partnerunternehmen* im Ausland bietet die *gtai* als kostenpflichtige Dienstleistung an. Auch die *AHKn* bieten unterschiedliche Unterstützungsangebote bei der Suche nach Geschäftspartnern: So werden Werbebotschaften des Unternehmens an vorselektierte, potenzielle Geschäftspartner verschickt, Geschäftspartner vermittelt, in Datenbanken recherchiert oder Adressen recherchiert. Diese Dienstleistungen sind allerdings alle kostenpflichtig.

Bei der Suche nach geeigneten Partnern im Zielland helfen auch die *Auslandsvertretungen*, die *gtz*, die *Ländervereine* sowie einige *Branchenverbände*. Innerhalb der EU unterstützt das *Enterprise Europe Network*, in dem zahlreiche deutsche Kammern vertreten sind, die Suche nach Partnern (www.enterprise-europe-network.ec.europa.eu).

Zur *Kooperationsförderung technischer Dienstleister und innovativer Unternehmen* existiert ein Programm des *BMWi*. Diverse Projektträger erschließen im Rahmen des Programms Kooperationsmöglichkeiten unter anderem für deutsche Dienstleister und führen die jeweiligen Partner zusammen. Ihr Tätigkeitsfeld erstreckt sich auf die Identifizierung der jeweils geeigneten Kooperationsfelder, die Erfassung von kooperationswilligen Partnern, die Organisation von Kooperationsplattformen und das Coaching der Kooperationspartner im jeweiligen Zielland (www.bmwi.de).

Die *IHKs* unterstützen Unternehmen darin, so genannte *Firmenpools* zu bilden, die dann durch die Kammern bei ihrer Internationalisierung unterstützt werden. Firmenpools sind branchenspezifische oder branchenübergreifende Interessengemeinschaften, bei denen sich mehrere Unternehmen zusammenschließen und vernetzt in einen neuen Markt eintreten. Das Knüpfen von Kontakten und die Vorbereitung von Geschäftsbesuchen werden für die KMU dann im gewünschten Land vorbereitet. Der Vorteil für die Unternehmen liegt darin, dass sie die Kosten teilen können.

Der Kontaktvermittlung – insbesondere auch zu deutschen Partnern – dienen diverse *Informations- und Kontaktveranstaltungen (IuK)*. Die Germany Trade and Invest (*gtai*) organisiert im Auftrag des BMWi Symposien, Unternehmertreffen und Kooperationsbörsen. Zu den Unternehmertreffen in Deutschland werden Wirtschaftsdelegationen aus den Zielländern eingeladen. Bilaterale und interregionale Kooperationsbörsen und Wirtschaftskonferenzen in Deutschland und ausgewählten Ländern werden auch von anderen Institutionen der Außenwirtschaft (z.B. *DIHK*) organisiert. Auch der *Verein zur Förderung des Internationalen Transfers von Umwelttechnologie* e.V. (ITUT) (www.itut-ev.org) organisiert branchen- und regionalspezifische Informationsveranstaltungen und Konferenzen.

Geschäfts- oder Delegationsreisen ins Ausland werden von unterschiedlichen Institutionen der Außenwirtschaftsförderung, teilweise auch in Zusammenarbeit, organisiert. Sie sollen den deutschen Unternehmen individuelle Kontakte zu Entscheidungsträgern aus Wirtschaft, Administration und Politik in den Zielmärkten vermitteln. Die Delegationsreisen sind teilweise branchenspezifisch, teilweise aber auch branchenübergreifend. Hauptbestandteile der Geschäftsreisen sind individuell vereinbarte Geschäftskontakte sowie zentrale Seminarveranstaltungen, zu denen die entsprechende Zielgruppe sowie weitere relevante Vertreter des Landes eingeladen werden. Insbesondere die *AHKn* bieten mit ihren Geschäftsreiseprogrammen deutschen Unternehmen die Möglichkeit, sich vor Ort über Zielmärkte zu informieren und Partner kennenzulernen.

Die *Beteiligung deutscher Unternehmen an Messen* im In- und insbesondere Ausland wird ebenfalls als Möglichkeit zur Kontaktanbahnung mit potenziellen Partnern, aber auch zur Marktbeobachtung und -erschließung betrachtet. Das *Auslandsmesseprogramm des Bundes* organisiert auf ausgewählten internationalen Messen deutsche Gemeinschaftsstände, an denen sich Unternehmen mit einer individuellen Präsentation beteiligen können (www.auma.de). Dadurch haben die Unternehmen mit vergleichsweise geringem organisatorischen und finanziellen Aufwand die Möglichkeit, an diesen Messen teilzunehmen.

Speziell gefördert wird außerdem die Teilnahme junger innovativer Unternehmen an internationalen Leitmessen in Deutschland.

Auch die *IHKn* organisieren Gemeinschaftsbeteiligungen und informieren und beraten zu Auslandsmessen. Informationen zu Messen bietet auch der *Ausstellungs- und Messeausschuss der deutschen Wirtschaft* e.V. (AUMA). Messebeteiligungen werden teilweise auch durch Programme der *Bundesländer* gefördert, beispielsweise in Rheinland-Pfalz („Wir öffnen Märkte 2009“ und Messeförderungsprogramm) und Baden-Württemberg (Förderung von Gruppenbeteiligungen auf Auslandsmessen).

Recht und Zoll

Im Rahmen der Implementierung gewinnen auch Fragen zu Recht und Zoll an Bedeutung. Die *allgemeinen Länderinformationen* enthalten in der Regel erste Informationen zu diesen Themen. Weitere Informationen bietet die *gtai-Reihe „Recht kompakt“*, in der den Unternehmen Basisinformationen zu Rechtsthemen (UN-Kaufrecht, Vertriebsrecht, Handelsrecht, Steuerrecht und Immobilienrecht) sowie von Rechtsanwälten ausgearbeitete Dokumente zum geltenden Recht in anderen Ländern kostenfrei zur Verfügung gestellt werden. Mehrere *Datenbanken* der gtai bieten Informationen zum Themengebiet „Recht“. Dort sind länderspezifische Gesetzestexte in der Landessprache abrufbar. Unternehmen können sich über eine Datenbank, die Adressen, Angaben zu Fachgebieten und Korrespondenzsprachen von Rechts- und Patentanwälten aus fast allen Ländern der Welt umfasst, Anwälte im Ausland suchen. Vertiefte juristische Informationen zu einzelnen Ländern sind bei der gtai kostenpflichtig erhältlich.

Die *AHKn* erteilen Rechtsauskunft bei Partnerverträgen, Firmengründung, Besteuerung/ Finanzierung und Streitfällen und vermitteln wenn nötig Fachanwälte als Rechtsbeistand vor lokalen Gerichten. Auch bei Inkassoverfahren bieten sie Unterstützung an. Das *Enterprise Europe Network* unterstützt Unternehmen ebenfalls bei Fragen zu Gesetzen und Rechtsvorschriften.

Unterstützung beim Markteintritt

Im Rahmen des Markteinstiegs erhalten die Unternehmen ebenfalls Unterstützung durch unterschiedliche Institutionen. Die *Auslandshandelskammern* beraten und betreuen Unternehmen auch während der Implementierungsphase in Form von Produkt- und Absatzberatung und Projektberatung und -begleitung. Einzelne AHKs haben spezielle Angebote z. B. zur Markteintrittsbegleitung (Japan) oder Geschäftspräsenz (USA/ Atlanta). Ebenfalls Unterstützung bieten die deutschen Industrie- und Handelszentren (DIHZ) (www.germancentre.com) beim Aufbau eines Standortes im Zielmarkt. Bei der Import- und Exportabwicklung können KMU außerdem Hilfe von *IHKn* erhalten.

Die *deutsche Gesellschaft für Technische Zusammenarbeit* (www.gtz.de) führt zusammen mit der Wirtschaft Entwicklungszusammenarbeitsprojekte durch, sog. Public Private Partnerships (PPP). Aufgrund der langjährigen Erfahrung der gtz in den entsprechenden Ländern unterstützen diese die Unternehmen beim Knüpfen von Kontakten, bei der Konzeption und der Finanzierung sowie der Koordination der Maßnahme(n) und bei der Vernetzung mit anderen wichtigen Entscheidungsträgern. Dadurch wird der Markteintritt erleichtert.

Unterstützung beim Export von Umwelttechnologien und -dienstleistungen allgemein sowie bei CDM-Projekten deutscher Unternehmen in Schwellen- und Entwicklungsländern bietet die BMU-Servicestelle „*Umwelttechnologieexport und CDM-Vorhaben*“ (www.bmu.de) an. Neben allgemeinen Informationen zu nationalen und internationalen Projekten hilft die Servicestelle im Einzelfall bei der Kontaktaufnahme ins Ausland sowie bei Problemen mit der Abwicklung von Projekten.

4.1.3 Finanzierungsinstrumente in der Außenwirtschaftsförderung

Geschäfte im Ausland sind in der Regel risikoreicher als Inlandsgeschäfte und benötigen deshalb besondere Finanzierungsinstrumente und Absicherungen. Insbesondere die Finanzierung und Absicherung des Auslandsgeschäfts von KMU wird staatlich bzw. von Seiten der Bundesländer gefördert. Daneben bestehen spezielle Möglichkeiten der Finanzierung für Projekte in Entwicklungsländern: Projekte aus dem EE-Bereich werden in diesen Ländern aufgrund ihres Beitrags zu einer nachhaltigen Entwicklung häufig von Institutionen der Entwicklungszusammenarbeit sowie von Stiftungen aus den Bereichen Umwelt und Entwicklung gefördert.

Im Folgenden werden zunächst zentrale Finanzierungsinstrumente und die zentralen Institutionen der Finanzierung des Auslandsgeschäfts vorgestellt. Anschließend wird genauer auf die Instrumente zur Risikoabsicherung und die Fördermöglichkeiten für Projekte in Entwicklungsländern eingegangen. Einen Überblick über alle Förderprogramme von Bund und Ländern bietet die Förderdatenbank (www.förderdatenbank.de). Die Finanzierungsinstrumente der EU speziell für KMU können ebenfalls über eine Online-Datenbank recherchiert werden (http://ec.europa.eu/ enterprise/ sme/ funding_de.htm). Allerdings fördert die EU die Unternehmen insbesondere mit indirekten Finanzierungsinstrumenten, die über regionale Institutionen verteilt werden. Direkte Unterstützung kann im Rahmen von Förderprogrammen (insbesondere Forschungs- sowie Demonstrationsvorhaben) beantragt werden.

4.1.3.1 Finanzierung des Auslandsgeschäfts

Kurzfristige Exportkredite[62] bieten dem Exporteur die Möglichkeit, die Zeit vom Abschluss des Kaufvertrages bis zum Eingang der Erlöse finanziell zu überbrücken. Sie werden in der Regel von Hausbanken vergeben. Als Sicherheiten dienen die exportierte Ware beziehungsweise die entstehenden Forderungen gegen den ausländischen Importeur. Das Risiko kann für den Exporteur verringert werden, indem die Forderungen an eine Facto-

[62] Hinsichtlich des Finanzierungszeitraumes unterscheidet man zwischen kurzfristiger sowie mittel- und langfristiger Exportfinanzierung. Bei der kurzfristigen Exportfinanzierung sind die Zahlungsziele in der Regel kleiner als ein Jahr. Von mittel- und langfristiger Finanzierung spricht man bei Zahlungszielen ab einem Jahr.

ring-Gesellschaft verkauft werden, die sich anschließend gegen eine Gebühr um die Mahnungen kümmert. Auch wenn der Kunde nicht bezahlt, wird ein Großteil der Forderungen an den Exporteur ausbezahlt. Die wichtigsten Finanzierungsformen des Auslandsgeschäfts sind Besteller- und Lieferantenkredite sowie die Forfaitierung (vgl. BMWi 2007b):

- Bei Bestellerkrediten räumt die finanzierende Bank dem ausländischen Käufer (Besteller) oder dessen Hausbank einen Kredit ein, der direkt an den Exporteur ausgezahlt wird. Bestellerkredite sind an Lieferungen und Leistungen inländischer Exporteure gebunden und werden auch „gebundene Finanzkredite" genannt. Häufig werden sie unter Deckung einer staatlichen Kreditversicherung vergeben. Eine besondere Form der Bestellerkredite sind CIRR-Kredite (Commercial Interest Reference Rate). Hierbei handelt es sich um einen Referenzzinssatz der OECD für staatlich geförderte Exporte in Entwicklungsländer. CIRR-Kredite können in Deutschland von der AKA und der KfW vergeben werden.
- Als Lieferantenkredit bezeichnet man einen Kredit, den ein Lieferant seinem Kunden durch Gewährung eines Zahlungsziels einräumt. Damit dies nicht zu Lasten der eigenen Liquidität geht, können Exporteure ihrerseits Exporteurskredite bei Banken aufnehmen. Somit erhält der Exporteur zeitnah zu seinen Leistungen Zahlungen, die seine Bilanz entlasten.
- Daneben gibt es Forfaitierungen, bei denen ein Finanzierungsinstitut (Forfaiteur) längerfristige Forderungen aus Warenlieferungen oder Dienstleistungen aufkauft. Bei Zahlungsausfall des Schuldners (Importeur) kann der Forfaiteur keine Regressforderungen an den Exporteur richten. Die Finanzierungsform „Forfaitierung" eignet sich insbesondere als Finanzierungsmöglichkeit einzelner mittel- bis langfristiger Exportforderungen, die jedoch in jedem Fall durch Sicherheiten unterlegt sein müssen.

Mittel- und langfristige Exportgeschäfte werden häufig mit Rahmen- und Avalkrediten (Bürgschaftskredit), Mezzaninfinanzierungen oder Beteiligungen finanziert. Kleinere Projekte mit einem Finanzvolumen von unter 15 Mio. Euro werden vorwiegend mittels der Instrumente zur Unternehmensfinanzierung (eigene Mittel, direkte und indirekte Beteiligungsfinanzierung, Kredite und Wertpapiere) finanziert, da eine Projektfinanzierung sich aufgrund der Transaktionskosten erst bei größeren Summen lohnt (dena 2007). Auslandsprojekte werden aufgrund der Möglichkeit, das Risiko unter mehreren Partnern aufzuteilen, in zunehmendem Maße mittels Projektfinanzierungen realisiert.

4.1.3.2 Zentrale Institutionen der Exportfinanzierung

Die wichtigsten deutschen Kreditgeber im Exportgeschäft sind neben den Hausbanken die Kreditanstalt für Wiederaufbau (KfW) und die Ausfuhrkredit-Gesellschaft (AKA). Informationen zu den unterschiedlichen Finanzierungsformen sind sowohl bei den *Hausbanken* als auch bei der *AKA* und der *KfW* erhältlich. Erste Informationen bietet auch das Außenhandelsportal *ixpos*.

Die *KfW Bankengruppe* bietet Unternehmen insbesondere im Rahmen der KfW IPEX-Bank GmbH Kredite und Finanzierungslösungen für das Auslandsgeschäft. Außerdem können Investitionen im Ausland über das Mittelstandsprogramm oder das ERP-Exportfinanzierungsprogramm zusätzlich gefördert werden.

Die *KfW IPEX-Bank GmbH* vergibt Projekt- und Unternehmensfinanzierungen sowie Handels- und Exportfinanzierungen im In- und Ausland. Sie finanziert Lieferungen und Leistungen deutscher und europäischer Groß- und mittelständischer Unternehmen für internationale Märkte, unter anderem im Bereich Energie und Umwelt (BMWi 2007b). Wenn nötig, werden die Exportkredite auch von Export Credit Agencies (ECAs) abgesichert, mit denen die Bank zusammenarbeitet. Außerdem bietet die Bank weitere Risikoabsicherungen an. Ziel der Bank ist es, die deutsche und europäische Industrie durch spezielle Finanzierungen im In- und Ausland zu unterstützen. Die Bank bietet ein breites Spektrum an Finanzierungsprodukten an, z.B. hermesgedeckte Exportfinanzierungen, Unternehmenskredite und Forfaitierungen. Auch die KfW IPEX-Bank bietet ihren Kunden Beratung sowie individuelle Finanzierungsangebote an.

Die *KfW Mittelstandsbank* bietet Finanzierungs- und Krisenberatung insbesondere für KMU an und unterstützt im Rahmen von Förderprogrammen Investitionsvorhaben auch im Ausland. Speziell für die Außenwirtschaft gibt es zwei Programme:

- Im Rahmen des Programms *Unternehmerkredit – Ausland* werden neben KMU auch ausländische Tochtergesellschaften deutscher Unternehmen und Joint Ventures mit maßgeblicher deutscher Beteiligung im Ausland mit langfristigen zinsgünstigen Darlehen mit festen oder variablen Zinssätzen und tilgungsfreien Anlaufjahren beim Gang ins Ausland unterstützt.
- Über das Programm „Unternehmerkapital – *KfW-Kapital für Arbeit und Investitionen*" können Unternehmen, die schon länger als 5 Jahre am Markt sind, langfristige Nachrangdarlehen[63] bekommen. Besonders gefördert werden in dem Programm Investitionen im Ausland sowie Investitionen von KMU. Dabei werden Kredite zu günstigen Konditionen mit einem festen Zinssatz gewährt. Mitfinanziert werden bis zu 100 % der förderfähigen Investitionskosten im Ausland.

Das *KfW-ERP-Exportfinanzierungsprogramm* vergibt Kredite zur Finanzierung des Exports von Investitionsgütern und damit verbundenen Leistungen in Entwicklungsländer. Dabei handelt es sich um öffentlich unterstützte Exportkredite. Das Programm wird über die KfW IPEX-Bank GmbH abgewickelt. Es werden liefergebundene Finanzkredite vergeben, die an die jeweiligen Besteller direkt (Bestellerkredite) oder an eine Bank im Bestellerland ausgereicht werden (Bank-zu-Bank-Kredite). Bedingung ist die Gewährung einer Exportkreditgarantie des Bundes.

Die *AKA Ausfuhrkredit-Gesellschaft mbH* ist ein Konsortialinstitut von 22 deutschen Banken für die Finanzierung und Abwicklung von Außenhandelsgeschäften. Sie unterstützt die deutsche und europäische Exportwirtschaft durch ein Angebot von Finan-

---

[63] Der Darlehensgeber tritt dabei im Rang hinter die Forderungen aller übrigen Fremdkapitalgeber zurück, die Darlehen haben somit eine eigenkapitalnahe Funktion.

zierungen und Refinanzierungen und übernimmt Risiken und Dienstleistungen im Zusammenhang mit kurz-, mittel- und langfristigen Exportgeschäften sowie sonstigen internationalen Geschäften. Die AKA hat mit zahlreichen ausländischen Banken weltweit Grund- und Rahmenverträge abgeschlossen, wodurch Bestellerkredite einfacher und schneller zur Verfügung gestellt werden können.

4.1.3.3 Risikoabsicherung

Die Bundesregierung hat ein breit gefächertes Instrumentarium von Verträgen, Garantien und Bürgschaften zur Abfederung von politischen und wirtschaftlichen Risiken geschaffen (siehe www.agaportal.de). Sie bietet drei zentrale Instrumente zur Risikoabsicherung an: Exportkreditgarantien, Investitionsgarantien für Direktinvestitionen im Ausland und Garantien und Bürgschaften für ungebundene Finanzkredite.

1. Die *staatliche Exportkreditversicherung (Hermes-Deckung)*, auch Exportkreditgarantien genannt, schützt Unternehmen vor dem Risiko des politisch und wirtschaftlich bedingten Zahlungsausfalls bei Ausfuhrgeschäften, insbesondere in schwierigen Märkten. Die staatliche Exportkreditversicherung deckt das „Fabrikationsrisiko“[64] sowie die „Uneinbringlichkeit“ der Forderung, nachdem die Ware ordnungsgemäß geliefert wurde. Die staatliche Exportkreditversicherung bietet speziell auf KMU zugeschnittene Absicherungsmöglichkeiten an (BMWi 2007b).
2. Direktinvestitionen in Entwicklungs-, Schwellen- und Reformländern werden von der Bundesregierung durch die Übernahme von Investitionsschutzgarantien abgesichert. Diese Garantien stehen allen Unternehmen mit Sitz in Deutschland zur Verfügung, wenn die förderwürdig sind. Die Gewährleistung kann sowohl für die Investition selbst als auch für Erträge aus der Investition übernommen werden. Auch hier werden Investitionen mit positiven Umweltauswirkungen bevorzugt berücksichtigt.
3. Als dritte Form der Absicherung werden Garantien für ungebundene Finanzkredite (UFK) vergeben, die von deutschen Unternehmen oder Kreditinstituten zur Finanzierung eines förderungswürdigen Vorhabens im Ausland eingesetzt werden. Förderungswürdig sind Projekte, die im besonderen staatlichen Interesse liegen, zur wirtschaftlichen Entwicklung des Empfängerlandes beitragen und nicht an deutsche Lieferungen und Leistungen gebunden sind. Die Projekte müssen umweltverträglich und wirtschaftlich tragfähig sein.

Exporte aus dem Bereich der *erneuerbaren Energien-* und Energietechnologien werden vom Bund als besonders förderungswürdig angesehen, haben aber spezifische Probleme bei der Risikoabsicherung. Deshalb existieren für EE-Projekte bei den Exportkredit- und Investitionsschutzgarantien besondere Bedingungen (vgl. www.agaportal.de):

---

[64] Das Risiko, dass der Versand der gefertigten Ware nicht erfolgt, da politische Ereignisse dies verhindern oder der Kunde insolvent geworden ist.

- Die Laufzeiten wurden aufgrund der hohen Investitionskosten und der langsamen Refinanzierung für diese Projekte auf bis zu 15 Jahre verlängert.
- Lieferungen und Leistungen aus dem Ausland, die im EE-Bereich häufig vor Ort in Anspruch genommen oder aus Drittländern zugeliefert werden, können bis zu einer Höhe von 30 % des Auftragswerts in die Absicherung einbezogen werden.
- Forderungen können auch in Währung der Bestellerländer gedeckt werden, da viele EE-Projekte ihre Einnahmen in Lokalwährung generieren.

Neben der staatlichen Exportkreditversicherung bieten auch die *privaten Versicherungen* Exportpolicen an, zum Teil speziell für kleine Unternehmen. Abgesichert werden politische und wirtschaftliche Risiken bei Warenlieferungen und Dienstleistungen im In- und Ausland.

4.1.3.4 Projektfinanzierung im Rahmen der Entwicklungszusammenarbeit

Im Bereich der Entwicklungszusammenarbeit bestehen spezifische Möglichkeiten der Projektfinanzierung durch öffentliche Institutionen der Entwicklungszusammenarbeit sowie Möglichkeiten zur Projektförderung durch Stiftungen und andere Institutionen. Die internationalen und nationalen Entwicklungsbanken schreiben häufig direkt Projekte aus.[65]

Die *Deutsche Investitions- und Entwicklungsgesellschaft* (DEG), die zur KfW-Bankengruppe gehört, finanziert Investitionen privater Unternehmen in Entwicklungs- und Schwellenländern, wenn diese umwelt- und sozialverträglich sowie entwicklungspolitisch sinnvoll sind. Die DEG bietet neben Finanzierungsangeboten auch Beratung bei der Projektstrukturierung und Betreuung während der Projektlaufzeit.

Im Programm „*Public Private Partnership* – Entwicklungspartnerschaften mit der Wirtschaft“ unterstützen Durchführungsorganisationen (gtz, KfW Entwicklungsbank, InWent gGmbH, DED und der SEQUA gGmbH sowie der DEG) mit öffentlichen Geldern das Engagement der Privatwirtschaft in Entwicklungs- und Transformationsländern. Ziel seitens der Entwicklungszusammenarbeit ist es, auf diese Weise zusätzliche private Mittel zugunsten entwicklungspolitischer Zielsetzungen zu mobilisieren. Unternehmen profitieren dabei von den Kontakten, der Erfahrung und dem weltweiten Experten-Netz der Durchführungsorganisationen. Eine besondere Form des PPP-Programmes der DEG ist die PPP-Studienfazilität (Studien-Mitfinanzierung), welches der Projektvorbereitung dient. Die DEG fördert aus Mitteln des BMZ die Vorbereitung eines entwicklungspolitisch sinnvollen Engagements der Privatwirtschaft bei Erwerb, Errichtung und Betrieb von Infrastrukturvorhaben einschließlich Finanzierungsstruktur in Entwicklungs- und Schwellenländern.

Finanzielle Unterstützung für EE-Projekte in Schwellen- und Entwicklungsländern leisten mehrere Stiftungen und Institutionen aus dem Umwelt- und Entwicklungsbereich, z.B.:

---

[65] Auf die öffentlichen Ausschreibungen in diesem Bereich wird im nächsten Kapitel eingegangen.

- Deutsche Stiftung Umwelt (DBU)
- Stiftung für Energie, Umwelt und Soziales (EUS)
- Stiftung Nord-Süd-Brücken
- Norddeutsche Stiftung für Umwelt und Entwicklung
- Global Village Energy Partnership (GVEP)

4.1.4 Unterstützung der Auftragsakquisition durch öffentliche Ausschreibungen

Eine Möglichkeit der Akquisition von Aufträgen im Ausland stellt die Teilnahme an öffentlichen Ausschreibungen dar. Von besonderer Bedeutung für deutsche EE-Unternehmen sind dabei die Ausschreibungen im EU-Binnenmarkt sowie die internationalen Ausschreibungen der Weltbank, regionaler Entwicklungsbanken und weiterer Institutionen der Entwicklungszusammenarbeit. Da die Teilnahme an Ausschreibungen gerade für kleine Unternehmen mit Schwierigkeiten verbunden ist unterstützen mehrere Institutionen die Unternehmen durch die Bereitstellung von Informationen zu laufenden Ausschreibungen und Beratung bei der Auftragsakquisition.

4.1.4.1 Internationale Ausschreibungen und Ausschreibungen im EU-Binnenmarkt

Sowohl die *EU als auch die einzelnen Mitgliedsstaaten* schreiben im Rahmen des öffentlichen Auftragswesens Vorhaben aus und rufen im Rahmen von Ausschreibungen zur Einreichung von Projektvorschlägen auf. Aufgrund der Regelungen im EU-Recht stehen deutschen Unternehmen alle öffentlichen Ausschreibungen in der EU offen und es gibt Informationssysteme, die den einfachen Zugang zu den Ausschreibungen ermöglichen. Informationen zu diesen Ausschreibungen finden sich ab einem Schwellenwert (200.000 € bzw. 5 Mio. € bei Bauaufträgen) in der Datenbank Tenders Electronic Daily (TED). Dort sind auch Ausschreibungen der EU-Drittstaatenprogramme enthalten. Weitere Informationen zu öffentlichen Ausschreibungen innerhalb der europäischen Union liefert das Portal SIMAP (http://simap.europa.eu). Auf der Seite sind auch Links zu den Datenbanken der einzelnen Mitgliedsstaaten zu finden. Eine weitere Quelle für Informationen zu regionalen, nationalen und internationalen Ausschreibungen bietet das European Tender Information System (etis). Dort können KMU gezielt nach Informationen suchen.

Die einzelnen *UN-Organisationen* schreiben ebenfalls im Rahmen ihres Beschaffungswesens Aufträge aus. Um an den Ausschreibungen teilnehmen zu können, müssen sich Unternehmen bei der jeweiligen UN-Organisation registrieren lassen. Allerdings wird nur ein geringer Teil ausgeschrieben, der Rest wird freihändig vergeben. Deshalb ist der Kontakt zu den Ausschreibungsstellen wichtig für die erfolgreiche Akquisition.

Entwicklungszusammenarbeitsprojekte, unter anderem zur Energieversorgung mittels erneuerbarer Energien, werden von der Weltbank, den internationalen Entwicklungsbanken (z.B. die Afrikanische Entwicklungsbank (AfDB), die Bank des Südens (Banco del Sur), die Europäische Bank für Wiederaufbau und Entwicklung (EBRD) und die Zentralamerikanische Bank für wirtschaftliche Integration (BCIE)) sowie von Finanzierungsinstituten einzelner Staaten ausgeschrieben. In der EU finanzieren drei Banken Projekte der Entwicklungszusammenarbeit:

- *EBRD* – Förderung von Projekten in den Ländern Mittel- und Osteuropas und der GUS
- *CEB (Council of Europe Development Bank)* – Förderung von Projekten unter anderem in den Bereichen Ausbildung, berufliche Bildung, Beschäftigung in KMU, ländliche Entwicklung und Umweltschutz in den benachteiligten Regionen
- *EIB (Europäische Investitionsbank)* – Förderung von Projekten in EU-Erweiterungsländern sowie anderen Schwellen- und Entwicklungsländern

In Deutschland werden über die *KfW Entwicklungsbank* im Auftrag des BMZ Investitionen sowie gesamtwirtschaftliche oder sektorale Reformprogramme in Entwicklungs- und Transformationsländern mit langfristigen Krediten, Zuschüssen und projektbezogenen Beratungsleistungen gefördert. Neben zinsverbilligten Darlehen gibt es Verbund- und Mischfinanzierungen. Die geförderten Vorhaben werden seitens der Partner in den Entwicklungsländern ausgeschrieben, deutsche Unternehmen müssen sich dem internationalen Wettbewerb stellen.

Die internationalen Institutionen schreiben auf ihren Internetseiten aus und bieten dort in der Regel umfangreiche Informationen zu den Vergaberegeln. Die Vergabeverfahren unterscheiden sich je nach Organisation. So gibt es offene Verfahren, nicht offene Verfahren oder Direktvergabe-Verfahren. Häufig müssen sich Interessierte in Listen eintragen, um an Ausschreibungen teilnehmen zu können, oder es wird mittels Short-List-Verfahren nur eine begrenzte Anzahl an Bietern zugelassen. Viele internationale Organisationen vergeben Aufträge in nicht offenen Verfahren, insbesondere aufgrund der geringen Auftragshöhen. Die bfai schätzt, dass nur 2 Prozent der vergebenen Aufträge eine Größenordnung von 100.000 US$ übersteigen (vgl. BIHK 2006). Bei öffentlich finanzierten Entwicklungsprojekten wird die Vergabe häufig vom Empfängerland und nach dessen Vergaberegeln durchgeführt. Dadurch haben häufig Unternehmen aus den Empfängerländern Vorteile, während die Vielfalt der Vergaberegelungen anderen Anbietern die Teilnahme erschwert (BIHK 2006).

4.1.4.2 Probleme bei der Teilnahme an Ausschreibungen für EE-Dienstleister

Bei der Akquirierung von Ausschreibungen im Ausland stehen Ingenieurs- und Planungsdienstleistungsunternehmen aus Deutschland in Konkurrenz zu meist größeren Unternehmen aus anderen Ländern[66]. Aufgrund der vergleichsweise kleinen Unternehmensgrößen können sie ausgeschriebene Projekte häufig nicht allein bearbeiten und müssen somit Partner für eine gemeinsame Projektakquirierung finden. Das macht die Akquirierung von Aufträgen für kleine KMU schwierig.

---

[66] Persönliches Interview mit Klaus Rollenhagen, Verband beratender Ingenieure, am 16.9.2008

Entsprechend bereiten den EE-Unternehmen nach Einschätzung von dena-Mitarbeiterinnen und Mitarbeitern der Exportinitiative Erneuerbare Energien[67] der hohe administrative Aufwand in der Antragsphase und der zeitintensive Abstimmungsbedarf im Konsortium die meisten Probleme. Ein kleines Dienstleistungsunternehmen[68] mit Erfahrung bei der Teilnahme an Ausschreibungen nennt ebenfalls als zentralen Problem den hohen Aufwand an Zeit und teilweise auch Kosten (z.B. aufgrund der Beauftragung von externen Dienstleister im Rahmen der Antragsstellung) – und dies bei geringer Transparenz der Vergabe und Wettbewerbssituation. Oft scheint schon vorher entschieden zu sein, wer den Auftrag bekommt. Weitere Probleme sind die Zahlungsbedingungen, da häufig eine Vorfinanzierung durch den Auftragnehmer erwartet wird, sowie Schwierigkeiten bei der Bewilligung von Gewährleistungsbürgschaften. Teilweise wird ein Gewährsleistungsrückbehalt von 3 bis 5 % verlangt, der die ohnehin oft geringen Gewinne weiter schmälert.

Aufgrund der dargestellten Probleme äußern die EE-Dienstleister einen Unterstützungsbedarf bei der Teilnahme an Ausschreibungen, wobei KMU vor allem Hilfestellung bei der Bearbeitung der Unterlagen und bei der Einhaltung der Auftragsformalien benötigen.[69]

4.1.4.3 Unterstützungsangebote zu Ausschreibungen

Internationale Ausschreibungen können über unterschiedliche *Datenbanken* und Informationsquellen gefunden werden. Ausschreibungen der Weltbank, der UN und der regionalen Entwicklungsbanken können in der *Zeitschrift Development Business* und der *Datenbank Development Gateway dgMarket* (www.dgmarket.com) recherchiert werden. dgMarket bietet Unternehmen kostenlos auf das Firmenprofil abgestimmte Zusammenfassungen von Ausschreibungen. Die detaillierten Informationen sind kostenpflichtig. Internationale Ausschreibungen finden sich auch über die Datenbank *www.tendersinfo.com.* Die gtai betreibt zwei Datenbanken für Ausschreibungen:

- Die Ausschreibungsdatenbank „Internationale Ausschreibungen“ umfasst Ausschreibungen staatlicher und halbstaatlicher Stellen aus Entwicklungs- und Schwellenländern sowie Mittel- und Osteuropas, oftmals mit Finanzierung multi- und bilateraler Banken. Ferner sind Ausschreibungen enthalten, die die EU im Rahmen der internationalen Entwicklungszusammenarbeit finanziert sowie Ausschreibungen aus einigen EU-Mitgliedsstaaten in Mittel- und Osteuropa.
- In der Datenbank „EU-Binnenmarkt-Ausschreibungen“ werden Ausschreibungen der EU sowie der Mitgliedstaaten gesammelt.

Außerdem gibt es von der *gtai* einen kostenpflichtigen Informationsservice, über den Unternehmen regelmäßig auf für sie interessante Ausschreibungen aufmerksam gemacht

[67] Schriftliche Mitteilung von Konrad Bauer, Deutsche Energie-Agentur, 18.12.2008
[68] Interview mit Henrik Bumiller und Dirk Wiederhold, Bumiller Neue Energien GmbH, am 10.12.2008
[69] Fernmündliche Mitteilung von Markus Heyn, Vergabekammer Thüringen, am 15.1.2009

werden. Diverse weitere Institutionen betreiben ebenfalls Ausschreibungsdienste, die im Auftrag von Unternehmen gezielt nach geeigneten Ausschreibungen suchen (bspw. die IHKn). Auch private Dienstleister recherchieren für Unternehmen nach passenden Bekanntmachungen, beispielsweise der Ausschreibungsdienst der *bi medien GmbH* (www.bi-ausschreibungsdienste.de).

Bei der Teilnahme an öffentlichen Ausschreibungen (national und international) werden Unternehmen von *Auftragsberatungsstellen* (www.abst.de) unterstützt. Sie sind in der Regel gemeinschaftliche Dienstleistungseinrichtungen der IHKn und HWKn bzw. der Ingenieurskammern und in jedem Bundesland zu finden. Die Auftragsberatungsstellen bieten KMU kostenfreie Beratung und Informationen über das öffentliche Auftragswesen, Merkblätter, monatliche Newsletter. Auftragsberatungsstellen recherchieren auch für Unternehmen (entgeltlich) Ausschreibungen und Veröffentlichungen. Darüber hinaus unterstützen sie Unternehmen bei der Angebotsvorbereitung und -erstellung. Bei Fragen zu europäischen Ausschreibungen helfen außerdem die 300 Verbindungsstellen des *Enterprise Europe Network* Unternehmen.

4.1.5 Angebote der Exportinitiative Erneuerbare Energien

Der Deutsche Bundestag hat 2002 die Exportinitiative Erneuerbare Energien ins Leben gerufen um den Export von Technologien und Dienstleistungen zur Nutzung erneuerbarer Energien zu fördern und damit weltweit Klimaschutzmaßnahmen voran zu bringen (Deutscher Bundestag 2002). Allgemeine Ziele und Aufgaben der Exportinitiative sind die Vermittlung von Know-how und Partnern, die programmatische Bündelung und Vernetzung bestehender Aktivitäten, die Förderung eines geregelten Informationsflusses im Hinblick auf Daten zu Marktchancen, die Verzahnung und Abstimmung mit der Industrie, sowie die Vernetzung der auf diesem Gebiet tätigen Initiativen (VDI/VDE/IT 2007a). Die Exportinitiative wird vom Bundeswirtschaftsministerium koordiniert.

Zentrale Instrumente der Exportinitiative sind zum einen traditionelle Exportförderinstrumente wie das BMWi-Auslandsmesseprogramm, gtai-Kontaktveranstaltungen und das AHK-Geschäftsreiseprogramm, die im EE-Bereich durch die Exportinitiative koordiniert werden. Zum anderen wurden spezielle Maßnahmen wie das Marketingpaket „renewables made in Germany“ und Leuchtturmprojekte in anderen Ländern entwickelt. Ziel der Exportinitiative ist die Reduktion der zentralen Exporthemmnisse in Deutschland (insbesondere Finanzierung, Risikoabsicherung, Information über Auslandsmärkte und Koordinierung der Interessen im Inland) und im Ausland (v. a. rechtliche und administrative Rahmenbedingungen, Kontaktaufbau zu Kunden und Partnern vor Ort, mangelnde Bekanntheit von Produkten und Einsatzmöglichkeiten) (vgl. dena 2007). Die durch die jeweiligen Angebote der Exportinitiative adressierten Exporthemnisse werden in den folgenden beiden Tabellen dargestellt.

Neben den in den Tabellen genannten Elementen sind auch der Klimaschutzfond sowie ein von der gtz speziell entwickeltes Programm zur Unterstützung von EE-Projekten in Entwicklungsländern sowie das B2B-Energy-Portal Maßnahmen, die zur Exportinitiative gehören.

Tabelle 33: Angebote der Exportinitiative und deren Adressierung von Exporthemmnissen in Deutschland

Programme der Exportinitiative			Exporthemmnisse in Deutschland		
Arbeitslinie	Aktivität	Finanzierung	Risikoabsicherung	Informationen über Auslandsmärkte	Koordinierung der Interessen im Inland
Vernetzung	Netzwerkbildung in Deutschland	+	+	+	++
	Kommunikation in Deutschland				+
Auslandsmarktinformationen	Länderprofile	+	+	++	
	Publikationen der dena-Schriftenreihe	++	+	++	
	Exportforum und Fachveranstaltungen	++	++	++	
	Länderinformationen der gtai		+	++	
Auslandsmarketing	Technologieausstellung				
	Export-Marketingpaket				
	Imagefilm				
Auslandsmarkterschließung	BMWi Messeprogramm			+	
	AHK Geschäftsreiseprogramm	+	+	++	
	gtai-IuK-Veranstaltungen	+	+	++	
	dena-Solardachprogramm	+	+	+	

Hemmnis wird direkt (++) bzw. indirekt (+) in seinen Auswirkungen adressiert.

Quelle: dena (2007)

Tabelle 34: Angebote der Exportinitiative und deren Adressierung von Exporthemmnissen im Ausland

Programme der Exportinitiative		Exporthemmnisse im Ausland			
Arbeitslinie	Aktivität	Rechtl. und administrative Rahmen bedingungen	Kontaktaufbau zu Kunden und Partner vor Ort	Mangelnde Bekanntheit von Produkten	Mangelnde Bekanntheit Einsatzmölichkeiten
Vernetzung	Netzwerkbildung in Deutschland	+			
	Kommunikation in Deutschland	+	+		
Auslands-markt-informationen	Länderprofile		+		
	Publikationen der dena-Schriftenreihe		+	+	+
	Exportforum und Fachveranstaltungen	+	+	+	+
	Länderinformationen der gtai		+		
Auslands-marketing	Technologie-ausstellung	++	+	++	++
	Export-Marketingpaket	++	++	++	++
	Imagefilm	+	+	++	++
Auslands-markt-erschließung	BMWi Messe-programm	++	++	++	++
	AHK Geschäfts-reiseprogramm	++	++	++	++
	gtai-IuK-Veranstaltungen	+	++	++	++
	dena-Solardach-programm	+	++	++	++

Hemmnis wird direkt (++) bzw. indirekt (+) in seinen Auswirkungen adressiert.

Quelle: dena (2007)

Die einzelnen Angebote der Exportinitiative werden im Folgenden kurz präsentiert, wobei die Ergebnisse der Evaluation der Exportinitiative im Jahr 2007 (vgl. VDI/VDE/IT 2007a)

berücksichtigt werden. Insgesamt kritisieren die Evaluatoren, dass die Angebote noch zu wenig auf unterschiedliche Gruppen und Probleme und zu wenig auf die zentralen Exporthindernisse, insbesondere im Bereich Finanzierung und Risikoabsicherung, eingehen. Die Evaluation benennt für die Exportinitiative insgesamt folgende Verbesserungsvorschläge:

- Das Angebot sollte differenzieren zwischen Basisprogrammen für Einsteiger und spezifischen Unterstützungsangeboten für Unternehmen, die bereits im Ausland tätig sind.
- Die Zielmärkte sollten kategorisiert und priorisiert werden, um Aktivitäten auf ausgewählte Märkte bündeln zu können.
- Die Organisation (Außendarstellung, Koordination der Angebote) sollte verbessert werden.

Vernetzung

Eine Aufgabe der Exportinitiative ist die Verbesserung der Vernetzung von Unternehmen und Institutionen, die im Bereich der Außenwirtschaftsförderung aktiv sind. Dazu wurde die Webseite (www.exportinitiative.de) und ein Inlands-Newsletter eingerichtet, die Informationen zu den Angeboten der Exportinitiative sowie den Aktivitäten der Netzwerkpartner enthalten und über aktuelle Entwicklungen und Veranstaltungen mit Bezug auf ausländische EE-Märkte informieren. Das Online-Forum „renewables made in Germany“ unter www.renewables-forum.com ist als Treffpunkt von Interessenten aus aller Welt und deutschen Akteuren aus dem EE-Sektor konzipiert.

Auslandsmarktinformation

Die Exportinitiative stellt EE-spezifische Informationen zu einer Reihe von Auslandsmärkten zur Verfügung. Daneben werden vereinzelt auch Publikationen zu weiteren Fragen rund um die Unternehmensinternationalisierung herausgegeben. Die Evaluation kommt zu dem Schluss, dass die Länderprofile zwar gute Erstinformationen bieten, aber nicht genügend in die Tiefe gehen (VDI/VDE/IT 2007a). Die „dena-Schriftenreihe“ umfasst Publikationen, die technologie- oder regionenspezifisch ausgerichtet sind – das Angebot ist bisher auf die Solarbranche beschränkt.

Auslandsmarketing

Die Exportinitiative betreibt Marketing für die gesamte EE-Branche durch den Auslands-Newsletter, der quartalsweise an Kontaktpersonen im Ausland (Unternehmen, Institutionen und Politik) verschickt wird, und durch das Auslandsmarketing unter dem label „renewables made in germany“. Das Marketingpaket umfasst eine Technologieausstellung, ein Export-Marketingpaket und einen Imagefilm. Auf der Seite www.renewables-made-in-germany.com wird das Marketingpaket, das über das Angebot, die Leistungsfähigkeit und die Einsatzmöglichkeiten erneuerbarer Energie-Technologien informiert, präsentiert. Einzelne Unternehmen können auf dieser Internetseite ebenfalls für sich werben.

Die Aktivitäten der Programmsäule Auslandsmarketing sind nach Meinung der Evaluatoren gut gebündelt und bieten ein einheitliches Erscheinungsbild. Auch die Homepage wird positiv bewertet. Aus Unternehmenssicht werden teilweise die Kosten zur Aufnahme in den Katalog zu hoch angesehen (VDI/VDE/IT 2007a)

Auslandsmarkterschließung

Im Bereich der Auslandsmarkterschließung gibt es eine Vielzahl von Angeboten, die in der Exportinitiatve gebündelt sind. Im Rahmen des von der dena durchgeführten *Solardachprogramms* werden Photovoltaik- und Solarthermieanlagen als „Leuchtturmprojekte" in zukunftsträchtigen Zielmärkten durchgeführt. Zur öffentlichkeits- und werbewirksamen Demonstration werden die Projekte auf Dächern deutscher Schulen oder anderer wichtiger Einrichtungen von öffentlichem Interesse installiert. Die Projekte werden durch Maßnahmen wie Presse- und Öffentlichkeitsarbeit, Events, Informationsvermittlung und Schulungen begleitet. Dem dena-Solardachprogramm wird im Rahmen der Evaluation eine hohe Öffentlichkeitswirksamkeit bescheinigt. Eine Ausdehnung auf andere erneuerbare Energien sowie mehr Monitoringaktivitäten wären aus Sicht der Evaluatoren sinnvoll. (VDI/VDE/IT 2007a)

Das *AHK-Geschäftsreiseprogramm Erneuerbare Energien* soll deutschen Unternehmen individuelle Kontakte mit Entscheidungsträgern aus Wirtschaft, Administration und Politik in den Zielmärkten vermitteln. Die Geschäftsreisen umfassen individuell vereinbarte Geschäftskontakte und gemeinsame Seminarveranstaltungen mit relevanten Multiplikatoren aus dem Zielland. Das Geschäftsreiseprogramm adressiert sowohl Unternehmen, die einen Markt kennen lernen oder sondieren möchten als auch solche, die ihre Geschäftskontakte vertiefen oder verbreitern wollen. Die Geschäftsreisen sind aus Sicht der Evaluatoren gut organisiert. Verbesserungsbedarf besteht bei den Länderinformationen, die als Grundlage für die Teilnahmeentscheidung dienen. Außerdem sollten länderspezifische Themen und die Wissensvermittlung ausgeweitet werden (VDI/VDE/IT 2007a).

Das *Auslandsmesseprogramm „Erneuerbare Energien" des BMWi* informiert über EE-Technologien aus Deutschland auf Messen im Ausland und bewirbt damit das gesamte Spektrum deutscher EE-Technologien. Im Rahmen des Programms wird auf ausgewählten internationalen Energiemessen ein Gemeinschaftsstand organisiert, an dem sich deutsche Unternehmen mit ihrer individuellen Präsentation beteiligen können. Zusätzlich wird ein Rahmenprogramm organisiert um Besucher anzuziehen und für die deutschen EE-Technologien insgesamt zu werben (VDI/VDE/IT 2007a).

Germany Trade and Invest (gtai) koordiniert im Rahmen der Exportinitiative und im Auftrag des BMWi *Informations- und Kontaktveranstaltungen (IuK)* für deutsche EE-Unternehmen, die auch in anderen Bereichen als Instrument der Außenwirtschaftsförderung eingesetzt werden. Die EE-Veranstaltungen sollen insbesondere der Informationsbeschaffung dienen, da bereits die AHK-Geschäftsreisen die gezielte Kontakt- und Geschäftsanbahnung anvisieren. Organisiert werden Informationsveranstaltungen und Einkäuferreisen, bei denen Delegationen aus dem Ausland nach Deutschland reisen um sich über die deutsche EE-Technologie zu informieren.

Mittels der *KfW- und BASREC-Klimaschutzfonds* sollen Emissionsminderungszertifikate im Rahmen der projektbasierten Mechanismen gemäß Kyoto-Protokoll erworben werden. Auch wenn das Ziel der Klimaschutzfonds primär nicht die Exportförderung ist können aufgrund geringer Transaktionskosten und der abgesicherten Verfügbarkeit der Zertifikate beteiligte Unternehmen von den Fonds profitieren. Im Rahmen der Evaluation konnten jeodch bisher kaum (und höchstens indirekte) positive Wirkungen in Bezug auf den Export erneuerbarer Energien festgestellt werden.(VDI/VDE/IT 2007a)

Da bisher wenig EE-Unternehmen in Entwicklungsländern aktiv sind, wurde die gtz beauftragt, im Rahmen eines *Projektentwicklungsprogramms* deutsche Unternehmen bei der Kontaktanbahnung zu wichtigen staatlichen Stellen und dem Privatsektor sowie bei der Informationsbeschaffung zu unterstützen. Dafür sind vier aufeinander aufbauende Module entwickelt worden: allgemeine Länderinformationen, Informationsveranstaltungen in Deutschland, Geschäftsreisen sowie deren Nachbereitung. Im Rahmen einer Pilotmaßnahme im Senegal wurden 2007 eine Informationsveranstaltung und eine anschließende fünftägige Geschäftsreise mit interessierten Unternehmen durchgeführt (VDI/VDE/IT 2007a). Durch die Maßnahmen sollen unternehmerische Aktivitäten gefördert werden, aus denen ein entwicklungspolitischer Nutzen entsteht.

Der „virtuelle Marktplatz“ *b2brenenergy* (www.b2brenenergy.com) – betreut von der AHK-Griechenland – ist eine mehrsprachige Online Plattform zur Vermarktung und Beschaffung von Technologien und Produkten aus dem Bereich der erneuerbaren Energien aus Deutschland. Erreicht werden sollen mit dem Angebot Kunden, die sich für die Produkte deutscher EE-Unternehmen interessieren und über die Plattform mit diesen Kontakt aufnehmen.

4.2 Nutzung und Bewertung des bestehenden Angebots sowie spezifischer Bedarf der EE-Dienstleister

Im Folgenden wird die Bewertung von Unternehmen (insbesondere EE-Dienstleistern) und Experten und Expertinnen auf das bestehende Angebot an Unterstützungs- und Fördermöglichkeiten und deren Wünsche nach einer Ausweitung und Anpassung des Angebots an ihre Bedürfnisse dargestellt. Diese Ergebnisse stützen sich auf unterschiedliche empirische Daten:

- Im Rahmen der empirischen Erhebungen des Projekts EXPEED (Befragung, Nacherhebung und Fallstudien) wurden die Unternehmen auch zu ihrer Nutzung der bestehenden Angebote sowie nach weiteren Anforderungen an das Förderinstrumentarium befragt.
- Zum Projektabschluss des Projekts EXPEED fand ein Workshop mit rund 40 Teilnehmern und Teilnehmerinnen aus der Politik, von Institutionen der Außenwirtschaftsförderung, aus der Wirtschaft sowie aus der Wissenschaft statt. Dabei wurde in Kleingruppen das bestehende Angebot diskutiert und Vorschläge für dessen Verbesserung sowie einer Erweiterung des Instrumentariums erarbeitet.
- In den letzten Jahren wurden zwei Unternehmensbefragungen zur Bekanntheit, Nutzung und Bewertung der Exportinitiative Erneuerbare Energien durchgeführt:
  - einer Befragung von 193 Unternehmen durch die dena aus dem Jahr 2006 für den jährlichen Bundestagsbericht (vgl. dena 2007)

- einer Befragung von 244 Unternehmen aus dem Jahr 2007 im Rahmen einer Evaluation der Exportinitiative (VDI/VDE/IT 2007a)

In beiden Erhebungen wurden Samples mit einer ähnlichen Struktur befragt, so dass ein Vergleich der Ergebnisse gut möglich erscheint.[70] Für das Projekt EXPEED wurden die Daten der beiden Befragungen getrennt für Dienstleistungsunternehmen und Hersteller ausgewertet.[71]

4.2.1 Nutzung und Bewertung der bestehenden Unterstützungsangebote

Die von den Unternehmen, die an der EXPEED-Befragung teilnahmen, am häufigsten genutzten Unterstützungsangebote sind die der Außenhandelskammern, der Industrie- und Handelskammern, der dena bzw. Exportinitiative sowie der Branchenverbände. Daneben nahmen einzelne Unternehmen Angebote des BMWi, der gtz oder von Unternehmensnetzwerken in Anspruch. Unterstützung bei der Finanzierung erhielten Unternehmen vereinzelt von der KfW, von der EU, der DBU oder in Form von Hermes-Bürgschaften. Jedoch nutzten von den im Rahmen des EXPEED-Projekts befragten 86 Dienstleistern nur 22 Unternehmen bei ihrer Internationalisierung überhaupt Unterstützungsangebote oder Fördermittel. Dies sind lediglich 31 % der Unternehmen mit Auslandserfahrung. Ein großer Teil dieser Unternehmen nutzen die Angebote nicht, da sie keine Hilfe bei ihrer Internationalisierung benötigen. Dies gab die Hälfte der 60 in der Nacherhebung befragten Unternehmen an, besonders häufig in der Windenergiebranche sowie Handwerksbetriebe. Sie haben keinen Unterstützungsbedarf, da sie bereits über eigene Netzwerke bzw. interne Informationsbeschaffungsmechanismen verfügen oder sowieso nur tätig werden, wenn die Projekte vollständig durch Kunden finanziert sind und damit das Risiko gering ist. Daneben gaben die Unternehmen im Rahmen der Fallstudien und Erhebungen im Projekt EXPEED folgende Gründe für die Nicht-Inanspruchnahme des Unterstützungsangebots und der Förderinstrumente an:

- Unkenntnis über die Existenz der Förderprogramme
- Beantragung zu aufwändig
- viele Formalismen einzuhalten und ausgedehnte Berichterstattung nötig
- Angebote nicht spezifisch genug oder nicht für Dienstleistungsunternehmen geeignet
- keine hilfreichen Auskünfte in staatlichen Ämtern
- Fehlen einer zentralen Anlaufstelle

---

[70] Die kleinen und mittleren Unternehmen stellen mit jeweils über 80 % den weitaus größten Anteil an den Befragten. In beiden Studien sind Photovoltaik und Windkraft die bedeutendsten Sparten, die Reihung der anderen Technologien ist verschieden, jedoch liegen auch sie zahlenmäßig relativ nahe beieinander. Die Tätigkeitsschwerpunkte liegen jeweils bei Projektplanung und -entwicklung.

[71] Die Daten der Evaluation wurden dem IÖW für diesen Zweck als anonymisierter Datensatz vom VDI/ VDE-IT zur Verfügung gestellt, die zusätzliche Auswertung der Daten der dena-Erhebung erfolgte durch die dena.

- Exportinitiative und Branchenverbände orientieren sich vor allem an mittleren und größeren Unternehmen (und wenig an den Kleinstunternehmen).

Jedoch äußerten in der Befragung nur 12 der 86 befragten Unternehmen – und damit 14 % – Kritik an den bestehenden Unterstützungsmöglichkeiten oder gaben weiteren Bedarf an.

Auf dem abschließenden Workshop im Rahmen des Projekts EXPEED wurde seitens der Unternehmen als zentraler Kritikpunkt am bestehenden Angebot genannt, dass gerade die kleinen Unternehmen häufig durch die Angebote nicht erreicht würden oder diese nicht auf deren Bedürfnisse angepasst seien. So würden die Branchenverbände meist von den Interessen der großen Unternehmen gelenkt, kleine Unternehmen hätten teilweise Schwierigkeiten bei der Finanzierung von Eigenbeteiligungen und die Teilnahme z. B. an Geschäftsreisen würde die Unternehmen häufig zeitlich überfordern. Seitens der Anbieter von Unterstützungsangeboten wurde geäußert, dass teilweise bereits die Adressen der kleinen Unternehmen nicht vorlägen und deren Recherche einen großen Aufwand darstelle, weswegen diese häufig weniger angesprochen würden. Als Problem wurde auf dem Workshop außerdem angeführt, dass das existierende Angebot unübersichtlich sei („Förderdschungel") und Fragen von Seiten der Unterstützungsanbieter nicht immer schnell und konkret beantwortet würden.

Speziell zur Bewertung der *Exportinitiative Erneuerbare Energien* liegen weitere Daten mit breiterer empirischer Basis vor. Von den im Rahmen der Evaluation der Exportinitiative befragten Unternehmen gaben 74 % an, dass ihnen deren Angebote bekannt seien, die Angebote werden jedoch nur von 53 % genutzt (VDI/VDE/IT 2007a). Dabei zeigen sich keine Unterschiede zwischen Dienstleistern und Herstellern. Auf die Exportinitiative aufmerksam werden die befragten Unternehmen vor allem über die AHK-Geschäftsreisen, die Internetseite, die Presse oder Newsletter sowie die direkte Ansprache durch die Exportinitiative. Dienstleistungsunternehmen nennen dabei eine geringere Anzahl an unterschiedlichen Wegen und geben vergleichsweise selten AHK-Geschäftsreisen, Informationsbroschüren und insbesondere die Empfehlung anderer Unternehmen bzw. der Verbände an. Angesichts der Tatsache, dass die Unternehmen alle der Kundendatei der dena entstammen, verwundert die geringe Bekanntheit der Exportinitiative. Außerdem werden offensichtlich Dienstleistungsunternehmen weniger angesprochen.

Die befragten EE-Unternehmen nutzen besonders häufig das Geschäftsreiseprogramm, die Länderprofile, Exporthandbücher, Newsletter und das Marketingpaket. Viele Unternehmen nutzen außerdem das Auslandsmesseprogramm, die Technologieausstellung und Informationsveranstaltungen. Selten in Anspruch genommen werden hingegen Online-Forum, B2B-Portal und das Solardachprogramm (VDI/VDE/IT 2007a). Dienstleistungsunternehmen nutzen dabei im Vergleich zu Herstellern besonders häufig den Newsletter, Fachveranstaltungen und Informationsmaterial zu Finanzierungsfragen (vgl. Abbildung 27). Dagegen interessieren sich reine Hersteller stärker für Marketingunterlagen mit Produktbeschreibungen und schriftliche Auslandsinformationen.

Abbildung 27: Nutzung von Produkten der Exportinitiative

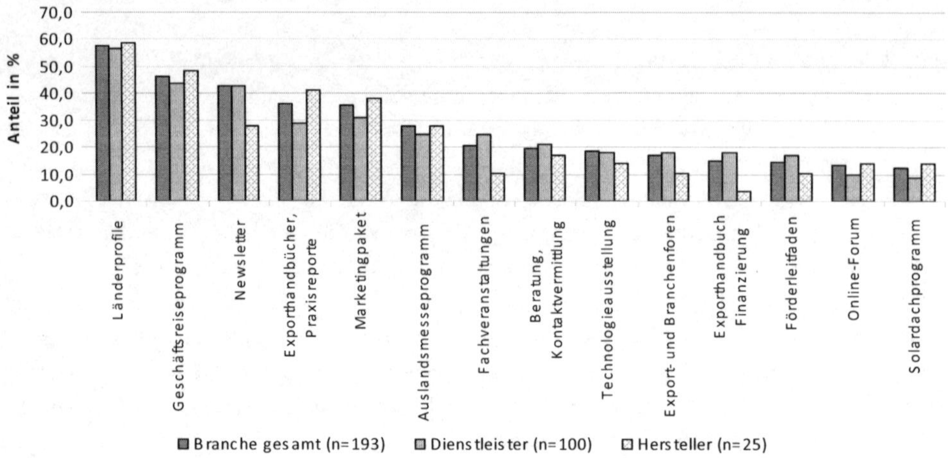

Quelle: Eigene Darstellung; Daten aus einer Erhebung der dena (vgl dena 2007)

Durchschnittlich werden die Maßnahmen der Exportinitiative seitens der Unternehmen mit einer 2,2 (Schulnotensystem) bewertet (VDI/VDE/IT 2007a). Die Einzelaktivitäten erhalten Noten zwischen 1,8 und 2,8 (also gut bis befriedigend), wobei das Geschäftsreiseprogramm, das Auslandsmesseprogramm sowie das Solardachprogramm besonders positiv bewertet werden. Die schlechtesten Benotungen erhalten das B2B-Portal und das Online-Forum, die zusätzlich nicht nur selten genutzt werden, sondern auch wenig bekannt sind. Die vertiefte Auswertung der Erhebungsdaten im Rahmen des Projekts EXPEED zeigt, dass die Bewertung der Angebote durch die reinen Dienstleister sich kaum von der Bewertung durch die Unternehmen insgesamt unterscheidet.

Die Angebote der Exportinitiative führen bisher bei den Unternehmen vor allem zu besseren Informationen über Auslandsmärkte, zum Kontaktaufbau mit Kunden und Geschäftspartnern sowie zur Erleichterung der Geschäftsanbahnung im Ausland. Weniger tragen sie dagegen zu einer Verbesserung der Information über Finanzierungs- und Förderungsmöglichkeiten, der Risikoabsicherung, des Zugangs zu Finanzierungsinstrumenten und qualifizierten Mitarbeitern, der Unterstützung bei Genehmigungsverfahren sowie der Abstimmung von Lieferkapazitäten und Auftragslage bei (VDI/VDE/IT 2007a). Damit werden zentrale Exporthemmnisse noch wenig durch die Exportinitiative adressiert.

4.2.2 Weitere Wünsche und Erwartungen

Die EE-Dienstleistungsunternehmen, die im Rahmen des EXPEED-Projekts befragt wurden, wünschen sich insbesondere eine Verbesserung der Rahmenbedingungen des Exports, Angebote für bisher vernachlässigte Zielgruppen, einen besseren Zugang zu Informationen, Angebote zur Kontaktanbahnung und -aufnahme und spezielle Finanzierungsinstrumente – insbesondere für die sehr kleinen Unternehmen (siehe nachfolgende Tabelle).

Tabelle 35: Anforderungen an Unterstützungsangebote aus Unternehmenssicht

Rahmen-bedingungen Export	politische Vorarbeit vor Ort in Zielländern Förderung von EE in EL, die sich diese sonst selber nicht leisten können Schaffung sicherer wirtschaftlicher Rahmenbedingungen durch die Politik Erhaltung guter Rahmenbedingungen in Deutschland für EE (EEG), als wichtige Voraussetzung für Auslandsaktivitäten
Spezielle Ziel-gruppen	finanzielle Förderung von „Geistesleistungen, nicht nur Herstellung der Anlagen Unterstützungsstrukturen für Geothermie (Strom) noch zu wenig ausgeprägt Unterstützungsmöglichkeiten stärker an Bedürfnissen der KMU ausrichten Spezifischer Unterstützungsbedarf im Bereich von Mess- und Prüfdienstleistungen sowie System- und Regelungstechnik
Informations-beschaffung	Kontaktpersonal für fachliche Fragen im Zielland gut gepflegte Länderinformationen Besserer Zugang zu Informationen
Kontaktanbahnung und – aufnahme	Förderung von Kooperationen und Kontakten Netzwerk, über das Partner gefunden werden können Unterstützung bei der Kontaktaufnahme im Ausland
Finanzielle Unter-stützung	Teilfinanzierung der Kosten der Teilnahme an Ausschreibungen staatliche Finanzierungsbürgschaften als Sicherheit für Bankkredite finanzielle Unterstützung von Geschäftsreisen oder Markrecherchen
Sonstiges	Unterstützung bei der Vertragsgestaltung und den Markteintrittsstrategien Hilfe bei der Bewältigung der Sprachbarrieren Praktikantenprogramme

Quelle: EXPEED-Erhebung, Nacherhebung und Fallstudien

Die Exportinitiative Erneuerbare Energien soll aus Sicht der EE-Unternehmen vor allem detailliertere Informationen zum Markt und dem internationalen Wettbewerb sowie Beratung bei rechtlichen Fragen bieten (vgl. Abbildung 28); Letzteres gaben vor allem Dienstleister an. Die im Rahmen der Evaluation der Exportinitiative befragten EE-Unternehmen wünschen sich außerdem mehr Orientierungshilfe bei Finanzierungsfragen (VDI/VDE/IT 2007a).

Abbildung 28: Wunsch nach zusätzlichen Angeboten der Exportinitiative

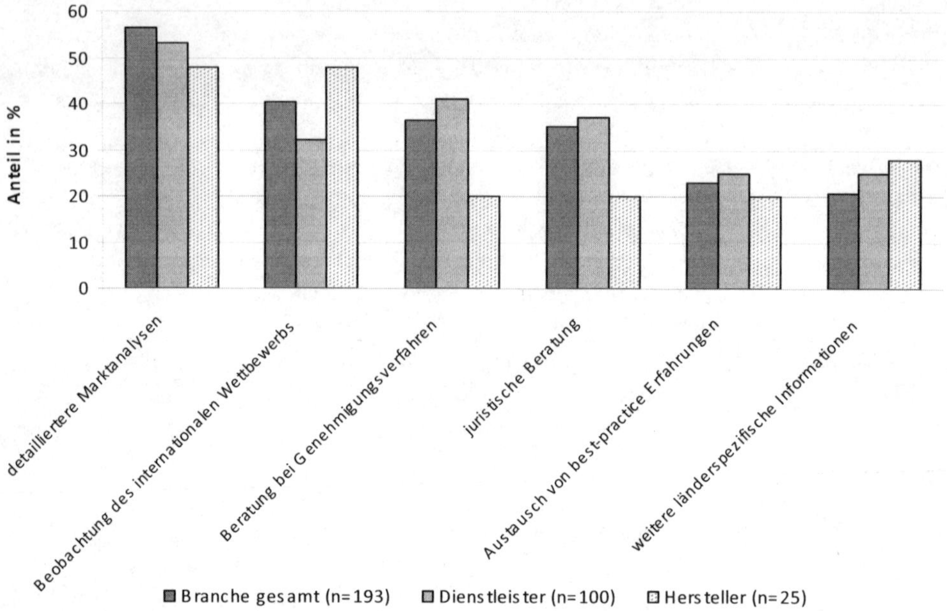

Quelle: Eigene Darstellung; Daten aus einer Erhebung der dena (vgl dena 2007)

Auf dem Abschluss-Workshop des Projekts EXPEED wurde von den Teilnehmern und Teilnehmerinnen eine *Anpassung des Instrumentariums* an die Bedürfnisse von kleinen Unternehmen und Dienstleistern gefordert.

– So sollte die spezielle Situation der *kleinen Unternehmen* (insbesondere geringe personelle und finanzielle Ressourcen) stärker bei der Gestaltung des Außenwirtschaftsinstrumentariums Berücksichtigung finden. Beispielsweise müssten diese kleinen Unternehmen häufig überhaupt erst für das Thema Internationalisierung sensibilisiert werden. Eigenbeteiligungen, z.B. bei der Teilnahme an Geschäftsreisen, sollten gering gehalten und ggf. für kleine Unternehmen subventioniert werden. Und auch der Zugang zu Risikokapital müsste für die kleinen Unternehmen erleichtert werden.
– Gerade *Dienstleistungsunternehmen* würden häufig darunter leiden, dass viele Dienstleistungen, z.B. produktunabhängige Beratung, nicht als eigenständige Leistung anerkannt würden. Deshalb wären für die Dienstleister flankierende Maßnahmen wünschenswert, die zu einer Sensibilisierung für Dienstleistungen auch bei potenziellen Auftraggebern führen. Insbesondere das Geschäftskonzept Contracting müsste bekannt gemacht werden, damit Contractinganbieter zukünftig weniger Schwierigkeiten bei der Beantragung von Krediten hätten.

Weitere *Verbesserungsvorschläge* wurden im Rahmen des Workshops außerdem für folgende Angebote geäußert:

- *Leuchtturmprojekte* sollten als Möglichkeit der Unterstützung des Markteintritts auf andere Bereiche ausgeweitet werden. Beispielsweise wäre eine Ausweitung der Anzahl an EE-Projekten durch entsprechende Förderprogramme für öffentliche Gebäude möglich.
- Das *Geschäftsreiseprogramm* sollte mehrmals in ein Land wiederholt werden, damit nicht nur Kontakte geknüpft, sondern auch gehalten werden können.
- Die Kriterien bei den *Ausschreibungsmodalitäten* sollten durch politische Einflussnahme an die Unternehmenskapazitäten angepasst werden, da bisher – beispielsweise bei Ausschreibungen der Weltbank –Anforderungen an die Unternehmen häufig zu umfangreich, Bewerbungsfristen zu kurz und der finanzielle Aufwand gerade für kleine Unternehmen zu hoch sei.

Darüber hinaus nannten die Teilnehmer und Teilnehmerinnen den Bedarf nach mehr *persönlicher Beratung und Begleitung*. So könnte insbesondere den kleinen Unternehmen eine Eingangsberatung zu Unterstützungsangeboten und Finanzierungsoptionen die aufwändige Suche nach geeigneten Angeboten erleichtern. Gerade für unerfahrene Betriebe wäre eine aktive Begleitung des Internationalisierungsprozesses durch Berater wünschenswert, wie sie bisher erst in einigen Bundesländern angeboten wird. Eine bessere Zusammenarbeit zwischen den Bundesländern könnte dafür sorgen, dass erfolgreiche Programme – wie beispielsweise – „Go international“ in Bayern – in die Fläche gehen. Außerdem wurde eine *aktivere Rolle der EE-Branchenverbände* gefordert, beispielsweise bei der Aufbereitung von branchenspezifischen Fach- und Ländermarktinformationen.

4.3 Empfehlungen zur Weiterentwicklung des Förderinstrumentariums

Insgesamt gibt es bereits ein sehr vielfältiges Angebot an Instrumenten der Außenwirtschaftsförderung, das sich an Unternehmen in den verschiedenen Phasen der Internationalisierung richtet. Das Angebot ist jedoch auf eine Vielzahl an Institutionen der Wirtschaft, des Bundes, der Bundesländer, der EU sowie weiterer Anbieter verteilt. Entsprechend ist es für Unternehmen nicht einfach, einen Überblick zu gewinnen und das jeweils geeignete Instrument und die passenden Ansprechpartner und Anlaufstellen zu finden. Das Angebot wird im Gegenteil oftmals als „*Förderdschungel*“ wahrgenommen. Dies stellt insbesondere für kleine Dienstleistungsunternehmen, in denen sich keine eigene Abteilung mit Fragen der Außenwirtschaft befasst, eine Hürde für die Nutzung von Angeboten dar und trägt insgesamt dazu bei, dass Angebote unbekannt sind oder nicht gefunden werden. Ein wichtiges Angebot wäre deshalb für diese Unternehmen eine *kompetente Erstberatung* zu möglichen weiteren Ansprechpartnern und Unterstützungsangeboten. Diese könnte beispielsweise bundesweit (oder regional) in Form einer Telefonberatung eingerichtet werden. Idealerweise sollte diese auch branchenspezifische Kompetenzen aufweisen, einerseits um spezifische Angebote zu berücksichtigen und andererseits um die branchentypischen Probleme und „best-practises“ zu kennen. Bei der Einführung einer solchen Beratungsdienstleistung wäre wichtig, dass das Angebot beispielsweise durch eine gute Verlinkung auf den Seiten der zentralen Anbieter entsprechend bekannt gemacht wird, so dass nicht bereits die Suche nach diesem Angebot mit hohem Aufwand verbunden ist.

Speziell für die Förderung der Internationalisierung von EE-Unternehmen wurde vom Bundestag die *Exportinitiative Erneuerbare Energien* eingerichtet. Die Angebote der Exportinitiative finden sich zum großen Teil in den Strukturen und Angeboten der allgemeinen Außenwirtschaftsförderung auf Bundesebene wieder. Der Zusatznutzen liegt hier vor allem in der branchenspezifischen Ausgestaltung der Angebote sowie der gemeinsamen Information und Kommunikation zu allen Angeboten im Bereich erneuerbare Energien. Einige Angebote sind außerdem sehr viel umfangreicher oder existieren sonst im Bereich der bundesweiten Außenwirtschaftsförderung in der Form nicht. Allerdings adressiert die Exportinitiative nur einige der zentralen Hemmnisse der Branche und fokussiert mit ihren Angeboten auf die Phase der Markterschließung. Da die Exportinitiative keine eigenen Angebote für Unternehmen bietet, die sich noch in der Phase der Situationsanalyse befinden, allgemeine Ansprechpartner fehlen und beispielsweise auf der Homepage nicht auf Angebote Dritter (insbesondere das allgemeine Außenwirtschaftsförderungsportal ixpos) verwiesen wird[72], eignet sie sich bisher nicht als erste Anlaufstelle. Angesichts der Vielzahl an Unternehmen, die noch wenig internationale Erfahrung aufweisen wäre die Möglichkeit der Erstinformation jedoch eine wichtige zusätzliche Leistung.

Aus Sicht der Unternehmen greifen die Unterstützungsangebote insgesamt noch zu wenig die *spezifischen Probleme von Dienstleistungsunternehmen* auf. Speziell für Dienstleistungsunternehmen gibt es keine eigenständigen Unterstützungs- und Fördermöglichkeiten. So würden gerade Dienstleister häufig darunter leiden, dass viele Dienstleistungen, z. B. produktunabhängige Beratung, im Ausland nicht als eigenständige Leistung anerkannt würden. Deshalb wären flankierende Maßnahmen wünschenswert, die zu einer Sensibilisierung für Dienstleistungen auch bei potentiellen Auftraggebern führen. Dies müsste auch Aufgabe branchenspezifischer Aktivitäten und Angebote sein. Bisher stehen jedoch bei vielen Angeboten der Exportinitiative Erneuerbare Energien die Technologien – und damit die Herstellerunternehmen – im Vordergrund.

Die Unterstützung der Internationalisierung von KMU ist ein Schwerpunkt der Außenwirtschaftsförderung. Dennoch adressieren nur wenige Angebote ein zentrales Hemmnis der KMU, das bei den sehr *kleinen Unternehmen* besonders ausgeprägt ist: Die fehlende strategische Planung aufgrund Zeitmangel und fehlendem Wissen seitens des Managements – häufig verbunden mit einer fehlenden Sensibilisierung für die Möglichkeiten einer Internationalisierung. Hier setzen einige Programme an, die für KMU Beratung und Begleitung bei der Internationalisierung bieten, wie z. B. das „Senior Experts"-Programm „Go international" in Bayern. Diese werden jedoch bisher nur regional begrenzt

---

[72] In der ersten Hälfte des Jahrs 2009 ist ein Relaunch der Internetseite der Exportinitiative geplant. Zukünftig soll die Seite dann auch auf andere Unterstützungsanbieter verweisen und einen verbesserten Überblick zu den Angeboten der Exportinitiative bieten.

angeboten. Deshalb wäre eine bessere Vernetzung zwischen den Bundesländern bei ihren außenwirtschaftlichen Aktivitäten wünschenswert, so dass diese erfolgreichen Programme mehr Verbreitung finden könnten.

Den kleinen Unternehmen fehlt außerdem vielfach die personelle Kapazität (qualitativ und quantitativ) um die gesamte Breite an Recherchen und Aufgaben, die im Rahmen einer Internationalisierung zu leisten sind, selbst zu erbringen. Deshalb sind sie in besonderem Maße auf *externe Dienstleistungen und aufbereitete Informationen* wie Rechtsberatung, Übersetzungsdienstleistungen, Informationsbeschaffung zu den Ländermärkten, Partnersuche, etc. angewiesen. Wichtige Unterstützungsangebote in diesem Zusammenhang sind beispielsweise Datenbanken, in denen nach kompetenten Beratern bzw. Ansprechpartnern gesucht werden kann, sowie Internetportale, die entsprechende Informationen gut aufbereitet und übersichtlich anbieten.

Die Kooperation mit anderen Unternehmen bei der Internationalisierung, bspw. als *Firmenpool*, kann die Nachteile von kleinen Unternehmen teilweise beheben. Deshalb sollte die *Bildung von Netzwerken*, gerade auch zwischen EE-Unternehmen, systematisch gefördert werden. Dazu könnte beispielsweise eingebetet in den Rahmen der Exportinitiative ein entsprechendes Bundesprogramm etabliert werden.

Auch die Teilnahme an *Ausschreibungen* gestaltet sich für die kleinen EE-Dienstleistungsunternehmen – insbesondere aufgrund der größeren internationalen Konkurrenz – schwierig. Gezielte *Beratung* zur Teilnahme an öffentlichen Ausschreibungen sowie die Unterstützung der *Bildung von Netzwerken und Kooperationen* im Rahmen der Antragstellung könnte die Erfolgschancen dieser Unternehmen erhöhen.

Da immer noch ein relevanter Teil der Unternehmen über keine Auslanderfahrung verfügt und viele Unternehmen für ihre vereinzelten Auslandsaktivitäten bisher keine Internationalisierungsstrategie im eigentlichen Sinne entwickelt haben, müssen Beratungs- und Unterstützungsangebote auch bei der Frage nach *möglichen und erfolgsversprechenden Internationalisierungsstrategien* ansetzen. Dabei muss auch thematisiert werden, ob eine Internationalisierung für die jeweiligen Unternehmen überhaupt möglich und sinnvoll ist.

Ebenfalls gering ist bisher das Wissen vieler EE-Unternehmen zu Finanzierungsmöglichkeiten. Neben Beratungsangeboten könnte eine *Broschüre zum Thema Finanzierung* des Auslandsgeschäfts – beispielsweise eine Neuauflage des vor einigen Jahren erschienenen Exporthandbuchs Finanzierungs-Know-how – den EE-Unternehmen bei der Wahl geeigneter Instrumente helfen.

Ein weiterer Ansatz, um die Internationalisierung deutscher Dienstleister im Ausland zu fördern, ist die gezielte Förderung von Auslandsaktivitäten, die in besonderem Maße eine Multiplikatorwirkung entfalten können. Ein Beispiel für ein erfolgreiches Angebot zur Förderung von „*Leuchtturmprojekten*" ist das Solardachprogramm der Exportinitiative erneuerbare Energien. Ähnliche Programme könnte beispielsweise für die energetische Sanierung öffentlicher Gebäude im Ausland (inklusive erneuerbarer Energien) geschaffen werden, wobei im Rahmen der Außendarstellung entsprechender Leuchtturmprojekte nicht nur die Technologien, sondern auch die Leistungen und Kompetenzen der beteiligten Dienstleistungsunternehmen hervorgehoben werden sollten.

Da Dienstleistungen, die am Anfang der Wertschöpfungskette stehen, für die gesamte Branche zur Erschließung neuer EE-Märkte von großer Bedeutung sind, sollten diese Dienstleistungen auch im Rahmen der Außenwirtschaftsförderung in besonderem Maße unterstützt werden. So könnten beispielsweise *Machbarkeitsstudien* in noch wenig erschlossenen Märkten teil- oder zumindest vorfinanziert werden und *Bildungsdienstleistungen* aufgrund ihres Multiplikatoreneffekts eigene Förderprogramme erhalten.

Julika Weiß, Bernd Hirschl

5 Fazit und Ausblick

Das vorliegende Buch befasst sich erstmalig und ausführlich mit dem Thema Dienstleistungen im Bereich der erneuerbaren Energien. Viele Dienstleistungen spielen gerade bei den überwiegend dezentralen und in der Regel standortspezifischen EE-Anlagen eine überaus wichtige Rolle – und zwar bereits bevor eine Technologie verkauft bzw. eine Anlage errichtet wird. Diese Tatsache deutet auf eine besondere Rolle und Bedeutung von Dienstleistungen hin: Erstens existieren sie im Bereich der erneuerbaren Energien nicht nur „technologiebegleitend" sondern zum Teil in hohem Maße eigenständig. Zweitens haben die vielen vorgelagerten, aber auch die spezialisierten begleitenden Dienstleistungen in der Summe eine hohe ökonomische Bedeutung – und darüber hinaus ein eigenständiges Exportpotenzial. Diese zentralen, zusammengefassten Ergebnisse des Projekts – soviel kann hier bereits vorweggenommen werden – bestätigen die eingangs aufgestellten Hypothesen zur diesbezüglichen Bedeutung der EE-Dienstleistungen.

Die in diesem Buch vorgestellten Ergebnisse wurden im Rahmen des Projekts EXPEED generiert, das die Internationalisierung von Dienstleistungen im Bereich erneuerbare Energien zum Thema hatte. Da bisher bei der Analyse der erneuerbaren Energien-Märkte Dienstleistungen kaum berücksichtigt wurden, waren die Datenlage und der allgemeine Wissenstand zu Projektbeginn äußerst dürftig. Deshalb erfolgte im Projekt zunächst eine umfangreiche und grundlegende Recherche und vertiefende Untersuchung zum *Dienstleistungsspektrum* der unterschiedlichen EE-Sparten. Die Ergebnisse zeigen, dass in allen untersuchten Teilmärkten der erneuerbaren Energien eine Vielzahl von Dienstleistungen eine wichtige Rolle spielen und mehr als die Hälfte der EE-Unternehmen Dienstleister sind. Dabei gehören die Planung und Errichtung von Anlagen jeweils zu den zentralen Dienstleistungen. Diese werden bei größeren Anlagen in der Regel von Ingenieurbüros durchgeführt, teilweise bieten auch Hersteller diese Dienstleistungen an. Bei kleineren Anlagen übernehmen die Planung und Projektierung in der Regel Handwerksbetriebe. Im Rahmen der Betriebsführung stellen die Wartung und Reparatur, häufig in Form von Komplettangeboten, zentrale Dienstleistungen dar. Daneben werden teilweise hoch spezialisierte Einzeldienstleistungen wie die Fernüberwachung von Anlagen sowie Leistungen im Rahmen der kaufmännischen Betriebsführung angeboten.

Im Unterschied zu den Herstellungsunternehmen haben die Dienstleister meist nur wenig Mitarbeiterinnen und Mitarbeiter sowie geringere Umsätze zu verbuchen: So handelt es sich bei den EE-Dienstleistungsunternehmen in der Regel um KMU, häufig sogar um sehr kleine Unternehmen mit weniger als zehn Mitarbeiterinnen und Mitarbeitern. Damit weist das Dienstleistungssegment besondere Eigenschaften auf, die bei der Marktregulierung und Förderung – insbesondere der Exportförderung (s.u.) – von erneuerbaren Energien zu beachten sind.

Insgesamt tragen die Dienstleistungsunternehmen in erheblichem Maß zur Beschäftigungswirkung der EE-Branche und zu deren wirtschaftlichem Erfolg bei, wie eine erstmalige Abschätzung zu deren wirtschaftlicher Bedeutung zeigt. Auf der Basis konservativer Annahmen und Schätzungen wurden Mindestanteile von über 30% sowohl an der Wertschöpfung der Branche als auch an der Beschäftigung ermittelt.

Entgegen der Vorstellung, dass Dienstleistungen nur in geringem Maße exportiert werden, sind zahlreiche EE-Dienstleistungsunternehmen bereits heute international aktiv. Erfolgreiche *Auslandsaktivitäten* weisen insbesondere diskrete, dem Anlagenbetrieb vorgelagerte oder anlagenunabhängige Dienstleistungen sowie einzelne, spezialisierte Dienstleistungen des Betriebs auf. Die bei den EE-Dienstleistern festgestellte Fokussierung auf europäische Märkte ist sowohl für Dienstleistungsunternehmen allgemein als auch den EE-Markt insgesamt typisch. Dennoch gibt es eine Reihe von Dienstleistungsunternehmen, die über Europa hinaus tätig sind, manche sogar (fast) weltweit. Die Analyse von fünf ausgewählten Zielmärkten (Frankreich, Tschechien, Türkei, Marokko und China) ergab ebenfalls, dass auf all diesen Märkten – und damit auch außerhalb der EU – für EE-Dienstleister interessante Geschäftsmöglichkeiten bestehen. Je nach den jeweiligen Rahmenbedingungen auf den Zielmärkten unterscheidet sich allerdings, für welche Dienstleistungen und welche EE-Sparten die Märkte attraktiv sind.[73]

Angesichts schnell wachsender Märkte im Ausland und teilweise stagnierendem Marktwachstum im Inland nimmt in den nächsten Jahren die Notwendigkeit zur internationalen Ausrichtung bei den EE-Unternehmen zu. Hierfür fehlt vielen Dienstleistern bisher die Sensibilisierung und / oder das Know-how. Insgesamt ist eine Zweiteilung der Unternehmen zu beobachten: Während einige ihren Gang ins Ausland strategisch planen, ist bei anderen Unternehmen die Internationalisierung eine eher „zufällige" Folge von externen Faktoren. Strategisch agieren vorwiegend größere Unternehmen aus Branchen, in denen die Exportquoten bereits vergleichsweise hoch sind. Diese Unternehmen zeichnen sich auch durch kapitalintensivere Markteintrittsstrategien und durch die häufigere Bearbeitung außereuropäischer Märkte aus. Vielfach nur auf Anfragen und teilweise aus ideellen Gründen werden dagegen eher kleine Unternehmen tätig – insbesondere aus Teilmärkten, in denen die Internationalisierung insgesamt noch wenig ausgeprägt ist. Bei diesen Unternehmen erfolgt die Ländermarktauswahl meist nicht strukturiert sondern eher zufällig: Es werden Märkte bearbeitet, für welche die Unternehmen angefragt werden oder zu denen anderweitig ein (persönlicher) Bezug besteht.

Die *Exportpotenziale* der Dienstleistungsunternehmen sind bisher – insbesondere bei den kleinen Unternehmen – bei weitem noch nicht ausgeschöpft. Gleichzeitig weisen die Ergebnisse von Unternehmensbefragungen darauf hin, dass insbesondere die Dienstleistungen am Anfang der Wertschöpfungskette (z.B. Standortgutachten, Planung, Projektierung) von großer ökonomischer Bedeutung sind, da durch sie die Märkte im Ausland

[73] Für die genannten fünf Zielländer wurden im Rahmen des Projekts ausführliche Studien erstellt, die unter www.expeed.de sowie www.ioew.de zum Herunterladen zur Verfügung stehen.

auch für andere deutsche Unternehmen erschlossen werden können. Dadurch ermöglichen diese Pioniere weiteren Dienstleistern und Herstellern direkt oder indirekt den Weg ins Ausland. Die Internationalisierung von Dienstleistungen zieht damit teilweise den Export von Technologien nach sich. Eine Ausweitung der internationalen Aktivitäten der EE-Dienstleistungsunternehmen birgt damit insgesamt ein hohes Potenzial für die wirtschaftliche Entwicklung der EE-Branche und hat eine große volkswirtschaftliche Bedeutung.

Allerdings werden die Dienstleistungsunternehmen bei ihrem Gang ins Ausland im Vergleich zu Herstellern durch eine Reihe von *spezifischen Problemen* behindert, die teilweise auf Dienstleister im Allgemeinen zutreffen, zum Teil jedoch auch spezifisch für die EE-Branche sind. Aufgrund der Immaterialität der Leistung, der fehlenden Lagerbarkeit von Dienstleistungen und der Notwendigkeit der Einbeziehung des Kunden in den Erstellungsprozess müssen viele Dienstleistungen vor Ort erbracht werden. Außerdem ist die Qualität der Dienstleistung für den Kunden vor der Leistungserbringung schwer zu beurteilen, da jede Leistung individuell erstellt wird. Deshalb sind bei der Internationalisierung von Dienstleistungen die so genannten *weichen Erfolgsfaktoren* besonders wichtig. So nennen die EE-Dienstleistungsunternehmen als wichtige Erfolgsfaktoren die Präsenz vor Ort, persönliche Kontakte, Landes- und Sprachkenntnisse sowie Netzwerke und Kooperationen. Als Problem kommt bei den Dienstleistungsunternehmen der EE-Branche hinzu, dass diese häufig sehr klein sind und entsprechend über eine knappe Kapitalausstattung und vergleichsweise geringe personelle Ressourcen (quantitativ, aber oft auch qualitativ) verfügen. Insbesondere Letzteres kann für Dienstleistungsunternehmen zum Hindernis für eine Internationalisierung werden, da personelle Ressourcen gleichzeitig zu den wichtigsten Erfolgsfaktoren bei der Dienstleistungsinternationalisierung zählen.

Als zentrale *Hemmnisse und Risiken* nennen die EE-Dienstleister vor allem die Rahmenbedingungen im Zielland, und zwar insbesondere die politisch-rechtlichen (z.B. Genehmigungsverfahren, Vorhandensein spezieller EE-Gesetze, Bürokratie, Handelshemmnisse und fehlende Rechtssicherheit) und ökonomischen Rahmenbedingungen (v.a. Konkurrenz, Preise sowie Zahlungs- und Investitionsrisiken). Aufgrund der großen Bedeutung der Rahmenbedingungen im Zielmarkt für den Erfolg der Internationalisierung sollte der Auswahl geeigneter Märkte eine zentrale Bedeutung zukommen. Diese erfolgt jedoch bisher häufig kaum strategisch, sondern oft reaktiv auf Anfrage von Kunden. Im Rahmen dieses Buches erfolgt deshalb eine Darstellung der Vorgehensweise bei der strategischen Auswahl von Zielmärkten sowie exemplarisch die Analyse der Eignung von ausgewählter Länder als Zielmärkte für EE-Dienstleister.

Als weitere wichtige Hemmnisse kommen kulturelle Aspekte (Sprache, Mentalität), das Fehlen geeigneter Partner oder qualifizierter Mitarbeiterinnen und Mitarbeiter vor Ort sowie die geographische Lage und Umweltsituation (insbesondere Anfahrts- und Transportwege) dazu. Unternehmensinterne Hemmnisse sind dagegen bei den bereits international aktiven Unternehmen von geringerer Bedeutung. Als zentrales Hemmnis nennen diese Unternehmen die Finanzierung des Auslandsgeschäfts. Aufgrund der geringen Eigenkapitaldecke stellt die Finanzierung insbesondere für kleinere Unternehmen ein Problem dar. Hinzu kommen bei diesen besonders häufig Kapazitätsprobleme, also zu wenig Mitarbeiterinnen und Mitarbeiter oder ein Mangel an Zeit seitens der Unternehmensführung.

Aufgrund ihrer spezifischen Hemmnisse und Erfolgsfaktoren benötigen die Dienstleistungsunternehmen bei ihrem Gang ins Ausland spezifische *Unterstützungsangebote und Förderinstrumente*. Trotz einer Vielzahl von guten Instrumenten und dem insgesamt vielfältigen Angebot zur Unterstützung bei der Internationalisierung werden diese gerade von den in der Regel kleinen Dienstleistern kaum wahrgenommen: Obwohl für die EE-Unternehmen mit der Exportinitiative Erneuerbare Energien sogar ein spezifisches Unterstützungsangebot existiert, nutzten von den im Rahmen des Projekts befragten Dienstleistungsunternehmen nur knapp ein Drittel Unterstützungsangebote oder Förderinstrumente bei der Internationalisierung. Während einige keine Unterstützung benötigen, greifen andere nicht auf die Angebote zurück, da sie diese nicht kennen, sie für nicht geeignet halten oder deren Beantragung und Abwicklung zu kompliziert sei. Am bestehenden Angebot wird bemängelt, dass die spezifischen Probleme von Dienstleistern und der sehr kleinen Unternehmen noch zu wenig aufgriffen würden.

Den internationalisierungswilligen EE-Dienstleister fehlt aufgrund von Zeitmangel und mangelndem Wissen seitens des Managements – häufig verbunden mit einer fehlenden Sensibilisierung für die Möglichkeiten einer Internationalisierung – eine strategische Planung und sie haben aufgrund ihrer Größe häufig finanzielle und personalbezogene Kapazitätsprobleme. Für diese Zielgruppe wäre deshalb eine Reihe von Unterstützungsmaßnahmen denkbar, um die als „Förderdschungel" wahrgenommene Vielfalt von Angeboten besser zugänglich zu machen. Hierzu zählt eine kompetente Erstberatung zu möglichen weiteren Ansprechpartnern und Unterstützungsangeboten. Dies gilt auch für die vergleichsweise gut ausgestattete Exportinitiative Erneuerbare Energien, deren Angebote bisher noch kaum auf die Bedürfnisse von Dienstleistungsunternehmen ausgerichtet wurden. Eine wichtige Dienstleistung für die EE-Dienstleister wurde bereits im Rahmen des Projekts EXPEED erstellt: ein Leitfaden für die erstmalige sowie die strategische Internationalisierung von Dienstleistern.[74]

Die Ergebnisse der Untersuchungen, die im Rahmen dieses Buches vorgestellt wurden, bestätigen damit die hohe Bedeutung von Dienstleistungen in der EE-Branche und stehen damit der teilweise vorherrschenden Meinung über die per se geringen Internationalisierungspotenziale von Dienstleistungen entgegen. Aufgrund der international wachsenden Bedeutung von erneuerbaren Energien, die angesichts der weltweiten Klimaschutzbemühungen wohl in den nächsten Jahren nicht nachlassen wird, kann auch zukünftig von hohen Exportpotenzialen für die EE-Dienstleistungen ausgegangen werden. Die Ergebnisse des Projekts geben Hinweise darauf, wie diese Potenziale gezielter – und nicht nur als Zufallsprodukt einer auf Technologien ausgerichteten Förderung - erschlossen werden können. Dafür sollten Politik und Verwaltung ebenso wie die Branchenverbände Dienstleistungen zukünftig in stärkerem Maße als bisher berücksichtigen. Die Projektergebnisse

[74] Dieser Leitfaden kann unter www.expeed.de bzw. www.ioew.de kostenlos heruntergeladen werden.

und das vorliegende Buch können, so hoffen die Autorinnen und Autoren, einen Beitrag dazu leisten. Die Ergebnisse liefern erste Hinweise zur wirtschaftlichen Bedeutung der EE-Dienstleistungen und deren Internationalisierung. Zu deren weiterer empirischer Absicherung ist die Durchführung tiefergehender Untersuchungen notwendig.

6 Literaturverzeichnis

ADEME [Agence de l'environnement et de la maîtrise de l'énergie, Département Energies Renouvelables] (2006): Le marché photovoltaïque en France: Etat des lieux, mise en perspective, rentabilité financière des systèmes, vision du développement de la filière (Der französische PV-Markt: Stand, Perspektiven, Rentabilität und Entwicklungsvisionen); Paris.

ADEME/ BRGM [Agence de l'Environnement et de la Maîtrise de l'Energie / Bureau de recherche géologique et minière] (2007): Géothermie Perspectives. www.geothermie-perspectives.fr (24.06.2007).

Ahlert, Dieter/ Backhaus, Christof et al. (2008): Internationale Vertriebskompetenz: Erfolgsfaktor für die Internationalisierung von Dienstleistungs-KMU. In: Borchert, Margret/ Heinen, Ewald et al. (Hrsg.): Kompetenzentwicklung in kleinen und mittleren Unternehmen - Vorraussetzung für erfolgreiche Internationalisierung von Dienstleistungen; Ingolstadt; S. 23-49.

Ahlert, Dieter/ Backhaus, Christof et al. (2006): Status Quo der Internationalisierung im Dienstleistungssektor - ein Vergleich ausgewählter Branchen. IMADI.net-Projektbericht 2; Münster, www.brandsgoeast.de (17.11.2007).

Ahlert, Dieter/ Löffler, René et al. (2007): Die Internationalisierung von Dienstleistungen - eine Analyse aus der Perspektive Deutschlands. IMADI.net-Projektbericht 3; [Westfälische Wilhelms-Universität]: Münster.

Albers, Hermann (Hrsg.) (2007): China: 30 Gigawatt Windkraft im Entwicklungsplan; Neue Energien, 10/2007; Osnabrück.

Amal, Driss (2007): Morocco: Prospects for Renewable Energy Development (Marokko: Perspektiven für EE-Entwicklung); Aberdeen (UK).

Anthofer, Helmut (2005): Zur Zukunft öffentlicher Dienstleistungen - Gats und die Liberalisierung von Bildungsdienstleistungen; Kammer für Arbeiter und Angestellte für Wien www.arbeiterkammer.at (05.05.06).

ARGE Monitoring PV-Anlagen [Bosch & Partner, Zentrum für Sonnenenergie- und Wasserstoff-Forschung, Solar Engineering Decker & Mack, Institut für Energetik und Umwelt, Rechtsanwaltskanzlei Bohl & Coll] (2006): Monitoring zur Wirkung des novellierten EEG auf die Entwicklung der Stromerzeugung aus Solarenergie, insbesondere der Photovoltaik-Freiflächen. 2. Zwischenbericht, 31.01.2006; Im Auftrag des Bundesministeriums für Umwelt, Naturschutz und Reaktorsicherheit, Hannover, www.erneuerbare-energien.de (4.6.2007).

ASUE [Arbeitsgemeinschaft für sparsamen und umweltfreundlichen Energieverbrauch e.V.] (2002): Gaswärmepumpen. www.asue.de (7.2.2007).

Backhaus, Christof/ Woisetschläger, David (2007): Internationalisierungsstrategien von Dienstleistungen. www.umwelt-dienstleistungen.de (1.2.2008).

Backhaus, Klaus/ Büschken, Joachim et al. (1998): Internationales Marketing; 2., überarb. und erg. Aufl.; Stuttgart.

Baitz, Martin/ Binder, Marc et al. (2004): Vergleichende Ökobilanz von SunDiesel (Choren-Verfahren) und konventionellem Kraftstoff (Kurzfassung); [Studie im Auftrag von Volkswagen AG und DaimlerChrysler AG].

Bayrisches Staatsministerium für Unterricht und Kultus (o. J.): Schule und Bildung in Bayern. Grunddaten Berufsschule. www.km.bayern.de (12.02.2007).

BBK [Bundesverband Biogene und Regenerative Kraft- und Treibstoffe e.V.] (2007): Pressemitteilung zum Jahresanfang 2007. www.biokraftstoffe.org (28.01.2008).

BCG [The Boston Consulting Group] (2004): Donner un nouveau souffle à l'éolien („Der Windenergie neuen Atem geben"); BCG www.ventdecolere.org.

Becker, Peter (2006): Die EU-Dienstleistungsrichtlinie - Neue Wege europäischer Gesetzgebung; Stiftung Wissenschaft und Politik: SWP-Aktuell 54.

BEE [Bundesverband Erneuerbare Energien] (2006a): Ausbildung bei Erneuerbare-Energien-Betrieben boomt. www.bee-ev.de (22.02.2007).

BEE [Bundesverband Erneuerbare Energien] (2006b): Hauptanforderungen an ein energiewirtschaftliches Gesamtkonzept. Pressemitteilung zum Energiegipfel, 03.04.2006, www.bee-ev.de (6.11.2006).

BEE [Bundesverband Erneuerbare Energien] (2007): Export Erneuerbarer Energien boomt. Pressemitteilung vom 26.02.2007. www.bee-ev.de (12.03.2007).

Benoit, György/ Marquer, Pol (2007): Struktur der Landwirtschaft in Frankreich 2005. Statistik kurz gefasst - Landwirtschaft und Fischerei, www.eds-destatis.de (18.05.2009).

Berndt, Ralph/ Altobelli, Claudia. F. et al. (2003): Internationales Marketing-Management.

Berner, Joachim (2007): Mit Sonne baden. In: Sonne Wind & Wärme, Nr. 7, S. 54-57.

Bernhardt, Dörte (2006): Ökobilanz von Bioethanol. Eine Literaturstudie; Bonn.

Bernreuter, Johannes (2007): Gemischte Bilanz. In: Sonne Wind & Wärme, Nr. 1/2007, S. 66-78.

bfai [Bundesagentur für Außenwirtschaft] (2006): Bulgarien will 19 Mrd. Euro in Infrastruktur und Energie investieren. www.gtai.de (25.5.2009).

bfai [Bundesagentur für Außenwirtschaft] (2007): Solarenergie im Nahen und Mittleren Osten bietet großes Potenzial. www.gtai.de (25.5.2009).

bfai [Bundesagentur für Außenwirtschaft] (2008a): Biomasse hat in Tschechien hohes Potenzial; www.bfai.de/.

bfai [Bundesagentur für Außenwirtschaft] (2008b): Energiewirtschaft Brasilien 2007. www.gtai.de (25.5.2009).

BIHK [Bayerischer Industrie- und Handelskammertag] (2006): Exportratgeber für unternehmensnahe Dienstleister in Bayern; 2. Auflage.

BiomasseV (2005): Verordnung über die Erzeugung von Strom aus Biomasse (Biomasseverordnung - BiomasseV) vom 21. Juni 2001 (BGBl. I Nr. 29 vom 27. Juni 2001 Seite 1234), zuletzt geändert durch die 1. Verordnung zur Änderung der Biomasseverordnung vom 9. August 2005 (BGBl. I Nr. 49 vom 17. August 2005, S. 2419); www.erneuerbare-energien.de (12.3.2007).

BMBF [Bundesministerium für Bildung und Forschung] (2006): Research and Innovation in Germany 2006; Berlin.

BMBF [Bundesministerium für Bildung und Forschung] (2007): Duale Berufsausbildung im Bereich erneuerbare Energien. Ein expandierender Wirtschaftsbereich braucht qualifizierten Nachwuchs; Berlin, www.bmbf.de (28.03.2007).

BMU [Bundesministerium für Umwelt, Naturschutz und Reaktorsicherheit] (2005): Erneuerbare Energien in Zahlen – nationale und internationale Entwicklung; [BMU].

BMU [Bundesministerium für Umwelt, Naturschutz und Reaktorsicherheit] (2006a): Erneuerbare Energien - Arbeitsplatzeffekte; Wirkungen des Ausbaus der erneuerbaren Energien auf den deutschen Arbeitsmarkt unter besonderer Berücksichtigung des Außenhandels; Bundesministerium für Umwelt, Naturschutz und Reaktorsicherheit Berlin.

BMU [Bundesministerium für Umwelt, Naturschutz und Reaktorsicherheit] (Hrsg.) (2006b): Erneuerbare Energien in Zahlen - nationale und internationale Entwicklung. Stand: Mai 2006; Umweltpolitik, Berlin.

BMU [Bundesministerium für Umwelt, Naturschutz und Reaktorsicherheit] (2006c): Erneuerbare Energien: Arbeitsplatzeffekte. Wirkungen des Ausbaus erneuerbarer Energien auf den deutschen Arbeitsmarkt. Kurzfassung; Berlin, www.erneuerbare-energien.de (23.2.2007).

BMU [Bundesministerium für Umwelt, Naturschutz und Reaktorsicherheit] (2006d): Innovation durch Forschung. Jahresbericht 2005 zur Forschungsförderung im Bereich der erneuerbaren Energien; Bonn, www.bmu.de (9.6.2007).

BMU [Bundesministerium für Umwelt, Naturschutz und Reaktorsicherheit] (2006e): Was Strom aus Erneuerbaren Energien wirklich kostet; www.bmu.de (11.11.2006).

BMU [Bundesministerium für Umwelt, Naturschutz und Reaktorsicherheit] (2007a): Erneuerbare Energien in Zahlen - nationale und internationale Entwicklung. Stand: Juni 2007; Reihe Umweltpolitik, www.erneuerbare-energien.de (01.10.2007).

BMU [Bundesministerium für Umwelt, Naturschutz und Reaktorsicherheit] (2007b): Erneuerbare Energien in Zahlen – nationale und internationale Entwicklung - Stand: November 2007. www.erneuerbare-energien.de (17.01.08).

BMU [Bundesministerium für Umwelt, Naturschutz und Reaktorsicherheit] (2007c): Innovation durch Forschung. Jahresbericht 2006 zur Forschungsförderung im Bereich der erneuerbaren Energien; Bonn, www.erneuerbare-energien.de (9.6.2007).

BMU [Bundesministerium für Umwelt, Naturschutz und Reaktorsicherheit] (2008): Erneuerbare Energien in Zahlen - Nationale und internationale Entwicklung; Berlin, www.erneuerbare-energien.de (12.12.2008).

BMWi [Bundesministerium für Wirtschaft und Technologie] (2006): Potentiale der geplanten Dienstleistungsrichtlinie; www.bmwi.de.

BMWi [Bundesministerium für Wirtschaft und Technologie] (2007a): Sachstand Umsetzung der EU-Dienstleistungsrichtlinie (RL 2006/123/EG); Berlin.

BMWi [Bundesministerium für Wirtschaft und Technologie] (2007b): Weltweit aktiv - Ratgeber für kleine und mittlere Unternehmen; Berlin.

Bracke, Rolf (2005): Wärmepumpen und Oberflächennahe Geothermie. In: (Hrsg.): Wärme und Kälte – Energie aus Sonne und Erde; S. 81-87.

Bröer, Guido (2006): Solarfabriken nach Konfektionsmaß. In: Solarthemen, Nr. 245, S. 8-9.

Bruhn, Manfred (2003): Qualitätsmanagement für Dienstleistungen; Berlin.

Bruns, Jürgen (2003): Internationales Marketing.

Brust, Martin (2006): Contracting bei Biomasse-Projekten. In: Sonne Wind & Wärme, Nr. 11/2006, S. 94-96.

BSW [Bundesverband Solarwirtschaft] (2006a): Export von Dienstleistungen im Solarmarkt. www.soalrwirtschaft.de (05.07.07).

BSW [Bundesverband Solarwirtschaft] (2006b): Neue Sarasin-Studie prognostiziert langfristiges und gesundes Branchenwachstum. www.solarwirtschaft.de (15.12.2006).

BSW [Bundesverband Solarwirtschaft] (2007a): Export wird zum Zugpferd der deutschen Solarwirtschaft. www.solarwirtschaft.de (24.07.2007).

BSW [Bundesverband Solarwirtschaft] (2007b): Statistische Zahlen der deutschen Solarwirtschaft. Stand: Juni 2007; Berlin, www.solarwirtschaft.de (17.6.2007).

BSW [Bundesverband Solarwirtschaft] (2007c): Versorgungsengpässe bei Öl und Gas beflügeln Solarwärmebranche. Pressemitteilung vom 1.02.07. www.solarwirtschaft.de (28.06.07).

BSW [Bundesverband Solarwirtschaft] (2007d): Versorgungsengpässe bei Öl und Gas beflügeln Solarwärmebranche. Pressemitteilung vom 1.2.2007. www.solarwirtschaft.de (8.2.2007).

BSW [Bundesverband Solarwirtschaft] (2008): Standortgutachten Photovoltaik in Deutschland. www.unendlich-viel-energie.de (30.09.2008).

BSW [Bundesverband Solarwirtschaft] (2009): Statistische Zahlen der deutschen Solarstrombranche (Photovoltaik). Stand März 2009. www.solarwirtschaft.de (1.4.2009).

Bufka, A. (2007): Statistic about Solar collectors; 04.01.2008.

Bühler, Theo (2005): Arbeit und Ausbildung für Erneuerbare Energien. In: Bühler, Theo/ Valentin, Anke et al. (Hrsg.): Arbeit und Ausbildung für Erneuerbare Energien; Bonn; S. 8-9.

Bühler, Theo (2007): Statusbericht Ausbildung für erneuerbare Energien – Ergebnisse und Empfehlungen. Vortrag auf der Fachtagung „Ausbildung für erneuerbare Energien – Fachkräftemangel als Wachstumsbremnse?“ am 4. September 2007 in Berlin.

Bühler, Theo/ Felten, Christoph (2005): Arbeitskräftebedarf und Qualifikationsprofile in der Erneuerbaren Energiewirtschaft. In: Bühler, Theo/ Valentin, Anke et al. (Hrsg.): Arbeit und Ausbildung für Erneuerbare Energien; Bonn; S. 10-21.

Bühler, Theo/ Klemisch, Herbert et al. (2007): Ausbildung und Arbeit für Erneuerbare Energien – Statusbericht 2007; [Wissenschaftsladen Bonn]: Bonn.

Bundesagentur für Arbeit (2005): Schwerpunkt Regenerative Energien. In: abi-magazin 03/2005

Bundesregierung (2007): Entwurf und Begründung eines Gesetzes zur Förderung Erneuerbarer Energien im Wärmebereich; www.bmu.de.

BWE [Bundesverband WindEnergie] (2006a): Das Wichtigste zur Windenergie auf einen Blick (Hintergrundpapier); Berlin.

BWE [Bundesverband WindEnergie] (2006b): Europas Windindustrie schafft neue Ausbildungsstandards. Pressemitteilung vom 13.November 2006. www.wind-energie.de (21.02.2007).

BWE [Bundesverband WindEnergie, Statistik Center] (2008): Die Entwicklung der Windenergie in Deutschland. www.wind-energie.de.

BWE [Bundesverband WindEnergie] (2009): Kleinwindanlagen – wachsender Markt in Deutschland. BWE Symposium: Kleinwindkraftanlagen. www.wind-energie.de (25.3.2009).

BWE/ DEWI et al. [Bundesverband für Windenergie, German Wind Energy Institute, Verband Deutscher Maschinen- und Anlagenbau] (2007): Jahresbilanz Windenergie: gefestigter Inlands- und stark wachsender Weltmarkt. www.wind-energie.de (13.02.2007).

BWP [Bundesverband WärmePumpe] (2007): Die Kunden haben begriffen – Wärmepumpenabsatz im Jahr 2006 mehr als verdoppelt. www.waermepumpe.de (26.06.2007).

BZEE [Bildungszentrum für Erneuerbare Energien] (2006): BZEE International: Bildungszentrum für Erneuerbare Energien „goes worldwide“. www.bzee.de (4.1.2007).

CDER [Centre de Développement des Energies Renouvelables] (2005): Dynamique et Contraintes au Développement des Energies Renouvelables (Dynamik und Barrieren für die EE-Entwicklung); Marrakesh.

Christmann, Ralf (2006): Roadmap für den Ausbau solarthermischer Kraftwerke beschlossen. Forschung und Unternehmen steckten die Ziele zukünftiger Forschungsförderung ab. In: Umwelt, Nr. 6, S. 335-336.

Conergy AG (2005): Geschäftsbericht 2005; Conergy AG Hamburg.

DEG [Deutsche Investitions- und Entwicklungsgesellschaft mbH] (2009): Der CDM-Investitionsklimaindex (CDM-IKI). www.kyoto-coaching-cologne.net (26.5.2009).

dena [Deutsche Energie-Agentur] (2005): Selbstdarstellung „Exportinitiative Erneuerbare Energien“: Exportchancen steigern – Zukunftsfähigkeit sichern.

dena [Deutsche Energie-Agentur](2007): Bericht der Deutschen Energie-Agentur GmbH (dena) über die Exportinitiative Erneuerbare Energien für das Jahr 2005. Deutscher Bundestag, Drucksache 16/5016.

Deutscher Bundestag (1998): Drucksache 13/10996 vom 17.06.1998.; Bundestag, Deutscher (08.05.06).

Deutscher Bundestag (2002): Bundestags-Antrag 14/8278 zur deutschen Exportinitiative Erneuerbare Energien; www.exportinitiative.de.

Deutscher Bundestag (2005): Bericht der Deutschen Energie-Agentur GmbH (dena) über die Bestandsaufnahme und den Handlungsbedarf bei der Förderung des Exports Erneuerbare-Energien-Technologien 2003/2004. Drucksache 15/5938.

Dewees, Anne (2005): Die Entwicklung erneuerbarer Energien in China – Akteure, Strategie, capacity-building. Diplom, FU Berlin, Otto-Suhr-Institut für Politikwissenschaft, Berlin.

DEWI [German Wind Energy Institute] (2002): Studie zur aktuellen Kostensituation 2002 der Windenergienutzung in Deutschland; Wilhelmshaven.

DEWI [German Wind Energy Institute] (2007): Status 30.06.2007 – DEWI, BWE und VDMA Pressekonferenz am 25.07.2007. www.dewi.de (29.10.2007).

DGEMP [Direction Générale de l'Energie et des Matières Premières] (2007a): Bilan des énergies renouvelables (Bilanz der EE); Premières, Direction Générale de l'Energie et des Matières. www.industrie.gouv.fr

DGEMP [Direction Générale de l'Energie et des Matières Premières] (2007b): Biomasse en France (Biomasse in Frankreich). www.industrie.gouv.fr (22.06.2007).

DHI [Deutsches Handwerksinstitut] (2007): Internationalisierung handwerklicher Dienstleistungen, Konzeptentwicklung und Praxisbeispiele; www.dhi.zdh.de.

DIHK [Deutscher Industrie- und Handelskammertag] (2006): Going International. Erfolgsfaktoren im Auslandsgeschäft. Erfahrungen, Lösungen und Perspektiven. Sonderauswertung 2006 für den Dienstleistungssektor; Berlin, www.dihk.de (23.9.2007).

Diller, Hermann/ Töpfer, Armin et al. (2001): Vahlens Großes Marketing Lexikon; 2. Aufl.; München.

DIW, Berlin (2003): Wochenbericht des DIW Berlin 21/03: Produktbegleitende Dienstleistungen gewinnen weiter an Bedeutung; [Deutsches Institut für Wirtschaftsforschung]: www.diw.de.

DLR/ IFEU et al. [Deutsches Zentrum für Luft- und Raumfahrt/ Institut für Energie- und Umweltforschung/ Wuppertal Institut für Klima, Umwelt und Energie] (2004): Ökologisch optimierter Ausbau der Nutzung erneuerbarer Energien in Deutschland; Bundesministerium für Umwelt, Naturschutz und Reaktorsicherheit Umweltpolitik, Berlin, www.erneuerbare-energien.de.

Döhrn, Roland/ Milton, Antoine Richard et al. (2007): Liberalisierung des internationalen Dienstleistungshandels in der WTO. Chancen und Risiken für Deutschland; Bundesministerium für Wirtschaft und Technologie (Hrsg.): Forschungsbericht Nr. 562, www.bmwi.de (4.4.2007).

Dolski, Joerg/ Hermanns, Arnoldin (2004): Internationalisierungsstrategien von Dienstleistungsunternehmen. In: Gardini, Marco A./ Dieter, Dahlhoff H. (Hrsg.): Management internationaler Dienstleistungen; Wiesbaden

Edler, Dietmar/ Blazejczak, Jürgen et al. (2007): Wirtschaftsfaktor Umweltschutz. Vertiefende Analyse zu Umweltschutz und Innovation; UBA/BMU (Hrsg.): Reihe Umwelt, Innovation, Beschäftigung, Nr. 01/07, Dessau / Berlin, www.umweltdaten.de (12.7.2007).

Effiziento Haustechnik GmbH (2007): Kostenbeispiel und Amortisation für Heizungs- und Warmwasser-Wärmepumpen. www.effiziento.de (7.2.2008).

EHPA [European Heat Pump Association] (2007a): The German Heat Pump Market. www.ehpa.fiz-karlsruhe.de (26.06.2007).

EHPA [European Heat Pump Association] (2007b): Heat Pump Market in Finland and Estonia. www.ehpa.fiz-karlsruhe.de (26.06.2007).

EHPA [European Heat Pump Association] (2007c): HP French market. www.ehpa.fiz-karlsruhe.de (26.06.2007).

EHPA [European Heat Pump Association] (2007d): The Swedish Heat Pump Market. www.ehpa.fiz-karlsruhe.de.

Eifert, Matthias/ Oberheitmann, Andreas et al. (2007): Chinas Energieverbrauch 2005. In: China aktuell, Nr. 1/2007, S.

Energieagentur NRW (2002): Ein Leitfaden zur Projektabwicklungsform Contracting; Wuppertal, www.ea-nrw.de.

Energieagentur NRW (2007): Marktführer Wärmepumpen – Marktplatz NRW. www.energieagentur.nrw.de (03.07.07).

ENERPLAN [Association Professionnelle de l'Energie Solaire] (2006): Numéro 14 – Spécial Photovoltaïque; ENERPLAN La Ziotat.

Epp, Bärbel/ Meyer, Jens-Peter (2007): Die Exportquote hat sich verdoppelt. In: Sonne Wind & Wärme, Nr. 3, S. 91-93.

ERÚ [Energetický Regulační Úřad] (2007): The 2006 Report on the Activities and Finances of the Energy Regulatory Office; Jihlava.

ESTIA/ Greenpeace [European Solar Thermal Industry Association / Greenpeace] (2003): Solar Thermal Power 2020. Exploiting the Heat from the Sun to Combat Climate Change; Birmingham/Amsterdam.

ESTIA/ IEA SolarPACES et al. [European Solar Thermal Industry Association, International En-ergy Agency SolarPACES-Program, U.S. Solar Energy Industries Association] (o.J.): The Concentrating Solar Power Global Market Initiative; Erlangen et al.

ESTIF [European Solar Thermal Industry Federation] (2007): Solar Thermal Markets in Europe 2006. www.estif.org (19.07.2007).

EuPD [Euro Pressedienst] (2006): Zentrale Ergebnisse der EuPD Research Studie „Der deutsche Photovoltaikmarkt 2006 – Vom Nachfrageüberhang zum Wettbewerb“. www.europressedienst.de (12.10.2006).

EWS [Eco World Styria] (2008): Neues Ökostromgesetz in Tschechien. http://umwelttechnik.or.at/cms/121/3060/ (17.02.2008).

EY [Ernst & Young] (2008): Renewable Energy Country Attractiveness Indices Quarter 3 2008; EY Renewable Energy Country Attractiveness Indices, (26.5.2009).

FAL [FAL Technologie AG] (2005): Kosten. Was kostet der Einbau einer Erdwämeheizung inkl. der Bohrung. www.fal-ag.de (7.2.2008).

Fichtner (2003): Gutachten zur Berücksichtigung großer Laufwasserkraftwerke im EEG, Endbericht; Stuttgart.

Fischedick, Manfred/ Ramesohl, Stephan et al. (2004): Der Beitrag regenerativer Energien und rationeller Energienutzung zur wirtschaftlichen Entwicklung in Nordrhein-Westfalen. Analyse und Bewertung von Zukunftstechnologien, deren Auswirkungen auf die Wirtschaftsstruktur und Ableitung technolo-giepolitischer Handlungsempfehlungen; Wuppertal.

FNR [Fachagentur Nachwachsende Rohstoffe] (2005): Leitfaden Bioenergie – Planung, Betrieb und Wirtschaftlichkeit von Bioenergieanlagen; Gülzow.

FNR [Fachagentur Nachwachsende Rohstoffe] (2006): Marktanalyse Nachwachsende Rohstoffe; Gülzow, www.fnr.de.

FNR [Fachagentur Nachwachsende Rohstoffe e.V.] (2007a): Biodieselanlagen nach Leistungsklasse in Deutschland. www.fnr.de (04.05.07).

FNR [Fachagentur Nachwachsende Rohstoffe e.V.] (2007b): Verteilung Biodieselabsatz in Deutschland 2005. www.fnr.de (04.05.07).

FORSEO (2007): Der französische Biogasmarkt; Freiburg.

Franken, Marcus/ Weber, Tilman (2008): Schwere Last. In: Neue Energie, Nr. S. 39-51.

Freitag, Mike/ Husen, Christian van et al. (2007): Entwicklung und Management internationaler Dienstleistungen – Studie zum Dienstleistungsexport deutscher Unternehmen; www.services-made-in-germany.de.

Frey, Martin (2007): Meine PV-Anlage. In: Solarboulevard, Nr. S. 12-15.

Fritsch, Holger/ Ringhandt, Axel (o.J.): Condition Monitoring zur Erhöhung der Verfügbarkeit von Windenergieanlagen. http://wwindea.org/technology/ch03/de/3_4_2.html (13.02.2007).

Fritsche, Uwe R./ Dehoust, Günter et al. (2004): Stoffstromanalyse zur nachhaltigen energetischen Nutzung von Biomasse, Endbericht; BMU Verbundprojekt gefördert vom BMU im Rahmen des ZIP, Darmstadt, Berlin, Oberhausen, Leipzig, Heidelberg, Saarbrücken, Braunschweig, München.

FV Biogas (2007a): Biogasnutzung in Deutschland – Entwicklung 1992 – 2007. www.biogas.org (14.01.2008).

FV Biogas (2007b): Branchenzahlen – Biogas 2007. www.biogas.org (14.01.2008).

Greenpeace/ ESTIA et al. [Greenpeace, European Solar Thermal Industry Association, International Energy Agency SolarPACES-Program] (2005): Concentrated Solar Thermal Power – Now! Exploiting the Heat from the Sun to Combat Climate Change; Amsterdam et al.

Grzesik, Thorsten/ Thomsen, Knud (2007): Förderprojekt „Fit für Auslandsmärkte – Go International“. Außenwirtschaftszentrum Bayern; Tagung: Umwelt-Dienstleistungen – Win-Win-Potenziale und Exportchancen für deutsche Unternehmen, 22. und 23. November 2007, Berlin.

gtai [Germany Trade & Invest] (2009): Wirtschaftstrends am Jahreswechsel 2008/09 – Bulgarien; Invest, Germany Trade & Wissen Weltweit, (28.5.2008).

gtz [Gesellschaft für Technische Zusammenarbeit] (2007a): Energiepolitische Rahmenbedingungen für Strommärkte und erneuerbare Energien 23 Länderanalysen; gtz.

gtz [Gesellschaft für Technische Zusammenarbeit] (2007b): Etude sur le cadre organisationnel, institutionnel et législatif pour la promotion des Énergies Renouvelables (Studie über Verwaltungs- und Rechtsstrukturen zur Förderung Erneuerbarer Energien); GTZ Eschborn; Casablanca.

gtz [Gesellschaft für technische Zusammenarbeit; Abteilung Umwelt und Infrastruktur Sektorvorhaben TERNA Windenergie] (2007c): Kapitel China. In: gtz (Hrsg.): Rahmenbedingungen für Strommärkte und erneuerbare Energien, 23 Länderanalysen.

GWEC [Global Wind Energy Council] (2006): Press Release – Record year for wind energy: Global wind power market increased by 43% in 2005. http://www.wind-energie.de/de/statistiken/international/ (25.01.2007).

Haag, W./ Hauff, J. et al. (2007): AtKearney Studie: Zukunft der erneuerbaren Energien. Erneuerbare Energien als Wachstumstreiber für die deutsche Energiewirtschaft; GmbH, A.T.Kearney Düsseldorf, (28.5.2009).

Hahne, Klaus (2005): Berufsbildung und Nachhaltigkeit – Erneuerbare Energien in der beruflichen Bildung. In: Bühler, Theo/ Valentin, Anke et al. (Hrsg.): Arbeit und Ausbildung für Erneuerbare Energien; Bonn.

Hennecke, Klaus (2005): Solare Prozesswärme für Industrie, Meerwasserentsalzung und Solarchemie. www.fv-sonnenenergie.de (19.07.07).

Henning, Hans-Martin (2005): Solare Kühlung und Klimatisierung – Belüftung und Wärmerückgewinnung. www.fv-sonnenenergie.de (19.07.07).

Hering, Garrett (2006): Großprojekt mit 36 Megawatt in Nevada. In: Photon, Nr. 04/2006, S.

Hirschl, Bernd/ Zapfel, Björn et al. (2000): Machbarkeitsstudie für neue Umweltzeichen für Produktgruppen: Photovoltaische Produkte und Anlagen. Endbericht. Umweltforschungsplan des Bundesministeriums für Umwelt, Naturschutz und Reaktorsicherheit, F+E-Teilvorhaben Nr. 29995315/03; Berlin.

Höflinger, Oliver (2009): Philippinische Energienachfrage nimmt weiter zu. Erneuerbare Energien sollen ausgebaut werden / Weltweit auf Rang zwei bei geothermisch erzeugtem Strom. www.gtai.de (25.5.2009).

Hörstmann-Jungemann, Petra (2003): Photovoltaikanlagen extra versichern? www.sfv.de (10.07.2007).

Husen, Christian van (2007): Anforderungsanalyse für produktbegleitende Dienstleistungen. Dissertation, Universität Stuttgart, Institut für Arbeitswissenschaften und Technologiemanagement.

IDEE [Industrielle Dienstleistungen erfolgreich exportieren] (o. J.): IDEE-Projekt. http://idee.pdai.de (1.2.2008).

IE [Institut für Energetik & Umwelt gGmbH] (2004): Fortschreibung der Daten zur Stromerzeugung aus Biomasse. Bericht für die Arbeitsgruppe Erneuerbare Energien-Statistik; Leipzig.

IEA-PVPS [International Energy Agency. Photovoltaic Power Systems Programme] (2006): Trends in Photovoltaic Applications. Survey report of selscted IEA countries between 1992 and 2005; www.iea-pvps.org.

IEA [International Energy Agency] (2004): Renewable Energy – Market and Policy Trends in IEA Countries; Paris.

IEA (2006): Renewable Energy: RD&D Priorities – Insights from IEA Technology Programmes.

IGA [International Geothermal Associat] (2007): Geothermal in the World: France and Morocco. http://iga.igg.cnr.it/index.php (22.6.2007).

IHK [International – Bayerischer Industrie- und Handelskammertag] (2002): Export-Ratgeber für unternehmensnahe Dienstleister in Bayern.; IHK (06.06.06).

Iken, Jörn (2005): Die Banken sind hellwach. In: Sonne, Wind & Wärme, Nr. 6/2005, S. 82-85.

Iken, Jörn (2006): Fonds auf dem Rückzug. In: Sonne Wind & Wärme, Nr. 11/2006, S. 28-32.

Iken, Jörn (2007a): Auf dem Weg zum normalen Markt. In: Sonne Wind & Wärme, Nr. 1/2007, S. 36-39.

Iken, Jörn (2007b): Wer finanziert die Großprojekte? In: Sonne Wind & Wärme, Nr. 2/2007, S. 30-32.

itb [Institut für Technik der Betriebsführung] (2006): Die erste Befragung von Betrieben im Projekt „Internationalisierung handwerklicher Dienstleistungen“ ist abgeschlossen. Ein Teilziel des unter der Federführung des itb durchgeführten Projektes ist die Identifikation hemmender und fördernder Einflüsse auf den Erfolg internationaler Aktivitäten. www.dienstleistungsexport.de (08.03.2007).

IWH [Institut für Wirtschaftsforschung Halle] (2003): Beschäftigungseffekte durch den Ausbau erneuerbarer Energien; IWH.

IWR [Internationales Wirtschaftsforum Regenerative Energien] (o.J.): Checkliste: Planung einer Umweltwärme-Heizung. www.iwr.de (7.2.2008).

Johnsen, Björn (2006): Windenergie Aktuell – Manchmal läuft es besser als erwartet. In: Erneuerbare Energien, Nr. 16/2006, S. 18-20.

Kabst, Rüdiger/ Schwens, Christian et al. (2008): Wachstum und Internationalisierung junger Technologie-Unternehmen. Nanotechnologie, Mikrosystemtechnik, Biotechnologie, Erneuerbare Energien; [Justus-Liebig-Universität]: Gießen.

Kaltschmitt, Martin/ Andreas, Wiese et al. (Hrsg.) (2003): Erneuerbare Energien – Systemtechnik, Wirtschaftlichkeit, Umweltaspekte; 3. Auflage; Berlin, Heidelberg, New York.

Keegan, Warren J./ Schlegelmilch, Bodo et al. (2002): Globales Marketing-Management.

KfW (2000a): Beiträge zur Mittelstands- und Strukturpolitik Nr.16.; Unternehmenskommunikation, KfW Bankengruppe Abteilung (08.05.06).

KfW (2000b): Die Position Deutschlands im Handel mit unternehmensbezogenen Dienstleistungen; KfW-Beiträge Nr. 16, www.kfw.de.

KfW Bankengruppe (2008): Mittelstand – auch kleine Unternehmen – erfolgreich im Ausland! KfW-Mittelstandpanel 2008; Frankfurt am Main.

Kinne, S./ von Düsterlho, J.-E. (2003): Einleitung. In: KPMG (Hrsg.): Quo vadis Windenergie? -Strategische Optionen der deutschen Windenergiebranche.

Kirchhoff, Petra (2006): Lurgi profitiert vom Boom bei Biosprit. In: Frankfurter Rundschau, S.

Klee, Günther/ Dootz, Dietmar (2003): Unternehemensnahe Dienstleistungen im Bundesländervergleich; [Institut für Angewandte Wirtschaftsforschung (IAW) Tübingen]: Tübingen.

Knies, Gerhard/ Bennouna, Abdelaziz (2002): Potential of Moroccan Renewable Energies for the Defence against Climate Change; [Universität Kassel].

Koldehoff, Werner B./ Urbschat, Christoph (2007): Aktuelle Markt- und Branchentrends für Solarwärme. Beitrag zum Branchen- und Exportforum Erneuerbare Energien am 17.4.2007. www.german-renewable-energy.com (1.08.2007).

Kornhardt, Ullrich (2007): Neue Märkte für das Handwerk in Zeiten des Klimawandels; Zukunftsforum Handwerk in Bayern, 22. 5. 2007, Nürnberg.

Körnig, Carsten (2006): Solarwirtschaft „Made in Germany“. In: (Hrsg.): Solarindustrie:Vielfalt für Deutschland. Sonderpublikation der Solarpraxis AG zur 21. Europäischen PV Konferenz in Dresden; S. 2-4.

Körnig, Carsten (2007): Solarmarkt Deutschland – Branche mit Wachstumsgarantie. In: InterSolar 2007. Messezeitschrift, Nr. S. 12-15.

Kratzat, Marlene/ Lehr, Ulrike et al. (2007): Erneuerbare Energien: Bruttobeschäftigung 2006. Teilbericht zum Abschlussbericht des Vorhabens „Wirkungen des Ausbaus der erneuerbaren Energien auf den deutschen Arbeitsmarkt – Follow up“; Stuttgart.

Kreutzmann, Anne/ Felten, Henri (2006): Ein Herz für Solaranlagen. In: Photon, Nr. 11/2006, S. 51-54.

Kruck, Christoph/ Eltrop, Ludger (2004): Stromerzeugung aus erneuerbaren Energien. Eine ökonomische und ökologische Analyse im Hinblick auf eine nachhaltige Energieversorgung in Deutschland; Stuttgart.

Kutschker, Michael/ Schmid, Stefan (2004): Internationales Management.

Kuwan, Helmut (2003): Daten zum internationalen Engagement deutscher Weiterbildungsanbieter. In: Bundesministerium für Bildung und Forschung (Hrsg.): „weiterbildung worldwide“ – Deutsche Weiterbildungsanbieter auf internationalen Märkten. Daten – Fakten – Perspektiven; Bonn; S. 25-57.

Langeard, Erik (1981): Grundfragen des Dienstleistungsmarketing. In: Marketing ZFP, Nr. 3, S. 233-240.

Leible, Ludwig/ Arlt, Andreas et al. (2003): Energie aus biogenen Rest- und Abfallstoffen. Bereitstellung und energetische Nutzung organischer Rest- und Abfallstoffe sowie Nebenprodukte als Einkommensalternative für die Land- und Forstwirtschaft

– Möglichkeiten, Chancen und Ziele; FZK [Forschungszentrum Karlsruhe]: Wissenschaftliche Berichte, Karlsruhe, http://bibliothek.fzk.de/zb/berichte/FZKA6882.pdf.

Lietsch, Jutta/ Meyer, Hanne (2005): In Windeseile gen Osten. In: Neue Energie 11/2005, S. 90-93.

Martinot, Eric (2005): Globaler Statusbericht 2005, Erneuerbare Energien, Bericht des Worldwatch Institute für das REN21-Netzwerk.

May, Hanne (2004): Rendite mit Energie. In: Neue Energie, Nr. 11/04, S. 56-61.

May, Hanne/ Weinhold, Nicole (2007): Neue Turbinen im Angebot. In: Neue Energie, Nr. 09/2007, S. 27-36.

Meffert, H./ Bruhn, M. (2000): Dienstleistungsmarketing; Wiesbaden.

Meffert, Heribert/ Bolz, Joachim (1994): Internationales Marketing-Management; 2., völlig überarbeitete Aufl.

Meffert, Heribert/ Bolz, Joachim (1998): Internationales Marketing-Management; 3. Auflage; Stuttgart.

Meissner, Hans G. (1995): Strategisches Internationales Marketing; 2., überarb. Auflage; München.

Meissner, Hans G./ Gerber, Stephan (1980): Die Auslandsinvestition als Entscheidungsproblem. In: BFuP, Nr. 32, S. 224.

Meyer, Jens-Peter (2006): Neue Ausbildung für das Land. In: Sonne Wind & Wärme 9/2006, Nr. S. 42-45.

Meyer, Jens-Peter (2007a): Big is beautiful. In: Sonne, Wind & Wärme, Nr. 6, S. 110-119.

Meyer, Jens-Peter (2007b): Sonnenwärme von der Stange. In: Sonne Wind & Wärme, Nr. 3, S. 50-66.

Meyer, Nils I. (2003): European schemes for promoting renewables in liberalised markets. In: Energy Policy, Nr. 31/2003, S. 665-676.

Michaelowa, Axel (2005): CDM: current status and possibilities for reform; Hamburg Institute of International Economics HWWI Research, Paper No. 3 by the HWWI Research Programme International Climate Policy, Hamburg, www.hwwi.org.

MINEFI [Ministére de l'Economie, des Finances et de l'Emploi] (2007): PPI Programme Pluri-anunelle d'Investissement. www.industrie.gouv.fr/ (26.5.2009).

MIT [Ministry of Industry and Trade of the Czech Republic] (2007): Solar Collectors 2004. www.mpo.cz/dokument13914.html.

Mukherjee, A./ Goswami, R. (2009): Trade in Energy Services: GATS and India; ICRIER Working Paper, 231; www.icrier.org/publication/WorkingPaper231.pdf (28.5.2009).

Müller, Klaus (2008): Neue Daten zum Export handwerklicher Dienstleistungen; Abschlussveranstaltung Internationalisierung handwerklicher Dienstleistungen, 13.10.2008, Berlin.

Nerb, Gernot (2006): Mögliche Auswirkungen der geplanten EU-Dienstleistungsrichtlinie auf die Wirtschaft Deutschlands. In: Wirtschaftspolitische Blätter, Nr. 3/2006, S. 19-24.

Neuhann, Jan-Christoph (2007): Exportpotentiale von Dienstleistungen im Bereich der Erneuerbaren Energien in vergleichender Betrachtung für Frankreich und Marokko. Diplom, Carl von Ossietzky Universität Oldenburg, Wirtschaftswissenschaften mit ökologischem Schwerpunkt, Berlin.

Nischalke, Simone/ Petrauschke, Bernd et al. (2005): Dienstleistungen in Deutschland-Entwicklung und Ergebnisse 2003/2004.; Statistisches Bundesamt]: www.destatis.de/presse/deutsch/pk/2005/dienstleistungen_i.pdf (02.05.06).

Nöcker, Ralf (2001): Internationalisierung als Wettbewerbsstrategie; Hamburg.

O'Sullivan, Marlene/ Edler, Dietmar et al. (2009): Bruttobeschäftigung durch erneuerbare Energien in Deutschland 2008 – eine erste Abschätzung; www.erneuerbare-energien.de (20.03.2009).

Ochsner Wärmepumpen (o.J.): Kostenvergleich Öl / Wärmepumpe (Neubau). www.ochsner.de (7.2.2008).

OEA [Österreichische Energieagentur] (2007): enerCEE – Czech Republic. www.energyagency.at/ (04.09.2007).

Oertel, Dagmar (2007): Industrielle stoffliche Nutzung nachwachsender Rohstoffe; TAB [Büro für Technikfolgen-Abschätzung beim Deutschen Bundestag]: Arbeitsbericht Nr. 114, März 2007, www.tab.fzk.de (24.9.2007).

Peisker, Degenhard (2006): Priorität 5: Energie im 7. Forschungsrahmenprogramm. Vortrag an der Humboldt-Universität Berlin am 11. Oktober 2006. www2.hu-berlin.de.

Pellmeyer, Josef (2007): Biogas im Einklang der Ökologie und Ökonomie; www.bfn.de.

Pfaffenberger, Wolfgang/ Nguyen, Khanh et al. (2003): Ermittlung der Arbeitsplätze und Beschäftigungswirkungen im Bereich Erneuerbare Energien; Bremer Energie Institut, im Auftrag der Hans-Böckler-Stiftung, Dezember 2003, Bremen.

Podewils, Christoph (2007): Eine knifflige Sache. In: Photon, Nr. 2/2007, S. 134 136.

Pulkert, M. (2007): „DIE AMPEL STEHT AUF WACHSTUM“ Interview mit Maria Pulert, Leiterin des Teams Power & Environment/Strukturierte Finanzierungen und Projektfinanzierung der HypoVereinsbank. EPURON Newsletter, www.epuron.de (26.5.2009).

Rainfurth, Claudia (2003): Der Einfluss der Organisationsgestaltung produktbegleitender Dienstleistungen auf die Arbeitswelt der Dienstleistungsakteure. Dissertationsschrift, TU Darmstadt, Darmstadt, www.d-nb.de.

Reiche, D. (2003): Renewable Energies in the Accession States. In: Reiche, D. (Hrsg.): Handbook of Renewable Energies in the European Union II; Frankfurt am Main; S. 13 30.

Reichert, Tobias/ Schaub, Martina (2001): Liberalisierung, Regulierung und Demokratie – Der internationale Handel mit Dienstleistungen im Rahmen des GATS. Bericht von der internationalen Konferenz: „Zu wessen Diensten? – Das Abkommen zum internationalen Dienstleistungshandel (GATS) und die Folgen für eine nachhaltige Entwicklung“ am 21. und 22. Mai 2001 in Bonn; www.umweltbundesamt.de (08.05.2006).

Reinhardt, Guido/ Gärtner, Sven et al. (2006): Ökobilanzen zu BTL: Eine ökologische Einschätzung; [ifeu]: Heidelberg.

Rentzing, Sascha (2007): Starre Sonnenkälte. In: neue energie, Nr. 07/2007, S. 50 53.

RKW [Rationalisierungs- und Innovationszentrum der Deutschen Wirtschaft e.V.] (o. J.): Dienstleistungs-Export: Probleme; www.rkw.de.

Rollenhagen, Klaus (2008): Persönliches Interview am 16.09.2008.

Röpcke, Ina (2008): Physische Präsenz ist wichtig. In: Sonne Wind & Wärme, Nr.15/2008, S. 41 43.

Rosanowske, Gerd (2006): Photovoltaikanlagen im Ausland versichern. www.rosa-photovoltaik.de (06.08.2007).

Ruhl, Volker/ Lütter, Florian et al. (2008): Standortgutachten Photovoltaik in Deutschland – Endbericht.; [EuPD Research; ifo Institut für Wirtschaftsforschung]: Bonn; München.

Saadat, Ali/ Huenges, Ernst et al. (2001): Nachhaltige Energiegewinnung aus Erdwärme. In: TA-Datenbank-Nachrichten, Nr. 10, S. 49 54.

Schlumberger, Andreas (2007): Von der Hausversorgung zum Dorfnetz. In: Sonne Wind & Wärme, Nr. 9/2007, S. 112 114.

Scholwin, Frank/ Thrän, Daniela et al. (2007): Monitoring zur Wirkung des novellierten Erneuerbare-Energien-Gesetzes (EEG) auf die Entwicklung der Stromerzeugung aus Biomasse. Endbericht; [Institut für Energetik und Umwelt gGmbH, in Kooperation mit: Fichtner GmbH & Co. KG, Thüringer Landesanstalt für Landwirtschaft und Stefan Klinski]: Leipzig.

Schott AG (2006): Schott Memorandum zur solarthermischen Kraftwerkstechnologie. 2. Auflage; Mainz.

Schulze, Gerit (2008): Russland setzt Thema Energieeffizienz auf die Agenda. Ziel: 40% des Verbrauchs einsparen / Gute Geschäftschancen für deutsche Hersteller von Umwelttechnik. www.gtai.de (25.5.2009).

Schwarzburger, Heiko (2007): Deutschland ist Europameister. In: Sonnenenergie, Januar/Februar 2007, S. 39 41.

Sichtmann, Christina/ Griese, Ilka et al. (2007): Mit Dienstleistungen ins Ausland. Eine Erfolgsfaktorenanalyse bei kleinen und mittleren Industrieunternehmen; Berlin.

Siemer, Jochen (2007): Mehr als die KfW. Die neuen Konditionen für die Kreditfinanzierung von Solarstromanlagen im Überblick. In: Photon, Nr. 02/2007, S. 126 133.

Skarpelis-Sperk, Sigrid (2006): Eine radikale Abkürzung auf dem Weg in ein marktradikales Europa. In: Bsirske, Frank/ Deppe, Frank et al. (Hrsg.): Die EU-Dienstleistungsrichtlinie – Ein Anschlag auf das europäische Sozialmodell; Hamburg; S. 10 45.

Solar Millennium AG (o.J.): Solarthermische Kraftwerke. Von der Vision zur Realisierung; Erlangen.

Solarpraxis AG (Hrsg.) (2006): Solarindustrie-Vielfalt für Deutschland. Sonderpublikation zur 21. Europäischen Photovoltaik-Konferenz, Dresden; Berlin.

Specht, Michael/ Zuberbühler, Ullrich et al.] (2004): Kraftstoffe aus erneuerbaren Ressourcen – Potenziale, Herstellung, Perspektiven; [ZSW]: Stuttgart, http://www.refuelnet.de/.

Stahlecker, Thomas (2005): Zahlen und Fakten zum deutschen Dienstleistungsaußenhandel, Analyse des Exports/Imports und der Internationalisierung von Dienstleistungen und wichtige Wettbewerber. Dienstleistungsforum 29.09.05 in Stuttgart.; [Frauenhofer Institut für Systemtechnik und Innovationsforschung (ISI)]: www.dienstleistungsoffensive.de (08.05.06).

Staiß, Frithjof] (2001): Jahrbuch Erneuerbare Energien 2001; (Hrsg.), Stiftung Energieforschung Baden-Württemberg: Jahrbuch Erneuerbare Energien, Radebeul.

Staiß, Frithjof (2003): Jahrbuch Erneuerbare Energien 2002/2003; Baden-Württemberg, Stiftung Energieforschung: Radebeul.

Staiß, Frithjof (2007): Jahrbuch Erneuerbare Energien 2007; Stiftung Energieforschung Baden-Württemberg (Hrsg.), Radebeul.

Staiß, Frithjof/ Linkohr, Christel et al.] (2005): Erneuerbare Energien in Zahlen – Nationale und Internationale Entwicklung; BMU: Paderborn.

Statistisches Bundesamt (2004): Produktbegleitende Dienstleistungen 2002 bei Unternehmen des Verarbeitenden Gewerbes und des Dienstleistungssektors; Wiesbaden.

Statistisches Bundesamt (2005a): Hochschulstandort Deutschland 2005. Presseexemplar; Wiesbaden, www.destatis.de.

Statistisches Bundesamt (2005b): Nachfrage nach Dienstleistungen 2003 – Auszug aus dem Projektbericht.; Bundesamt, Statistisches (05.05.06).

Statistisches Bundesamt (2006a): Bildung und Kultur 2005. Fachserie 11, Reihe 3; Wiesbaden, www.destatis.de.

Statistisches Bundesamt (2006b): Hochschulen. www.destatis.de (21.2.2007).

Statistisches Bundesamt (2006c): Personal an Hochschulen. www.destatis.de (21.2.2007).

Statistisches Bundesamt (2008): Volkswirtschaftliche Gesamtrechnungen. Wichtige Zusammenhänge im Überblick; Wiesbaden, www.destatis.de (12.4.2008).

Statistisches Bundesamt/ GESIS-ZUMA et al. (2008): Datenreport 2008; Bonn.

Stiebel Eltron (2007): Heizungswärmepumpen. www.hwk-mannheim.de (21.06.2007).

Stryi-Hipp, Gerhard (2006): Export von Dienstleistungen im Solarmarkt; Auftaktworkshop EXPEED 30. Juni 2006, Berlin.

TI [Transparency International] (2008): Corruption Perceptions Index 2008; www.transparency.de (28.5.2009).

UNDP (2008): Statistics of the Human Development Report. http://hdr.undp.org/en/statistics/ (26.5.2009).

UVS [Unternehmensvereinigung Solarwirtschaft] (2005): Solarenergie für Deutschland. Daten, Fakten, Argumente; Berlin.

Vattenfall Europe (2003): Pumpspeicherwerk Goldisthal. 1.060-MW-Kavernenkraftwerk; Berlin.

VDI/VDE/IT [VDE/VDI Innovation+Technik GmbH] (2007a): Stand und Bewertung der Exportförderung sowie Evaluierung der Exportinitiative Erneuerbare Energien – Endbericht, Teil II: Evaluation; www.bmwi.de.

VDI/VDE/IT [VDI/VDE Innovation+Technik GmbH] (2007b): Stand und Bewertung der Exportförderung sowie Evaluierung der Exportinitiative Erneuerbare Energien. Endbericht. Teil I – Einleitung und Branchen- und Exportanalyse; www.bmwi.de (7.2.2008).

Wanger, Susanne (2006): Erwerbstätigkeit, Arbeitszeit und Arbeitsvolumen nach Geschlecht und Altersgruppen. Ergebnisse der IAB-Arbeitszeitrechnung nach Geschlecht und Alter für die Jahre 1991-2004.; IAB-Forschungsbericht 02/2006.

Weiland, P. (2006): Biogas – Stand und Perspektiven der Erzeugung und Nutzung in Deutschland. In: Agrarspectrum: Energie aus Biomasse – weltwirtschaftliche, ressourcenökonomische und produktionstechnische Perspektiven, Band 40.

Weinhold, Nicole (2008): Servicetechniker verzweifelt gesucht. In: Neue Energie 10/2008, Nr. S. 94 98.

Willand, Ilka/ Stroh, Astrid (2006): Hochschulen auf einen Blick; [Statistisches Bundesamt]: Wiesbaden, www.destatis.de.

Wissenschaftsladen Bonn (2006): Studien- und Ausbildungsangebote Erneuerbare Energien, Stand: Juni 2006. www.jobmesse-ee.de (28.12.2006).

WKO [Wirtschaftskammern Österreich] (2009): Inflationsraten. www.wko.at (18.05.2009).

World Bank (2009a): Key Development Data & Statistics. htttp://web.worldbank.org (28.5.2009).

World Bank (2009b): World Bank List of Economies.

WTO [World Trade Organisation] (2000): COMMUNICATION FROM THE US – Classification of Energy Services; WTO. http://docsonline.wto.org

WTO [World Trade Organisation] (2001): Revised service sectoral classification list; WTO.

WTO [World Trade Organisation] (2007): World trade developments in 2006. Statistics International Trade Statistics 2007. www.wto.org (28.01.2009).

Yin, Robert K. (1994): Case study research: design and methods; 2nd ed.; Thousand Oaks.

ZVEH [Zentralverband der Deutschen Elektro- und Informationstechnischen Handwerke] (2008): Jahresbericht 2007/2008; Frankfurt am Main.

7 Anhang

7.1 Abkürzungsverzeichnis

AfDB	Afrikanische Entwicklungsbank
AHK	Auslandshandelskammer
AKA	Ausfuhr-Kreditgesellschaft
AUMA	Ausstellungs- und Messeausschuss der deutschen Wirtschaft e.V.
BAFA	Bundesamt für Wirtschaft und Ausfuhrkontrollen
BASREC	Baltic Sea Region Energy Cooperation
BBK	Bundesverband Biogene und Regenerative Kraft- und Treibstoffe
BCIE	Zentralamerikanische Bank für wirtschaftliche Integration
BDI	Biodiesel International
bfai	Bundesagentur für Außenwirtschaft
BGA	Bundesarchitektenkammer oder der Bundesverband des Deutschen Groß- und Außenhandels
BGR	Bundesanstalt für Geowissenschaften und Rohstoffe
BHKW	Blockheizkraftwerken
BMBF	Bundesministerium für Bildung und Forschung
BMELV	Bundesministerium für Ernährung, Landwirtschaft und Verbraucherschutz
BMU	Bundesministerium für Umwelt
BMWi	Bundesministerium für Wirtschaft und Technologie
BSW	Bundesverband Solarwirtschaft
BTL	Biomass-to-Liquid (Biomasseverflüssigung)
BWP	Bundesverband WärmePumpe
CDER	Centre des energies renouvelables
CDM	Clean Development Mechanism
CEB	Council of Europe Development Bank
CIRR	Commercial Interest Reference Rate
CMS	Condition Monitoring Systeme
DBU	Deutsche Bundesstiftung Umwelt
DED	Deutscher Entwicklungsdienst
DEG	Deutsche Investitions- und Entwicklungsgesellschaft mbH
dena	Deutsche Energie-Agentur GmbH
DEWI	Deutsches Windenergieinstitut GmbH
DHI	Deutsches Handwerksinstitut
DIHK	Deutscher Industrie- und Handelskammertag
DIHZ	Deutsche Industrie- und Handelszentren
DL	Dienstleistungen

DLR	Deutsches Zentrum für Luft- und Raumfahrt e.V.
DUH	Deutsche Umwelthilfe e.V.
EBRD	European Bank for Reconstruction and Development (Europäische Bank für Wiederaufbau und Entwicklung)
ECAs	Export Credit Agencies
EE	Erneuerbare Energien
EEG	Erneuerbare-Energien-Gesetz
EIB	Europäische Investitionsbank
EPC	Engineering, Procurement and Construction
EU	Europäische Union
EUS	Stiftung für Energie, Umwelt und Soziales
EVU	Energieversorgungsunternehmen
EXPEED	Projekt „Exportpotenziale von Dienstleistungen im Bereich erneuerbare Energien“
F+E	Forschung und Entwicklung
FNP	Flächennutzungsplan
GasNZV	Gasnetzzugangsverordnung
GATS	General Agreement on Trade in Services (Allgemeines Abkommen über den Handel mit Dienstleistungen)
GMI	Global Market Initiative for Concentrating Solar Power
gtai	Germany Trade and Invest
GTZ	Gesellschaft für Technische Zusammenarbeit
GUS	Gemeinschaft unabhängiger Staaten
GVEP	Global Village Energy Partnership
GW	Gigawatt
GWh	Gigawattstunden
GWth	Gigawatt thermisch
HKW	Heizkraftwerk
HOAI	Honorarordnung für Architekten und Ingenieure
HW	Heizwerk
HWK	Handwerkskammer
IBB	Investitionsbank Berlin
IBSA	India-Brazil-South Africa Trilateral
IHK	Industrie- und Handelskammer
IÖW	Institut für ökologische Wirtschaftsforschung
IPR	Internationales Privatrecht
ITUT	Verein zur Förderung des Internationalen Transfers von Umwelttechnologie e.V.
IuK	Informations- und Kontaktveranstaltungen
IWH	Institut für Wirtschaftsforschung Halle
JI	Joint Implementation
KfW	Kreditanstalt für Wiederaufbau

KMU	Kleine und mittelständische Unternehmen
kW	Kilowatt
kW_{el}	Kilowatt elektrisch
kW_{p}	Kilowatt peak
MENA	Middle East and North Africa
MW	Megawatt
MW_{el}	Megawatt elektrisch
MW_{p}	Megawatt peak
OECD	Organisation für wirtschaftliche Zusammenarbeit und Entwicklung
ORC	Organic Rankine Cycle
PPP	Public Private Partnerships
PV	Photovoltaik
RE-NEXT	Regenerative Energien-Netzwerk für Export und Technologie
RKW	Rationalisierungs- und Innovationszentrum der Deutschen Wirtschaft e.V.
SHK	Sanitär Heizung Klima
TWh	Terrawattstunden
UFK	ungebundene Finanzkredite
UN	United Nations (Vereinte Nationen)
UVP	Umweltverträglichkeitsprüfung
VfW	Verband für Wärmelieferung e.V.
VUBIC	Verband Unabhängig Beratender Ingenieure und Consultants e.V.
WEA	Windenergieanlage
WTO	World Trade Organisation (Welthandelsorganisation)
ZDH	Zentralverband des deutschen Handwerks

7.2 Autorinnen- und Autorenverzeichnis

Dr. Bernd Hirschl (Herausgeber und Autor): Dr. phil, Dipl.-Ing.-Oec., Leiter des Forschungsfelds Nachhaltige Energiewirtschaft und Klimaschutz am Institut für ökologische Wirtschaftsforschung (IÖW), Leiter des Verbundprojekts EXPEED und Koordinator der BMBF-Fokusgruppe Umwelt-Dienstleistungen

Dr. Julika Weiß (Herausgeberin und Autorin): Dipl.-Ing., wissenschaftliche Mitarbeiterin im Forschungsfeld Nachhaltige Energiewirtschaft und Klimaschutz am Institut für ökologische Wirtschaftsforschung (IÖW), Koordinatorin von EXPEED

Prof. Dr. Martin Benkenstein: Direktor des Instituts für Marketing und Dienstleistungsforschung an der Universität Rostock, Partner im Verbundprojekt EXPEED

Dr. Wilfried Konrad: Dipl.-Soz., wissenschaftlicher Mitarbeiter im Forschungsfeld Ökologische Produktpolitik am Institut für ökologische Wirtschaftsforschung (IÖW), Büro Heidelberg, Mitarbeit im Projekt EXPEED und „Chancen kleiner und mittlerer Dienstleister im Umweltsektor in China"

Madlen Thom: Dipl.-Kffr., Wissenschaftliche Mitarbeiterin am Institut für Marketing und Dienstleistungsforschung an der Universität Rostock, Mitarbeit im Verbundprojekt EXPEED